U0024762

思想觀念的帶動者

文化現象的觀察者

本土經驗的整理者

生命故事的關懷者

Psychotherapy

探訪幽微的心靈，如同潛越曲折逶迤的河流
面對無法預期的彎道或風景，時而煙波浩渺，時而萬壑爭流
留下無數廓清、洗滌或抉擇的痕跡
只為尋獲真實自我的洞天福地

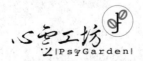

An Epic Life:
Milton H. Erickson: Professional Perspectives

史詩人生
橫空出世的心理治療傳奇
米爾頓・艾瑞克森

傑弗瑞 薩德（Jeffrey K. Zeig）——著

蔡東杰、洪偉凱、黃天豪——譯

目錄

推薦序一　從米爾頓‧艾瑞克森的療癒人生反思自己
的生命軌跡／張貴傑 ⋯⋯⋯⋯⋯⋯⋯⋯⋯ 11

推薦序二　讓如同經歷催眠引導的閱讀經驗沉澱出內在智慧
／楊漢章 ⋯⋯⋯⋯⋯⋯⋯⋯⋯ 14

譯者序一　只有薩德博士承接得住的獨特傳記／蔡東杰 ⋯⋯⋯ 17

譯者序二　一段史詩人生的全息圖像／黃天豪 ⋯⋯⋯⋯⋯⋯⋯ 21

譯者序三　艾瑞克森：精采生活的榜樣／洪偉凱 ⋯⋯⋯⋯⋯⋯ 24

繁體中文版序　讓艾瑞克森於華人世界躍然紙上 ⋯⋯⋯⋯⋯⋯ 28

致讀者 ⋯⋯⋯⋯⋯⋯⋯⋯⋯⋯⋯⋯⋯⋯⋯⋯⋯⋯⋯⋯⋯⋯ 37

第一部　觀點 ⋯⋯⋯⋯⋯⋯⋯⋯⋯⋯⋯⋯⋯⋯⋯⋯⋯⋯⋯ 39

　序 / 41

　時代背景 / 46

第二部　基本認識 ⋯⋯⋯⋯⋯⋯⋯⋯⋯⋯⋯⋯⋯⋯⋯⋯⋯⋯ 51

前言 / 53

關於米爾頓‧艾瑞克森 / 54

傑弗瑞‧薩德與米爾頓‧艾瑞克森基金會 / 56

催眠歷史簡介 / 64

心理治療歷史簡介 / 74

第三部　背景⋯⋯⋯⋯⋯⋯⋯⋯⋯⋯⋯⋯⋯⋯⋯⋯⋯79

　　艾瑞克森學派的發展：專家陣容 / 81

第四部　貢獻：專家群⋯⋯⋯⋯⋯⋯⋯⋯⋯⋯⋯⋯⋯101

　　隆・亞歷山德（Ron Alexander）/ 103

　　康尼瑞兒・安卓斯（Connirae Andreas）/ 107

　　史蒂夫・安卓斯（Steve Andreas）/ 114

　　理查・班德勒（Richard Bandler）/ 119

　　諾瑪與飛利浦・巴瑞塔（Norma and Philip Barretta）/ 140

　　伊瑟・巴特列（Esther Bartlett）/ 144

　　法蘭茲・鮑曼和哈洛德・克雷斯內克（Franz Baumann and Harold
　　　　Crasilneck）/ 145

　　約翰・比爾斯（John Beahrs）/ 147

　　奧圖・班漢（Otto Bendheim）/ 151

　　彼得・布倫（Peter Bloom）/ 152

　　泰德・波基斯（Ted Borgeas）/ 156

　　羅納德・波伊爾（Ronald Boyle）/ 157

　　大衛・卡洛夫（David Calof）/ 160

　　萊絲里・卡麥隆－班德勒（Leslie Cameron-Bandler）/ 184

　　大衛・齊克（David Cheek）/ 188

　　賽門・奇亞森（Simon Chiasson）/ 196

　　鍾東盟（Chong Tong Mun）/ 199

　　約翰・科利（John Corley）/ 201

　　羅伯特・迪恩（Robert Dean）/ 204

茱蒂絲・狄洛基爾（Judith DeLozier）/ 205

麥可・戴蒙德（Michael Diamond）/ 209

羅伯特・迪爾茲（Robert Dilts）/ 211

唐・道格拉斯（Don Douglas）/ 214

威廉・艾德孟斯頓（William Edmonston）/ 219

珍妮亞・英格力胥（Genia English）/ 225

司布真・英格力胥（Spurgeon English）/ 228

傑瑞・芬克（Jerome Fink）/ 231

佛瑞曲卡・佛瑞泰格（Fredrika Freytag）/ 238

約翰・富里克曼（John Frykman）/ 242

布蘭特・吉爾利（Brent Geary）/ 247

史蒂芬・吉利根（Stephen Gilligan）/ 251

哈洛德・高藍（Harold Golan）/ 260

大衛・高登（David Gordon）/ 262

約翰・葛蘭德（John Grinder）/ 266

亞力山德・格林斯登（Alexander Grinstein）/ 275

傑・海利（Jay Haley）/ 278

威廉・賀隆（William Heron）/ 290

西蒙・赫胥曼（Seymour Hershman）/ 292

佛瑞德・可拉奇（Fred Kolouch）/ 294

威廉・克羅格（William Kroger）/ 298

史蒂芬・蘭克頓（Stephen Lankton）/ 302

尚・拉斯納（Jean Lassner）/ 314

海瑞亞・勒納（Harriet Lerner）/ 317

羅倫斯・李山（Lawrence LeShan）/ 323

艾倫・拉文頓（Alan Leveton）/ 326

亞伯拉罕・列維斯基（Abraham Levitysky）/ 329

安妮・林登（Annie Linden）/ 333

保羅・蘭斯貝里和南西・溫斯頓（Paul Lounsbury and Nancy
　Winston）/ 335

賀伯特・拉斯提格（Herbert Lustig）/ 343

克羅伊・麥丹斯（Cloé Madanes）/ 350

賀伯特・曼（Herbert Mann）/ 355

羅伯特・麥斯特斯（Robert Masters）/ 362

葛萊蒂斯・麥卡利和比爾・麥卡利（Gladys Taylor McGarey and
　Bill McGarey）/ 365

羅伯特・麥克里尼（Robert McNeilly）/ 369

馬利安・摩爾（Marion Moore）/ 374

比爾・歐漢龍（Bill O'Hanlon）/ 378

馬丁・奧恩（Martin Orne）/ 389

珍・帕森斯－費恩（Jane Parsons-Fein）/ 400

羅伯特・皮爾森（Robert Pearson）/ 404

史丹佛・帕爾曼（Stanford Perlman）/ 407

阿莉達・約斯特－彼得和布克哈德・彼得（Alida Iost-Peter and
　Burkhard Peter）/ 412

傑拉德・皮亞傑（Gerald Piaget）/ 417

馬丁・萊瑟（Martin Reiser）/ 429

瑪德蓮・理奇波特（Madeleine Richeport）/ 432

蜜雪兒・瑞特曼（Michele Ritterman）/ 434

柏莎・羅傑（Bertha Rodger）/ 443

西德尼・羅森（Sidney Rosen）/ 448

約瑟夫・羅斯納（Joseph Rosner）/ 452

恩尼斯特・羅西（Ernest Rossi）/ 455

西奧多・沙賓（Theodore Sarbin）/ 463

唐納德・謝弗（Donald Schafer）/ 465

岡瑟・施密特（Gunther Schmidt）/ 469

傑洛姆・施內克（Jerome Schneck）/ 474

厄文・塞克特（Irving Secter）/ 476

查爾斯・亞歷山大・辛普金斯和安妮倫・辛普金斯
（Charles Alexander Simpkins and Annellen Simpkins）/ 480

加琳娜・索洛維（Galina Solovey）/ 485

賀伯特・史畢格（Herbert Spiegel）/ 488

吉爾・斯坦加特（Gil Steingart）/ 492

查爾斯・斯特恩（Charles Stern）/ 494

桑德拉・席爾維斯特（Sandra Sylvester）/ 497

凱・湯普森（Kay Thompson）/ 499

亨利・坦根德爾（Henry Tungender）/ 504

拉斯－艾瑞克・烏內斯多（Lars-Eric Uneståhl）/ 507

梅爾巴・維克里（Melba Vickery）/ 509

約翰・沃特金斯（John Watkins）/ 512

安德烈・韋森霍夫（André Weitzenhoffer）/ 514

林賽・威爾基（Lindsay Wilkie）/ 517

路易斯・沃爾伯格（Lewis Wolberg）/ 522

利奧・沃爾曼（Leo Wollman）/ 526

第五部　後記..529

照亮艾瑞克森的本質 / 531

致謝..537

延伸閱讀..538

從米爾頓・艾瑞克森的療癒人生反思自己的生命軌跡

張貴傑

淡江大學教育心理與諮商研究所副教授兼所長
藍海催眠研究機構課程總監、總督導 NGH 催眠師、催眠訓練師

　　在我學習及運用催眠近二十年的時間裡，所遇過的學員或當事人對於催眠的感受多半是：神祕、會不會說出不想讓別人知道的事、會不會被控制……，但是多數的人又對於催眠可以知道自己的前世今生感到好奇。

　　回想在我學習成為治療師的學生時代裡，「催眠」被形塑成神祕、無法言說的，可能是江湖術士使用的取巧技術。坊間充斥著前世今生、催眠秀等各種絢爛撩目的宣傳，但相對來說，自詡學院的、科學的西方心理治療理論與實務在引進台灣的過程中，催眠則一直被邊緣化。但是當我在閱讀各種諮商與心理治療理論學派創始人的生平時，卻常常看到這些所謂的理論宗師都有「學習催眠」的經歷。我的心裡不禁疑惑，為什麼大師在發展諮商與心理治療理論的過程中，學習催眠好像是一個多數共有的經驗？而我在成為諮商博士的學習路徑中，催眠卻沒有出現在課堂討論及學習中？學院裡「催眠」彷彿是不可言說的禁忌，即便是在我已經是學院裡培育心理師的教師的此時此刻，仍能聽到各校系所學生與教師間這樣的認

為。

　　小時候我是一個很聽話的乖寶寶，但是在成長的經驗裡，一種按耐不住的好奇與骨子裡的反動，這讓我的困惑始終沒有離我而去。我拿到博士學位之後，另一個階段學習開始，我進入催眠學習與運用的領域，想要一窺催眠是如何神祕，是否真如學院裡所談的「不科學」。

　　要認識一個沒有經驗過的事情，我們通常都只在站外圍觀察，運用過去的經驗作評論。而我的叛逆，讓我在催眠的世界裡，看見過往學習諮商與心理治療所遺漏的事物，也看見對於心理治療關係的新可能。在催眠的學習裡，從 NGH 古典行為認知學派式的催眠程序與手法，到無法言喻的艾瑞克森式催眠，甚或是神經語言學（NLP），我都看著並欣賞著。

　　我始終認為，**催眠其實是高度的同理（或說是共感連結）啊！**

　　這本由傑弗瑞・薩德（Jeffrey K. Zeig）博士整理書寫的《史詩人生：橫空出世的心理治療傳奇米爾頓・艾瑞克森》中可以看見催眠的發展歷史，以及艾瑞克森的催眠在眾多好友或弟子們因對於大師親炙而受影響所形成的催眠發展觀點，是一部活生生的、讓後學能夠窺視艾瑞克森迷人催眠手法與發展的好書。這本書從各種「關係」的連結中觀看艾瑞克森的人生，數度讓我停下來反思自己的專業成長與發展中，直接親炙，或間接影響過我的貴人們。

　　在成為治療師的過程裡，我一直認為「我只能成為我自己」這件事，除了在學習階段的模仿、練習，仍要透過反思（reflecting）逐漸找到自我的治療風格。

　　在催眠裡，我擅長清醒中催眠，這多半來自對於艾瑞克森

的學習。最早認識艾瑞克森，是在學習家族治療知識時，知道了位於加州帕羅奧圖（Palo Alto）的心理研究機構（Mental Research Institution, MRI）。在理論的學習裡，我看見艾瑞克森對於心理治療的影響，也看見 NLP 發展對於艾瑞克森的程序化歷程，也從紀錄片裡看見艾瑞克森式催眠的輕巧。

當我們說不出催眠治療手法的心理機制時，我們只好說他神祕。

當我們說不出催眠治療的改變機制時，我們只好認為他只是暫時性的效果。

學院裡對於心理機制、腦及神經科學發展的紮實學習，讓我在學習及運用催眠的時候，不是一無所知，而是可以說得清楚。當我可以將這些轉變機制及程序說得清楚的時候，閉不閉上眼睛就一點都不重要了。

站在這些前輩的經驗上，催眠界需要更多的實證研究，讓這個世界看見古老技術的存在價值。

我擅長質性研究，對於真實（reality）的觀點迥異於量化建構的科學實證研究。我相信多元真實的存有，也相信真正影響當事人生命的是當事人堅信的主觀真實，但這主觀真實未必符合大眾口裡及眼裡的客觀事實（fact）。在這本書裡，薩德博士為催眠及艾瑞克森的人生做了一個接近客觀的歷史及關係記載，對於學習催眠，及艾瑞克森模式催眠的同好，值得好好閱讀，並停下反思。

在新的時代裡，我們一樣可以親炙艾瑞克森多元又細膩的催眠風采。

讓如同經歷催眠引導的閱讀經驗
沉澱出內在智慧

楊漢章

諮商心理師／擁抱心理博愛館心理諮商所長

　　有一項催眠的引導技巧，帶領人前往未來，在那個時間點的自己已經過世，正以靈魂的狀態參與自己的告別式。在告別式上，參加的親友會上台，真誠表露他們心中對自己的看法。而人們有機會透過這種催眠的方式，觀察、聆聽到來賓的致詞，從這個角度回顧自己的生命是否活出了自己想要的樣子。你可以想像有這樣一場的告別式嗎？你可以想像到有八十九位親友表達對你的看法嗎？

　　《史詩人生》一書就好像引領著讀者經歷這樣一場告別分享會，只是讀者是透過八十九段與艾瑞克森醫師親身接觸的專業人士的訪談記錄認識艾瑞克森這個人。有人描述他的慷慨，有人記得他的嚴謹，有人畏懼他，有人欽佩，有人認為他不接受別人的挑戰，有人感激他的指導，有人表示不喜歡他。

　　每一段訪談就像是一張張不同顏色的玻璃紙，代表著他人眼中的艾瑞克森醫師。一段又一段的訪談內容，就像把玻璃紙堆疊起來，重複多之處顏色較深，重複少之處顏色較淺。學習艾瑞克森催眠的讀者較常從著重催眠技巧或治療的資料中，了解關於艾瑞克森醫師的農村成長經驗、小兒麻痺與克服疾病的經歷、自我訓練過

程、治療案例等身為治療師的一面。而本書提供了珍貴的訪談紀錄，補充了一般學習者不易接觸到其他面向的觀點，讓讀者了解他人對於艾瑞克森醫師作為教師、作為朋友、作為專業社群成員的經驗，以及對他們的影響。

　　本書大部分篇幅呈現的是訪談內容，細細閱讀的過程就像聆聽好幾段故事。大量地說故事是艾瑞克森醫師引導催眠的手法之一，他會連續講好幾段有關或是無關的故事，而當事人會在意識層面或是潛意識層面接收故事，而喚醒某些反應，有時這樣的過程會持續數個小時！閱讀本書的過程如同經歷一段催眠引導，許多的片段出現，伴隨許多念頭與概念，而可以注意到一些體驗逐漸浮現。或許薩德博士是以平行艾瑞克森醫師說故事的方式，述說艾瑞克森醫師這個人的故事，允許讀者內在智慧沉澱出個人意義。

　　本書所提供的訪談內容就如同呈現出艾瑞克森醫師的「公開我」與「盲點我」，呈現艾瑞克森已知切的、廣泛被人所知的樣貌，同時也揭示艾瑞克森不知道的他者眼中樣貌。從訪談中可以看到不同的學習者與艾瑞克森醫師互動的經驗不盡相同，因此很難用單一的詞彙去定義他的樣貌，也不須要追究到底誰的看法才正確。他所呈現的「公開我」是相對多元多樣的，或許因應所互動對象不同而異。我想這是我在閱讀本書時獲得的啟發，我也會挑戰性地問自己：我是否把自我定義在單一的面向上呢？我是否能夠在與人相處時呈現多元的樣子呢？

　　這不是一本教導催眠的書籍，也不是一本分析艾瑞克森醫師人格或是他如何成功的書籍，而是一本記錄人與人之間彼此互動影響的紀錄。作為讀者、做為學習艾瑞克森催眠的人，你可以給自己一

項挑戰，想像你正在一個紀念艾瑞克森醫師的研討會，書中的訪談者現身直接述說他的經驗。用這個角度去閱讀，允許自己有同意與不同意的意見，允許你有喜歡和不喜歡的訪談內容，允許其他人對艾瑞克森醫師有自己的看法。你可以在閱讀的過程中，發展出你自己的聲音。

只有薩德博士承接得住的獨特傳記

蔡東杰

華人艾瑞克森催眠治療學會創會理事長、
自信催眠師線上學習平台創辦人

　　艾瑞克森醫師無疑是個複雜的人，在個人生命以及專業生涯都呈現出鮮明的獨特性。想要精準認識這麼一位馬賽克思考模式、謎一樣的人物，是不可能的任務。因此，試圖出版艾瑞克森醫師的傳記是極度艱難的挑戰，而這個挑戰只有薩德博士能夠承接得住。

　　我在 2002 年首度造訪位於亞利桑那州鳳凰城的艾瑞克森基金會，參加基金會主辦的密集訓練，就深深被艾瑞克森醫師吸引。對於當時初學催眠的我，艾瑞克森催眠讓我在既有的前世今生與舞台秀等印象之外，找到催眠運用在醫學治療的可能性，帶給我回到家安心的感覺。然而，艾瑞克森催眠並不是那麼容易親近，因為艾瑞克森醫師並沒有為人格或治療做任何的定義，他的治療又如此的天馬行空，我們往往無法理解他是如何展現魔法，為病人與學生帶來神奇的改變。二十多年摸索學習的過程，聽到許多老師分享他們與艾瑞克森醫師相遇的經驗，我也不經意在個人生活與臨床工作轉變的過去的習慣，而無緣與他老人家見上一面，總是一個遺憾。

　　傑夫對「史詩人生」的企圖跳脫一般個人傳記的思維。他以敘述個人經驗破題——艾瑞克森給了他許多不尋常的經驗，而這些經驗引發了傑夫自發性的成長。如同傑夫說的：「他（艾瑞克森）

是一位絢麗的說書人，但他絕不告訴我如何運用說故事在治療中傳遞概念。」這是一本啟發性的故事書，我猜想傑夫藉由這許多的故事，傳遞給讀者與艾瑞克森真實相遇的體驗。開頭的前面幾個章節，對心理治療與催眠的歷史做了描述，這些歷史最後匯流到艾瑞克森醫師身上，讓我們看見他以獨特的個人風格在心理治療與催眠佔有不容忽視的位置。傑夫探訪了九十位與艾瑞克森親身相遇過的人，他們分享了與艾瑞克森相處真實的體驗。

艾瑞克森治療的質與量都非常驚人，他能夠處理的問題種類也保羅萬象，留下了數百個臨床治療的案例報告。這些案例展現了他神奇的治療魔力，有一些他會做簡單的解析，而大多只是案例的描述。他公開的案例並不全部都是成功的，他也會認真承認，有時候即使經過長時間的努力他依然無法幫助到案主或案家。這是艾瑞克森迷人之處，他將治療活生生地呈現，不隱藏自己能力不足，坦然以對。

而「史詩人生」也呈現了類似的風格，傑夫將他探訪到的一手資料忠實呈現，讓我們對於艾瑞克森有較全面的認識。絕大多數的貢獻者描述了艾瑞克森對他們專業以及個人生命的正面影響，但也有少數人對艾瑞克森的評價不完全是正面的。尤其是他生涯早期接觸到的人，對於他強勢的個人風格都難免招架不住，甚至是討厭他的。這些反對意見在艾瑞克森專業生涯發展之初必然是強大的，而艾瑞克森以個人獨特的魅力為催眠治療開拓出一條全新的道路。這些分享都鮮明地展現艾瑞克森這個人，沒有任何隱藏閃躲、真實存在著，這也是我喜歡這本書的重要理由。

其中令我印象深刻的是兩位神經語言程式老師，史蒂夫‧安

卓斯與他的太太康尼瑞兒。史蒂夫認為艾瑞克森是世界上最偉大的治療師，但他與艾瑞克森相遇的唯一一次經驗，卻確認為艾瑞克森並不是一位理想的老師，他無法從艾瑞克森身上學到東西。而他的太太康尼瑞兒則體驗到一次生命重大轉變，確立了許多目標並且完成，其中包括與史蒂夫結婚。她為了找回第一次與艾瑞克森體驗到的美好經驗，再次回到鳳凰城學習，之後發展出個人風格的「核心轉換」（core transformation）以及「整體工作」（wholeness work）」。他們夫妻與艾瑞克森短暫的相處「喚醒」了他們潛意識的能量，即使艾瑞克森給他們有這麼不同的感受。他們在艾瑞克森醫師過世後與傑‧海利對話，傑告訴他們：「如果你們認為當時他很好，他（艾瑞克森）在年輕時更好。」

艾瑞克森對於催眠治療師專業背景要求是嚴厲的，大衛‧卡洛夫是一個清楚的例子。大衛跟傑夫很類似地因為閱讀了艾瑞克森的書籍，而想要跟艾瑞克森學習，並在 1973 年打電話給艾瑞克森。當艾瑞克森知道他並不具有醫學或心理學專業背景，立即強力抨擊，拒絕大衛學習的要求。而大衛並沒有停止跟艾瑞克森學習，繼續將書本學習到的東西運用在助人的工作，並且持續寫信給艾瑞克森分享他成功的案例。直到 1976 年，大衛再次打電話給艾瑞克森，他才接受大衛成為他的學生。在艾瑞克森過世前三個星期，大衛最後一次造訪艾瑞克森，在大衛離開前，艾瑞克森一反常態地用力抬起手跟大衛握手，看他的眼睛，帶著微微的笑容以及終了的氣氛：「再見，大衛。」做了生命的告別。艾瑞克森因為大衛展現了他學習的動機，接受他成為自己的學生，並且真摯地對待。當我翻譯到這一段，感動地流下眼淚。

《史詩人生》的獨特性絕對匹配得上艾瑞克森複雜獨特性。很榮幸有機會參與翻譯工作。非常期待你有獨特的閱讀體驗，開啟心靈寬廣的視野。

一段史詩人生的全息圖像

黃天豪

華人艾瑞克森催眠治療學會理事長、新田／
初色心理治療所首席顧問臨床心理師

　　每個時代都有著一些傳奇人物，他們以其獨特的才華和深遠的影響力，塑造了我們的世界。米爾頓・艾瑞克森無疑是其中一位傑出的精神科醫師、心理學家和催眠治療大師，他的生平和成就成為眾多心理專業人士追尋的靈感來源。傑佛瑞・薩德所著的《史詩人生》是一本引人入勝的傳記，從不同的視角展示了艾瑞克森這位傳奇人物的多元面貌。

　　我認為一本好的傳記，有三個重要的元素：精彩的主角人生、作者優異的觀點選擇、巧妙的內容佈局。而一本傳記，最令人害怕的，便是無止盡地歌功頌德，或刻意隱惡揚善。而這本傳記，有著好傳記的所有優點，同時避開了令人害怕的缺點。

　　作者薩德博士在這本傳記中，呈現了九十位專業者的觀點。透過這些真實故事和見證，我們不僅可以深入了解艾瑞克森的思維和治療方法，更能感受到他對於心理學和催眠治療領域的深遠影響。這些人又分別被定義為「第一代」與「第二代」，切分在他們與艾瑞克森的接觸主要是在 1970 年之前或之後。如此切分的理由是，在艾瑞克森生命的這最後十年（艾瑞克森 1980 年過世），他開啟了一個新的「教學研討」生涯；而在這十年，他的風格變得更為間

接、策略性、多層次，且充滿了故事與隱喻。

　　而除了那些追隨艾瑞克森，甚至願意自稱為「艾瑞克森學派」的人之外，作者也囊括了那些反對、批評甚至詆毀艾瑞克森的聲音。我發現，其中主要的分歧，在於「研究或實務」的關注焦點差異，以及對於其「策略性」方式的評論：操弄控制，或是敏銳尊重。

　　請容我在這邊加入我的觀點：就「研究或實務」而言，我認為艾瑞克森絕非不重視研究——畢竟他是一個撰寫了超過一百四十篇研究論文的人，很難說不重視研究的——相反地，他是一位充滿實驗精神、敏於觀察的「心智研究者」。我看見的是，隨著他的生涯，他的研究「粒度」不斷縮小，甚至不像「個案研究」還以「個體」為單位，還一路縮小直到個人內在的「部分」。此外，他的「實驗」還往往同時在不同人身上進行；因此我們會看到——特別是在最後十年的教學研討紀錄（可參考《跟大師學催眠》一書）——到最後每一次的介入，甚至每一段故事，都可能是針對教學團體中，不同人的全新個案研究，只是不再控制變項、不再寫成研究論文。這是一種選擇。

　　我相信，科學精神的極致，必然是充滿人文關懷的。而艾瑞克森對人的極致好奇與探索（當然很多源於自身的經驗），讓他最終成為一種近乎「巫」的存在。在這樣的狀況下，艾瑞克森究竟是「操弄控制」，或是「敏銳尊重」，或甚至是並存，我想就留給讀者自行判斷。

　　但不得不提的是作者的巧妙佈局：透過心理治療的歷史、催眠的歷史、催眠在美國發展的歷史、艾瑞克森的生命簡歷等段落，薩

德博士搭建了一個脈絡舞台。接著，他簡單地用「姓名順序」讓這九十位貢獻者的觀點輪番上台。於是文章段落時而長時而短、觀點有時正有時負（間或夾雜他自身的評論），形塑了一個極為立體的圖像。不過有些讀者可能會注意到，一本傳記，怎能沒有家人、朋友……的角度呢？事實上，這本書僅是艾瑞克森傳記第一集。在第二集裡，另有艾瑞克森的家人、朋友、鄰居，甚至病患等角度。兩本書組合成這樣的多元呈現，我想已經不是「立體」可以形容，而近乎「全息圖」（Holography）了。

對於華文世界的讀者來說，《史詩人生》的翻譯是一個重要的里程碑。催眠治療在華人世界中的認知和應用相對較少，一般教科書中不但沒有提到這位重量級的領域啟發者，多數的大學也幾乎沒有納入正式訓練課程中。而這本書將為華人世界的心理專業人士、學術界和廣大讀者帶來一個難得的機會，深入了解艾瑞克森這位催眠治療的巨匠。

然而我認為，《史詩人生》帶給我們的不僅僅是艾瑞克森的故事，更是一個關於堅毅、創新和自我發現的旅程。透過這些訪談，我們將了解到艾瑞克森是如何克服困難、發掘獨特天分並將其應用於心理治療領域的。他的故事將激發我們的勇氣和創造力，引導我們找到內在的自信和力量，追尋自己的史詩人生！

艾瑞克森：精采生活的榜樣

洪偉凱

艾瑞克森學派治療師、培訓講師

　　薩德老師花了幾十年的工夫，才收集完成本書所有跟艾瑞克森有關的專業人士訪談。然後薩德老師又花了幾年的時間在疫情期間全心全力把這本書編輯完成。這本書適合所有心理治療專業人士，也適合想要在自己人生上追求成為更好自己的你。艾瑞克森醫生是全世界認同的當代催眠之父，但其實他不僅僅是催眠天才，同時也是心理治療天才，他的技巧和方法不斷推陳出新，他總是在追求更好的治療。他人生晚期有許多學生不遠千里而來到鳳凰城跟他學習催眠、學習心理治療。透過 NLP 兩位創始人，理查‧班德勒和約翰‧葛蘭德的書，這個世界才真正認識艾瑞克森醫生，透過傑‧海利的著作《不尋常的治療》，心理專業領域的學生們才知道心理治療大師艾瑞克森的存在，跟他學習。這本書裡有早期的學生稱為第一代，有艾瑞克森晚期的學生稱為第二代。大部分第一代的學生都已經過世，而第二代的艾瑞克森學生們現在都成為當代偉大的心理治療師，他們持續在世界各地傳播艾瑞克森催眠與艾瑞克森學派。

　　這本傳記不是教導你催眠技巧或是心理治療概念。這本書是由全世界九十位心理治療大師或專家所共同撰寫而成。每個人對艾瑞克森醫生都有不同的看法和感受。有說艾瑞克森改變他一生的，

也有說艾瑞克森只是個頑固老頭子。在過去，我們只能從艾瑞克森學派的大師們口耳相傳，或是坊間關於艾瑞克森的許多書籍，才知道艾瑞克森神奇的事蹟和作為。現在，這本書帶給我們一個全方位完整的視角，讓我們可以一窺偉人的生平，看見艾瑞克森醫生就是一個有著超凡毅力以及大智慧的治療師，同時他也有他的弱點和缺點，他也是一個正常人類。

在艾瑞克森那個年代，他所認可在專業上跟他可以媲美的人，心理學大師格雷戈里・貝特森，人類學家瑪格麗特・米德是其中兩人，這兩人當時還是夫妻。貝特森在早期經常送學生去跟艾瑞克森學習。有記者在 1970 年代問貝特森，為什麼他後來不再送學生去跟艾瑞克森學習，貝特森回答，因為他之前送去跟艾瑞克森學習的學生們，都把艾瑞克森當成會耍神奇把戲做催眠的人而已，他們都過度簡單化艾瑞克森所做的治療和催眠，學家族治療的學生就看到艾瑞克森做家族治療很厲害，學短期治療的學生就看見艾瑞克森短期治療的技巧，學策略溝通的學生就只看到艾瑞克森的策略很厲害，他們都以偏概全，因此他不再送人去跟艾瑞克森學習。

這就像是瞎子摸象，摸到腿就說是柱子，摸到象鼻就說是管子，摸到大象耳朵就說是扇子。當代許多大師看見艾瑞克森厲害的地方，但沒有人可以全面了解他。而這本傳記就是幫助我們可以全面了解艾瑞克森最好的工具。透過不同的專業人士和治療大師，我們可以站在當代大師們的肩膀上，看見當代催眠之父艾瑞克森是怎樣的人，同時效法他的智慧和毅力，在我們自己的人生旅程裡成為更好的自己。

在艾瑞克森醫生過世前，薩德老師邀請艾瑞克森共同創辦艾

瑞克森基金會，艾瑞克森同意了。薩德老師同時也為了能夠跟他心愛的老師更加親近，搬到鳳凰城居住。一年之後艾瑞克森過世了，薩德老師繼續經營艾瑞克森基金會，並且舉辦世界心理治療發展大會。薩德老師在鳳凰城一住就是四十年，世界心理治療大會每四年舉辦一次，現在薩德老師已經是 75 歲，繼續經營艾瑞克森基金會，繼續住在鳳凰城，今年繼續擔任世界心理治療大會主席。艾瑞克森過世之後，薩德老師花了十年的時間跟鳳凰城市政府申請，在石頭山（Piestewa Peak ，舊稱 Squaw Peak）的半山腰建造艾瑞克森板凳，用來紀念艾瑞克森。艾瑞克森生前總是叫他的學生和個案去爬石頭山，這是他做治療的獨特方法，學生們和個案們總是念念不忘那個爬山獲得的頓悟或啟發。當艾瑞克森板凳申請通過時，艾瑞克森家人和薩德老師一磚一瓦把板凳建材搬到石頭山半山腰，他們自己建造板凳，然後將艾瑞克森的骨灰撒在板凳周圍。薩德老師數次提到，當他將來過世之後，他也要把骨灰撒在艾瑞克森板凳周圍，永遠常伴艾瑞克森左右。試問，有哪個心理治療學派的學生可以做到像薩德老師這種地步，在自己的導師過世後，繼續傳播艾瑞克森的學問和智慧四十年？繼續住在老師所在的沙漠城市四十年？

　　心理學的大師們在跟老師學習後總是想要自己出人頭地，比老師更好。心理治療是一個新興的專業領域，心理治療方法的推陳出新非常快速，幾年就有一個新的學問、技巧或治療方法出現。如果說有一個智慧一個哲學可以流傳千古，大概就只有《易經》、老子的《道德經》、孔子的儒家思想這一類的智者賢者可以做到。艾瑞克森學派之所以還繼續在世界心理治療領域發揚光大，沒有被新興潮流推翻，歸功於一個核心思想，順勢而為，也歸功於所有艾瑞

克森的學生弟子們，帶著對老師們的感激和熱情，將更好的心理治療、更好的催眠推廣到世界各地。艾瑞克森啟發許多心理治療大師成為更好的專業人士，我期待當你看完這本書，也同樣得到啟發，成為最好的自己。艾瑞克森的不平凡生活就是我們活出精彩人生最好的榜樣。

讓艾瑞克森於華人世界躍然紙上

傑弗瑞·K·薩德博士

米爾頓·艾瑞克森基金會主席

　　我很幸運在 1973 年首次遇到米爾頓·艾瑞克森（1901-
1980），當時我還是一名新手治療師，非常熱衷前往鳳凰城向他學
習。1978 年，我為了更接近他而搬到鳳凰城。1979 年，我成立了
米爾頓·艾瑞克森基金會，旨在延續和發揚艾瑞克森的貢獻。我對
艾瑞克森無限感激，他幫助我在專業和個人方面大幅成長，寫作
《史詩人生》則是我繼續榮耀他的方式之一。

　　很高興為這本中文版寫序言，也感激心靈工坊出版繁體中文
版，透過書籍持續把最好的心理治療方法傳遞給華人世界。同時，
我也感謝翻譯團隊成員，我的好友們——洪偉凱、蔡東杰和黃天
豪——承接了翻譯工作。

　　艾瑞克森慷慨地與許多學生分享他的知識和經驗，常常不收
取任何費用。艾瑞克森學派心理治療對世界各地無數專業人士產
生重要影響，對現代心理治療的貢獻至今仍持續發酵。他啟發了
許多專家，包括傑·海利（Jay Haley）、恩尼斯特·羅西（Ernest
Rossi）、史蒂芬·吉立根（Stephen Gilligan）、史蒂芬·蘭克頓
（Stephen Lankton）、理查·班德勒（Richard Bandler）、約翰·葛
蘭德（John Grinder）和羅伯特·迪爾茨（Robert Dilts）等等。當

然，他也啟發了我，我的貢獻反映了我對他的方法的了解。

艾瑞克森受訓成為一名精神科醫師，成為心理治療領域中不可磨滅的一位大師。他的工作孕育了許多方法，包括策略性治療、互動式治療、問題解決導向治療和神經生物學學派。作為二十世紀催眠治療領域的卓越人物，艾瑞克森也是敬業的醫生。

艾瑞克森扮演著諮商師、倡導者、導師，有時還是個案慈愛的父母。他強調個體的獨特性，根據每位個案的需求量身定做治療方法。他的方法並不刻板，也不固守一種方法。他不會被理論上無法解決的難題所困擾，每位個案都是一個全新的治療機會。他的好友瑪格麗特・米德（Margaret Mead）曾指出，他努力在每次會話中尋找新的解決辦法和方法。

艾瑞克森探索語言和非語言交流的微妙之處，作為改變的支點。他創造了引人入勝的體驗，影響了個案，而他們甚至沒有意識到這一點。艾瑞克森有能力發現個案內部存在著什麼障礙阻止了他們成功改變，他發現了解決這些障礙的方法，即使在最難以治療的個案中也是如此。

艾瑞克森採用的方法是務實的，過去治療的觀點是理解自己或是了解症狀的含義，但艾瑞克森重視的則是改變，以現在、短期為治療取向，治療方法基於催眠過程，雖然不總是使用正式的催眠。

心理治療師傳統上受訓成為熱心的傾聽者，但艾瑞克森訓練自己成為有效的溝通者。他認識到，透過處理症狀、社會系統以及使用情境裡的變異因素，可以促進改變。他精通順勢而為的方法，無論個案帶什麼議題來，都可以將之轉變成提升更好生活的部分條件。他是一位煉金術士，將鉛轉化成黃金。

艾瑞克森不論身為催眠治療師、心理治療師和教師等都表現出色，他使用催眠原理來激勵人們，但我最欽佩他的是他對待生活的態度。他克服了逆境，充分展現即使在逆境中也能享受生活。他十七歲時罹患小兒麻痺症，從此受縛輪椅上，但當我見到他時，他散發出溫暖和快樂。在他的陪伴下，你會感到他的注意力完全集中在你身上。無論你遭受了什麼疼痛或限制，艾瑞克森很可能比你更受苦，他把自己的痛苦和限制作為踏腳石，而不是讓身體限制定義了他。

艾瑞克森是一位多產的作家，發表了一百三十多篇專業論文，並參與、與他人合著多本書籍。他是美國臨床催眠協會（the American Society of Clinical Hypnosis, ASCH）的創始人和首任主席，曾在十年期間擔任《美國臨床催眠期刊》（*American Journal of Clinical Hypnosis*, AJCH）的編輯。在二十世紀 50 年代和 60 年代，他經常在美國等地旅行，向專業人員教授催眠術。艾瑞克森的存在和貢獻使得臨床催眠不再被視為不道德和狡猾的表演藝術工具。

艾瑞克森也致力於自我發展。在早期的實務中，他會進行傳統的精神病理學評估，然後寫出他猜測的個案社會歷史，與實際個案的歷史比較。同樣地，他會閱讀個案的社會歷史，並形成對其心理狀況的猜測檢查，將其與實際心理狀況診斷比較。他向眾多個案實踐這種方法，直到能夠全面理解個案的社會發展。

艾瑞克森以其洞察力而聞名，這並不是與生俱來的天賦，而是他挑戰自己直到精通之境。他經常透過預測醫院員工的行為來鍛鍊自己，並將預感寫下放在保險箱裡，直到確認或糾正自己的觀察結果。

艾瑞克森是一個很難概括的人，我認為藉由案例來了解他是最好的方式。以下是兩個案例，我參與了其中一個。

案例一

　　艾瑞克森（1966）報告使用一種他稱之為多層次溝通的非正式催眠溝通方法，在本案例中用於疼痛管理。

　　喬是一位花店主人，受末期疾病所致的慢性疼痛所苦。他服用大量的止痛藥，但毒性因而增加，幾乎沒有緩解。一位親戚請求艾瑞克森在喬住院期間看望他。艾瑞克森原計劃使用催眠控制疼痛，沒想到在會面前得知喬拒絕催眠。

　　與喬的治療課持續了一整天。

　　喬，我想和你談談。我知道你是一位花商，也知道你種植花卉。我在威斯康辛州的農場長大，喜歡種植花卉，現在也一樣。所以，我希望你坐在這張舒適的椅子上，聽我談論花卉，因為你比我懂花卉。這並不是你想要的。

　　現在當我說話時，我可以「舒服地」[1]這樣做，我希望你能「舒服地」聽我談論番茄。這是一件奇怪的事情，讓人好奇……為什麼要談論番茄？一個人將一顆種子放在土地裡，希望假以時日長成番茄，帶來果實的「滿足感」。種子吸收水分，「不太困難

---

[1]　作者註：在此，我用引號表示可能用稍微不同的語調說出的「催眠」建議，表示多層次溝通。

地」，因為降雨帶來「平靜和舒服」……（艾瑞克森，1966 年，
203 頁）。

喬回應了艾瑞克森關於番茄的冗長獨白，隨後離開了醫院，體
重增加了、力氣回來了，對止痛藥的需要也減少了。

通過討論植物，艾瑞克森利用了喬熟悉和重視的內容，提供
一個框架，分散喬對於疼痛的不適感。艾瑞克森的交流方式是間接
的，先呈現概念，再加以發展。他沒有直接針對、或分析喬對治療
的需求或抵抗，沒有介紹自己作為改變的代理人，也沒有使用正式
的催眠，但是，他確實指出了喬可以如何改善生活。

案例二

這是我最喜愛的一個案例，因為艾瑞克森是我這個案例的督
導。

有一名律師為了一件案子找上艾瑞克森，律師認為案子裡催眠
被不當使用。這是一宗謀殺案，警察隊目擊證人使用催眠。辯護律
師問艾瑞克森是否願意當專家證人，但是艾瑞克森說他太老了，建
議律師來找我。

我告訴這位辯護護律師我之前從來沒有在法院作證的經驗，但
很樂意提供為催眠是否使用恰當提供一點意見。這名律師說在用我
當專家證人之前，他必須先提供法官們一些我足以擔任此職務的憑
據。他告訴法官我是世界級催眠權威米爾頓‧艾瑞克森的弟子，法
官們認可了我的資歷了。

緊接著，檢察官找上艾瑞克森，因為艾瑞克森之前曾在鳳凰城警局教授警官們偵查催眠的課程。事實上，他很可能教過在這個案子裡執行催眠的警官。他告訴檢察官，因為他的身體羸弱無法出庭作證，因此檢察官問他是否願意以出具供詞筆錄的方式作證，艾瑞克森同意了。

　　當檢察官提到艾瑞克森的資歷時，他說：「由於辯方認可米爾頓‧艾瑞克森是催眠界的權威，我們想讓他為這個案子提供意見。」當然，法官同意了這項請求。

　　所以結果是艾瑞克森代表控方，我代表辯方。我的忐忑不安可想而知。

　　我問艾瑞克森為什麼改變心意決定作證，他說：「你會學到一些事情，不是嗎？」我說：「沒錯。」

　　即使旅行對艾瑞克森而言相當不便，他還是坐上了警車到警局看催眠錄影帶。除了給我一次機會教育之外，艾瑞克森想必認為這件案子很重要。

　　當我們聊天時，我告訴艾瑞克森我對出庭作證很緊張，請他給我一些意見。他用這句話作為下面這個故事的開場白——「了解對方的律師」。

　　艾瑞克森接著說，他有一次代表丈夫，為一件爭取孩子監護權的案子作證。他相信這個太太有嚴重的精神疾病，很可能會虐待孩子，丈夫顯然較適合爭取監護權。

　　艾瑞克森繼續說，他猜想對方律師是一個相當難纏的人，他認為事情不會進行得那麼順利，因為這個丈夫的律師沒有給他任何對方的資料。當他出庭作證那天來臨時，對方律師完全是有備而來，

她準備了十四頁的問題要問艾瑞克森。她以挑釁問題作為開場白：「艾瑞克森醫師，你說你是一位精神科的專家。誰有權威能佐證你的說法？」艾瑞克森回答：「我就是自己最好的權威。」他知道如果他提到任何其他人的名字，這個準備周全的律師一定會引用相反權威的意見來貶低他的專業可信度。

這名律師接著問：「艾瑞克森醫師，你說你是一位精神科專家，什麼是精神科」艾瑞克森說他當時這樣回答：「我可以給你舉個例子。任何一個美國歷史的專家都知道賽門‧葛蒂（Simon Girty）又叫做『下流葛蒂』（Dirty Girty）。任何一個不是美國歷史的專家都不會知道賽門‧葛蒂又叫做『下流葛蒂』。任何一位美國歷史的專家都應該知道賽門‧葛蒂又叫做『下流葛蒂。」

艾瑞克森接著說，當他抬頭看法官時，他坐在席上，正把頭埋在手裡，法院的書記官正在桌找他的鉛筆，丈夫的律師正努力壓制哄堂不可遏制的笑聲。

艾瑞克森舉了這個（似乎不相關）例子後，這名律師把她的稿子丟在一邊說：「艾瑞克森醫師，我沒有更進一步的問題。」

然後艾瑞克森看著我說：「那個律師的名字⋯⋯就叫做葛蒂（Gertie）。」

艾瑞克森的軼事有趣且迷人，在談笑之間，他表述了他的要點。如果艾瑞克森只是直接告訴我：「不要被法院的排場給嚇到了。」我想效果將會很有限。但是由於他不直擊要害的溝通方法，現在要我走入法院而不想到「下流葛蒂」，已經是不可能的事。

當這個案子隨著被告承認有罪而終審之後，我們彼此討論我們的發現。我們同意催眠並沒有被誤用。事實上，艾瑞克森說因為警

官用了一套標準技巧，這次催眠事實上對受試者沒有什麼效果，幾乎沒有激發什麼反應。

艾瑞克森的案例展現了他作為一位精神科醫生和導師的形象。

艾瑞克森是一個吸引人的超凡人物，觸動人心靈最深處。作為他的傳記作家，我希望提供一些視角，讓艾瑞克森的本質躍然紙上。所以，在四十年的時間，我採訪了那些認識他的人，這本書正是這些採訪的集合。我希望讀者也能從艾瑞克森身上獲得靈感。認識艾瑞克森讓我的生命更加豐富；我仍然致力於讓他的啟發持續傳承下去。

獻給我的孫女，莉拉·貝爾（Lyla Belle）

謝謝你帶給我們嶄新的家庭生活

致讀者

　　這本書是關於米爾頓‧艾瑞克森引人入勝的訊息和故事的拼貼畫或馬賽克，可以從頭到尾欣賞，或閱讀其中片段點滴。這種格式讓我想起早期印在塑料片上的全息圖。這個結構背後有一個意圖：表現米爾頓‧艾瑞克森是一個馬賽克式的想家，而不是一個線性思考者。在提供催眠引導、進行治療甚至教學時，艾瑞克森使用的都是啟發式（簡化假設）而不是逐步的程序式方法。這本書體現了他的具創造性的馬賽克風格。

　　我沒有像傳記作家那樣，解釋艾瑞克森的複雜本質並詳細說明他的職涯網絡，而是選擇提供關於他對專業人士產生影響的故事，以及他們對艾瑞克森各式各樣的觀點，如此一來，你，讀者，就可以得出自己的結論，並可以自由地做出你自己的發現。我希望這本書能發生催眠作用，如此對艾瑞克森的認識是啟發出來的，而不是引導而來的。一位卓越的艾瑞克森派催眠師會引導個案朝向體驗催眠狀態，共同拼貼他們的馬賽克（Zeig, 2014）。

　　本書不僅寫給相關專業界人士，也寫給一般讀者。艾瑞克森在心理治療史上佔有一席之地，因為他的貢獻是許多不同學派的源泉。但艾瑞克森的一生能夠引起大眾的共鳴，是因為他的生命是典型戰勝逆境的勝利故事，鼓舞人心。

　　米爾頓‧艾瑞克森在幾代人的一生中留下了不可磨滅的足跡。因此，無論您只是為了吸收資訊而打開本書，還是想創造性地利用

它來獲得喚醒式的體驗，從而啟動蟄伏的資源和優勢，都請盡情享
受這本書。

傑弗瑞・薩德博士
於米爾頓・艾瑞克森基金會，亞利桑那州鳳凰城

【第一部】

觀點

序

　　1973 年 12 月，我當時二十六歲，剛得到臨床心理學的碩士學位，有機會與米爾頓‧艾瑞克森醫師學習（記錄在薩德，1985）。艾瑞克森不僅是我所遇見最有趣的治療師和老師，也是我遇過最令人著迷的人。

　　當時我正沉浸在學術研究的世界，老師們都提供著我所需要反思的教材，但這並不是艾瑞克森的教學風格。從 1973 年到 1980 年，超過六年時間，我陸陸續續拜訪艾瑞克森，最後為了更接近他而定居在鳳凰城，他從未對他聞名遐邇的技巧多做解釋。他是一位聰明的說書人，但從未告訴我如何把說故事運用在治療中。

　　我第一次拜訪艾瑞克森時，他說了一個故事暗指第二天就是他的生日。故事從紐奧良的一家餐廳開始，紐奧良以世界級海鮮聞名，尤其是生蠔。當服務生來到桌邊，艾瑞克森點了二十四顆生蠔。這本來很尋常，但他又點了十二顆。吃完了，又點了十二顆。吃完了四十八顆生蠔後，他要求服務生再來一打。服務生茫然不知所措，艾瑞克森發現到這一點，接著隨口說：「六十顆生蠔，慶祝六十歲生日！」那是艾瑞克森慶祝六十歲生日的方式。而比一個人一餐吃掉六十顆生蠔更令我驚訝的是，艾瑞克森提醒我 12 月 5 日是他生日的方式，我對那個經驗印象深刻。他引導我，讓我有個領悟，而不是直接告訴我他想傳達的訊息。

　　另一個故事：我非常緊張，就要拜訪偉大的米爾頓‧艾瑞克

森，他以非凡的觀察力聞名。我在想，他擁有「X光透視力」，可能直接看穿我，這讓我感到很脆弱。我們第一次見面相當不尋常，我一輩子都忘不了。我算錯了從舊金山灣區開車到鳳凰城所需時間，以致當我抵達艾瑞克森家時，已經是晚上十點半了，我感到很尷尬。在門口歡迎我的是艾瑞克森的女兒蘿珊娜，她為我介紹她的父親，此時他正坐在靠近前門左邊的椅子上看電視。蘿珊娜介紹：「這是我的父親，艾瑞克森醫師。」

艾瑞克森頭面向前方沒有看我，他以緩慢、機械式、階梯式動作抬起頭。當他抬頭到了水平的位置，他以緩慢、機械式、相同階梯式動作扭轉頭，直到我們眼睛對視。他將眼神固定在我身上，但眼神又似乎散焦。接著，用緩慢的、機械式、階梯式動作從我身體中心線往下看。我被這個行為搞得慌亂，完全被迷惑了。這輩子從來沒有人用這樣的方式接待我。

片刻之間，我凍結了，完全不知道該做什麼。接著，蘿珊娜快速催促我到另一房間，並且跟我解釋說她老爸就是愛開玩笑。我並不相信艾瑞克森是在跟我開玩笑，他做了一次非口語的催眠引導，中斷了我的意識模式。我預期他會跟我問好並且握手，但因為他並沒有那麼做，我就無法依賴一般初次見面時所熟悉的社交互動模式予以回應。

艾瑞克森示範了一個催眠現象——階梯式僵直動作——這是他邀請我體驗的催眠現象。在催眠狀態裡的人也會出現類似的僵直動作。透過向上、向下察看我身體的中線，艾瑞克森吸引了我的注意力，他在暗示我「「向下、向內」」體驗催眠狀態。

無論是教學或治療，艾瑞克森都是策略性思考，也常常運用

戲劇化過程。他會建立一個策略性動能，一小步、一小步地簡單引導，最終走到他想要的結果。艾瑞克森好幾次在我身上運用這個過程。

有一次，他幫我戒菸。我們剛認識不久，我抽菸斗成癮了。我認為那符合我作為一個年輕、聰明心理學博士的形象。很明顯地，我後來變得成熟些，感謝艾瑞克森促發了這個改變。

在我們談話前，艾瑞克森看到我在後院等待時抽菸斗。訪談中，他告訴我一個冗長、輕鬆愉快、迂迴，同時令人難以忍受詳盡之極的故事，那是關於一個抽菸斗的「朋友」。艾瑞克森說這個朋友很笨拙，他放菸草到菸斗很笨拙，他應該用手指把菸草戳進去嗎？他應該用菸斗的工具嗎？他應該用鉛筆的筆尖嗎？他真的很笨拙，因為他花了很多時間找尋可以放菸斗的地方。他應該把菸斗放在地板上嗎？他的大腿上嗎？桌子上嗎？他就是這麼笨拙。他也不知道怎麼拿菸斗，他應該用兩隻手指頭嗎？三隻手指頭嗎？手掌心嗎？而就這麼持續著。他把煙吐出來的時候也很笨拙，他應該用穩定的氣流把煙吐出來呢？還是擴散地吐出來呢？往左邊還是往右邊呢？我真是搞不懂抽菸斗時，怎麼可以有這麼多笨拙的樣子。

當艾瑞克森持續了感覺像是好幾個小時，我開始思考，「為什麼他要告訴我這個故事？我已經抽菸斗一段時間了，而我並不笨拙啊！」多年之後回顧那次經驗，我後來更加認識艾瑞克森，我相信他當時一定是看到我有個反應，或許是下意識地點了頭，他就停止了那個老舊故事。

在那次談話後不久，當我開車回加州的路上，腦袋突然出現一個想法：「我不想再抽菸斗了！」而那就像眼前的公路一樣清晰。

我就這樣戒菸了。回到家後，我丟掉了昂貴的菸斗與配件，也不再渴求抽菸了。我對艾瑞克森隱藏的指令有了驚人反應，我當然不想在他或其他人面前顯得笨拙。

艾瑞克森對我使用的技巧是中斷模式。他讓我對自己抽菸斗的行為感到如此不自在，以至於我無法再抽菸。意識過程取代了我無意識裡自動化的習慣模式，最重要的是，停止抽菸的決定是我自己的選擇，我不需要艾瑞克森來警告我抽菸對健康的危害，只需要他暗示我，我抽菸的時候看起來很笨拙。

很有趣的是，我發現艾瑞克森從不詢問我他的治療有什麼結果。對他來說，確認結果成功是不必要的。那是我自己的成就，而我相信他想要我肯定我自己。

以下是另一個故事，關於艾瑞克森運用戲劇性過程來表達他想要的：

1978 年，當時我正在組織第一屆艾瑞克森學派催眠與心理治療國際大會，這是我獻給艾瑞克森，感謝他這些年免費教導我並成為我的導師的禮物。那天傍晚艾瑞克森有點疲憊，但我想要繼續工作。當時的我年輕、過動、說話又快，不斷向他丟出問題，包括大會形式以及講師群要邀請誰。我希望每件事都做到好。

艾瑞克森對我緩慢又溫柔地說：「傑……夫……，快要六點了。」為了趕進度，我打發他說，「是的，是的，我知道。」他繼續說：「好的，你知道我困在輪椅裡。」我說：「是的，我當然知道。」「好的，你也知道我在農村長大……」我接著說：「是的，是的。」「……而我喜愛戶外活動，但，因為我身體虛弱，我無法常去外面。」

我沒耐心地回應：「是的，是的，我知道。」他繼續說：「我會看電視，因為我的視力無法讀太多書。」我說：「好的，是的。」他接著說：「你知道我喜歡看有關大自然的節目、有關動物的節目，六點是我的動物節目開始播放的時間，這是我可以參與戶外的方法。」我回答：「好的，我知道。」他最後說：「你知道，如果我沒辦法看到我的動物頻道，我會很生氣。」我說：「我這就離開。」

直到今天，那次的經驗讓我學會如何有效表達憤怒。另外，我對他如何構建策略步驟，並達成他想要的結果印象深刻。

我記得另一次當我全心投入要完成第一屆大會的時程表時，我問艾瑞克森我是否應該將一位以整合生理與心理取向聞名的大師納入講師群。艾瑞克森回答我：「不，他的身體太緊繃了。」艾瑞克森的回答清楚表達了雙重意義：不，他不希望我邀請那位大師，同時也讓我知道我自己緊繃的狀態。我於是深呼吸，放慢腳步。

艾瑞克森是我遇過最厲害的溝通大師，他所說與所做的每一件事都不可思議地精準，每一個字、每一個動作都恰如其分地，是他所想要溝通的，這在我身上產生的效果是，我感覺被愛，也真正被看見，結果是我成為更好的傑弗瑞·薩德。

在這本書中，你將會看見許多類似我所分享的故事。我期望藉由閱讀這些故事，你能夠成為最好的自己。

參考文獻

Zeig, J. K. (1985). *Experiencing Erickson*. Brunner/Mazel Publishers, Inc.

時代背景

　　時間是 2019 年 12 月 2 日，在我第一次遇見米爾頓‧艾瑞克森之後整整四十六年。我坐在艾瑞克森辦公室裡他用來進行催眠的個案綠色椅子上做白日夢。他的辦公室位於客房，或稱為「小房子，」只有郵票般大小，雖然如此，這是他生命最後十年工作的地方。那個房子位於東黑沃大街 1201 號（1201 East Hayward Ave.），現在稱為艾瑞克森歷史博物館（the Erickson Historic Residence），吸引了全世界想要目睹艾瑞克森居住與做治療地方的訪客。[1]

　　艾瑞克森不起眼的客房緊連著他不起眼的主房，座落在一個不起眼的社區裡。1970 年代我拜訪艾瑞克森時，就住在這間客房裡。瑪格麗特‧米德（Margaret Mead）、恩尼斯特‧羅西（Ernest Rossi）與其他來跟大師學習的人，也都住過這間客房。

　　艾瑞克森辦公室的兩面牆是磚瓦建造，漆上淡綠色。手工書架是艾瑞克森兒子，亞倫親手做的，上面整齊擺放書本，讓辦公室顯得更擁擠。許多書籍是其他專業人士送給艾瑞克森，他們的事業成就都來自艾瑞克森的功勞。他的辦公室裡裝飾著特殊紀念品與原住民手工藝品，包括墨西哥、美國印地安人、澳洲以及愛斯基摩人。

---

[1]　作者註：艾瑞克森歷史住所的虛擬導覽：
https://www.ericksonmuseum.org/virtual-tour/
艾瑞克森歷史博物館實體導覽：
https://www.erickson-foundation.org/erickson-museum/

架上有仰慕的學生送的禮物、個案做的雕像，他們用自己的藝術品換取艾瑞克森的治療。也有一些墨西哥斯瑞印地安人（Seri Indians）簡單但很有價值的動物鐵木雕像，用很原始的工具製作，加上海砂打磨、鞋油染色。艾瑞克森應該是斯瑞鐵木雕像最大量的私人收藏者。

墨西哥西北部的索諾蘭沙漠是鐵木大量生長的地方，這種木材密度很大，會沉到水裡，需要在沙漠中燻製好幾年才能夠用來雕刻。為了表達對艾瑞克森的尊敬，我在我家的沙漠前院裡種植了一棵鐵木。

人類學家詹姆斯·希爾（James Hill）鼓勵貧窮的斯瑞印地安人收集棄置在沙漠的鐵木，用來雕塑，販賣這些鐵木雕像以改善部落的經濟。他的想法就是煉金術──一種看似神奇的轉化與創作過程，把看起來無用的東西轉化成有價值之物。也許艾瑞克森刻意用這些鐵木雕像作為他心理治療的隱喻使用，他把個案的「問題」變成促進療癒的一部分。艾瑞克森也非常喜歡木雕，他年輕時是很厲害的木雕師傅。不論出於什麼原因，艾瑞克森歷史博物館收藏了大量的雕刻作品。

艾瑞克森的辦公室充斥著紫色：一幅紫色的畫、一頭紫色的瓷器牛、一頂很大的手工紫色巫師帽，以及他書桌上的紫色針織枕頭。各式紫色的陰影陪襯暗沉的鐵木。我很早就知道艾瑞克森是色盲，而他最容易看見的顏色是紫色。

我正坐著的這把綠色皮椅並不是你想像中會在一位舉世聞名醫師辦公室裡看到的，只是一把圓筒靠背椅，普通材質。艾瑞克森過著簡樸，一點也不富麗堂皇的生活。這把椅子坐起來並不舒服，這

或許是為什麼他把它當成催眠椅的原因。他希望舒服的感覺是由個案內在所激發，而不是依靠座椅。既然艾瑞克森因為發展短期治療而聞名，我猜想他並不希望個案太舒服。我在高級餐廳也遇過類似的態度和陳設，餐廳不鼓勵人們待太久，吃飽就可以離開了。

塞進艾瑞克森辦公桌的是一把老式的旋轉辦公椅。在他還沒完全癱瘓、仰賴輪椅之前，他會用力將自己從輪椅上推起來再掉入那把辦公椅，有時一坐就是幾個小時，大多時間都在編織治療故事。書桌左邊是一個小檔案櫃，一張中西部農村夫妻的相片就懸掛在櫃子上方。它讓我想起名畫裡那對樸實無華的夫妻，美國哥德式（American Gothic）風格照片。相片裡的男女是艾瑞克森的父母，相片是在他們結婚六十週年紀念時拍攝的。

書桌上有一支鉛筆，上面印著「米爾頓‧艾瑞克森，亞利桑那州鳳凰城賽普瑞斯街 32 號」（32 Cypress St., Phoenix, AZ），這是艾瑞克森的舊家地址，他從 1948 年到 1970 年都住在舊家。牆上有一幅由家庭朋友繪製的賽普瑞斯街舊家鉛筆畫，此外還懸掛著一些泛黃的執照、獎狀。

書桌上有兩個小玻璃容器，裡面裝著小型的鐵木雕刻，通常作為艾瑞克森催眠引導的聚焦物。旁邊是兩個綠色的瓷器，艾瑞克森太太會從辦公室外面的花園裡剪下紫色的百香果花，插在瓷器裡。百香果花很少活超過一天，但艾瑞克森很喜歡，或許是因為它們短暫的美麗。過去原住民把這些花當作止痛藥，現在則用做同質療法藥物。

書桌上一個小塑膠方塊裡放著家庭相片，旁邊是機械日曆，時間永久停留在 1980 年 3 月 25 日，艾瑞克森過世的那一天。還有

一個我送給艾瑞克森的禮物，一個金屬印刷版，上面刻著艾瑞克森第一次為我在書上簽名的一句話，是他媽媽最喜歡的詩人龍飛洛（Longfellow）詩作的小改寫。龍飛洛這麼寫：「在每一個生命裡，都會下一些雨。」艾瑞克森在我的書上簽寫：「在每一個生命裡，都會有些困惑，也會有些啟發。」

　　艾瑞克森的書桌上有些「小道具」，可用來闡明一些療癒故事，激發個案深刻體驗。三個道具裡，其中兩件是個案送的禮物，一位二十歲智能遲緩的女孩子所編織的紫色母牛，以及一隻有一雙塑膠大眼睛的淡紫色毛織章魚，是一個有尿床問題的小女孩所做。

　　辦公室的角落放著一個塗上蟲膠漆的木桶廢紙簍，底座與旁邊貼著堅固耐用的皮革邊，是亞倫手作。緊鄰著書桌的一個小書櫃，擺放一些關於艾瑞克森工作的書籍，即他有生之年少數的出版品。至今，已經有超過一百本書籍與無數的論文認可艾瑞克森的貢獻。

　　乍看之下，這個辦公室似乎是隨意裝飾，但我了解艾瑞克森，我相信這些擺設都有隱含意義。

　　艾瑞克森希望他的個案在辦公室裡感到自在，不起眼的居家擺設，以及明顯對於人們所贈送禮物的欣賞之情，都強化這個目的。對我而言，辦公室內這些物品的綜合擺設呈現出艾瑞克森的完整人格樣貌——敏感、關愛與滿懷感激。每位到過艾瑞克森辦公室的人，都會有他們自己的印象與體驗。身為老師與導師，艾瑞克森帶給我的回憶既精彩又富含意義。

　　除了艾瑞克森的辦公室之外，客房裡還有一些小房間：一個客廳／廚房、浴室和臥室。這個客廳仍舊擺放著個案在艾瑞克森辦公室外候診時坐的淡橘色沙發。當艾瑞克森從私人執業退休後，他在

這個客廳裡舉辦催眠工作坊。那把綠色椅子在辦公室時曾經是讓個案使用的，被移到客廳作為學生的催眠椅子。

從這間簡單、小小的辦公室裡，心理健康領域大幅演進，由一個弱小並且有許多身體疾病的人發起。他在高中畢業後罹患小兒麻痺，中年開始遭遇多次後小兒麻痺症候群。在生命最後十年，艾瑞克森有視覺雙重畫面、聽力障礙、動作失調，加上因為沒辦法戴假牙，他連說清楚每一句話都很困難。

他曾經可以像演員一樣精準掌控聲音變化。當我遇見艾瑞克森時，他身體虛弱，也為慢性疼痛所苦。然而即便身體承載這些問題，或許正因為這些問題的存在，他成為一位厲害且充滿魅力的溝通者。

當個案呈現他們人生的限制和痛苦，很明顯地，艾瑞克森有著更多限制和痛苦。當個案抱怨疼痛，他們會看到艾瑞克森也承受慢性疼痛之苦。但大部分時間他都笑著，在人類困境裡找到幽默感。當他說話，他從自身經驗的智慧說話。他成為個案的榜樣，在在訴說著：即便身體受到許多限制也可以享受生命，即使疼痛難耐也可以享受生命。

米爾頓·艾瑞克森醫師是現代催眠與短期治療之父，也是史上最偉大的心理治療師。偉大的人類學家格雷戈里·貝特森（Gregory Bateson）稱他為「溝通界的莫札特」。我很榮幸成為他第一本傳記的作者。我是眾多因為認識他而改變人生的其中一人。

【第二部】

基本認識

前言

　　以下四個章節提供關於艾瑞克森、米爾頓‧艾瑞克森基金會，以及催眠與心理治療的歷史背景。已經熟悉這些主題的讀者可以跳過這些章節，直接進入專家談論的部分，甚至直接進入他們貢獻的段落。請記得，這本書並不需要照著順序閱讀，任何章節都可能出現有價值的觀點。

　　此外，如果你沒有研究過催眠，閱讀本書時有兩個參考資料需要澄清：其一是賀伯特‧史畢格（Herbert Spiegel）的眼球翻轉技巧。史畢格提出催眠受暗示性是由基因決定的，有一個基因型是眼睛向上看時，可以翻轉到瞳孔消失不見的能力。完全眼球翻轉能力被認為是良好催眠對象的指標。

　　另外一個參考資料是手臂飄浮。艾瑞克森發明了手臂飄浮，在他之前，催眠領域並沒有手臂飄浮現象。他做手臂飄浮有多個目的，包括促進催眠引導，同時提出證明給個案，讓個案知道自己已經在催眠狀態裡。

關於米爾頓・艾瑞克森

　　米爾頓・艾瑞克森醫師（1901-1980），是世界聞名的精神科醫師，他在催眠與心理治療持續對專業人士與他們所治療的個案帶來深遠影響。他培養出許多知識淵博的繼承者，他們運用從他身上所學到的基礎養分，發展出自己獨特風格的治療學派。

　　他在 1901 年出生於美國內華達州奧倫（Aurum, Nevada）。小時候，他搭乘有蓬馬車跟著家人從內華達州往東行，在威斯康辛州一個農村定居。高中畢業那年暑假，艾瑞克森罹患小兒麻痺，終其一生都為小兒麻痺後遺症所受苦。艾瑞克森總是說小兒麻痺教會他最多的人類行為。

　　1928 年，艾瑞克森從威斯康辛大學畢業，獲得碩士與醫學博士學位。1930 年代，他開始執業生涯，擁有幾個學術職位。1930 年代中期，他離婚、獲得三個孩子的監護權，跟孩子們搬到密西根州愛洛思（Eloise, Michigan）。他是韋恩大學醫學院精神醫學系副教授以及心理學研究所的教授。因為他的貢獻，也是密西根州立學院（現在的密西根州立大學〔Michigan State University〕）臨床心理學的客座教授。

　　在 1950 到 1960 年代，艾瑞克森在亞利桑那州鳳凰城私人執業。他在許多專業期刊發表論文，撰寫大量學術文獻，到美國各地演講，有時也遠赴國外，同時致力於專業團體的發展。到了 1970 年代，他在鳳凰城的家中只看少數個案，同時在家舉辦催眠工作

坊。他開始變得非常有名，因為關於他和他的治療方法書籍介紹，他會與學生與同儕一起拆解他的治療工作。

艾瑞克森總共寫了將近一百四十篇專業論文。1957 年，他成立了美國臨床催眠協會，同時擔任第一屆會長。他擔任該學會期刊編輯長達十年，也是美國精神醫學會、美國心理學會以及美國科學促進學會的終身學者。由於創新與先驅的治療工作，他獲頒許多榮譽與獎項。

艾瑞克森重新定義催眠在心理治療的角色，亦即催眠是一個工具，用來誘發個案的力量與資源；不把催眠當作權威指令來使用。艾瑞克森以他天才般的治療方法聞名，但他相信他所做的只是明顯而且可以覺察到的。然而，他突破性的心理治療方法，讓他成為二十世紀心理治療的重要貢獻者。

艾瑞克的朋友瑪格麗特‧米德在 1977 年這麼寫：「米爾頓‧艾瑞克森令人驚奇之處在於他的原創性，他並不想要跟別人不一樣，只是在自己治療工作裡求新求變……我們可以這麼說，如果可以想到新的方法做治療，米爾頓‧艾瑞克森絕不會用舊的方式解決問題，而通常他都做得到這一點……那些與他近身工作的人必須隨時保持警戒，要有心理準備會對某些事件感到驚喜、錯愕或不知所措……身為研究艾瑞克森治療工作者其中一員，我發現自己對這一切著迷，艾瑞克森喚醒、激勵了我。」

▍參考文獻

Mead, M. (1977, July). *The Originality of Milton Erickson.* (Vol. 20, pp. 4-5). American Journal of Clinical Hypnosis.

傑弗瑞·薩德與米爾頓·艾瑞克森基金會

　　我覺得我應該要討論一下關於艾瑞克森、催眠、心理治療，以及艾瑞克森基金會這些議題。

　　我在 1972 年開始學習催眠，當時我正在舊金山州立大學就讀臨床心理學碩士班。在 1974 年，我取得加州婚姻、家族與兒童諮商師執照，一直到現在我仍私人執業。1977 年我取得博士學位，1978 年在亞利桑納州成為領有執照的臨床心理學博士。

　　我在專業上的使命是在眾多心理治療領域找尋共同點，整合關於有效治療方的原則與方法。我寫了好幾本關於催眠、艾瑞克森治療，以及一般心理治療的書籍，也在五大洲、四十個國家教導催眠。

　　近幾年我對催眠與心理治療的貢獻包括，解構與了解催眠與心理治療的根本元素、幫助治療師發展更好的狀態，因此他們能夠提供更有效治療、獲得更好療效。我也探究藝術家的喚醒式溝通，找到他們所運用的方法，用來提升心理治療的效果。（請見 emotionalimpact.net）

我與催眠的歷史

　　當我還是碩士班研究生時，參加了第一次催眠培訓課程。我

對一位接受過米爾頓‧艾瑞克森訓練的專家著迷，他引導一位醫師進入催眠後，突然給了一個手臂飄浮的暗示，受試者被暗示他的手臂會抬起來，即便他不會感覺到任何移動。我驚呆了，從來沒有看過這樣的事。他接著給了手套麻醉的暗示，暗示受試者的手被麻醉了，接著暗示血流控制。那次的示範說服我投入催眠研究。

那位醫師任職加州紅木市（Redwood City）社區醫院，也就是他，精神科主任查爾斯‧歐康納醫師（Charles O'Connor, MD）介紹我認識艾瑞克森的工作。我在那裡實習，這是臨床心理學碩士班課程的一部分。我請求歐康納教我催眠，出乎我意料，他叫我星期六到他的辦公室接受催眠。我同意他的提議，但感到不安，心中充滿了對催眠的許多迷思與錯誤想法。

在歐康納的辦公室，我緊張地用手指頭敲打椅子的扶手。他告訴我聚焦在我的手指動作，同時注一個模式：我要覺察手指頭如何慢下來、節奏如何改變、我的注意力如何改變。我為這個過程感到著迷，詢問歐康納學習這個主題的閱讀資料。他推薦我閱讀艾瑞克森的作品。

當時，只有很少量的艾瑞克森論文集，我很熱切地讀完了全部。艾瑞克森所做的治療是我無法想像地先進，像是幾個光年遠的距離。後來我發現歐康納要我聚焦在手指動作模式的方法，正是艾瑞克森順勢而為的治療手法。

後來心理學博士艾瑞克‧格林利夫（Eric Greenleaf, PhD）受邀到我就讀的研究所教授艾瑞克森的催眠方法，有些學生邀請他到家裡開課，我參加了那些課程，著迷不已。1973 年，在我第一次開車穿越沙漠拜訪艾瑞克森之前，我參加了賀伯特‧史畢格醫師在南

加州舉辦的工作坊，遇到了羅伯特・皮爾森（Robert Pearson），恩尼斯特・羅西也出席了，但我們還沒有正式見面。後來我發現他正在編寫艾瑞克森的書。前往鳳凰城拜訪艾瑞克森之前我很緊張，皮爾森告訴艾瑞克森我的不安。（我拜訪艾瑞克森的完整過程紀錄在《艾瑞克森：天生的催眠大師》）[1]

當我拜訪艾瑞克森時，他坐在輪椅上，在專業領域之外活躍，在催眠圈子和心理治療領域非常有名，這是透過傑・海利寫了一本關於艾瑞克森的書所造成的影響。

我最初幾次拜訪艾瑞克森都是一對一交流，不久其他學生加入。1970 年代中期，艾瑞克森在家中為學生舉辦催眠工作坊。在他過世時，催眠工作坊的預約已經在數個月之前就額滿。

我慢慢地開始教導從艾瑞克森那裡學到的，第一次艾瑞克森工作坊是與史蒂芬・蘭克頓共同舉辦。接著我在溝通分析學會的舊金山聚會發表關於艾瑞克森的演講，因此在 1978 年受邀到德國教授第一個艾瑞克森工作坊。大概在同一時期，我受邀在美國精神科醫師學會的年會中演講，談論艾瑞克森的治療工作。

我在心理治療領域的經驗

我擁有專業證照，從事心理治療工作已經超過四十五年。我組織了世界心理治療發展大會（The Evolution of Psychotherapy），這個大會把心理治療各個學派的大師齊聚一堂，由米爾頓・艾瑞克森

---

[1] 編註：心靈工坊於 2023 年發行新版中譯本。

基金會籌備策劃。我在 1979 年成立艾瑞克森基金會，並持續擔任基金會主席。

　　許多二十世紀後半與二十一世紀前期心理治療領域最偉大的治療師與大師，都為世界心理治療發展大會的講台增添光彩。這是艾瑞克森基金會所舉辦規模最大的心理學大會，剛開始每五年一次，後來頻率增加。心理治療發展大會吸引來自世界將近五十個國家與美國每州高達八千六百位專業人士參加。這個大會讓我有機會與第二次世界大戰後幾乎所有發展心理治療最知名的大師們交朋友，大會目的是讓各個學派相互交流，促進更有效的心理治療。

　　1980 年我策劃第一次心理學大會，目的是致敬艾瑞克森（作為生日禮物），而這也促成我成立艾瑞克森基金會，以及後續許多心理學大會的召開。

米爾頓‧艾瑞克森基金會

　　在我獲得艾瑞克森認可籌備 1980 年的大會後，我需要一個組織來執行這個計畫，這就是為什麼我在艾瑞克森過世前不久成立艾瑞克森基金會。基金會的第一屆委員會包括我後來的太太雪倫‧彼得斯（Sherron Peters），她是首位行政總監，委員們包括我自己、艾瑞克森醫師與艾瑞克森太太。

　　1978 年，我在美國臨床催眠協會的年度會議中提報舉辦心理學大會的想法。我希望美國臨床催眠協會成為名義上的共同主辦單位，因為我知道艾瑞克森是協會的創辦人。意外的是，我遭遇到的不只是阻抗，還有許多敵意，人們指控我是想要掌控或是摧毀協會

的騙子；其中一位委員也是醫師說：「你帶著軍隊過來，但我們有一整個軍團，我們會把你摧毀。」

我幾乎是爬著離開那個會議，膽怯地打電話給艾瑞克森，我以為他會因為這個協會的拒絕而感到被攻擊了，沒想到他笑著說，「歡迎來到成年人的世界。」

艾瑞克森是我的導師，他教導我的時候從來沒有跟我收取任何學費。我希望第一屆催眠與心理學大會是送他的禮物，他可以跟老朋友與同事相聚一堂，親眼看見與會者對他許多成就的稱讚和感激。

我安排在 1980 年 12 月，剛好是他七十九歲生日。為了榮耀艾瑞克森策略思考的本質，我希望這個大會成為他的烽火，成為他活得更久的動力。很不幸地，就在大會前八個月的 3 月 25 日，他過世了，時年七十八歲。然而他的確收到我精心為他準備的禮物，因為當時已經有七百五十人報名參加了。這是一個創新紀錄，在此之前從來沒有如此大規模的催眠與心理學大會。

一段小插曲：我仍然記得我如何起心動念舉行這個艾瑞克森國際大會。在 1978 年 3 月，我向艾瑞克森提出企劃書，他說他會考慮一下。3 月底我再度詢問他，他還在考慮；同樣的回答出現在 4 月、5 月，直到 6 月他終於答應了。動機與起心動念對他非常重要，我的堅持證明了我有強大動機。

當時我們沒有錢成立基金會，但有一位我在研究所認識的出版商，他建議我寫一本關於艾瑞克森的書籍，於是我與他聯絡，並獲

得兩本書的一小筆預付款，一本是《跟大師學催眠》[2]（*A Teaching Seminar with Milton H. Erickson*, 1980），這是關於他在鳳凰城辦公室教學的文字紀錄，另一本是艾瑞克森大會專刊（1982）。

這些錢就足夠成立艾瑞克森基金會了。我們提供了早鳥報名優惠價，獲得需要的一些資金；沒有辦公室，但有著對艾瑞克森充滿熱情的志工，其中一些是我的個案，他們用當志工的時間來換取我的治療費用。我家就是艾瑞克森基金會最初的辦公室，大家在客廳將郵件分類，以節省經費。

在艾瑞克森答應舉辦大會後不久，我恭敬地來到鳳凰城市中心剛落成的凱悅飯店（Hyatt），請求行銷經理將整間飯店空下來讓我舉辦大會。我沒有舉辦大會的經驗，但他有條件地同意我的要求：簽合約，以及提供個人擔保。艾瑞克森告訴我在這次大會後，我會成為一個催眠機構的領導者。他問我：「你想知道如何在一個組織持續獲得成功嗎？」我回答：「當然！」他說：「提拔人們到你所在之處。」艾瑞克森給了我一個成功羅盤，我到現在一直遵循這原則。

儘管艾瑞克森已經過世，艾瑞克森的家人還是支持我繼續完成這個大會，並且鼓勵我前進。在 1980 年的艾瑞克森國際大會上，聚集了來自十二個國家的六十位講師。那次會議，發表了五十篇學術論文，舉辦了二十多個為時四小時的工作坊。講師名單經由艾瑞克森篩選。我明白自己依然是新手治療師，不是大師，因此只安排大會上做一個小時的演講。

---

[2]　編註：同註 1。

艾瑞克森太太在開幕時致詞，艾瑞克森女兒，克莉絲提娜‧艾瑞克森醫師（Kristina Erickson, MD）取代艾瑞克森在委員會的席位。艾瑞克森太太謙虛地說，即使艾瑞克森在場接受讚揚，他也會跟在其他受獎場合講相同的話，「但願我父母親能夠看到這一切……。」大會專題講師，傑‧海利在開幕時談到艾瑞克森，「他的創新與想法、他遵循專業倫理的治療工作，以及他的慷慨為我們樹立了榜樣……他也是我們的榜樣，如何處理個人障礙……他有勇氣從他的疼痛與困難中升起，並且善用它們活出活躍、長時間認真工作的生命。」

我原先計畫在開場時介紹艾瑞克森，後來，我在講台上擺放一株鐵木，並且向觀眾解釋艾瑞克森如何欣賞鐵木雕刻中的煉金術。大會過後，我把那棵樹種在我家院子裡，至今依然蓬勃生長。

艾瑞克森基金會是第一屆國際艾瑞克森催眠與心理治療大會的經費支柱。那次的大會是當時相關催眠主題規模最龐大的會議，超過兩千人出席，直到二十一世紀在漢堡與巴黎舉辦的催眠大會才打破紀錄。

艾瑞克森基金會不是一個催眠機構，也不是會員制組織，而是非營利機構，致力於推廣艾瑞克森的貢獻，以及透過繼續教育積分課程，推廣不同心理治療學派裡有效治療方法的整合。

自從四十多年前舉辦第一屆艾瑞克森大會以來，我一直在構思、組織會議、工作坊、大師督導班，以及培訓課程。我透過艾瑞克森基金會私下和公開地舉辦這些課程、活動。艾瑞克森基金會的現任董事會成員包括：海倫‧艾瑞克森博士（Helen Erickson, PhD）、蘿珊娜‧艾瑞克森－克萊恩博士（Roxanna Erickson-Klein,

PhD）、卡米洛‧羅瑞多醫師（Camillo Loriedo, MD, PhD）、
查爾斯‧塞森博士（Charles Theisen, PhD）、伯納德‧川克博
士（Bernard Trenkle, PhD）以及傑弗瑞‧薩德博士（Jeffrey Zeig,
PhD）。

▎參考文獻

Zeig, J. K. (1982). *Ericksonian Approaches to Hypnosis and Psychotherapy.*
Brunner/Mazel Publishers, Inc.

Zeig, J. K. (1980*). A Teaching Seminar with Milton H. Erickson.* Brunner/
Mazel Publishers, Inc.

催眠歷史簡介

　　直到今天，「催眠」這個詞會令人聯想到違反人性的操弄他人，甚或是讓人吃驚的表演，帶來愚蠢的娛樂效果。有些人認為催眠可以用來前世回溯或是控制心智；也常讓人聯想到神祕學派。儘管醫學、牙醫、心理學各個領域都見有效運用的實例，但在大眾媒體甚至科學研究仍存眾多爭議，為它帶來神祕氛圍。

　　分享一個關於農夫的笑話，農夫第一次看到蒸汽引擎時說：「我看它實際行得通，但它在理論上行得通嗎？」催眠在實際操作上比學術理論上更行得通。催眠會強化治療師與個案之間的關係，誘發個案生理和心理的內在潛力與未開放力量。

　　心理治療的專業始於十九世紀，而催眠在心理治療發展中佔有重要地位。它是許多心理學重要大師一開始使用的第一個技巧，包括佛洛伊德（Sigmund Freud）。雖然誘發改變覺察的狀態可以追溯到古老時期，現代催眠開始於十八世紀的催眠師，法蘭斯‧安東‧梅斯莫（Franz Anton Mesmer）。梅斯莫相信動物磁力可以透過「穿越」身體而產生療效，做法就是讓催眠師的雙手在個案身上移動。即使日後國王路易十六（King Louis XVI）委任的研究委員會（成員包含班傑明‧富蘭克林〔Benjamin Franklin〕）證明梅斯莫是錯的，他的名聲仍留存下來，包括他的名字「梅斯莫」有時被用來描述某人被催眠了（mesmerized）。

　　至於催眠這個詞彙，普遍認為是一位蘇格蘭醫師詹姆斯‧布

雷德（James Braid）在 1843 年時，從動物磁力說延伸出來的一個技巧，確立了「催眠」這個詞彙。布雷德一開始認為催眠跟睡眠有關，因而參考希臘睡神希波諾斯（Hypnos），後來發現自己錯了，試圖將這個現象改名為「單一信念」（monoideism），強調聚焦的注意力。但在當時，「催眠」這個詞已經變成大眾接受的說法。布雷德同時期，蘇格蘭外科醫師詹姆斯·艾斯戴爾（James Esdaile）單純以催眠為手術麻醉，就施行了超過三百次手術。

十九世紀末期，法國醫師讓·馬丁·沙可（Jean-Martin Charcot）被視現代神經學先鋒，他把可以被催眠的人視為一種歇斯底里的臨床病症；1885 年，佛洛伊德來到巴黎跟他學習催眠。

與沙可相反，安博伊斯·奧古斯特·李博特（Ambroise-Auguste Liebeault）以及希波利特·班德姆（Hippolyte Bendheim）提出一個催眠理論，說催眠是奠基於暗示。皮埃爾·賈內（Pierre Janet）以他對催眠想法的了解，連接了十九世紀與二十世紀。身為沙可的學生，賈內的工作影響了佛洛伊德、榮格（Carl Jung），與阿德勒（Alfred Adler），他是第一個使用「解離」（dissociation）這個詞的人，堅持解離現象對於催眠很重要。此外他也將「無意識」這個詞引進心理學專有名詞裡。

▍佛洛伊德與催眠

心理學博士及歷史學家馬文·葛拉維茲（Melvin Gravitz, 1991, pp. 34-35）針對佛洛伊德與催眠寫了以下這段話：

佛洛伊德一直是催眠歷史上一個相對次要的力量。他的臨床

技巧侷限在給予一種直接權威式的指令用來減輕病症，他的理論觀點把催眠看成一種性慾的依附關係。更進一步，雖然他執業初期對於催眠很熱情，非常擁護，但他在 1896 年因為一些原因而放棄催眠技巧，理由包括：他催眠治療的個人經驗裡延伸出來的反移情動力，以及布洛伊爾（Breuer）在安娜·歐（Anna O）這個案例上的過度反應。也許他在這個領域最主要的影響是，在拒絕催眠之時，他在精神分析領域擁有極高聲望，而這個專業領域正在快速發展。結果是，他的負面態度造成許多專業人士認為催眠不值得研究與運用，即便他已經離開催眠領域，其他人也承襲了他對催眠的態度。

1914 年，佛洛伊德撰寫文章〈精神分析運動的歷史〉，他說：「……精神分析的歷史是在放棄催眠之後才正式展開。」佛洛伊德相信催眠會汙染他的精神分析技巧，而他是對的。

精神分析學派的基石是移情，個案會將過去的經驗投射到當下生活。佛洛伊德認為這個投射就是造成病症的主要原因。移情是重要而且衝突很多的關係的殘餘物，會造成一種行為模式，扭曲當下生活。它透過讓個案躺在精神分析沙發椅上做自由聯想（把任何出現的念頭說出來），而精神分析師則坐在個案視線之外。這是一種會引發焦慮情緒的情境，在這情境裡，移情會自動浮出檯面，投射到分析師身上，分析師再加以詮釋。

比如，一個脾氣暴躁又愛挑剔雙親的個案將雙親的特質投射到分析師身上，而這就成為治療的焦點所在。佛洛伊德所創造的治療情境，對於促進移情發生並加以分析是很理想的。他覺得催眠會扭曲移情。在他 1914 年關於精神分析歷史的專題論文，他寫

道：「壓抑理論（theory of repression）是精神分析大樓最主要的支柱。」因此，精神分析師期待個案對抗那個試圖壓抑痛苦記憶的部分，讓過去痛苦回憶浮現在意識層面。

在佛洛伊德的精神分析裡，處理過去是決定美好未來的必要條件。然而，在艾瑞克森學派心理治療，分析過去並不是成功活出美好未來的必要條件。當移情、壓抑與過去衝突不再被認為是心理病理學或心理治療的核心要件，其他心理治療學派就開創出心理健康的新局面。精神分析在過往年代是唯一強勢的理論基礎，快速擴散到現代社會，成為主流，而催眠就處於休眠狀態，直到第二次世界大戰，催眠被用來治療當時稱為「戰爭精神官能症」（war neurosis）（現在稱為創傷後壓力症候群〔PTSD〕），人們對催眠的關注於是再次興起。

二十世紀的催眠

二十世紀催眠的主要人物包括：行為學家克拉克·霍爾（Clark L. Hull, 1884-1952），為了研究目的，強調標準化催眠引導；厄尼斯特·希爾加（Ernest Hilgard, 1904-2001）提供關於解離的現代化觀點，並且與安德烈·韋森霍夫（André Weitzenhoffer, 1921-2004）共同發展在催眠實驗室裡使用的催眠量表；馬丁·歐恩（Martin Orne, 1927-2000）探究催眠裡情境的需求與特質；西奧多·巴伯（Theodore Xenophon Barber, 1927-2005）推廣一種行為治療；威廉·艾德孟斯頓（William Edmonston, 1874-1951）有個理論，認為放鬆是催眠的核心；西奧多·沙賓（Theodore Sarbin,

1911-2005）與威廉・柯（William Coe, 1869-1955）根據角色理論提倡催眠裡的社會心理學解釋。

除了曾經與艾瑞克森合作過的安德烈・韋森霍夫，這些理論家不同意艾瑞克森及其追隨者所相信的，艾瑞克森學派認為催眠是一個人進入的特殊狀態。在威斯康辛大學，艾瑞克森是霍爾的學生，但艾瑞克森隨後發展出為個人與特殊情境所量身訂做的催眠。

二十世紀大多數催眠的理論與研究，都會使用催眠量表、閱讀特定腳本的催眠引導，接著是一系列根據直接暗示的評分。比如，在催眠引導後，暗示受測者房間裡出現一隻令人討厭的蒼蠅。如果受測者的反應是揮手趕走想像的蒼蠅，就會得到一分；得到最多分數的則是優秀的催眠對象；得分比較少的表示進入催眠的能力中等或是較差。這種催眠實驗可以用在研究其他變數的相關性，例如年齡、智力、想像力，以及對治療的反應。

儘管我在學位論文中用到了催眠量表，但我不再認為它們是必要或是有價值的，因為在催眠引導裡，個案對催眠的反應都是截然不同的，這麼比喻好了，當我們說了一個笑話，我們不會評估受試者的反應，將他們分類成具有高、低或中度幽默感，因為不是每個人都覺得同一個笑話好笑，但每個人都會對他們有共鳴笑話有所反應。「引導笑話」這件事是為了誘發一個好笑的體驗。當然，你覺得某個事物是否幽默，是非常主觀的，因此人不應該被分類為低度、中度或高度幽默。

在 1958 年，美國醫師學會（American Medical Association, AMA）認定催眠治療是正統醫學治療，不再是另類或是整合醫療。美國醫師學會在那一年出版了一篇簡要報告，回答這個問題，〈美國的

醫療專業人士是否可以使用催眠治療〉其中一段寫道，「催眠在醫療完整過程中佔有重要地位，如果由合格的醫療或牙醫專業人士執行，在特定疾病裡是很有用的治療技巧。」這是美國醫師學會重要的一步，學會更進一步的做法是推薦醫學系學生以及醫師們完成一百四十四小時的催眠治療培訓。

催眠的黃金時期

對催眠與催眠治療有興趣的人而言，1970 年代與 1980 年代初期是令人興奮的時期，理論與實用方面都有一些基本的貢獻，專業學會成員與興趣急速成長，知名的學術機構進行研究，關於催眠本質也有腦力激盪的辯論出現。從發展的角度來看，催眠專業已經脫離嬰兒時期了。

在那個時期，許多權威人物對催眠抱持不同觀點，辯論著催眠到底是一種狀態、一種特質、一種社交角色，或僅僅只是放鬆。有人認為催眠是一種心理退化。巴伯為「催眠」這個詞加上括號，意思是催眠是一個透過行為現象來定義的空白名詞。然而這一切不過是茶壺裡的風暴，因為催眠從來沒有在美國心理治療領域登上主要舞台。

艾瑞克森與催眠

艾瑞克森在他的職業生涯中成了眾所皆知的臨床催眠理論家與催眠治療大師。大家都知道他致力於讓催眠在臨床治療中合法化，

他探討催眠在精神醫學、牙醫，以及家庭醫學的用途，他所增添的案例、文獻和治療方法，比起任何的心理治療先驅都來得多。並非他所有案例都是奠基在催眠上，但所有治療方法都是從催眠延伸而來。

直到 1970 年代之前，心理治療領域都聚焦在病理學以及個案的缺陷。艾瑞克森翻轉了焦點，並且透過運用催眠，誘發出更好的改變，他策略性地使用口語以及非口語溝通，激出個案潛藏的資源與力量。艾瑞克森也改變催眠的風格，原本是由一個權威人物給予直接暗示，轉變成由被動的引導者提供間接暗示，這樣的設計是為了誘發改變的體驗，而非把結果強加給個案。不同於「由外而內」的做法，艾瑞克森持續「由內而外」地引誘出資源。

雖然催眠常被認為就是唱著搖籃曲，讓一個被動聽著催眠語言的人，進入睡眠狀態，實際上正好相反：催眠其實是喚醒了個案沉睡的力量與資源。催眠是一種衝擊式、喚醒式的溝通，引發內在反應，為的是協助個案體驗到更好的概念，以刺激產生更好狀態。在催眠師提供固定腳本給乖乖聽話的個案的年代，艾瑞克森善用催眠的對話。對艾瑞克森而言，催眠是與一種與個案互動的對話，而不是治療師的獨白。

由催眠延伸而來的方法不需要透過正式催眠引導也可以使用。艾瑞克森常常這麼做，並且稱之為「自然催眠學派」：用喚醒式溝通來創造可能的蛻變體驗。

美國的催眠學會

　　臨床與實驗催眠學會（Clinical and Experimental Hypnosis, SCEH）於 1949 年在紐約由傑洛姆・施內克（Jerome Schneck）成立，艾瑞克森從一開始就參與運作。但他與一些人最終離開了，另外成立了美國臨床催眠協會（ASCH）。在這些年裡，兩個學會間一直存在著緊張張力。直到 1970 年代，兩個學會的大部分會員都是擁有博士學位的人。實際上，具備博士學位曾經是兩個學會入會的資格要求，最近幾年，這兩個學會的女會員人數超過男會員，入會的標準也放寬了，領有執照的碩士學位心理治療師也可加入。

　　1970 年代，大學研究所通常不會教導催眠，只在兩個催眠學會所舉辦的研究所畢業後的研討會，或大會會議中才會有相關課程。艾瑞克森在 1975 年左右開始催眠工作坊，為有執照的碩士臨床專業人士以及健康科學的研究生開課。但當時根據催眠學會的規定，艾瑞克森所做的事是不符合職業倫理的。然而艾瑞克森所開創的先例，現在已經成為所有催眠學會以及艾瑞克森基金會舉辦教學活動的標準。

　　兩個催眠學會都有自己的專業期刊。1953 年，臨床與實驗催眠學會出版了第一期的《國際臨床與實驗催眠期刊》（*The International Journal of Clinical and Experimental Hypnosis*, IJCEH），在學術界，這份期刊一向比美國臨床催眠協會在 1957 年開始出版比較臨床導向的《美國臨床催眠期刊》（*American Journal of Clinical Hypnosis*）更加權威。我的博士論文是在前者發表的，畢竟它有更高的學術地位。

在 1950 年，臨床與實驗催眠學會在紐約舉辦第一屆科學年會，1953 年施內克編輯了《現代醫學催眠》（*Hypnosis in Modern Medicine*），這本教科書是從會員文獻彙整而成，成為臨床與實驗催眠學會的會員手冊，也成為美國醫療專業與催眠的教科書。1959 年臨床與實驗催眠學會成立國際臨床與實驗催眠學會（International Society for Clinical and Experimental Hypnosis, ISCEH），後來稱為國際催眠學會（International Society of Hypnosis, ISH）。

艾瑞克森一開始反對國際催眠學會的成立，理由是更多普遍性的治療取向會比來自一個委員會的官方做法來得好，也因此，艾瑞克森在臨床與實驗催眠學會與國際催眠學會都是不受歡迎的人士。但在 1976 年，艾瑞克森是第一位榮獲班傑明·富蘭克林金牌獎的得主，這是國際催眠學會頒發最高榮譽的獎項。他到費城接受頒獎，這也是他最後一次離開亞利桑那州。

在 1990 年代，兩個催眠學會的會員人數達到高峰，總計有五千位會員。不幸地，現今會員人數反而下降，顯示專業人士對於催眠以及艾瑞克森治療方法的興趣不再如昔；反之，在歐洲與其他國家，對催眠的興趣持續上升中。

艾瑞克森與催眠學會

艾瑞克森在美國臨床催眠協會是代表性人物，但在臨床與實驗催眠學會則不是，因為臨床與實驗催眠學會有嚴格的教育標準，而艾瑞克森覺得任何對催眠有興趣的專業人士都可以加入催眠學會。當臨床與實驗催眠學會會員間的爭議越演越烈，艾瑞克森離開學

會，成立自己的協會：美國臨床催眠協會。他是第一屆會長與期刊主編，並且建立了該學會的教育與研究的基礎。美國臨床催眠協會開始舉辦催眠研討會（Seminars on Hypnosis），艾瑞克森與同事們因而到處為專業人員舉辦工作坊。

美國臨床催眠協會日後漸漸演變，離開了艾瑞克森風格，朝向醫學運用發展，後來會員人數也慢慢減少，但艾瑞克森的名字仍持續吸引更多人參與美國臨床催眠協會的活動。

▌參考文獻

Freud, S. (1914). *The History of the Psychoanalytic Movement.* Jahrbuch der Psychoanalyse, 4.

Gravitz, M. A. (1991). *Early Theories of Hypnosis: A Clinical Perspective.* In S. J. Lynn & J. W. Rhue (Eds.), (p. 34-35). Guilford Press.

Hull, C. L. (1933). *Hypnosis and Suggestibility.* Appleton-Century-Crofts, Inc.

Spiegel, H. & Spiegel, D. (1987). *Trance and Treatment: Clinical Uses of Hypnosis.* American Psychiatric Press.

心理治療歷史簡介

　　心理治療是一個通用名詞，代表特定專業執業，包括精神醫學、心理學、社會工作、諮商、婚姻與家族治療，以及教牧輔導。心理治療在人類歷史上是新興領域，各學派的發展快速且多樣，新的治療取向持續繁榮，一些主流學派尚有許多分支，無法一一列舉。

　　我們無法透過一個主要因素來決定治療有效，因為各個學派之間對於治療成功的因素並沒有共識。人類的行為、感覺、想法、感受、生理、態度、記憶、文化傳承、關係模式，以及情境的脈絡等，都可以用來促成有效治療。許多專家堅持特定因素讓治療有效，聚焦在這些因素上，但這也可能是從其他學派借用的。

　　關於催眠各學派間有許多不同論點，心理治療各學派間也有許多相異處，許多學術爭論，卻始終無法判定心理治療在理論、研究與執行上各個學派的版圖。

緣起

　　十九世紀末心理治療從歐洲開始，剛開始時，心理治療特別強調正統，包括理論與技巧「純正」。臨床治療師必須加入某個學派，虔誠地在歸屬學派下執業。有些歷史學者主張心理治療始於1885 年佛洛伊德開始對醫學的心理面向感興趣之時。佛洛伊德的

精神分析學派由他的追隨者繼續發揚，當時治療師的工作奠基在讓個案獲得洞見。精神分析的理論是，如果一個人想要活得更好，就需要知道扭曲現在生活功能的過去事件。

精神動力學派主導了心理治療六十年，聚焦在建立鮮明的人格理論。歐洲的傳統強調了解人們為什麼是現在的樣子，治療改變奠基在洞見、面質與澄清，更進階的方法尚未發展出來。

第二次世界大戰後，美國致力發展心理治療，而後全世界跟進。至今，心理治療師在所有先進國家都是一個合法職業。戰後的歐洲相當大部分都遭摧毀，資源相對有限，人們的心智狀態無法促進心理治療發展。當餐桌上沒有麵包，就沒有時間探索心靈。

歐洲心理治療的第一個階段主要是發展理論，但美國更有規律地執行，心理治療聚焦在運用，於是美國的實用主義取代了歐洲的傳統主義。

1950 年代，卡爾・羅傑斯（Carl Rogers）戮力發展人文學（humanistic tradition），弗里茲・波爾斯（Fritz Perls）持續推廣。覺察取代了對於個人歷史的了解，成為心理健康的支柱。接著浮現的是成長導向的治療，包括完形治療、團體治療，以及 1960 年代的人類潛能運動。同時間也有行為治療學派，奠基在史金納（B. F. Skinner）的實驗，由主要提倡者之一約瑟夫・渥爾普（Joseph Wolpe）發展臨床，認為治療的改變不需要洞見也能發生。隨後是存在主義學派，詹姆斯・柏根塔爾（James Bugental）、維克多・法蘭可（Viktor Frankl）、R. D. 連恩（R. D. Laing）、羅洛・梅（Rollo May），以及歐文・亞隆（Irvin Yalom）等都是這個學派的大師，最核心的價值是活出人生意義。

另一個在 1960 年代早期蓬勃發展的學派是家族治療，與系統理論緊密結合。個人不再是改變的主要目標，相反地，伴侶與家庭或個人相關的其他團體，成為改變的目標。系統理論的倡議者包括莫雷‧包文（Murray Bowen）、傑‧海利、克羅伊‧麥丹斯（Cloe Madanes）、薩爾瓦多‧米紐慶（Salvador Minuchin）、維吉尼亞‧薩提爾（Virginia Satir）、保羅‧瓦茲拉威克（Paul Watzlawick）以及卡爾‧華特克（Carl Whitaker）。

　　行為治療學派由亞倫‧貝克（Aaron Beck）與亞伯‧艾里斯（Albert Ellis）所倡議，進而發展出認知行為治療（CBT），這是二十世紀最流行的心理治療學派。認知行為治療開始時是把行為治療技巧運用到頭腦認知上，治療方法則是聚焦在矯正認知扭曲與偏離正軌的態度及信念。由於認知行為治療非常容易研究，因而成為最多研究生學習的治療模式。

　　腦部影像的發展以及神經生物取向的心理治療學派在二十一世紀出現。過去二十年，以大腦為基礎的治療方法，包括正念與冥想成為主流，倡導者有恩尼斯特‧羅西與丹尼爾‧席格（Daniel Siegel）等專家。

　　或許治療學派可以用一棵樹的隱喻來加以闡述：精神分析學派是發掘與檢查樹根；人本治療學派認同詩人喬伊斯‧基爾默（Joyce Kilmer）的哲學思想是：坐下來好好欣賞這棵樹與生俱來的美麗；行為治療學派看重趨向性原理：將光線照向某個方向，樹木就會朝那個方向生長；系統治療學派的追隨者提倡一個概念，我們必須了解樹木所在情境，改變系統生態就會改變樹木的功能；而對於神經生物學派有興趣的人可能會聚焦在樹木發展的基因表現。

以下重點總結心理治療的學派

表格一　心理治療學派

從 1885 年開始 精神分析與精神動力學派：佛洛伊德與他的追隨者 第二次世界大戰後： • 行為治療：渥爾普 • 人本主義治療：羅傑斯與波爾斯 • 存在主義治療：柏根塔爾、法蘭可、連恩、梅、亞隆 • 家庭系統治療：包文、海利、麥丹斯、米紐慶、薩提爾、瓦茲拉威克、華特克 • 認知行為治療：貝克與艾里斯 • 神經生物治療：羅西和席格 • 經驗式治療：艾瑞克森

　　米爾頓・艾瑞克森的經驗式治療與其他治療截然不同。有一段時間心理治療看重病理學，而艾瑞克森聚焦在個案的強項而非缺陷，他探討人際關係的行為反應，運用隱含溝通策略，以及運用治療任務，以誘發更好的想法、狀態以及身分。

　　心理治療的發展第一階段聚焦在理論，第二階段提升運用技巧，艾瑞克森是這個發展轉向定位的核心人物。他跳過理論，聚焦在改變；改變可以藉由個案在治療裡所體驗到的，以及個人生活的經驗而產生。

心理治療透明化

　　1970年之前，心理治療很少在專業培訓中公開示範，但1970年代早期，許多心理治療研討會以及工作坊，通常都會有現場示範。這些機會提供了學生與專業人員直接學習心理治療的方法。曾經只發生在治療師辦公室的場景，突然出現在舞台上或是在單面鏡後方讓學生觀察。這是一個巨大轉變，治療變透明了。而這不僅僅發生在受到艾瑞克森影響的各個學派裡，完形治療師波爾斯，以及理情行為治療大師艾里斯也都公開治療示範。但這對艾瑞克森一點都不新奇，他早在1940年代就公開治療示範讓專業人員觀察。

第三部

背景

艾瑞克森學派的發展：專家陣容

　　為了設置一個了解米爾頓・艾瑞克森觀點的舞台，本章我會介紹一些認識他的同事，提供一些參考的合作機構，並且說一些歷史。下一章，我會呈現他們的故事以及他們對於艾瑞克森的感覺，第一代同事指的是在 1970 年之前受到艾瑞克森影響的人，第二代同事則是在 1970 年到 1980 年間受到他影響的人。在 1970 年之前，艾瑞克森是更直接溝通的，在 70 年代早期他開始教導催眠工作坊之前，他已經進化成為喚醒式（evocative）溝通。當你閱讀這些專業人士的觀點時，可能會發現這兩代人對於艾瑞克森的不同看法。

同事與學生：下一代

　　米爾頓・艾瑞克森在農村長大，對於個人成長與發展有天生天賦。終其一生，特別是最後十年，他吸引了許多來自不同學派的學生與專業人員，他們聰明、充滿學習動機，許多人成為他智慧的繼承者，我在本書稱呼他們為「角色班底」。我是第二代成員之一，我們的職業生涯都建立在艾瑞克森關切的「領域」上。艾瑞克森沒有興趣創造一個心理治療學派分支，讓學生們照著他的方法依樣畫葫蘆；相反地，他希望他的學生們與追隨者種下自己的種子，收割自己獨特的成果。

艾瑞克森職業生涯的三個階段

當艾瑞克森在 1920 年代開始精神科醫師的生涯，他在醫院擔任研究人員以及／或訓練主管；專業生涯的第二個階段始於 1940 年代後期，搬到鳳凰城，直到他在 1970 年半退休，他開始私人執業，到各地教導催眠，認真地發展催眠組織，並且大量寫作，一百四十篇學術論文與大部分專業文章都在這個時期出版。

從 1940 到 1960 年代，艾瑞克森在催眠與精神醫學社群裡非常有名，也與公眾人物合作，包括對意識的不同狀態感興趣的作家，阿道斯‧赫胥黎（Aldous Huxley）、知名的人類學家瑪格麗特‧米德與她的丈夫格雷戈里‧貝特森。

1939 年，在心理學家亞伯拉罕‧馬斯洛（Abraham Maslow）的推薦下，米德寄了一封信給艾瑞克森，詢問他是否願意對她在峇里島（Bali）研究的催眠狀態提供建議。米德與艾瑞克森同年出生，她不僅跟上艾瑞克的當代思想，也與貝特森一起成為艾瑞克森的同事兼好友。

在第二世界大戰時，艾瑞克森持續與貝特森和米德書信往來，合作一些計畫，研究德國與日本文化以及社會「人格」，把研究結果運用在戰爭策略上（Zeig & Geary, 2000）。

第二次世界大戰後，貝特森是梅西大會（Macy Conferences）的主導力量，這個會議後續發展出控制論。在第一次大會時，以「大腦抑制」為主題的會議，艾瑞克森是兩位接受測試的學者之一。

艾瑞克森的職業生涯第三階段，也是最後一個階段，始於

1970 年代早期，他與恩尼斯特・羅西合作，他把艾瑞克森的貢獻帶到更寬廣的專業群眾面前。兩人出版了前所未有的書籍，讓想要學習艾瑞克森治療工作的人有參考基礎。

在艾瑞克森職業生涯的這個階段，全世界的專業人士與專家陸陸續續來找他，促使他在家裡舉辦催眠工作坊。艾瑞克森的孩子中，最有名的是貝蒂・愛麗絲・艾瑞克森（Betty Alice Erickson）、艾略特（Elliot），以及蘿珊娜・艾瑞克森－克萊恩，他們對於提升艾瑞克森學派治療都有所貢獻。艾瑞克森影響了許多心理治療學派。一些跟著艾瑞克森學習的學生與專業人士，萃取他催眠心理治療的元素，專注發展對心理治療領域的貢獻。圖一的家系圖包含了直接或間接受到米爾頓・艾瑞克森影響的專業學派。

某些重要心理治療機構的歷史，提供書中相關專業人士所說故事的背景。最早發展艾瑞克森治療技巧的心理研究機構（Mental Research Institution, MRI）位於加州帕羅奧圖（Palo Alto）附近的曼羅公園（Menlo Park）。

心理研究機構

1954 年，唐・傑克森醫師（Don Jackson）在心理研究機構發表演講，主題相關家庭靜態動力，貝特森當時也在場。家族治療的靜態動力意味著家庭系統尋求保持慣性運作的模式，抗拒系統內的任何改變。家族治療是奠基於系統而發展出來的學派，從這個觀點來看，任何糟糕的行為模式都是家人之間互動所產生的結果，不僅僅是基因或個人創傷歷史所造成。

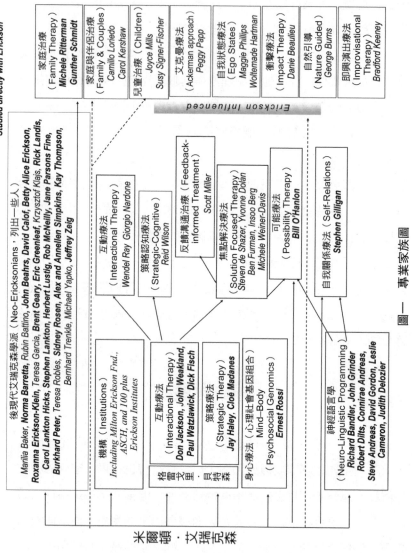

圖一　專業家族圖

1959 年，傑克森成立了心理研究機構（Mental Research Institute, MRI），他的團隊獲得一筆研究經費，包括研究思覺失調症個案的家庭。這段期間，貝特森從紐約搬到加州，並且在位於曼羅公園的榮民醫院主持一個溝通研究計畫，與他的團隊也獲得一筆經費研究思覺失調個案的家庭，兩個團隊因而有機會互相交流。

傑克森邀請貝特森到心理研究機構擔任顧問，這一待將近十年。傑・海利在心理研究機構加入貝特森之前，是貝特森在榮民醫院研究計畫的一員。家族治療創始人之一維吉尼亞・薩提爾一開始就與傑克森在心理研究機構合作，也有一筆訓練家族治療計畫的經費。

貝特森與他在心理研究機構的團隊成員發展了雙重束縛理論，發表在一篇名為〈邁向思覺失調理論〉（Toward a Theory of Schizophrenia, Bateson, Jackson, Haley & Weakland, 1956），文中描述了思覺失調個案的家庭溝通模式。在論文發表前，貝特森寄了一封信給艾瑞克森，請艾瑞克森提供諮詢。（參考《艾瑞克森書信集》〔*The Letters of Milton H. Erickson*〕，Zeig & Geary, 2000.）貝特森相信雙重束縛與催眠師的行為有某些相似之處。艾瑞克森無法提供意見，但在貝特森的引薦之下，傑・海利與他的團隊夥伴約翰・威克蘭德（John Weakland）開始定期拜訪艾瑞克森，並向他學習（艾瑞克森基金會出版社即將出版一本書，記錄他們初次見面的經過）。

在心理研究機構，貝特森和傑克森挑選不同領域的專業人士加入團隊。海利擁有圖書館科學的大學學位，貝特森招募他時，他是史丹佛大學溝通研究所的碩士生。威克蘭德有化學工程學位，但最後成為加州領有執照的治療師。貝特森在爭取到足夠研究經費後，

把威克蘭德帶到曼羅公園。保羅・瓦茲拉威克是奧地利人，1961年加入心理研究機構。1960年代早期，存在主義與團體治療學派歐文・亞隆醫師（Irv Yalom, M.D.）也在心理研究機構待過一段時間，當時是在榮民醫院接受傑克森督導。

其他在心理研究機構待過的知名專家們，包括克羅伊・麥丹斯，她在領有阿根廷治療師執照，1960年代中期在心理研究機構工作。理查・費企醫師（Richard Fisch, M.D.）在1965年與威克蘭德合作，在心理研究機構成立了一個短期治療中心，任何有興趣學習短期心理治療的人都會去那裡學習。

世人後來稱為「帕羅奧圖團隊」，許多大師都來自心理研究機構，這裡是許多心理治療學派大師的發源地，他們在世界各地教課，發表許多重要書籍與論文。心理研究機構可謂學習心理治療的聖地麥加。

放眼1970年代，我想不到比心理研究機構更好的培訓中心。我參加了保羅・瓦茲拉威克教導的催眠研討會、費企與威克蘭德在短期治療中心舉辦的研討會，以及貝特森的工作坊。

1978年，我邀請貝特森擔任第一屆艾瑞克森催眠與心理治療國際大會的主題演講人。考量身體狀態，他猶豫是否負荷得來，最終還是答應了。當我詢問他演講的題目，貝特森立即回答：「『科學』或是『力量』。」我想那是聰明精準的概述。不幸地，貝特森在大會舉辦之前就過世了。

我有一些電話對話的回憶，包括貝特森提到艾瑞克森是一個令人難以招架的辯論家。我後來知道貝特森會送學生去艾瑞克森那裡，但最後停止了。我沒有機會訪問貝特森，談他對艾瑞克森的觀

點或是為什麼他不再送學生去艾瑞克森那邊，但在一篇尚未出版的 1976 年訪問稿中，貝特森提到，「艾瑞克森擁有一種操弄他人的能力，長遠來看，他跟其他自我強大的人並沒有兩樣。他會在整體的複雜系統裡工作，但是學生卻只學到一個技巧就離開，這種做法跟整體系統是分離的，因此當你遇見他的學生們，感覺他們就是在操弄一種力量。我認為大概就是如此。這個情形發生在傑‧海利身上，也出現在葛蘭德與班德勒身上。」

傑‧海利與策略治療

傑‧海利是 1980 年艾瑞克森國際大會主題演講者之一，是我聽過論理最清晰的演講。海利對艾瑞克森的愛，以及對艾瑞克森督導的感激是明顯且令人動容的。（閱讀海利的演講：https://www.erickson-foundation.org/erickson-use-storytelling-jay-haley/）

從他在 1960 年代初期在心理研究機構開始，直到 2007 年 2 月過世，傑‧海利是這個領域多產的貢獻者、艾瑞克森的學生，1963 年寫了《心理治療策略》（*Strategies of Psychotherapy*）一書，描述許多艾瑞克森做治療的段落。從那時起，海利就是心理治療領域的領頭者，甚至比艾瑞克森更有名。

1960 年代中期，海利離開帕羅奧圖團隊，到費城兒童指導診所（Philadelphia Child Guidance Clinic）與薩爾瓦多‧米紐慶一起工作。這段時期，他獲得一筆經費，撰寫他前瞻性的書籍《不尋常的治療》（*Uncommon Therapy*, 1973），這本書毫無疑問是關於米爾頓‧艾瑞克森心理治療方法最有影響力的書籍。海利花了五年時間

完成，但他的努力值回票價，當他將艾瑞克森放在心理治療的專業地圖上，吸引了更廣大的專業族群來向艾瑞克森學習，比艾瑞克森之前在催眠界的名聲更大。這本書定義了艾瑞克森是短期心理治療學派之父。

整本書開頭的第一句寫到，「如果心理治療中發生的事均由治療師發起，並為每個問題設定特別方法，這樣的治療被稱作策略療法。」這在那個年代是很大膽的宣言，同時對抗了人本非主導學派以及精神分析學派。書中也倡導幫個案量身訂做的治療，而非死板的運用同一種方法，將問題彙整分類放在家庭生命週期裡各個不同的關鍵時刻裡。

這書一出版，我立刻鑽研，剛好來得及在我第一次拜訪艾瑞克森之前。我對書中內容深感共鳴，也因而改變了我的治療方法。

在離開心理研究機構之後，海利與克羅伊‧麥丹斯發展出「策略療法」。留在心理研究機構的人則發展出「互動治療」；兩種學派都受到艾瑞克森很大影響。然而，催眠並不是互動治療與策略療法的焦點，兩個學派都被認為是沒有實際催眠的催眠治療。

策略療法與互動治療聚焦在如何誘發改變，而不是針對個案對於他或她問題根源的覺察與／或了解。策略與互動治療牽涉到系統觀點，改變在「彼此關係之間」而非「個人內心」產生。再次地，這也與當時流行的治療有根本歧異，當時的治療主流聚焦在個人，可以這麼說，策略療法與互動治療推動了家庭治療的全新發展。

海利與家族結構治療的創始人薩爾瓦多‧米紐慶在費城兒童指導診所合作，合作的還有布勞里奧‧蒙塔沃（Braulio Montalvo）。克羅伊‧麥丹斯也在費城兒童指導診所，而她的系統觀點與海利有

許多重疊，在 1990 年代離開費城兒童指導診所後，這兩人結婚，一起成立華盛頓特區家族治療機構。

海利與麥丹斯的系統治療概念是，透過打亂自然階級來影響並改變問題，階級的重新調整也可以減輕問題。比如，如果一個孩子操弄她的媽媽，治療師可以協助將強勢母親的形象置入這個階級系統裡，導引出更好的行為，減少問題行為。

海利大量撰寫他從艾瑞克森所學到的種種，以及他如何發展他所學到的東西。許多費城兒童指導診所的學生與員工，包括麥丹斯與蜜雪兒・瑞特曼（Michele Ritterman），也受到他影響，到鳳凰城跟艾瑞克森學習。瑞特曼寫了一本關於家庭一系列病症引發過程的書（*Using Hypnosis in Family Therapy*, 1983），這與催眠過程是平行的。

在生命晚期，海利搬到聖地牙哥，與第三任太太瑪德蓮・理奇波特－海利（Madeleine Richeport-Haley），製作了一些心理治療的影片。理奇波特－海利也與海利合作完成他最後一本書《指導式家庭治療》（*Directive Family Therapy*, 2007），他們也一起合作拍攝了艾瑞克森的紀錄片《催眠與治療的探索者：米爾頓・艾瑞克森》（Milton Erickson, MD: Explorer in Hypnosis and Therapy, 2005）理奇波特－哈利是一位人類學家，也是艾瑞克森家族的親密朋友；在古巴與巴西探索原住民的催眠狀態，是這個主題的專家。

艾瑞克森：原創

艾瑞克森從未提到任何一位老師或導師協助他創造出他獨特

的治療方法，這在心理治療領域是很少見的。如同科學，在心理治療領域裡，偉大貢獻者通常踩在前人的肩膀上。但艾瑞克森很少提到其他人的工作，他是溝通的藝術家，而藝術家往往不談其他藝術家，即使他們的工作互相影響。

我相信海利與威克蘭德在拜訪艾瑞克森時，對艾瑞克森帶來影響。那些年有很多想法與技巧的「交互孕育」在專業人員之間激盪出火花，包括心理研究機構與費城兒童指導診所等培訓機構都是孕育新學派的溫床。但對於在艾瑞克森生命最後十年遇到他的學生而言，他似乎是就從宙斯的頭裡蹦出來，裝備著他自己創造出來的知識與獨家專業技巧。

艾瑞克森經常提到他從生命的每個面向學習，特別是人們的行為，包括家庭成員，他也有非凡能力可以看到每個情境裡的一線希望。

第一代

在臨床與實驗催眠學會與美國臨床催眠協會的早期，許多艾瑞克森催眠的同事都受到他的影響（我們定義為「第一代」），包括那些不同觀點的人。艾瑞克森在第二次世界大戰後的催眠領域是重要人物，包括那些詆毀他的人也都受到他的治療工作影響。以下是第一代成員的簡短介紹。

1970 年代，我在美國臨床催眠協會接受訓練，領導人主要是那些受到艾瑞克森高度影響的第一代人物，包括凱·湯普森（Kay Thompson）以及羅伯特·皮爾森（Robert Pearson），這兩位都是

艾瑞克森家族親密的朋友。皮爾森和湯普森自稱是「艾瑞克森學派」，這個詞打從他們初次遇見艾瑞克森並接受他的訓練時就開始使用。

其他第一代強烈受到艾瑞克森影響的同事有，大衛·齊克（David Cheek）、威廉·克羅格（William Kroger）、法蘭克·帕提（Frank Pattie），以及安德烈·韋森霍夫（André Weitzenhoffer），他們都與催眠學會合作。大衛·齊克是一位婦產科醫師，主張麻醉的個案可能對不當的暗示有反應，堅持在開刀房的對話應該是正向溝通。

反對艾瑞克森的同事包括賀伯特·史畢格，他是一位精神科醫師也是研究者，對艾瑞克森及其追隨者嚴厲批評，說他們對於實證的發現態度輕忽。除了史畢格之外，還有其他第一代學者反對艾瑞克森的觀點，包括西奧多·巴伯（Therdore Barber）、威廉·柯（William Coe）、艾瑞卡·佛洛姆（Erika Fromm）、厄尼斯特·希爾加、馬丁（Ernest Hilgard）·奧恩（Martin Orne）、以及西奧多·沙賓（Therdore Sarbin）。歐恩與希爾加主持具有聲望的催眠實驗室，前者歐恩在賓州大學，後者在史丹佛大學。

第一代成員最重要、最知名的是傑·海利。他讓艾瑞克森成為流行趨勢的貢獻不是本書足以表達，他對心理治療的貢獻將留名青史。

第二代

從 1970 年到他在 1980 年 3 月過世，艾瑞克森透過一對一教

學，或是他熱門的催眠工作坊，教導來到鳳凰城向他學習的學生與專業人士。這些年，艾瑞克森督導了許多學生，包括我自己。我相信我們是最早自稱「艾瑞克森學派」（Ericksonian）的人。而就我所知，「艾瑞克森學派」最早出現在印刷品，是我在1978年所印製的1980年國際艾瑞克森催眠與心理治療大會的手冊上。許多艾瑞克森的第二代學生將他帶到主要舞台，他的名聲因此漸漸遠播，包括神經語言學（NLP）的開發者理查·班德勒與約翰·葛蘭德，以及與艾瑞克森密切合作的恩尼斯特·羅西。以下是這些第二代重要成員的簡單介紹。

恩尼斯特·羅西

1972年認識艾瑞克森之前，恩尼斯特·羅西是一位榮格分析師，寫了一本關於夢的書。羅西一開始是艾瑞克森的個案，不久就成為他的學生，最終成為重要的合作夥伴。羅西詳細記載艾瑞克森的生平，他是非常聰明又有才華的作家，是將艾瑞克森的貢獻帶到專業領域的最佳人選。羅西編輯艾瑞克森的文章與論文，整理成為包含艾瑞克森評論的論文集，也與他的第一任太太希拉（Sheila）與艾瑞克森共同著作《催眠現實》（*Hypnotic Realities*, 1976）。這本書聚焦在艾瑞克森教導他們催眠治療基礎技巧。此外，羅西與艾瑞克森共同著作了另兩本巨著：《催眠治療，案例探究》（*Hypnotherapy, An Exploratory Casebook*, 1979）以及《體驗催眠》（*Experiencing Hypnosis*, 1981）；這三本書是學習艾瑞克森催眠方法的基礎書籍。

羅西也與第二任太太凱瑟琳（Kathryn）以及艾瑞克森的女兒蘿珊娜‧艾瑞克森－克萊恩共同完成了頓‧艾瑞克森醫師大全，總共十六冊，以神經科學架構來陳述艾瑞克森的治療工作（Rossi, E. L., Erickson-Klein R. & Rossi, K. L. 2008-2015）。

羅西繼續發展社會心理基因組合，一種身心治療方法，也探討身體節奏變化以及意動行為。羅西的催眠治療奠基在對於意動行為的了解——一個啟動的連結網絡如何誘發自動化行為反應，舉一個簡單的例子，想像吃檸檬你就會流口水。

班德勒、葛蘭德與神經語言學

神經語言學（Neuro-Linguistic Programming, NLP）開始於 1970 年代在加州聖塔克魯茲大學，約翰‧葛蘭德是大學裡的語言學教授，他與當時是電腦工程系學生的理查‧班德勒認識。班德勒替精神科醫師羅伯特‧史畢茨（Robert Spitzer）工作，並且協助出版完形治療師弗里茲‧波爾斯，與家族治療師維吉尼亞‧薩提爾的書籍與影片。

葛蘭德的專業知識包括諾姆‧喬斯基（Noam Chomsky）的蛻變文法以及語言分析，可以用來解構與重構超凡表現的案例。班德勒與葛蘭德帶領了一個自由框架的學生團體，最終合著兩冊的《神奇的結構》（*The Structure of Magic*, 1975, 1976）。班德勒與葛蘭德追隨、分析與模仿維吉尼亞‧薩提爾，薩提爾為上冊寫前言，貝特森寫了緒論。

貝特森將班德勒與葛蘭德介紹給艾瑞克森，結果完成了他

們的兩本書，《米爾頓・艾瑞克森的催眠技巧模式（上、下）》（*Patterns of the Hypnotic Technique of Milton H. Erickson–Volumes 1, and 2*, 1975, 1977）。艾瑞克森為上冊寫了前言：「……本書是我在個案身上運用令人愉悅語言的精簡版本。我從中學習到許多我已經做了但自己卻不知道的事。」

在上冊中，班德勒與葛蘭德將艾瑞克森複雜的溝通與治療方法形塑出一個模型，大大地幫助我與其他人效仿他。這本書對我了解艾瑞克森核心治療工作的「文法」是非常重要的。

催眠在許多艾瑞克森分支學派的發展都是一個基礎元素。雖然艾瑞克森經常使用催眠，但催眠並不是班德勒與葛蘭德工作的核心，他們反而大量聚焦在模仿卓越、發展後設模式以及後來的米爾頓模式，這是在他們遇見艾瑞克森之後發明的。

班德勒與葛蘭德是關於了解人類關係與人際影響領域偉大的貢獻者。那些追隨他們的人在神經語言學上進一步發展，現在是教練學派的主流，教練是不需要執照的。在歐洲以及其他非美國等國家，神經語言學對領有執照的健康／心理健康專業人士都是不可或缺的一環。

許多專業人士與艾瑞克森相遇是透過他們與神經語言學的合作，著名的包括：康尼瑞兒・安卓斯（Connirae Andreas）與史蒂夫・安卓斯（Steve Andreas）、萊絲里・卡麥隆－班德勒（Leslie Cameron-Bandler）、諾瑪・巴瑞塔（Norma Barretta）與飛利浦・巴瑞塔（Philip Barretta）、羅伯特・迪爾茲（Robert Dilts）、茱蒂絲・狄洛基爾（Judith DeLozier）、史蒂芬・吉利根（Stephen Gilligan）、大衛・高登（David Gordon）、史蒂芬・蘭克頓

（Stephen Lankton）、以及比爾・歐漢龍（Bill O'Hanlon）。也有許多從未見過艾瑞克森人，他們透過神經語言學受到他的影響，包括生命教練與激勵講師安東尼・羅賓（Tony Robbins）。

康尼瑞兒・安卓斯與史蒂夫・安卓斯

康尼瑞兒・安卓斯與她的丈夫史蒂夫是神經語言學熱切的擁護者，他們提倡班德勒與葛蘭德的工作。康尼瑞兒與史蒂夫出版了許多神經語言學的書籍，包括《青蛙變王子》（*Frogs into Princes*, 1979），銷售超過五十萬本；共同編輯了《催眠構建》（*Trance-Formations*, 1981）以及《善用你的大腦做改變》（*Using Your Brain for a Change*, 1985）。

羅伯特・迪爾茲

羅伯特・迪爾茲在加州大學聖塔克魯茲分校念大學時成為班德勒與葛蘭德最早期的學生。雖然迪爾茲沒有更高學位，但艾瑞克森喜歡他並且教導他。迪爾茲透過許多書籍的著作闡述神經語言學而獲得個人聲譽，包括《神經語言學的根源》（*Roots of Neuro-Linguistic Programming*, 1983）、《用神經語言學改變信念系統》（*Changing Belief Systems with NLP*, 1990），以及《用神經語言學模仿》（*Modeling with NLP*, 1998）。

史蒂芬・吉利根

　　史蒂芬・吉利根在加州大學聖塔克魯茲分校念大學時，是班德勒與葛蘭德最早期的學生，俄羅斯催眠師弗瓦迪・拉耶科夫（Vladimir Raikov）發展出一個稱為「催眠身分認同」的步驟。為了提升演奏技巧，拉耶科夫用這個方法幫助音樂家在催眠中認同知名的作曲家。類似地，吉利根被班德勒與葛蘭德催眠，模仿艾瑞克森的聲音語調、姿勢動作等等。但當吉利根拜訪艾瑞克森並模仿他的行為時，艾瑞克森並不認同這種做法。

史蒂芬・蘭克頓

　　1980 年，史蒂芬・蘭克頓出版他第一本關於神經語言學的書《實用的魔術：將基礎神經語言學翻譯成臨床心理治療》（*Practical Magic: A Translation of Basic Neuro-Linguistic Programming into Clinical Psychotherapy*）。他是艾瑞克森治療學派熱切的擁護者，目前擔任美國臨床催眠協會期刊主編。他與當時太太卡洛（Carol）合作，撰寫兩本令人著迷的書，包括，《內在的答案》（*The Answer Within*, 1983）、《家族治療的魔力與干預》（*Enchantment and Intervention in Family Therapy*, 1986），內容是這對夫婦從與艾瑞克森的相處經驗衍伸而來的方法。

比爾・歐漢龍

比爾・歐漢龍參與了神經語言學的發展，在亞利桑那州立大學獲得家族研究的碩士學位。他在 1970 年代遇到艾瑞克森，擔任他的園丁，以勞動作為跟艾瑞克森學習的學費，是米爾頓・艾瑞克森基金會通訊第一任主編。他是一位優秀的作家，出版了相當大量的書籍；也是很卓越的講師，一直都是艾瑞克森基金會研討會的固定主講。

艾瑞克森的間接影響

你在這本書所閱讀到的故事來自於曾經與艾瑞克森直接互動的同事。在 1981 年，我開始訪談艾瑞克森的同事，而訪談的資料成為本書的基礎，書中並未納入許多間接受到艾瑞克森影響的專家觀點。

艾瑞克森生生不息的本質孕育了他學生們的成長與發展，而他們也如此對待他們的學生。許多未曾與艾瑞克森見過面的大師，包括史蒂芬・迪薛澤（Steven de Shazer）以及邁可・雅普克（Michael Yapko）等兩位，都受到海利的影響，透過書籍了解艾瑞克森治療。迪薛澤與同事創立了焦點解決治療，導師是威克蘭德，威克蘭德直接跟艾瑞克森學習。

麥可・亞布可是當代催眠治療臨床工作的主要人物，也是把催眠治療用在憂鬱症治療的先驅。順帶一提，艾瑞克森的三位女兒：卡蘿（Carol）、貝蒂・愛麗絲以及蘿珊娜，她們都成為治療師，

並且對艾瑞克森催眠治療學派的發展貢獻良多，但他們與其他艾瑞克森的孩子（我都跟他們見過面）的故事，將在艾瑞克森個人生命的另外一本自傳裡分享。

參考文獻

Bandler, R. (1985). Using *Your Brain for A* Change. Real People Press.

Bandler, R. & Grinder, J. (1979). *Frogs into Princes*. Real People Press.

Bandler, R. & Grinder, J. (1975). *Patterns of the Hypnotic Techniques of Milton H. Erickson*. Vol. 1. Meta Publications.

Bandler, R. & Grinder, J. (1977). *Patterns of the Hypnotic Techniques of Milton H. Erickson*. Vol. 2. Meta Publications.

Bandler, R. & Grinder, J. (1975). *The Structure of Magic. Vol.* 1. Science and Behavior Books, Inc.

Bandler, R. & Grinder, J. (1976). *The Structure of Magic. Vol. 2.* Science and Behavior Books, Inc.

Bateson, G., Jackson, D. D., Haley, J.D. & Weakland, J. (1956). *Toward a Theory of Schizophrenia*. Behavioral Science. 1(4) : 251-254.

Bernstein, L. (1976). *The Unanswered Question*. Harvard, University Press.

Dilts, R. (1990). *Changing Belief Systems with NLP*. Meta Publications.

Dilts, R. (1998). Modeling with NLP. Meta Publications.

Dilts, R. (1983). *Roots of Neurolinguistic Programming*. Meta Publications.

Erickson, M.D. & Rossi, E.L. (1981). *Experiencing Hypnosis: Therapeutic Approaches to Altered States*. Irvington Publishers, Inc.

Erickson, M. H. & Rossi, E. L. (1979). *Hypnotherapy, An Exploratory*

Casebook. Irvington Publishers, Inc.

Erickson, M. H., Rossi, E.L. & Sheila, I. (1976). *Hypnotic Realities*. The Milton H. Erickson Foundation Press.

Grinder, J. & Bandler, R. (1981). *Trans-Formations: Neurolinguistic-Programming and the Structure of Hypnosis*. Real People Press.

Haley, J. D. (1963). *Strategies of Psychotherapy*. Grune & Stratton.

Haley, J.D. (1973). *Uncommon Therapy: the Psychiatric Techniques of Milton H. Erickson, M.D.* W.W. Norton & Company, Inc.

Haley, J. D. & Richeport-Haley, M. (2007). *Directive Family Therapy*. The Haworth Press, Inc.

Haley, J.D. & Richeport-Haley, M. (2005). *Milton Erickson, MD: Explorer in Hypnosis and Therapy*. DVD.

Lankton, S.R. & Lankton, C. H. (1983). *The Answer Within: A Clinical Framework of Ericksonian Hypnotherapy*. Bethel, CT: Crown House Publishing Company LLC.

Lankton, S.R. & Lankton, C. H. (1986). *Enchantment and Intervention in Family Therapy: Using Metaphors in Family Therapy*. Crown House Publishing Company LLC.

Lankton, S. R. (1980). *Practical Magic: A Translation of Basic Neuro-Linguistic Programming into Clinical Psychotherapy*. Meta Publications.

LeCron, L. M. (1970). *Self-Hypnotism*. Signet Classics.

Lustig, H.S. (1974). *The Artistry of Milton H. Erickson, MD*. The Milton H. Erickson Foundation. https://catalog.erickson-foundation.org/page/artistry-of-mhe

Rossi, E. L., Erickson-Klein, R. & Rossi, K. L. (Eds.) 1-4, 9, (2008), 5-8, 10, (2010) 11-14, 16 (2014), 15 (2015). *The Collected Works of Milton H. Erickson, MD*. The Milton H. Erickson Foundation Press.

Zeig, J. K. (2019). *Evocation: Enhancing the Psychotherapeutic Encounter*. The Milton H. Erickson Foundation Press.

Zeig, J. K. (2015). *Psychoaerobics: An Experiential Method to Empower Therapist Excellence*. The Milton H. Erickson Foundation Press.

Zeig, J. K. (2018). *The Anatomy of Experiential Impact through Ericksonian Psychotherapy: Seeing, Doing, Being*. The Milton H. Erickson Foundation Press.

Zeig, J. K. (2014) *The Induction of Hypnosis: an Ericksonian Elicitation Approach*. The Milton H. Erickson Foundation Press.

Zeig, J. K. & Geary, B. B. (Eds.) (2000). *The Letters of Milton H. Erickson*. Zeig, Tucker & Theisen, Inc.

第四部

貢獻：專家群

　　這個部分的故事來自艾瑞克森基金會文件檔案，依（英文）姓氏排序呈現。這九十位貢獻者分屬第一代與第二代。

第二代

隆・亞歷山德

　　以下是根據隆・亞歷山德（Ron Alexander）於 2015 年 9 月寄給傑夫・薩德的文件編輯而成。

　　隆・亞歷山德博士是一位在加州領有執照的治療師，擔任過教職，寫過一本正念的書，在佩伯丁大學（Pepperdine University）、依瑪丘雷特哈特大學（Immaculate Heart College），以及加州大學洛杉磯分校（UCLA）擔任臨床心理學兼任教授。過去四十年，亞歷山德一直是加州大學洛杉磯分校吉芬（Geffen）醫學院的客座講師。

　　1976 年一天，亞歷山德打電話給艾瑞克森，詢問是否可以向他諮詢他私人的身體疾病問題。亞歷山德嘗試的整合療法並沒有成功。在電話中，艾瑞克森要求亞歷山德第二天早上九點整準時再打電話給他，第二天要求亞歷山德做同樣的事：隔天早上九點整準時打電話給他。亞歷山德困惑了，但那一週的每一天他都回應了艾瑞克森的要求。在每次掛電話前，艾瑞克森會說，「不要遲到。」到了星期五，艾瑞克森終於邀請亞歷山德到鳳凰城接受諮詢。

　　當亞歷山德與他的同事抵達艾瑞克森家，艾瑞克森拿了一個裝著草莓的碗給亞歷山德，彷彿艾瑞克森知道他喜愛草莓而準備了一碗草莓等他。艾瑞克森邀請亞歷山德進入催眠。亞歷山德記得離開催眠，恢復清醒時，艾瑞克森對著他的心說了一句話：「你的無意

識非常有創造力，不是嗎？」

艾瑞克森說的其他話觸動亞歷山德。在催眠中，艾瑞克森反覆喚醒他，說：「我們為什麼要用疼痛處罰我們自己……只為了做正確的事？」

催眠結束後，艾瑞克森詢問亞歷山德是否在天主教家庭長大。亞歷山德告訴他他是在天主教家庭長大。亞歷山德接著問艾瑞克森：「你怎麼知道我喜愛草莓？」艾瑞克森輕柔地回答：「好的，有時你可以聽到一個聲音在告訴你問題是什麼，但有時候也可以聽到一個美味的解答。」

艾瑞克森再度讓亞歷山德進入催眠，並誘發他手臂飄浮。他問亞歷山德是否在加州大學洛杉磯分校教書，亞歷山德回答是的。艾瑞克森詢問那個區域是否有間賣 T 恤的商店。再次地，答案是肯定的。艾瑞克森給亞歷山德一個特別的任務：做一件 T 恤，胸前印著「我們為什麼要用疼痛處罰我們，目的是……」後背印「只為了做正確的事？！」亞歷山德回到加州後真的製作了那件 T 恤。

第二次去鳳凰城拜訪艾瑞克森，亞歷山德早上九點準時抵達艾瑞克森家。艾瑞克森詢問亞歷山德他是快樂的人還是有罪惡感的人。亞歷山德回應：「這個當下，我是有罪惡感的人。」他接著跟艾瑞克森分享他的婚姻不美好，他與那位跟他結婚的「可愛女士」很不幸地合不來。艾瑞克森的回答是，樂隊常常需要嘗試新的樂手，並且為了做出更好的音樂而更換成員，沒有任何人需要感到罪惡。他說生命中有些安排無法繼續維持，而有些解散了是因為無法開花。艾瑞克森說，「你是否覺察到你的無意識對某件事感興趣，而無意識總是引導你前進？」亞歷山德回憶他在催眠裡進進出出，

他在3個小時後清醒,只記得艾瑞克森說的片段話語。

當亞歷山德要離開時,艾瑞克森問:「孩子,你來自波士頓嗎?」亞歷山德回答是的。艾瑞克森繼續說:「好的,我知道那裡有許多天主教徒。他們是快樂還是有罪惡感的?」接著他對著亞歷山德微笑,接著對他說要他等待十天再重新檢查身體,檢查一開始亞歷山德要請他幫忙的身體疾病。艾瑞克森也要求亞歷山德告訴他檢查結果。艾瑞克森說也許他會很驚訝卻又高興地發現他的感染突然消失了。十天後,亞歷山德重新做了身體檢查,已經沒有感染跡象。亞歷山德得出結論,即便他在天主教家庭長大,他並不需要因為想要結束婚姻而感到罪惡。

反思他從艾瑞克森學到的,亞歷山德說任何時候當他發現自己冒出心身症狀時,他會回到催眠狀態,並且記得艾瑞克森的話:「我們為什麼要用疼痛來處罰我們自己……只為了做正確的事?!」造訪艾瑞克森之後,他決定將生涯重新導向身心醫學。

▋評論

從這個案例的治療與解決的方式看來,亞歷山德的問題似乎有一個潛在的身心因素。但當接受艾瑞克森治療時,我們不應該期待治療會將這個洞見帶到個案的覺察中。

艾瑞克森有獨特的方法測試與評估個案動機。我記得有次跟他在一起時,他接到一位潛在個案來電。短暫對話之後,他叫她先去爬女人峰(現在命名為波爾斯特瓦峰〔Piestewa Peak,石頭峰〕,是鳳凰城一個熱門的登山步道)再來約診。我詫異地看著他。艾瑞克森說那位女士希望他幫忙克服一個習慣,但他聽出來她聲音裡的

猶豫，他不希望她帶著那樣猶豫態度進入治療，因此提供了一個挑
戰任務，以測試她的動機是否夠強大。

第二代

康尼瑞兒·安卓斯

我在 2015 年 3 月訪問康尼瑞兒·安卓斯（Connirae Andreas），2020 年 3 月第二次訪問她。康尼瑞兒·安卓斯是一位心理治療師，是神經語言學發展上的重要人物。安卓斯在科羅拉多州立大學（University of Colorado）取得臨床心理學碩士學位，在北中央大學（North Central University）取得心理治療博士學位，是核心轉化（Core Transformation）的創始人，她的書《核心轉化》（*Core Transformation*）售出十四種語言版權。接著她發展出整體工作（the Wholeness Work），出版新書《來到整體：如何喚醒並自在生活》（*How to Awaken and Live with Ease*, 2018）。她也與亡夫史蒂夫共同撰寫幾本神經語言學書籍，包括兩人共同編輯的《青蛙變王子》（*Frogs into Princes*, 1979）銷售超過五十萬冊，以及與史蒂夫編輯了許多和理查·班德勒與約翰·葛蘭德工作相關的書籍，包括《催眠建構》（*Trance-Formations*, 1981）以及《善用你的大腦做改變》（*Using Your Brain for a Change*, 1985）。

傑夫·薩德：你什麼時候遇見艾瑞克森醫師？那次見面如何影響你？

康尼瑞兒·安卓斯：我很幸運在艾瑞克森醫師生命晚年，參加了為期兩週的小團體教學研討會。那不是太長的時間⋯⋯但第二次

的碰面帶給我生命中最深刻的改變體驗，它徹底改變了我個人生命與職業生涯。

當我第一次抵達鳳凰城，我期待遇到一位「巫師治療師」。我閱讀了傑．海利關於艾瑞克森精彩的書籍《不尋常的治療》，正在學習神經語言學。

當我遇到艾瑞克森，我看到的是一位坐在輪椅上樸實無華的老人，簡單的辦公室與住家，衣著非常樸素，如果真有那麼一點不尋常的就是他穿著一套紫色的輕便服裝（艾瑞克森受困輪椅裡，家人為他縫製了方便穿脫的舒適服裝）。

艾瑞克森有強大臨在感與的權威感。最令我印象深刻的是他表情與眼睛裡的慈愛。至今這麼多年後，我經歷了生命裡許多轉折，當我再度看到相片中的他，我仍感受到同樣的慈愛與開放的風采（許多心靈大師都有類似的表情）。然而，當時我並沒有想到那些特質。

1979 年，我第二次拜訪艾瑞克森，我正處在生命重大危機，我必須對我的親密關係做些什麼，於是我向他要求一次私下治療。他立即回答「好」，接著就轉頭了，我感到困惑，不知道如何安排約診。那剛好是持續一週有趣「舞蹈」的開端。

每一天，艾瑞克森總會說些什麼或做些什麼，讓我感覺有希望，他會幫我治療，但緊接著的是困惑與失望，因為什麼事都沒發生。這樣的希望和失望持續到最後一天，終於我完全放棄我會有任何改變了，然後「它」就發生了。

當時艾瑞克森正在跟我們這個小團體說一些與個案工作的故事，如同他每天都會做的，我突然體驗到深刻改變，就這麼

突然來到我身上。我模糊地感覺我好像變成不一樣的人了，有一種過去我從未經歷過的幸福、平靜，以及一切都沒問題的感覺（詳見 https://www.thewholenesswork.org/origin/）。

　　這個切換改變了我的人生。接下來兩週我洞見清晰，在個人關係裡需要的改變再清楚不過了：前進、結婚，開始一個家庭。我們（康尼萊與史蒂夫）真的結婚了，而且後來在一起超過四十年（康尼瑞兒的先生史蒂夫‧安卓斯也是神經語言學的開發者與講師，在 2018 年過世）。

　　然而，這個深刻的幸福狀態只維持了幾個月，之後，開始瓦解，我再次體驗到一種緊繃的生活節奏。但我知道體驗到深刻美好這件事是可能的，同時知道一切都沒問題的，不管發生什麼事。因此，我展開了持續探尋：如何把「它」找回來。這個探尋引導了我的職業生涯，帶領我發展出早期的核心轉化工作，以及後來的整體工作。兩種方法都提供一個可靠又簡單的方式，達成我在艾瑞克森辦公室裡體驗到的深刻幸福的感覺。

傑夫‧薩德： 艾瑞克森如何影響到你與個案工作的方式？你看到自己風格有任何差異嗎？

康尼瑞兒‧安卓斯： 我的專業工作在許多方面都受到艾瑞克森強烈影響。有一個很明顯的地方，我的風格跟他有些許差異。艾瑞克森的風格是繞過意識心智，讓人們進入催眠，直接在無意識層面工作，這個方法允許他繞過意識心智的干擾，也因而讓他的工作看來很神祕。人們會改變，但不知道改變是如何發生的。我知道那是有意圖的，而他會追蹤我的反應，因為正當我體驗到深刻轉變時，艾瑞克森轉頭看向我，帶著微笑說：「你

仍然感覺需要跟我私下工作嗎？」當下我找不到任何問題，所以我們就只是大笑。

後來我企圖找回艾瑞克森「喚醒」我內在的那次體驗，嘗試了許多方法。我嘗試讓自己進入催眠，找尋我在鳳凰城的時光；沒有任何一次嘗試是成功的。最終，我切換到一種跟我自己生活比較一致的方法，我將它稱為「意識與無意識經驗的整合」。與其是繞過意識心智，我們做療癒工作並不需要分隔意識與無意識，分辨這兩者不再重要了。

核心轉化與整體工作都能夠系統性地引導人們體驗到當初艾瑞克森喚醒我內在的經驗。我從艾瑞克森身上學到許多，包括如何精準了解某些經驗和溝通。我認為，因為我的方法奠基在艾瑞克森所創建的精準模式上，把體驗到的深刻轉化變成可能，用一種系統性並可複製的方式做到。對我而言，那是逐漸回到過去艾瑞克森幫我做到的事情，而當初艾瑞克森是瞬間就能完成。此外這種做法整合了意識與無意識經驗，所以是永久的，這些改變不可能受到撼動或解體。

傑夫·薩德：你覺得艾瑞克森留給這個世界什麼？

康尼瑞兒·安卓斯：艾瑞克森的工作像是令人驚奇的資源尋寶，值得任何對個人蛻變有興趣的人們好好研究。他是非凡的人物，具有無可比擬的創造力與藝術天份。史蒂夫與我花了許多時間閱讀他的案例及逐字稿，總是會發現更多值得學習的寶藏。他對於語言與行為的精準度是相當驚人的，有能力找到適合每一個人的獨特治療方法。而且，一旦他發現對某個個案有效，他會辨識出根本模式，在其他有類似問題的個案身上測試。

終其一生，艾瑞克森總是在實驗與學習。我相信我們能夠顯榮他最好的方法就是研究他的工作，並且持續更多實驗與學習的過程。

對於艾瑞克森的觀察

康尼瑞兒・安卓斯：我相信艾瑞克森有一種不尋常的能力與個案處在當下，就如同一位好的心靈老師是在當下的。但艾瑞克森做了精準的計畫，這是與多數心靈老師不同的。然而，他有能力處於當下，並且開放地面對個案的經驗，他能夠用一種優美的方式「順著流走」。我的印象是當他與一位個案工作時，沒有太多的內在對話，他就在那裡，沒有內在吵雜的聲音，這讓艾瑞克森能夠幫助每一位個案，帶出他們自己的資源以及獨特的改變路徑。他提供仁慈存在的經驗，協助我們每一個人朝向自己最大潛能前進。

很重要的是兩種能力都能做到。艾瑞克森同時擁有開放、沒有雜念的臨在，以及精準思考、說話與行動的能力。大部分人只有一種能力。

更多關於艾瑞克森的影響

康尼瑞兒・安卓斯：除了研究艾瑞克森的工作，我認為研究他演進的軌跡同樣有幫助。我們可以從他的一路以來的變化觀察到。艾瑞克森以「直接、權威式」的催眠開始他的職業生涯。當我

觀看那些早期艾瑞克森的影片，我有點震驚，因為那個早年的
艾瑞克森與我遇到的、晚年的艾瑞克森是如此截然不同。

　　艾瑞克森在催眠領域做了一個明顯的典範轉移換，以一種
較為溫和的方式提供治療，他注意並順勢運用任何個案的生活
經驗來誘發改變，而這些改變是從個案本來就有的內在資源裡
浮現的。這種催眠可以幫助更多元的個案群體。我覺得我在前
進的方向與艾瑞克森所經歷的軌跡是相符合。他是成長、改變
與學習的榜樣，總是實驗，並且從結果中學習。

關於艾瑞克森的晚年

艾瑞克森過世後，康尼瑞兒與她先生史蒂夫、傑·海利共進晚
餐。

康尼瑞兒·安卓斯：海利告訴我們，「你知道，如果你有幸在艾瑞
　　克森年輕時遇見他……」，我的記憶是傑說他在艾瑞克森晚
　　年時跟他在一起感覺不舒服，因為艾瑞克的各方面能力都減退
　　了，沒辦法像過去一般說話，再也無法很好地運用身體，只能
　　坐在輪椅上。海利說他感到難過，也很不願看到這些。他告訴
　　我們，「如果你們認為你們遇見他時他很厲害，艾瑞克森在年
　　輕時厲害得多。」

　　（康尼瑞兒繼續思考）我想到這裡，再加上我自己對他的
　　感覺，是的，艾瑞克森確實失去一些身體功能，而且，從我們
　　有限的觀點，很容易就被視為走下坡，或是不幸的事，但我不

覺得這限制了艾瑞克森。事實上，這些不幸可能是讓他成為大師的重要原因。

艾瑞克森喚醒我內在產生蛻變的體驗是相當深刻的，而這發生在他生命的最後一年。我不是很確定，但我懷疑艾瑞克森早年是否也能那麼做。我遇見的艾瑞克森說話含糊，也不能如他年輕時那樣運用身體，但他改變了我的生命。

看過艾瑞克森早期的影片之後，我相信他驚人的演進與變化，不僅發生在跟個案治療時，也發生在他個人成長上。艾瑞克森是我成長、改變與學習的人生榜樣。

參考文獻

Andreas, C. & Andreas, T. (1994). *Core Transformations: Reaching the Wellspring within*. Real People Press.

Andreas, C. (2018). *Coming to Wholeness: How to Awaken and Live with Ease*. Real People Press.

Bandler, R. & Grinder, J. (1979). *Frogs into Princes*. Real People Press.

Bandler, R. & Grinder, J. (1985). *Using Your Brain for A Change: Neuro-Linguistic Programming*. Real People Press.

Haley, J. (1973). *Uncommon Therapy: the Psychiatric Techniques of Milton H. Erickson, M.D.* W. W. Norton & Company.

第二代

史蒂夫・安卓斯

我在 1989 年 3 月採訪史蒂夫・安卓斯（Steve Andreas）。

史蒂夫・安卓斯與他太太同時也是工作夥伴，康尼瑞兒對神經語言學的發展貢獻良多。史蒂夫與康尼瑞兒合作，共同編輯、著作以及／或出版了許多神經語言學書籍及訓練手冊。他撰寫《六隻盲大象：了解自己與彼此，第一、第二冊》（*Six Blind Elephants: Understanding Ourselves and Each Other*, Vols. I & II, 2006）、《轉化負向自我對話》（*Transforming Negative Self Talk*, 2012）、《更多轉化負向自我對話》（*More Transforming Negative Self Talk*, 2014），以及《維吉尼亞・薩提爾：她的魔法形式》（*Virginia Satir: The Patterns of Her Magic*, 1991）等書。他擁有布蘭德斯大學（Brandeis University）心理學碩士學位，跟隨亞伯拉罕・馬斯洛學習。

史蒂夫・安卓斯出生時的名字是約翰・歐・史蒂文斯，母親芭莉・史蒂文斯（Barry Stevens）是卡爾・羅傑斯與弗里茲・波爾斯等人本心理治療學派的書籍作者。約翰・史蒂文斯編輯並出版了弗里茲・波爾斯的完形治療逐字稿，並且撰寫《覺察：探索、實驗、經驗》（*Awareness: Exploring, Experimenting, Experiencing*）。與康尼瑞兒結婚後，改名為史蒂夫・安卓斯。史蒂夫在 2018 年過世。

1979 年，大約在艾瑞克森過世前一年，安卓斯夫婦參加艾瑞克森的催眠工作坊（這是他唯一一次拜訪艾瑞克森）。有一位女士

一身紫色進入教室：紫色鞋子、紫色襪子、紫色洋裝、紫色圍巾，還有頭髮上的紫色蝴蝶結。艾瑞克森有色盲，而很多人都知道他最喜歡的顏色是紫色。很有可能這是為什麼那位女士全身都是紫色的。

在早上上課到一半時，艾瑞克森討論他的色盲，說他無法分辨大部分顏色。他解釋他可以根據看到的灰色陰影來猜測人們穿著衣服的顏色，接著他花了十分鐘時間猜測每個人衣服的顏色。

史蒂夫・安卓斯：當艾瑞克森談到這位特別穿著的女士，他所說的第一句話是，「我完全不知道你衣服的顏色。」接著他說：「你可以告訴我嗎？」你從未看過任何人可以這麼快速進入催眠，因為他完全打破這位女士的預期，她不知如何反應。

艾瑞克森的這種說話方式讓這位女士進入困惑狀態，接著他要求她從那個困惑狀態出來，並且回答他關於她衣服顏色的問題。這是一個連續重擊：首先，出現困惑，然後接下來要求具體的回答，迫使她離開那個困惑。我無法跟上艾瑞克森接下來的步伐，但我認為他給了她一些啟發，關於對自己的價值更加關注，還有她在生命中想要的是什麼，而不是配合他人需求以及其他人想要或看重的。

艾瑞克森是一位天才，我認為他是世界上最厲害的治療師，但是他並不是很會教導其他的人成為他那樣的人。他會說：「相信你的無意識。」有時候這個說法被過度一般化，很可能他說的那個當下是正確的。你不能總是相信你的無意識，當一個人有恐懼症，而這是一個無意識過程，我不認為他們真

的想要相信那個恐懼症。

班德勒與葛蘭德在他們的米爾頓模式中，分析了艾瑞克森的語言模式。米爾頓模式在教導能力方面是很大進步，但不一定可以用來教導藝術或是技巧，因為艾瑞克森是一位絕頂的藝術家，可是有時候有點做過頭，有些事情他做的比較複雜，其他事情則不一定會這樣。不過他喜歡玩耍，而且挑戰自己。

很多時候他可以利用非常短的片刻……完全改變了某個人的生命，改變他們的反應，當然有時也會失敗。1979 年 10 月我在他家時，他有點誇耀他可以如何在六次治療裡治好恐懼症。當時我已經知道使用神經語言學的方法，你可以在半個小時內就做到。但還是有些時候，他會從帽子裡變出一個奇蹟，而我完全不知道他是怎麼做到的。有時候我覺得很無聊，因為他漫談著許多故事，我卻看不出來到底怎麼回事，就好像參加了交響音樂會，但看不懂節目單。我可以辨識出他天才之處，但並不總是可以跟得上，這就是為什麼六個月之後我沒有跟著康尼瑞兒回去找他。

當團體進行到某個階段，艾瑞克森會說：「你們看得出來誰被催眠了嗎？」許多人會回答，有人說：「出現賀伯特·史畢格症候，因為眼球向上翻了。」另一人說：「剛開始他們的表情不一致，接著表情變平了。」然後他轉向一位女士：「瑪麗，我們在哪裡？」瑪麗以唱歌般的聲音說：「在蘋果樹上。」艾瑞克森問：「我叫什麼名字？」她回答，「湯米。」他把她催眠了，我們都沒有發現。關於他提出的問題，「你們可以看得出來某人在什麼時候被催眠了嗎？」大部分人把這問

題當作一般知識上的理解，他的意思是現在——這個當下！他非常開心地提醒我們，我們是這樣無知並且過度自信。

我認識一個人，他來找艾瑞克森醫師，對於生命他只確定兩件事：他絕對不會結婚，但是如果結婚了，也絕對不會有孩子。十八個月之後他的太太懷孕了。

艾瑞克森常常使用隱藏溝通。他會直接對無意識說話，而不會牽涉到意識，這是他工作的許多面向之一。我認為他對此有一點過度熱情……有時候對意識說話會有幫助。

他的隱藏溝通經典案例之一是，一個女孩子因為生理問題無法控制她尿，艾瑞克森要她想像在廁所小便，門突然打開，有一個陌生男人的臉出現。好的，一個陌生男人出現在你的廁所，這個情境的隱藏溝通是如果有陌生人出現在你的廁所之外，妳必須繃緊身體，因此她完全繃緊了身體，而這就是一個無意識的自然反應。

他想要引導人們的注意力，而所有的治療都是改變人們的定向，注意力與方向。

評論

艾瑞克森要那個有排尿問題的女孩想像一個陌生的男人，這樣小女孩的自動化反應就會增強，她那虛弱的骨盆腔底部肌肉就會用力，因而解決排尿的問題。

安卓斯對於意識與無意識溝通作了評論。有時候艾瑞克森會跟人們在意識層次說話。一個簡化的原則就是對那個情境所呈現的層次說話。如果個案呈現意識的了解，治療師可以依此反應。如果事

情是在意識層面以下呈現，以類似的方式對它說話。意識與無意識的過程都需要尊重。比如，艾瑞克森感受到那個穿著紫色衣服的女士想要取悅他人。而不論她是否意識到這部分，她都透過她的衣服作了溝通。因此，艾瑞克森依照她所呈現的層面與她溝通，他細緻並間接地將她的注意力聚焦在她自己身上，而非在他身上，或通常而言，在其他人身上。

▌參考文獻

Andreas, S. (2006). *Understanding Ourselves and Each Other*. Real People Press.

Andreas, S. (2012). *Transforming Negative Self-Talk*. W. W. Norton & Company.

Andreas, S. (2014). *More Transforming Negative Self-Talk*. W. W. Norton & Company.

Andrea, S. (1999). *Virginia Satir: the Patterns of Her Magic*. Real People Press.

Perls, F. S. (1969). *Gestalt Therapy Verbatim*. Real People Press.

第二代

理查・班德勒

　　理查・班德勒（Richard Bandler）是自我成長領域的作家與訓練師，最著名的就是與約翰・葛蘭德共同創造神經語言學，聚焦在模仿卓越，以及了解與改變人類行為的不良模式。班德勒也開發其他系統，包括設計人類工程學（Design Human Engineering, DHE）以及神經催眠重組模式（NHR）。

　　2015 年 7 月我在佛羅里達參加班德勒帶領的工作坊時訪問了他。

傑夫・薩德：你與艾瑞克森第一次見面的情形是？

理查・班德勒：我第一次與米爾頓見面是透過格雷戈里・貝特森。精神科醫師羅伯特・史畢格是我的房東，他讓格雷戈里・貝特森搬到我的車道對面。房東沒有說他這麼做的目的是為了做一個實驗，他就是這樣的人……我閱讀過貝特森的書，他因為思覺失調個案的雙重束縛理論而聞名。在啟發與實驗式溝通領域，他是創始人……我給了他原本是《神奇的結構》（*The Structure of Magic*）這本書前面四章的手稿（我碩士學位的論文）。我們正準備出版成書，當時有一些出版社已經有這份手稿。

　　傑・海利是其中一家出版社的編輯，他退稿給我時說：

「沒有人會對這份文稿感興趣，我們不認識格雷戈里·貝特森。」格雷戈里·貝特森卻很開心，喜歡這個說法，並且為傑·海利編輯的米爾頓·艾瑞克森論文集寫推薦序。[1]

傑夫·薩德：《治療的催眠進階技巧》。

理查·班德勒：是的。他送我這本書……貝特森送傑·海利與約翰·威克蘭德去見艾瑞克森，試圖弄清楚艾瑞克森做了什麼……而當他拿到這本書，他的瞳孔放大，「呆掉了」，他看起來像是消失了幾分鐘，我過去曾經在其他人臉上看過這個表情，但不知道那是深度催眠，看起來好像一片空白的表情。接著他回來，開始談論米爾頓，我心想「我必須見見這個人。」於是告訴約翰·葛蘭德。約翰和我決定去見他。我盡可能找到每一本跟催眠相關的書籍，回溯到十九世紀……我坐在從地板到天花板堆滿了書籍的客廳裡閱讀，我閱讀速度非常快，為了做好準備，我嘗試了書中的每一件事情。幾天之後我看著約翰跟他說：「我不想再等幾個月才去見他……我現在就要出發。」

我們飛到鳳凰城，然後打電話給米爾頓。我們分析過他的語法，把這種說話方式丟回給他：「人們可以……米爾頓……為我們騰出時間。」

米爾頓非常接納我們，他說：「隨時都可以過來。」當我們抵達，貝蒂為我們開門。貝蒂是非常可愛的人，也是一位獨

---

[1] 作者註：海利未曾在任何出版社工作過，可能是出版社邀請他審查這本書。此外，貝特森並未為這本書寫前言，前言作者是是精神分析師勞倫斯·庫比（Lawrence Kubie）。

具風格、很棒的催眠師。[2] 米爾頓要我們填寫表格，並且列舉我們的學位。當時他仍然在專業領域打仗，我以為在當時這場仗已經結束了，因為他做催眠，人們試圖指控他是江湖術士，畢竟當時催眠只會出現在舞台表演上。

我猜想人們是受到《斯文加利》（Svengali）這部電影，以及其他愚蠢想法所影響。當時在加州，當我告訴人們我正在學習催眠，他們就會進入一種催眠後行為，並且演出像機器人的動作。人們爭論並反對催眠，認定「催眠不好，而且它不存在。它只能治療症狀」，就好像催眠是很糟糕的事。當我們抵達，米爾頓穿著紫色睡衣，他問我們一些問題。

我不是心理治療師，我甚至不喜歡心理學的基本假設，但我的確拿過幾個學位，主要是因為他們持續給我學位。他問我問題並要我們閱讀一封來自於個案的信，他說，「告訴我這個人的職業與診斷。」我閱讀那封信說，「好的，我認為他的職業是妓女。」米爾頓問：「什麼是妓女？」我說：「娼妓。」他說：「你需要使用恰當的語言。」我回答：「是的，先生，」這段關係開始了，很多人認為米爾頓和我是朋友，其實我們合不來。

我與貝蒂相處融洽。艾瑞克森或許喜歡我們所做的，而我也欣賞他所做的，但他的確令我感到芒刺在背。

他說：「她的診斷是什麼？」我說：「你可以給我一個

2　作者註：伊莉莎白・艾瑞克森太太（Mrs. Elizabeth Erickson, Betty）貝蒂非常熟悉催眠，但是她並不是一位臨床治療師。

選擇題讓我回答嗎?因為我不知道有哪些診斷。」他說:「很明顯地,你並不了解……」他責備我不了解診斷,我心想,「喔!這個禮拜將會相當有趣。」

貝蒂帶我們到後面的小辦公室(在客房裡),有冷氣機但沒有冷氣吹出來,一個牆壁放滿了鐵木雕刻,一整個牆面都是學位證件。辦公室裡有一個人,一位精神科醫師,加拿大艾瑞克森研究中心的負責人,他告訴我們,很明顯地這是他與艾瑞克森的時間……約翰和我坐在折疊椅上……貝蒂花了一些時間才把米爾頓帶出來,而這個人來來回回坐立不安,研究牆上的每一個學位。

米爾頓有許多令人印象深刻的資歷,但最令人印象深刻的是他不相信人們不可能變得更好,即使是難以治療的慢性精神疾病。他有叛逆本質,你可以從他的期刊論文當中看得出來。他會盡一切所能嘗試每一件事,就只是為了弄清楚到底發生了什麼。他能夠治好其他醫生束手無策的個案,他對於最糟糕的精神醫院個案有非常簡單的治療方法。

這個簡單方法就是:讓他們離開醫院、讓他們有工作做、讓他們結婚、讓他們生孩子、讓他們送他那些鐵木(艾瑞克森的雕刻收藏)當作禮物。[3]

大部分的人沒有辦法讓個案變得更好,他們試圖尋找人們哪裡出問題了。而艾瑞克森尋找如何讓人們變得更好。維吉

---

[3]　作者註:艾瑞克森的確有大量的鐵木雕刻收藏。但他會送出很多當作禮物。我收過他與艾瑞克森太太送我的鐵木雕刻,後來我回贈給艾瑞克森歷史博物館。

尼亞・薩提爾也尋找如何讓人們變得更好，其他人則會這麼做：「針對你的問題，醫師的診斷是什麼？」一旦他們可以稱你為憂鬱的人，他們的工作就結束了：「喔，你是憂鬱的。」「喔，你是思覺失調。」「這裡是你的藥，吃藥，閉嘴。」

　　我曾經去過一次精神病院……建築物旁邊的石頭刻著「慢性病房」。拉丁文「慢性」意味著永久，病房就是你的家。我跟一位專業人員說，「所以這裡的每一個人都沒有辦法出院？」他笑著說，「嗯，醫生們可以自由來去。」我說：「但基本上沒有人可以離開這裡。」他說：「是的。」如果你這樣相信，你就不會做任何嘗試，所以，那裡的每一個人都放棄了治療。這些年我曾經幫助過一些個案，都是大家已經放棄的個案。

傑夫・薩德：艾瑞克森抱持希望，他是正向的人，引導人們做可以做到的事。

理查・班德勒：米爾頓不是你做治療想找的第一個人，他有一點令人毛骨悚然。所有個案來這裡，都覺得沒人能夠治好他們，開口的第一句話是，「好的，很多人都嘗試催眠我。我真的不可能被催眠。」而米爾頓只是指著那張大的空椅子。從加拿大來的那個人看著我似乎在說：「你想坐在那裡嗎？」我說：「這真的是你的時間……我們只是來拜訪。」

　　那個人坐下來，治療進行到一半，米爾頓在旁邊繞了繞，然後說，「睡！」那個人跌落椅子裡，進入深層催眠。[4]

---

[4]　作者註：當我在 1970 年代早期拜訪艾瑞克森時，我從來沒有聽他將催眠和

我們當時在主房裡，米爾頓正在滔滔不絕說話，提到他是音痴，也是色盲，我認為他對每個人都會做這種催眠引導。因為當他說話時，他的聲音和旋律精準而且有節奏，我的耳朵非常好，因此，我開始注意他所做的，因為他把身邊的人都催眠了。他發明一種握手中斷法，我在一本書中談到。[5]

　　我在 1960 年代長大，所以在我進到他的房子之前，我已經在深度催眠裡。在他開始做催眠時，我感覺世界分解為分子，但我不在意。那只是動物本能。我可以當作一切都正常運作，同時像風箏飛得一樣高。作為一個音樂家，我學會這樣做。但我的舉動讓他感到挫折，他持續嘗試不同方法，因為他就是這樣的人。在很短時間內，他示範了，再示範，而到了一個點，我只是看著他，對他說：「米爾頓，我想要你做某件事。我已經做了你論文寫的每一件事，也得到跟你相同的結果……但我沒有你如何做到的腳本，所以，我想要你示範給我看你是怎麼做到的。」

　　他非常配合，說：「好的。」轉身做給我們看。我們甚至嘗試了他對阿道斯・赫胥黎（Aldous Huxley）所做的。我們讓人們坐在很深的洞穴裡對自己說話。我們從這些事情裡發展技巧，像是深度催眠身分認同，把這技巧當作培訓工具。艾瑞克森的許多技巧，沒有人曾經在舞台表演之外用過，也沒有人在深度催眠裡嘗試過，但米爾頓為每個目的嘗試所有方法。

「睡」結合一起，這是他在 1960 年代會做的事，後來他後悔了。

[5]　作者註：艾瑞克森示範一個預期中的社交行為，像是握手，可以用來催眠引導。

貝蒂很幫忙，提供給我他所有期刊論文……代價是龐大的七十五美金。她說，「這聽起來是很大一筆錢。」我說，「這些資料還不夠。」她還給我一些從來沒有看過的書籍影本，比如他寫的關於時間扭曲的書，在書裡他用時間扭曲技巧來管理體重，讓湯匙從碗裡面出來感覺好像要花上一個小時，如此一來，吃東西變得這般無聊，人們不再用吃東西來滿足其他需求。他的實驗精神真的是前所未見。

傑夫·薩德：他會公開做實驗。

理查·班德勒：米爾頓最有名的台詞是：「作者把這個當作史無前例的機會。」他們會給他一個不會說英文的人，然後要求他催眠這個人，這些人心想：「你到底會怎麼做？」艾瑞克森說，「我不知道，我會試試看。」大部分人不會只為了獲得結果就冒然嘗試，萬一失敗了呢。很多人不學催眠，因為他們擔心如果給了暗示，對方卻沒有照做。其實個案是否照著做，真的不重要。

　　大部分人致力於政治正確，或是遵循一個理論，就是不會致力於獲得結果，但米爾頓與維吉尼亞·薩提爾都是全心全力想要獲得結果的人。我曾經看過維吉尼亞與一個個案工作了二十六個小時，直到那個個案因為太累了而改變……她做到了像米爾頓一般的深度催眠。我有一個維吉尼亞的影片，還有米爾頓的一個影片，他們在某個 5 分鐘片段，一字一句說了完全一樣的話語。[6]

---

[6]　作者註：維吉尼亞·薩提爾是深度人本主義，並且反對階級制；沒有提倡催

維吉尼亞與米爾頓見過面，但不喜歡他，說他令她毛骨悚然。[7]但是她接著說，「好的，我不做催眠。」而我說：「來這裡，我想要你看這個。」（艾瑞克森與薩提爾的影片）每個人的指紋都是獨特的，她說話聲音比艾瑞克森更好聽。他們說同樣事情，當你看著瞳孔放大、下嘴唇大小的改變、皮膚鬆弛、以及呼吸速度改變……我會用儀器來測量所有這些現象，這樣我就能評估一個人的意識狀態。當米爾頓在工作時，這些儀器並不存在。

維吉尼亞活躍的時代，這個儀器也不存在。格雷戈里曾經問，「你如何建立一個模式是我們做不到的？」我說：「好的，一開始諾姆·喬斯基就為我們做好這一切。」我們也是數學家，知道微積分，知道如何設計電腦程式，知道輸入、輸出，以及儲存資料。

我記得梅寧格演講時，我問：「有人有任何問題嗎？」當時我大約二十五歲，跟我年紀最相近的人大約四十歲。這些人在他們的年代都被認為是基進份子，他們問我類似的問題：「你認為心身分離是什麼？」我無法想像米爾頓怎麼做到如此創新的事情。我的意思是說，這些人曾經嘗試取消他的醫師執照兩次。

我遇過一個試圖取消艾瑞克森醫師執照的委員會成員，儘管他不記得為什麼他們最終沒有這麼做，我覺得很幽默……我

眠。

[7] 作者註：當我與薩提爾談論艾瑞克森，她說他太過操弄了。

說，「為什麼你們試圖取消米爾頓的執照？」他說，「因為他玷汙了精神科專業。」那個人聲稱米爾頓說我們應該使用跟舞台催眠的江湖術士同樣的技巧。我說：「他從沒這麼說。那完全是誤解。任何可以改變人們行為以及影響他們心智的技巧，都是好工具，可以用來幫助人們變得更好。」

他說：「艾瑞克森宣稱他在思覺失調症的個案身上獲得療效，而大家都知道這是不可能做到的。」我說，「好的，那為什麼要有醫院？我的意思是為什麼你們要治療那些個案，如果沒有人能夠醫好他們的話？」他回答，「但是你的方法可能沒有效，我的方法有效。」我說，「如果這是真的，那麼為什麼你們沒有取消他的執照？」他的眼睛瞪大，我心裡知道那個問題的答案了，接著，他的回答冗長又無聊。

艾瑞克森仍然對我們的一切感到多疑，他不喜歡我不是牙醫師，我也不是心理師，他甚至不喜歡約翰是一位語言學者。但我們跟他相處越久他就越喜歡我們。

在我與米爾頓‧艾瑞克森見面三週後，我交給他模式上冊的手稿。我們知道這是我們想做的。我們坐下來熬夜好幾天把它完成了……他閱讀之後，寄回一封冷嘲熱諷的簡短信，「所以，你認為這是我在做的嗎？」我說：「好的，我希望你幫我們寫前言……這是你使用的語言，它並不是你所做的每一件事，我沒有解釋你如何做治療。傑‧海利嘗試那麼做，而我不覺得他寫得有多好。」

如果你閱讀了〈艾瑞克森對班德勒與葛蘭德《神奇的結構（上）》的背書〉，它真的非常羞辱人。艾瑞克森說：「本

書……是我用在個案身上無限複雜語言的過度簡化版。閱讀本書，我學習到許多我正在做，但我並不知道的事情。」那正是喬斯基對每個人做的事，過度簡化版，而它應該就是這樣。這麼做可以讓其他人學習如何改變語言，開始獲得好的療效。關於米爾頓很重要的事情是，他持續在每個人身上獲得結果，而當時沒有人可以獲得任何好的結果。

有幾次我看他做治療，他沒有花幾個月或幾年時間詢問病史，也沒有閱讀他們的案例報告。他不在乎這一些東西，他在乎的是他們想要什麼，以及他們說他們需要的是什麼。如果有人來看他並且說：「我快要結婚了，我認為我沒辦法跟我的丈夫在房間裡裸體。」他了解婚姻需要的是什麼，並且讓婚姻生活變得可行，關於這一點他不會害羞或是靦腆。

他談論我認為大部分精神科醫師不會談論的事情，像是婚姻中困難的不僅僅是性與生小孩，而是處理財務以及每天跟同一個人在一起。

現在米爾頓會改變貝蒂的個性，他也會對他的孫子這麼做。我認為米爾頓學習如何獲得反應……因為他可以看到其他人看不到的。也是因為他癱瘓了，他把運用語言變成一種藝術模式，在不提到重點的情況下，讓人們下意識地回應。

小兒麻痺教導他變得精準，而他觀察哪些反應是意識的、哪些反應是無意識的，包括深度改變狀態，某種程度這看起來像是他們有多重人格。你可以把一個人關於性的部分與組織思考的部分分開……他請貝蒂示範自我催眠，這是當他覺得某人沒有進入足夠深度催眠狀態時的方法：他打開貝蒂這個機器，

而她成為催眠的榜樣。

傑夫‧薩德：所以，你在那裡的時候她示範了自我催眠？

理查‧班德勒：是的，那是我曾進入過最深的催眠。但我坐在那裡，行為看起來好像每一件事都是正常的，因為我很享受挫敗米爾頓的感覺。

傑夫‧薩德：這是怎麼一回事？

理查‧班德勒：喔，他就是一個怪老頭，而我喜歡他的那個部分。我們致力於嘲笑對方。當上冊完稿……我給他最終版本，前言有一部分是給馬自達（Mazda）。他回信：「所以馬自達，日本光明之神？」（原文如此）而我回覆：「並不是。」接著說，「我開馬自達。」米爾頓深信這一切有某種深藏的內在意義，我們就這樣持續彼此開玩笑。[8]

他開始寫信給我：「你和約翰是一條麵包。你知道這代表什麼嗎？」[9] 我回信告訴他我不知道那代表什麼。他寫：「如果你解釋一下前言，我就會為你解釋為什麼你們是一條麵包。」我回信給他：「我不是太在乎。」他真的感到挫敗。

所以，我住在聖塔克魯茲，一個人煙稀少的鄉下地方，而外面正在下大雨……一輛車子開過來……大約晚上十點，有個人敲我的門……他的瞳孔放大，他說：「你和約翰是一條麵包。」

我猜是艾瑞克森把這個被催眠的人送來。我帶他進入屋

---

[8] 作者註：上冊有這段獻詞：我們與最高的敬意，將這本書獻給 O. T. 幽靈，一場小小的夏日之雪，以及馬自達（一部人們可以聽得到的車子）。

[9] 作者註：一種解釋：兩個腳跟中間有很多麵糰。

子，他坐下、進入深度催眠。我回送了一個訊息……這種情況持續，我們來來回回了兩三次。後來我發現他是一位精神科醫師，終於我打電話給艾瑞克森，我說：「米爾頓，讓我跟你解釋……我想過把這本書獻給你，但這整本書本來就是給你的一份獻禮。我們認同這本書是關於你的，它做了你所做的每一件事。這份給你的獻禮讓我們都會萬古留名，人們永遠會閱讀這本書。」

一開始的時候，我對著三千人說話，我問：「你們有多少人認識維吉尼亞·薩提爾？」在場百分之八十的人會舉手。「有多少人認識米爾頓·艾瑞克森？」只有四個人舉手，而那是在傑·海利已經出版了所有關於艾瑞克森的書之後。人們不認識他，而他們應該認識的。這些年來，我很確定我每一次舉辦工作坊都會提到他的名字。

傑夫·薩德：好的，你怎麼遇到約翰·葛蘭德？還有你們的合作是怎麼開始的？

理查·班德勒：我在念大學時遇到約翰，當時我在加州大學聖塔克魯茲分校帶領小型實驗團體。他剛剛成為克雷斯格（Kresge）學院的教授……我在不同學院。我跟一位學院的教授起了爭執，學院要求我離開。當時在加州大學聖塔克魯茲分校有一個剛成立的學院叫做克雷斯格學院。當我轉過去的時候……我是唯一的四年級生。

約翰和我有些想法是相同的。我們都討厭停車計時器，因為一堂課要一個小時，而停車計時器只能停 45 分鐘。

傑夫·薩德：他是喬斯基的學生嗎？

理查・班德勒：我會說他更像是一位同事。當時有許多偉大的語言學家……他進入那個圈子。我們決定共同寫一本書。他開始進入我的那些團體，我們萃取一些符合模式的東西，最後從中完成了後設模式。（《神奇的結構（上）》）

傑夫・薩德：什麼是深度催眠身分認同（deep trance identification）？你可以解釋一下嗎？

理查・班德勒：原先我們播放米爾頓的影片給一群大學生觀看……

傑夫・薩德：羅伯特・迪爾茲、大衛・高登、與史蒂芬・吉利根？

理查・班德勒：是的……我讓史蒂芬・吉利根觀看了我錄製的影片好幾個小時。我讓他進入深度催眠，就像米爾頓在論文裡對博士 A 跟博士 B 所做的，我讓他的無意識只會做出米爾頓的行為：聲調、字句，以及詞句，我讓史蒂芬相信他就是米爾頓，我讓他離開催眠並且幫別人做催眠。我相信，這是他第一次幫人催眠，而且做得非常好。

接下來幾年我們用這個方法讓人們進入某種身分認同裡。但這並不是讓他們只是做他們自己，而是把他們塑造成他就是那一個人。到了某一個程度你不再是那個人，而是將這個整合成一個科技……一種學習某人聲調的方法。因為當我模仿維吉尼亞，我可以完美地模仿她的聲音，我也可以完美模仿米爾頓的聲音。我是一個音樂家。那是我們學習其他人音樂的方法……深度催眠身分認同只是我們學習的一種方法。

傑夫・薩德：模仿（Modeling）。

理查・班德勒：不是模仿，那是仿效（Imitating）。我知道很多人對這個困惑了。他們認為如果你仿效維吉尼亞那就是模仿了

她。你沒有，你是仿效了她。演員就是這麼做的。但他們透過模仿並無法學到這個特定的人在其他情境下會如何創造新方法。如果米爾頓可以活五百歲，他就會創造出大量技巧，因為他絕對不會停止創造新的事物，直到他生命結束的那一刻。

傑夫・薩德：好的，你們第一次去找艾瑞克森……只有你和約翰。

理查・班德勒：所以，我再回去時帶著羅伯特・史畢格、羅伯特・史畢格的太太萊絲里，還有茉蒂絲・狄洛基爾。史蒂芬・吉利根跟我們去過一次。我已經完成了結構下冊（Bandler & Grinder, 1975）。約翰和我想要送米爾頓一本（《米爾頓・艾瑞克森醫師的催眠技巧模式（上）》，〔*Patterns of the Hypnotic Techniques of Milton H. Erickson, M.D., Vol. 1*〕，1975）。當時約翰可能已經跟茉蒂絲住在一起了……我知道他們在約會。而萊絲里・卡麥隆－班德勒………當時我們剛開始約會，所以她也來了。我希望有女性在場，因為我知道米爾頓會有不一樣的反應。他喜歡女孩子，而我相信當第二天我們回來的時候他甚至對我說：「那些女孩子在哪裡？」兩件事出現在我心中：第一件是羅伯特・史畢格告訴我，「我看其他人都進入催眠了，我好羨慕。」而他一整天都在催眠中，他的手是張開的。我播放影片給他看：「那就是你。」他一看……就完全失神了。我幾乎無法讓他觀看影片，因為當中建立了許多失憶。我需要開開關關影片……他說，「我什麼都不記得」，對整件事感到非常困惑。

第二件是史蒂芬・吉利根記得全部的木頭雕刻（艾瑞克森的鐵木雕刻收藏），所以他做了一個鐵木貓頭鷹。當我們去

米爾頓的辦公室，在任何人進去之前，他把它藏在很多東西裡面。四天以後，史蒂芬問米爾頓困惑技巧。

米爾頓給了一個我從他嘴巴裡能聽到最意識、最字面的解釋，我從來沒有聽他這麼直接給任何一個人答案，但是他就像是教科書。他很清晰、很有意識地、一步一步溝通，史蒂芬進入深度催眠。他們經過了四天，這樣來來回回，很有趣，因為米爾頓沒有提到任何關於貓頭鷹的隻字片語，而櫃子上有一大堆東西。最後，史蒂芬說：「米爾頓，我的觀察力很敏銳，我知道你絕對不會錯過任何事物。但我覺得你錯過了一樣東西。」米爾頓看著他說：「沒有什麼東西是我在乎的。」（譯按：原文 "Nothing I would give a hoot about."，hoot 是貓頭鷹叫聲。）

傑夫・薩德：非常聰明。

理查・班德勒：他非常地精準，而且可以看到大部分細微改變。

傑夫・薩德：艾瑞克森最明顯的特質是什麼？

理查・班德勒：艾瑞克森知道意識溝通與無意識溝通的差別……而且知道如何分別對這兩個層次說話，這使得他成為優雅的溝通者，他能夠獲得他想要的反應，將無意識放在正確位置上，這是最困難的地方。因為如果一個人在錯誤時間對一個事物感到害怕，很難讓他們再次看著同樣事物而不會感到害怕。艾瑞克森厲害的地方在於他讓發瘋的人們接受一個事實，他們不需要發瘋。他會把人們的發瘋事件放進信封裡，密封，把這些信封放在他辦公室。這聽起來很瘋狂，但是當你的個案每年都回來找你，檢查這些密封的信封是否還在，發瘋事件是否還在裡

面，然後他們可以繼續正常生活，誰還會在乎這是不是合理的做法——方法有效就好（《不尋常的治療》的案例）

傑夫・薩德： 艾瑞克森對於神經語言學最主要的貢獻是什麼？

理查・班德勒： 策略治療仍然是一種傳統治療的思考模式，而神經語言學家，很多人都是，犯了一個錯誤，他們認為治療就像是修理壞掉的東西。我不認為米爾頓把治療當作修理，祕訣就是讓個案朝向他的未來前進……遠離他的過去。

　　我要做的最困難事情是，我相信米爾頓也是這樣，克服其他人以治療之名所犯的錯誤。因為人們不是變得更好，就是變得更糟。如果他們沒有變得更好，你就沒有做對事情。如果你以這個想法為標準，所有事情都變得簡單。而米爾頓習慣把事情簡單化。

傑夫・薩德： 你跟他相處的時間，他是否跟你收費？

理查・班德勒： 沒有，他從來沒有跟我收費……我甚至問過他，還問他是否要書的版稅。

傑夫・薩德： 你覺得他為什麼這麼做？

理查・班德勒： 我不知道，因為他們家看起來不是很有錢……我會給貝蒂一些禮物，那是我走私賄禮給艾瑞克森的方式……同時告訴她，「不要告訴米爾頓。」他就是個頑固老頭，而那不是他做事的方法。我知道他喜歡跟瑪格麗特・米德以及格雷戈里・貝特森見面，他喜歡有那樣聰明的人在身邊。如果我們（班德勒與葛蘭德）第一次去拜訪時，他對我們做的事不感興趣的話，我們是不可能有機會再去拜訪他的。他要麼希望你在那裡，要麼直接叫你離開。如果他想要你待在那裡……他並不

想要跟錢有關，因為如果你是從他身上買到東西，你不見得會感激他。

傑夫‧薩德：我遇見艾瑞克森時，他很虛弱，他有雙重視覺、聽力不好，而且呼吸時只能使用一半橫膈膜以及一點點肋間肌肉。然而，他是最屬害的溝通者之一。

理查‧班德勒：米爾頓對每件事的態度都很好，我的意思是他罹患小兒麻痺兩次，仍然嘗試做每一件事，做到那些他應該做不到的事。[10]

在早上，艾瑞克森會花幾小時做疼痛控制，當他進來時，總是處於深度催眠裡。看得出來，教課幾小時後他就會很不舒服。我建議為他添購一把比較好的椅子放在辦公室，「難怪你會這麼痛苦……你現在那張椅子是最糟糕的。」他說：「我跟這把椅子完全契合。我已經坐這把椅子很多年了，我不需要又大又醜的椅子。」

如果有任何人值得擁有任何東西，那就是米爾頓，儘管生命重重打擊他的身體。他的視覺比我們大部分人看到的兩倍影像還多，但他不會同時看到兩個影像。當他說他是音癡，我認為那比較像是一個命令（暗示），讓人們變得音癡與色盲。

他很多溝通是重複說話，這是催眠引導的一部分，讓人準備好進入催眠裡……（艾瑞克森可能會這麼說）「我有很多的限制。不要用頭腦意識關注我。」米爾頓同時是頑皮的靈魂，

10　作者註：雖然原本艾瑞克森認為自己罹患小兒麻痺兩次，但後來證實他四十多歲的時候是受到後小兒麻痺症候群所苦。

我想這是他為何喜歡瑪格麗特·米德、格雷戈里·貝特森，還有我們，因為我們都是好玩的人。我寫了一個童話故事，唸給他聽，他完全入神……臉靠在桌子枕頭上，然後他抬頭看著我問我：「你為什麼讀這個給我聽？」我說：「因為那是一個催眠的童話故事……我剛寫完，剛剛發表。」他看著我：「另一本書？大部分作者花很多的時間跟精神在書寫上。」意思是我沒有花時間……我們來來回回互相取笑彼此。那些年他寫了很多信給我，大部分都語帶諷刺，他總是嘲笑我的工作，而我喜歡人們這麼做。

傑夫·薩德：你會反諷回去。

理查·班德勒：當然，這是我的本性。我記得有一天他孫子來了，帶著倫敦腔調說話。很明顯艾瑞克森很開心，那孩子也很開心，這就是他們玩的遊戲，儘管艾瑞克森因為身體缺陷不能到外面玩丟球。米爾頓會在對的時間、對的人身上誘發出許多改變，改變人們的信念。如果他沒有打過自己的仗並且受苦，就不會是偉大的催眠師。那些他在醫院依靠自己，在那些房間裡，在亞利桑那的小辦公室裡，為那些沒有人認識的個案完成的事，將會影響未來的世世代代。

傑夫·薩德：說得太棒了。那麼神經語言學與催眠狀態之間的關係是什麼？

理查·班德勒：催眠狀態，意思指的是一種改變的狀態，意識心智需要組織，透過神經語言學，你運用催眠狀態，以剛剛好的強度，將對的反應鑲嵌在對的位置上。

傑夫·薩德：你看過賀伯特·拉斯提格（Herbert Lustig）製作的

《曼蒂與尼克》影片（*Monde and Nick*）嗎？[11]

理查‧班德勒：兩部都看過。

傑夫‧薩德：影片裡有個時刻，艾瑞克森跟曼蒂說，他要她回憶起屁股挨打的往事。你如何分析這部分？

理查‧班德勒：她當時處於一段惡質關係，老公對她肢體虐待，而她就忍受。關於打屁股這件事，就是虐待惡行不會停止，除非她離開並且做出些改變。因此，艾瑞克森要曼蒂的手臂僵直停在半空中……而脫離疼痛的關鍵就是離開。[12]

米爾頓並不是像大家想像的那樣只運用隱藏式溝通，在某些方面他非常直接，直接催眠與間接催眠不一樣，你可以對某人說：「當你清醒後，離開這個房子，而你再也不會跟那個混蛋說話。」但你發現這樣是不夠的，覺醒必須來自那個人的內心……不是只做一次，而是任何時候有人受到虐待時都要這樣做。要離開惡劣關係的方法……如果你待在一個地方感覺痛苦，那就離開，並且做些改變。

米爾頓讓這個催眠變得非常不愉快，同時也極度好笑，她不只從打屁股事件退縮（曼蒂回憶起過去屁股被打），也感到好笑，但當她移動那隻手，痛苦消失了。

傑夫‧薩德：關於艾瑞克森，你還有什麼要分享的嗎？

理查‧班德勒：我對他並不是那麼熟，我只認識一點點的他以及他的工作，我希望我能認識他更久一些。

---

[11] 作者註：《米爾頓‧艾瑞克森醫師的治療藝術》，可以在艾瑞克森基金會找到。

[12] 作者註：影片中並沒有任何伴侶虐待的跡象出現。

▌評論

當我訪談理查·班德勒,我發現他很迷人,很有助於人,他也是一位很傑出的講師。

以下故事闡明艾瑞克森間接治療方法,以及班德勒提到,關於他運用家庭成員來幫助教學。

處理失落

理查·班德勒:艾瑞克森的女兒,貝蒂·愛麗絲正要搬到衣索比亞,她的先生在軍隊服役,那時正要移防。貝蒂·愛麗絲無法帶著他們的狗一起搬家,擔心把狗留下怎麼辦。那隻狗跟了他們家很多年,她害怕在全家回到美國之前,狗就會死掉。

艾瑞克森叫貝蒂·愛麗絲進辦公室,要求她擔任催眠示範個案。他讓她進入催眠狀態,開始說隱喻,如果她離開家時,一個小偷破門而入偷走了傳家之寶,她可能會有什麼樣感覺(這段影片在艾瑞克森基金會的資料庫裡)。當他編織關於失去傳家之寶的故事時,他邀請貝蒂·愛麗絲給正向建議,如何處理這種失落感受。他說她總是擁有美好回憶,沒有人可以把這些美好回憶偷走。

當然,艾瑞克森間接地對她說,她的狗即將過世,但對那些在場的人,包括我自己,聽起來好像艾瑞克森在幫他女兒準備好面對自己即將過世這件事,以及當她離開美國時,如果他過世了,她如何處理這個失落。

參考文獻

Bandler, R. & Grinder, J. (1975). *Patterns of the Hypnotic Techniques of Milton H. Erickson. Vol. 1.* Meta Publications.

Bandler, R. & Grinder, J. (1977) . *Patterns of the Hypnotic Techniques of Milton H. Erickson. Vol. 2.* Meta Publications.

Bandler, R. & Grinder, J. (1975). *The Structure of Magic. Vol. 1.* Science and Behavior Books, Inc.

Bandler, R. & Grinder, J. (1976). *The Structure of Magic. Vol. 2.* Science and Behavior Books, Inc.

Haley, J. (1967). (Ed.). *Advanced Techniques of Hypnosis and Therapy: the Selected Papers of Milton H. Erickson, M.D.* Grune & Stratton.

第二代

諾瑪與飛利浦・巴瑞塔

我在 1989 年 12 月訪問諾瑪與菲利浦・巴瑞塔（Norma and Philip Barretta）。

全世界就是一個大舞台

從 1975 年開始，諾瑪與菲利浦・巴瑞塔在世界各地教導催眠以及神經語言學。菲利浦擁有博士學位，在美國臨床催眠協會裡很活躍。他是一位婚姻與家族治療師，2015 年 5 月 7 日過世。諾瑪現在仍然住在加州。

約翰・葛蘭德將巴瑞塔夫妻介紹給米爾頓・艾瑞克森，當他們第一次拜訪艾瑞克森時，這對專業夫妻「就被迷住了」。拜訪他的第二天，諾瑪問艾瑞克森是否可以把這次會談錄音存檔，他回答：「你懷疑自己的能力嗎？」她說她立即進入了催眠。

艾瑞克森讓巴瑞塔夫妻完成他給學生的標準系列問題：簡單基本資料，包括兄弟姐妹的姓名與年齡。有一些艾瑞克森認為很重要的問題：你是在鄉下或是都市長大？艾瑞克森把這個問題放在裡面，因為他覺得都市人和鄉下人有不同的觀點。

巴瑞塔夫妻填完問卷，艾瑞克森引導他們「一路往下走……編織一個故事」，關於一個斯拉夫女孩及地中海男孩（諾瑪的家庭來

自波蘭，菲利普的家庭來自義大利）如何相遇、他們的背景，以及許多個人細節，故事與菲利浦和諾瑪的故事非常相似。這對夫妻很好奇，艾瑞克森是打電話給誰，知道了這些關於他們的訊息。

有些艾瑞克森所說的事情，除了這對夫妻之外，沒有其他人知道，比如，他們結婚了兩次。艾瑞克森甚至似乎知道，當諾瑪年輕時，她與父親有一段「嘗試的」關係。「那真是太不可思議，」諾瑪說。「令人感到害怕……他怎麼會知道？！」菲利浦補充。「艾瑞克森會小心地觀察個案反應，」諾瑪解釋，「而故事接下來的發展路徑，跟我們在催眠裡所出現反應是一致的。」菲利浦回憶起艾瑞克森的視覺敏銳力以及說故事的天份。艾瑞克森相信生命只有十二個場景，而莎士比亞把這些都寫完了。「我們正為他站在人生舞台上，」菲利浦說。「我們在為他演出這齣戲，而團體裡其他人是否發現這一點，那就是另一個故事了。」

「當時我們已經結婚二十九年了，」諾瑪回憶起：「我們的生命是平行的，但漸行漸遠。那幾次拜訪艾瑞克森之後的變化相當驚人，我們有兩個不同的工作、兩個不同的職業生涯路徑，但我們開始一起工作。可以說這一切都歸功於那些我們與米爾頓‧艾瑞克森相處的時光。」諾瑪繼續說，「約翰‧葛蘭德告訴我『艾瑞克森非常狡猾，所以絕對不要立即回答他的問題，因為如果你這麼做，就會掉入陷阱裡。』有一次，艾瑞克森醫師說，『我如果給你一個漂亮的紫水晶，你會答應我做成一個戒指，並且每天都戴在身上嗎？』當然，我想說『是的，是的！』但約翰的話還在我的腦海裡，所以我說：『好的，我可以先看看那個紫水晶嗎？』艾瑞克森咧嘴大笑，點頭指向咖啡桌。好的，那顆石頭有這麼大（諾瑪比出

那是一顆大石頭）。我把它撿起來說：『好的，或許每天就戴幾分鐘。』因為這件事，我很喜愛他。」

「我們其中一次拜訪，學生裡面有一個很胖的男人，他是如此的肥胖，佔據了兩張椅子。他是第一個詢問艾瑞克生醫師問題的人。艾瑞克森醫師看著他，低下頭開始說一個關於鯨魚的故事：鯨魚如何變成地球上最龐大的生物，但牠們吃浮游生物，非常微小的生物體。他繼續說著鯨魚以及浮游生物，沒有回答那個人的問題，最後他停下來說：『那回答了你的問題嗎？』那個人點頭說，『是的，非常感謝。』」

一個人的垃圾是另一個人的寶藏

他們有一次拜訪艾瑞克森，結束後諾瑪與菲利浦在鳳凰城飛機場候機準備回家時，突然聽到廣播要菲利浦接電話。菲利浦拿起電話，艾瑞克森在另一頭說：「你的皮夾還在嗎？」他當下以為艾瑞克森「要從袖子裡變把戲了」，回答：「當然。」同時背包裡卻找不到皮夾，他說，「我那時才發現皮夾掉在他的辦公室了。」艾瑞克森告訴菲利浦會幫他寄回。當皮夾寄到了，裡面有一張紙條，艾瑞克森寫道：「莎士比亞說一個男人的皮夾是他的垃圾。我自己的垃圾已經夠多了，這是你的。」

咳嗽與痊癒

有一次諾瑪與菲利浦拜訪艾瑞克森，團體中有人詢問艾瑞克森

抽菸的問題。根據諾瑪轉述，當時艾瑞克森咳嗽了，接下來的半個小時，他說話的時候持續間歇性咳嗽。

當晚這對夫妻回到旅館，諾瑪對菲利浦提到咳嗽事件，菲利浦抽菸，卻說當天他沒有聽到艾瑞克森咳嗽。諾瑪把當天課程的錄音播放給他聽，菲利浦仍然沒有聽到。諾瑪說，「我以為他在跟我開玩笑。」大約艾瑞克森咳嗽事件之後兩個月，菲利浦戒菸了。諾瑪將這個改變歸功於艾瑞克森的間接誘發。

關於鯨魚的故事

菲利浦與諾瑪有一位朋友，住在聖地牙哥，無法進食任何固態食物，只能喝很多湯以及去渣或軟質食物。「她非常害怕嘔吐，」諾瑪回憶，「小時候她吞過蠟筆，必須接受洗胃。艾瑞克森完全不知道這件事，但是他在凱西也在場時，說了一個關於鯨魚的故事。他說：『如果鯨魚吞了異物，牠有辦法吐出來，這不是很有趣嗎？鯨魚很有見識……比人類還有見識。為什麼人類想要把某個東西送上（腸胃道的）一段長達將近十公尺長的旅程，如果它並不屬於那裡，就會以進來的同樣方式排出去。』」

諾瑪繼續說：「凱西深受那個故事的影響。當晚我們到一家餐廳，她竟然點了過去沒有辦法吞嚥的餐點：固態食物。我們全看著她：『你在幹什麼？』她說：『我不知道，但我覺得很有道理，如果必須吐出異物，我可以做到。』」

第一代

伊瑟‧巴特列

　　伊瑟‧巴特列（Esther Bartlett）醫師是波士頓的麻醉科醫師，她在 1984 年 2 月 29 日的信裡回答我關於艾瑞克森傳記的問題。巴特列記得艾瑞克森醫師對於自己的治療取向很有信心，絕不遲疑。她說他把催眠變「簡單」了，但他的風格通常是「戲劇化」。「他總是使用新的想法以及治療方法，而且從不停止向他的個案學習。我信任他的根源……第一次見面時，他示範自律神經系統是可以控制的，我深受震撼，當時是 1940 年代！」

　　巴特列說艾瑞克森奠基於科學，創立了臨床催眠，「與其他的大師們」齊名，包括佛洛伊德與榮格。巴特列對艾瑞克森的主要批評是，他不「透露他的技巧……許多人嘗試模仿他，但都做不來。」

第一代

法蘭茲・鮑曼和哈洛德・克雷斯內克

我在 1981 年 11 月訪談法蘭茲・鮑曼與哈洛德・克雷斯內克
（Franz Baumann and Harold Crasilneck）。法蘭茲・鮑曼醫師是一
位小兒科醫師，因為兒童催眠治療而聞名。

鮑曼在德國出生，就讀海德堡大學，1932 年移民美國，在奧
勒岡大學獲得醫學博士學位。

哈洛德・克雷斯內克博士因為催眠在臨床心理學運用的研究論
文而聞名國際。1954 年，他就讀休士頓大學獲得臨床心理學博士
學位，1950 年代後期，他將催眠運用在外科手術與疼痛控制上。
他因臨床催眠的工作與醫學教育的貢獻獲得許多獎項。

假設前提改變行為

當艾瑞克森與同事們在舊金山舉辦催眠研討會時，鮑曼與艾瑞
克森聯絡，提到一位犯罪的青少年個案，治療沒有進展，艾瑞克森
同意在研討會時接手。「每個星期我都會提醒那個男孩，艾瑞克森
的到訪快到了，」鮑曼回憶著。

鮑曼記得，那個男孩走進龐大、擁擠的研討會，以一種「蟲行
方式」在桌子間穿梭，上了舞台。必須放上一個擴音機，那個男孩

才能夠坐下。「那男孩非常尷尬、非常不舒服；他臉紅了，」鮑曼說，「顯然進入催眠了。艾瑞克森醫師看著那男孩很久，然後說：『鮑曼醫師告訴我你惹了一大堆麻煩……』男孩回答：『是……的……』艾瑞克生醫師緩慢地說：『……而我不知道你將如何改變行為。』這樣就結束了！」

不久之後，那個男孩不一樣了，「那個犯罪的青少年，」鮑曼說，「現在是一位很有名的律師。艾瑞克森專屬的厲害魔法就在於他知道在什麼時候說出最重要的話。」

在另一次研討會，有一個學生抱怨會脹氣疼痛，另一個症狀是常常打嗝。艾瑞克森的治療方法是把那個症狀當作處方箋，對學生說：「你現在可以在大家面前打嗝嗎？這樣他們就會知道你的問題是什麼了。」那個人試著打嗝，卻辦不到。

克雷斯內克：「艾瑞克森真是個天才。他溝通的方法很少人能夠做得到……作為精神科醫師，他是其中最厲害的之一。艾瑞克森是個偉大的人……一個能夠理解其他人失敗的人，他生命唯一的目的就是幫助其他人變得更好。」

第二代

約翰·比爾斯

我在 2015 年 7 月採訪約翰·比爾斯（John Beahrs）。

約翰·比爾斯醫師從哈佛醫學院畢業，在華盛頓州的州立西部醫院擔任住院醫師。州立西部醫院有一個政策是，如果住院醫師想跟一名專家學習，將獲得三個星期的休假。比爾斯選擇了艾瑞克森。

「在醫學院畢業後不久，我經歷了嚴重的個人危機，」比爾斯回憶，「我接受 B 醫師的心理治療，有幾次嘗試催眠結果失敗的經驗，有趣的是其中一次是由約翰·威克蘭德所做的。B 醫師認為催眠是很好的想法，同時說米爾頓·艾瑞克森可以催眠任何人。」

在 1971 年，當約翰·比爾斯還是第一年精神科住院醫師，他遇到米爾頓·艾瑞克森。他已經跟史丹佛大學心理學系厄尼斯特·希爾加教授學習催眠，也讀過艾瑞克森的著作，當時他還不是那麼有名。比爾斯很感興趣，所以寫信給艾瑞克森要求接受訓練。他強調自己對於催眠的興趣，以及曾經在史丹佛希爾加的實驗室與高度受催眠暗示性的個案工作。

「我告訴艾瑞克森，我想要改善與低度催眠受暗示性的人的工作狀況，而且我對於意識與意志力也有強烈興趣。我提到自己有個人催眠的議題。我猜他喜歡我寫的信，因為他邀請我到鳳凰城待三週。」

在那之前，比爾斯和艾瑞克森通過電話，覺得艾瑞克森口氣並不是那麼鼓勵。他說很像是一通「商業」電話。他遇見艾瑞克森的第一印象是：「他非常老，頭腦非常活躍，調整自身缺陷的能力非常厲害。艾瑞克森對於生命的掌握令人難以置信，說話的方式就像小說作家，以莎士比亞的方式運用隱喻。我感覺他差不多能夠讀我的心，卻不確定我是否願意讓他看透我。」

比爾斯受邀住在艾瑞克森的客房。「我自己煮三餐，基本上獨立生活，」他回應：「大部分日子我會受邀進屋子與他個別會談。1970 年代末期，我會進入他的催眠工作坊，那真是令人不可思議……比較溫和的說法是那改變了我的生命。」艾瑞克森沒有要求比爾斯付費。「跟艾瑞克森在一起的三個星期總結，是我寫了一篇重要的論文：〈米爾頓・艾瑞克森醫師的催眠心理治療〉（The Hypnotic Psychotherapy of Milton H. Erickson, M.D., 1971）。艾瑞克森說在此之前沒有任何人寫出像這篇品質這麼好的文章。他建議我投稿給美國臨床催眠協會的編輯比爾・愛德蒙斯頓（Bill Edmonston）。我照做了，文章刊登出來，我獲得『美國臨床催眠協會期刊的米爾頓・艾瑞克森獎』。我寫這篇論文並不是想要成就一番豐功偉業或是重要貢獻，只是我將從艾瑞克森身上所學到的整合。」

比爾斯在論文裡寫到，「艾瑞克森是個活生生的證明，我們不需要一定要有固定身分和框架。透過他的正直，他讓人看見治療的彈性是可能的。」談到隱喻，比爾斯補充，「艾瑞克森的彈性就像是一棵根基穩固、發育完整的樹，有自由伸展的枝幹。一旦根基穩固就不必擔心遇到阻抗時會被連根拔起。」比爾斯描述艾瑞克森是

一位簡單、健康的人生大師。他感覺艾瑞克森有堅定的價值觀，也關心人們。「透過允許其他人發展他的治療工作，他可以更擴散他的影響力，而不只是提供一套固定理論。他欣賞其他人可以推廣發展他的治療工作。」

　　大約在比爾斯與艾瑞克森學習五年後，他與史蒂芬·吉利根一起在艾瑞克森舉辦的催眠工作坊裡。「史蒂芬試圖在艾瑞克森身上使用一個艾瑞克森技巧，」比爾斯回憶，「而我看到艾瑞克森眼神閃過一絲光芒，然後持續忽視史蒂芬，繼續與團體上課。大概半小時後史蒂芬完全昏睡過去，嘴巴張開、眼睛閉上，還有一隻手臂飄浮起來，米爾頓接下來的一個小時繼續忽視他……第二天是另一個團體來上課，史蒂芬也在，艾瑞克森只是說：『史蒂芬，你昨天怎麼了？』史蒂芬回答：『我被怎麼了。』米爾頓說：『這就對了。』」

　　比爾斯自認是不容易被催眠的人，在一次與艾瑞克森的個別會談裡，他進入深層催眠。比爾斯說：「我記得有個巨大的眼球向上翻轉，當時我並不知道賀伯特·史畢格的眼球上翻測試。我記得自己情緒崩潰，大哭一場，部分原因是我終於進入深層催眠了。」

　　我一直想要進入深層催眠，但做不到，我在催眠中告訴艾瑞克森，「我不知道我到底在哭什麼。」他說，「你正哀悼你所失去的童年。」那是一次真正的治療。艾瑞克森指出，直到當時，我常常伸長著脖子，好像我是個小孩子仰視大人。在這個特殊機會裡，我不再那麼做了，或許我長大了，開始哀悼我失去的童年。

　　歸因可以是有建設性。我曾經有一位個案去看艾瑞克森，他冷漠、低自尊，人格特質是無法辨識與描述自己或他人的情緒，因此

人際關係很差，而社交互動受限。

　　個案記得艾瑞克森詮釋他的夢。我不知道艾瑞克森會詮釋夢，所以我請那個個案多告訴我一點。他回答，「那是關於一隻動物的夢，一隻土撥鼠（marmot），艾瑞克森說牠代表我的媽媽。我問他為什麼時，艾瑞克森回答 MA 代表『媽』，M，O，T 正是『母親』前三個字母。所以，這是關於你媽媽的夢。」那個男人心想，「我的天啊！我從來不知道我的無意識這麼有創意。」

　　艾瑞克森一定知道，對這個人而言，想起他媽媽會有幫助，因此他在那個方向創造了一個歸因。過程中，他也讓那個男人有機會對自己感覺良好。

▎參考文獻

Beahrs, J. O. (1971). *The Hypnotic Psychotherapy of Milton H. Erickson, M.D.* American Journal of Clinical Hypnosis, Vol. 14, (2), (pp. 73-90).

Zeig, J. K. (1985). *Experiencing Erickson*. Brunner/Mazel Publishers, Inc.

第一代

奧圖・班漢

我在 1986 年 10 月訪問奧圖・班漢（Otto Bendheim）。

奧圖・班漢醫師對亞利桑那州的精神醫學界有很大影響。他在
1938 年搬到亞利桑那州，也是這個城市第二位精神科醫師。1940
年代末期，當艾瑞克森抵達鳳凰城時，該地只有少數幾位精神科醫
師，而且大部分都是精神動力學派。班漢注意到當時並沒有社區精
神科醫院，所以在 1954 年，他成立了駝峰醫院。1960 年，亞利桑
那精神醫學會成立時，班漢擔任第一屆會長。

班漢在精神科會議與艾瑞克森交流。他描述艾瑞克森是「極度
聰明……創新，或許很厲害，也是驕傲的。他表現得好像比我們其
他人優秀。他有創新與打破傳統的治療方式。」班漢目睹一些艾瑞
克森治療失敗的例子，也認為艾瑞克森有著一些不必要的權威。

第一代

彼得・布倫

彼得・布倫（Peter Bloom）醫師是賓州大學醫學院與精神科臨床教授，也是國際催眠學會前會長。在 2010 年退休前，布倫執業了三十九年，生涯最終階段是擔任賓州醫院精神科資深主治醫師。

我在 2015 年 12 月訪問布倫。雖然他與艾瑞克森的個人接觸有限，我仍將他的觀點收入這書裡，原因是他對當代思潮的洞見，還有他與艾瑞克森所做的種種，都闡明了艾瑞克森治療精髓。當布倫在賓州醫院工作時，那裡約有兩百位精神科醫師，其中至少一半的人，據布倫回憶，致力於精神分析訓練。

布倫：有天晚上，一位醫師打電話給我：「彼得，你知道，如果你不做精神分析，就不會是一位好的精神科醫師，或是會有任何成就。你會錯過這股潮流。」我記得對此感到不知所措。我的導師，後來成為我的好朋友，跟我說，精神分析學派本質上就是一個宗教。

因此，當下我決定我要走自己的路，而不是跟著一群同事……我年紀夠大也更成熟了，精神分析並不是一個巨大的認同議題，但我還是感受到壓力。

我相信這就是唯一治療方法，因為同事們不知道有其他方法，不知道如何跟個案說話，當然也不知道如何運用創造力和

直覺來照顧個案。行為治療與亞倫・貝克，以及他發展出來的認知治療，當時還沒有出現。很多人致力成為完美的佛洛伊德學派信徒。有些人在辦公室裡說謊，說他們正在做精神分析治療，實際上卻偏離了精神分析的做法……

1930 年代末期與 1940 年代早期，精神分析是全國運動，但是當中並沒有醫學證據為基礎。一個芝加哥學派的傢伙非常的分析導向，有一個小孩來找他做治療，小孩被診斷為思覺失調，身上有臭味，因為都不洗澡。那個傢伙說：「你可以再回來這裡做治療，但你要先回家並且洗澡。」這種做法就是「矯正性情緒經驗」，這個事件震撼了整個精神分析領域。我的意思是，這是常識，為什麼這些醫師沒有事先堅持個案要先洗澡才能來做治療？但那是第二次世界大戰之前，是這個領域司空見慣的事情……

一位醫學精神科醫師督導給我一段傑・海利關於艾瑞克森演講的錄音帶（在 1960 年代）。當我聽到那段錄音演講，我不再感覺孤單，我覺得艾瑞克森的治療方法是可以傳授的……

在 1960 年代末期和 1970 年代早期，我必須在同事面前隱藏我對於醫學催眠的熱情。如果你相信一種治療取向，甚至，如果你相信自己是了解並且善用催眠的治療師，或是你相信認知治療，或是其他非精神分析的方法，都必須非常小心。我想要成為一個精神科醫師，因此我用戰略技巧在雷達下低空飛行。偶爾被叫去治療有精神解離症的住院病人，他們問我：「你會怎麼做？」我回答：「喔，我會使用一點點催眠。」他們就不再深入追問了。

1980 年代，布倫完成了培訓，獲得在新墨西哥州阿爾布奎基（Albuquerque, New Mexico）的工作。「那一整個州的精神科醫師人數比費城城市醫院的精神科醫師人數還要少，」他說，「我覺得我需要在人數眾多的地方才能有好發展。一位當地的精神分析師為了阿爾布奎基的工作面試我。他問：『你對什麼有興趣？』我說『我對催眠有興趣，我拜訪過米爾頓‧艾瑞克森。』面試官說：『你不覺得他有一點狂妄嗎？』當下我馬上抓到重點，在那次面試時把這個議題輕輕帶過。這些就是住在其他地方的人對艾瑞克森的看法……我在費城的一位好朋友，我的導師，他很喜歡艾瑞克森，因為艾瑞克森在做的治療正是他們（他與他的同事們）所教導的，所以我被他們吸引。」

　　「我在 1936 年出生，」布倫說，「1954 年進入醫學院，1920 年代與 1930 年代幾乎沒有任何精神科藥物……當時有的是瘋人院。在十八世紀末期，賓州醫院仍然會在病人身上使用鐵鏈。直到十九世紀末期與二十世紀早期，約翰霍金斯醫院說他們要把科學引入醫學課程裡。1910 年，佛萊克斯納報告（Flexner Report）出爐，改寫了醫學院培訓醫師的標準。」

布倫繼續說： 1920 年代，精神科醫師被稱為外星科醫生（alienists）。而且有很多機會是不需要執照或是資格文件，（因此）有些不受控制的江湖郎中。艾瑞克森與催眠一起出現在 1930 年代，很可能被認為比較像是江湖郎中，不同的是他有醫療原則，真心關心個案，他很有效率地運用他的直覺。艾瑞克森是這個領域很突出的一位。我記得他工作時非常小心，

他的案例背後都付出大量的努力，但是他不做教條式的教學。他訓練自己，為個案創造一個更好的體驗性氛圍……

艾瑞克森很偉大，這有一個簡單原因：他是走在自己道路上堅持自己的人。他不需要別人的認同。儘管他對其他理論抱持開放態度，他相信自己的無意識。對於精神分析學派帶來的巨大壓力，他並不感到畏懼。他知道什麼樣的治療會有效。某種程度上，這就是他的基因，但他也深思熟慮，全面思考事情。在這個領域，對於催眠以及催眠師都有許多的模糊地帶。我認為任何一個人若堅定自己的腳步和立場，作一個完整的人，都會很吸引人們。

關於艾瑞克森的另一件事，就是他的目標是要刺激個案的成長。他不需要滿足他的小我……他在臨床治療情境裡信任他的直覺所帶來的獨特治療方法。他不受限於心理學理論……他本身就是最佳典範。

第一代

泰德・波基斯

我在 1994 年 3 月訪問泰德・波基斯（Ted Borgeas）。

在 1960 年代，米爾頓・艾瑞克森在鳳凰城社區大學為醫師們舉辦了一個催眠課程，足科醫師泰德・波基斯也參加了。波基斯後來成為艾瑞克森的家庭朋友，波基斯的家人與艾瑞克森家人互動往來。當波基斯的個案有精神科問題，他通常會轉介給艾瑞克森。

波斯基是鳳凰城許多家醫院的工作人員，有時候會建議艾瑞克森在員工會議中演講，但員工們常常拒絕，因為他們認為艾瑞克森「飄渺、神祕……基進」。波基斯說，當時醫師族群階級分明，也很排外，雖然他覺得艾瑞克森有很多可以貢獻的東西，不幸地，卻常常遭當地專業人員拒絕。然而，波基斯發現艾瑞克森在某些圈子很受歡迎，「對那些追隨他的人而言，艾瑞克森是大師。」

艾瑞克森非常注意文化差異，而他也幫助波基斯了解文化對於人格的影響。

第二代

羅納德・波伊爾

　　以下內容是從羅納德・波伊爾（Ronald Boyle）2014 年 10 月 17 日寫給我的電郵，以及《米爾頓・艾瑞克森醫師：美國療癒者》（*Milton H. Erickson, M.D.: American Healer*, Erickson & Keeney, 2006）書中波伊爾文字彙編而成。

羅納德・波伊爾：當我第一次認識艾瑞克森的工作時，我是精神科住院醫師。我發現艾瑞克森很難理解，甚至懷疑為什麼自己要對一個坐在輪椅上的老人感到興趣，我想要的是年輕、有活力、新的精神醫學！

　　大概是十年之後，時間是 1977 年，約翰・葛蘭德和理查・班德勒在我的辦公室（小石城〔Little Rock〕）舉辦艾瑞克森的工作坊……這是我第一次聽到他的聲音、看到他的治療。我深受吸引，立即決定要拜訪他。讓我感到驚訝的是，他接了電話：「你為什麼想要拜訪我？」不到一個星期時間，我到了鳳凰城敲了他家的門。

　　艾瑞克森醫師給我們每個人一張空白的紙，要我們寫下自己的名字、學位、背景（城市或鄉下），他說人們不見得會說實話（填寫資料時）。我記得自己想著就算這個事情很簡單，我一樣要做對。到某個時間點，他問我，「你想要什麼？」我

說，「我想要成為你。」他回答，「不要成為我。做你自己。你可以成為你自己，而且會更好。」我最終聽從艾瑞克森醫師的指令進入催眠。我覺察到他同步我的姿勢與動作，而且很確定他是刻意這樣做，因此，我決定模仿回去。那是一個很好玩的比賽，我們來來回回模仿彼此。

那天稍晚時候，我請他幫助我體驗焦慮；我很少會意識到害怕，因為我很好強。艾瑞克森似乎忽略我，聚焦在其他學生。很快地我忘記了我的請求。艾瑞克森醫師繼續教課……他要我們描述如何從房子的一個地方到另外一個地方，每個人都給了一個簡單方法，接著艾瑞克森醫師說：「我會叫一部計程車載我到機場，搭飛機到某個城市，在一家很棒的餐廳吃午餐，再搭飛機回來，在一家很棒的餐廳吃晚餐，再搭計程車回家，穿過其他的房間，回到那個門。」接下來討論當我們與個案工作時，要思考許多可能性，這是很重要的。當時我對艾瑞克森醫師並不那麼敬畏。

回到阿肯色州之後六個星期，我開始經驗到持續飄忽不定的焦慮，與任何事情都不相關。除了我對艾瑞克森醫師的請求之外，我找不出任何解釋原因。

我在 1978 年第二次拜訪他，我已經不記得曾經跟艾瑞克森醫師談論過關於我的焦慮，但回去見他這問題似乎就解決了，這時我才感到敬畏。我提醒朋友與同事：如果你去鳳凰城找艾瑞克森，要小心你所許的願！

在艾瑞克生醫師過世後，他來到我的夢中。我躺在床上，他站在我旁邊。夢出現在我位於歐札克山（Ozark mountains）

的小木屋，鄰近水牛河，我的安全處所。艾瑞克森醫師在夢裡用他經典方式回答：「沒事，你這個樣子就很好了。」

評論

艾瑞克森常常挑戰他的學生，詢問他們如何從他家裡的一間房間到另外一間房間，那是他誘發他們更有彈性的教學做法。

艾瑞克森使用許多體驗式方法，誘發更好狀態以及體驗一個概念。我第一次拜訪他的時候，他在一張紙上面畫了三條線：垂直、水平，以及斜線，問我那代表什麼。我從不同的角度觀看，但沒有答案。他簡單地用頭與肩膀的姿勢回答，這代表「是」的、「不是」，或是「我不知道」。他接著說我不需要相信他告訴我的任何事，我可以觀察任何非口語的行為，一致或是不一致。他可以很直接地教導我這則道理，但他用了體驗式方法，如此一來，他的訊息深印在我的腦海裡。

參考文獻

Erickson, B. A. & Keeney, B. (2006). *Milton H. Erickson, M.D.: An American Healer.* (pp. 328-329). Ringing Rocks Press.

Zeig, J. K. (1985). *Experiencing Erickson.* Brunner/Mazel Publishers, Inc.

第二代

大衛・卡洛夫

我在 1994 年與 1995 年訪問大衛・卡洛夫（David Calof）他編輯並修改我們會談的逐字搞。

第一次見面

傑弗瑞・薩德：你可以告訴我你和艾瑞克森第一次見面的情形嗎？

大衛・卡洛夫：在 1972 年，我閱讀了傑・海利撰寫的關於艾瑞克森治療工作的書《催眠與治療的進階技術》（*Advanced Techniques of Hypnosis and Therapy*）……我立刻知道這些東西來自於一個非常聰明的心智。但我當時才 23 歲，我需要幾年時間才能夠欣賞艾瑞克森對於多世代系統的理解——家庭的無意識。他引導並啟發日常催眠過程，而且他做得太好了！他也指出跨世代的家庭催眠過程。

我當時還是諮商界的菜鳥，剛開始成為我所創造的成年樣貌，我幾乎無法了解他的技巧，也不理解他的家庭系統模型。

我對艾瑞克森的原創性感到很開心。我閱讀過去一個世紀關於催眠的許多書籍，如同許多新進的催眠師，我發現固定腳本的催眠引導在某些時候對某些人有用。相較之下，當這些標準化催眠技巧行不通時，艾瑞克森就變得非常有趣了，我深受

吸引。

　　所以在 1973 年，我決定打電話給艾瑞克森醫師。我發現他曾經住在鳳凰城，令我更訝異的是，我發現他仍然住在那裡。當他自己接電話的時候，我非常驚訝。我從來沒有打電話給書的作者，我幻想可能需要透過好幾個秘書或是助理才能夠跟他說到話，因此當我親耳聽到艾瑞克森的聲音，我的心臟都快要跳出來了！我怯弱地跟他說我想跟他學習，語無倫次地說了他的書，告訴他其實我不是很了解，但書寫他的書所陳述的，跟我學過的技巧非常不一樣。我聽起來就像其他菜鳥催眠治療師，想要偷學他的祕密。

　　他很有耐心地聽了一段時間。當我終於停止滔滔不絕說話，他出口第一句：「你是什麼？」我說，「好的，我是一個催眠治療師。」他說：「是的，但你拿什麼學位？」我告訴他當時我什麼學位都沒有，我自己學習催眠。我對於接下來會發生的事沒有任何準備。

　　艾瑞克森醫師開始了一段大約三十秒的激烈攻擊，感覺好像過了兩個小時，基本上他就是跟我宣讀我犯了什麼法，不斷地批評我，我沒有任何學位就打電話給他，然後對著電話大吼結束這次對話：「就算是我的女兒，也要進入醫學院才能學習催眠。當你成為醫師後再打電話給我。」就這麼掛斷電話。

　　掛斷電話時，我的臉又紅又燙，我被拒絕了，結束那次的談話後我明確感覺，我覺得他有點喜歡我。所以，在接下來的三年，我寄了大概六封信給艾瑞克森醫師，每一封都描述了我催眠治療成功的案例，這些案例都是直接受到他的治療案例啟

發；每一封信，我感謝他那些案例的啟發，指出：「你看，即使你不教我，我仍然可以向你學習。」

艾瑞克森沒有很快回應第一封信，最終，我收到一封很短的信：「親愛的卡洛夫先生，我收到你的個案報告。誠摯地，米爾頓·艾瑞克森醫師。」第二封信上，艾瑞克森多了些些熱身文字：「親愛的卡洛夫先生，感謝你的個案報告。誠摯地，米爾頓·艾瑞克森醫師。」第三封信，艾瑞克森寫道：「親愛的卡洛夫先生，我收到你有趣的個案報告。誠摯地，米爾頓·艾瑞克森醫師。」

直到 1976 年，我才提起興趣拜訪艾瑞克森醫師。在那之前，我花了很多時間與約翰·葛蘭德與理查·班德勒相處，跟他們談到很多關於我的催眠治療。他們同意我的工作令他們聯想到艾瑞克森的策略做法，而且催促我再打電話給艾瑞克森醫師。我告訴他們之前失敗的經驗，他們堅持我再嘗試一次，告訴我如果需要的話，可以用他們的名字。

我決定是時候再打電話給艾瑞克森醫師了。這次我很認真地準備要說的台詞。我永遠不會忘記我說的話：

我說：「艾瑞克森醫師，我是西雅圖的大衛·卡洛夫。」

他說：「是的。」

我說：「你知道我是誰嗎？」

他說：「知道。」

我放慢說話的速度到每分鐘五個字。我說：「好的……約翰和理查告訴我如果我想要學習更多催眠，應該跟您學習。因此，我在想什麼時候你可以……有時間跟我見面。」我強調了

明顯的嵌入暗示。當我結束的時候，有很長的一段停頓。我永遠不會忘記他的呼吸聲。我心裡想「好吧，又來了，」準備好迎接另一次猛烈的抨擊。

當他說話時，他再次驚嚇到我：「你想要什麼時候來？」我不假思索地說：「下個星期好嗎？」他說：「那很好。」這就是一切的開始。

我常常這麼想，在兩次電話中間的那四年，是一種嫌惡治療。我覺得自己很像菜鳥尋求禪宗大師的啟發，他讓學生用好幾年的時間在修道院角落編織籃子，才會收他為徒。我終於在1977年做到了。

傑弗瑞‧薩德：是什麼讓你這麼堅持呢？

大衛‧卡洛夫：我渴望有一個新的老師。艾瑞克森特別吸引我的是他的膽識，他對生命與治療工作的堅持，以及他強烈自由思考的能力。我認同這個人，我認為他在一個行之有年的傳統專業裡，走出自己全新的道路。

拜訪艾瑞克森

傑弗瑞‧薩德：你在1977年拜訪的時候發生了什麼事？

大衛‧卡洛夫：現在回頭看，當時我並不確定我期待什麼，我幾乎把艾瑞克森偶像化到一個超凡境界。我記得見到他時，被他的衰老無力樣貌嚇到了。或許我一開始的失望，是因為我把艾瑞克森想像成一個全能或是出神入化的強者。

一開始，我因為他死板的教課方式感到失望，他的治療方

法對我來說也是僵化死板的，而他的不直接回答問題，也讓我感到挫折。直到過了一段時間我才領悟，他熟練地運用他的教學故事，而這就是他向學生傳遞精微的間接暗示工具。

我第一次拜訪結束離開時，感覺雖然喜歡這個過程，但我學到的只有間接溝通。我離開時帶著崇高敬意，因為他很有技巧地在團體中遊走。我仔細觀察他如何跟第一週小團體裡來來去去的人相處。令我震驚的是，他可以這麼精微地在團體中轉移張力，並且把團體溝通過程當成一個催眠媒介。我也為他能夠持續同時在不同層次溝通感到著迷。我很確定我自己也錯過很多訊息，甚至認為自己不知所措，因為我覺得他沒有直接溝通，這件事很奇怪。但我真的被吸引了。我感即將展開偉大的新冒險，並且帶著焦慮心情想要再回去。一想到要跟他學習，我就非常興奮與感動。我知道與他一起工作是他給我的難得的機會，而我永遠感謝他。

於是，1980 年他過世之前，一段與他長達三年[13]的學習開始了。那段時間，我拜訪鳳凰城大概十五次，通常每次都會待上一星期。接近末期時，有些時間減短了，因為艾瑞克森的身體狀況變差。

個別會談與費用

傑夫·薩德：你參加他的教學研討會嗎？

---

[13]　編註：此處原文為三星期（weeks），推測為筆誤。

大衛・卡洛夫：大部分時間是的，雖然我跟他有些個別諮商以及個別治療時間。當我開始拜訪艾瑞克森醫師的時候，他並不是那麼繁忙。一個星期裡很多日子，我是唯一的學生，或許有一個或兩個人來來去去，或是待上一兩天。但前面三次拜訪時，大部分時間都是一對一進行。

我也接受了三次個別治療。我特別記得其中兩個，對於第三次的印象就比較不確定，因為大部分時間我都在催眠裡。

傑夫・薩德：你如何付費？

大衛・卡洛夫：當時我才開始新的工作，手頭有點拮据，規律地拜訪艾瑞克森醫師需要相當大的花費。我問他要付多少學費，我記得他說一小時四十美金，但這比較像是指導原則，而不是要求。每次拜訪，我就開一張支票寫上我能夠支付的最高金額。我從來沒有按小時付費給他，都是給他一整個星期的費用。端賴拜訪時間的長短，我付的學費大概是每個星期五十到一百五十美金。

傑夫・薩德：你與艾瑞克森單獨相處時印象最深刻的是什麼？

大衛・卡洛夫：有一次會談至今仍然鮮明地留在我腦海裡。我記得那不只很有幫助，同時很愉悅、很幽默。那次會談，我向艾瑞克森抱怨我的強迫行為。我具體地說：「我在控制開銷方面遇到些麻煩。我嘗試這麼做、那麼做，還有其他一些方法，但都無效，所以我想或許用催眠……」當然，隱藏在這個無傷大雅的伎倆底下，我希望艾瑞克森可以用某種神奇方法改變我。我或許只需要輕輕拍一下身上灰塵，毫不費力地，就可以開始我的新生活。

數十年後，我發現那個刻板的願望，也在我許多個案身上都看得到。不論如何，我用生硬的台詞訴說我的問題，這必定給艾瑞克森一個訊號，我對自己花費問題的定義有多麼的僵硬。他沒有解決我沒有節制地花錢的問題，反而在我僵硬的層面上做了治療。

　　當時，我長髮過肩。在那之前，我認識他這麼久以來，頭髮從來不是我們談話的主題。我用適當的情感說完我的故事，往後坐下，準備進入，嗯，不，是被帶到一個功能與整合的全新層次。我明顯地身體往後靠，很本能地鬆開皮帶，就像我看過他要求不同個案都這麼做，同時清了一下喉嚨，當我正等待被帶進催眠裡，艾瑞克森扭曲著滑稽的臉，全然真誠地問我，好像那是當下全世界他最感興趣的事情，「你為什麼留那麼長的頭髮？」

　　他的問題瞬間打破我自以為是的催眠狀態。整個預演過的故事消失了，而我無法清楚地思考。我感覺全身赤裸。我與我父親長期為了我的頭髮爭吵，這件事浮現心頭，我無法想其他問題。

　　為了找到避風港，我進入解離狀態。我想當時我一定出現催眠現象的訊息，因為我無法用之前準備好的故事作為防禦。我無法整理我的意識心智。實際上，我含糊其詞、結結巴巴試圖說幾句話，我沒辦法清楚地說話。

　　我的確知道我肚子裡的情緒翻攪著，我掙扎著想弄懂他的問題，這很明顯是非常重要的問題，而我不希望被看出來我聽不懂他的話。但，在我能夠擠出一句話之前，他接到一通緊急

電話，是關於待在主房的個案和一個精神科醫師，馬利安‧摩爾（Marion Moore），馬利安要艾瑞克森趕緊回主房。當我試著再次說話，艾瑞克森轉頭不看我，開始快速地推著輪椅離開房間，沒有跟我眼神接觸，只說了一句話，「今天晚上好好想一想，明天我會再來看你。」在他完全離開門之前，艾瑞克森醫師告訴摩爾醫師，「快一點，馬利安。」

就那樣，他從我視線裡消失了。我不動地坐在那張催眠椅子上很長一段時間，最終可以離開去吃晚餐。催眠持續了整個晚上。我有鮮明的夢、睡得安穩，第二天早上醒來精神飽滿，感覺好像輕鬆了一些。

第二天，我想好要怎麼說那個留長頭髮意義的故事。但在我還來不及說話之前，艾瑞克森帶著頑皮又慈祥的表情，和藹地對我說，彷彿自從上次他看見我之後一直將我放在心中，或是彷彿沒有經過任何時間中斷：「大衛，我認為你花錢是很棒的，我認為你把錢花在書上面是很棒的，我認為你應該在購買任何新書之前，好好的享受閱讀那些書本。我認為你為自己購買音樂是很棒的，你應該在購買新的音樂之前，盡情地享用所有已經購買的音樂。我認為你應該想要購買好東西給自己是很棒的，我認為你應該要購買好東西給自己。事實上，我認為你應該為自己購買一個存款帳號。」這個想法瞬間變得非常甜美，我不再把存款當作是剝削我的金錢的概念，我將存款帳戶視為我可以「擁有的」。不久之後，我認真為自己開了一個存款帳戶。

那個治療方法只有一句話，但艾瑞克森花了好幾天幫我

準備進入一個準備好的狀態，就好像合氣道無接觸的空氣拋摔——優雅簡單，帶有無限美感。

多重人格障礙

大衛·卡洛夫：我與艾瑞克森工作的期間，我大量投入解離症以及多重人格障礙的治療。我曾經給艾瑞克森聽一段個案錄音，向他諮詢這個女性案例。

錄音帶是主要人格的聲音，也就是主要說話人格。那是在個案治療早期的錄音，當時主要人格仍然極力否認她的解離問題。她承認間斷性的迷失時間，而有那麼一兩次醒來的時候發現自己喝醉了，但不記得喝過酒，而且她給自己定下的規矩是不喝酒，主要人格極力地否認她有多重人格障礙。她甚至否認曾經來過幾次的治療，那幾次治療裡我遇到她的其他幾個人格，並且有非常深入的談話。

在主要人格平淡、些微憂鬱、緩慢，以及深思熟慮的談話中，錄音開始：「我出生在……」接下來的是持續客觀談論的語調，花了二十五分鐘描述她的生命、一種繪畫風格的描述：哪裡出生；搬到哪裡；在哪裡上學；結婚然後離婚；出了一些問題；開始感覺很糟，開始出現更多問題；後來甚至不確定繼續下去是否是個好主意，但知道我必須這麼做；最後感謝你的聆聽。

錄音帶裡沒有明顯的情緒轉換，當然也沒有人格的轉換。我也沒有告訴艾瑞克森醫師，我要求一個多重人格障礙的個案

錄製這段錄音來向他諮詢。對這段錄音我沒有提到任何多重人格障礙，也沒有提到要討論多重人格障礙。我只是請艾瑞克森醫師諮詢，是否可以聽這段錄音並且分享他的想法。

艾瑞克森全神貫注聽著個案朗讀她冗長無聊的生命故事，它沒有揭露太多的思想與感覺，有時候離題的瑣事令人感到胃酸。聆聽經過將近十五分鐘，艾瑞克森僵直靜止，然後動了一下，抬頭看我，說：「怎麼樣？」我說：「給我一個診斷。」

讓我打個岔解釋一下我為什麼要詢問他診斷的來龍去脈。在教學的時候，艾瑞克森醫師會把個案的信件與逐字稿交給學生，然後要求他們做出診斷。艾瑞克森曾經讓我們看一個個案手寫的信件。我們看了之後他問，「好的，診斷是什麼？」那封信是難以情緒歸類的。個案在放假的時候寄了這封信，基本上是我日子過得不錯、一切平淡無奇，然後我想到你的信，帶著小小的抱怨，並捎來一份善意，那就是全部信件內容了。所以，我們閱讀完那封閒聊般的信，艾瑞克森問我們，「診斷是什麼？」很快地，就像年輕的醫師們在前面幾次問診做的一樣，我們被丟進瘋狂匆忙裡，試圖尋找隱藏意義。我們繃緊神經，檢查那封貧瘠無聊的信，而艾瑞克森很明顯地暗示我們信裡有線索，我們無法破解。終於，艾瑞克森說，「問題是你們在閱讀那封信，你們需要看看那封信，你們太用力閱讀而沒有看見。」所以，我們看著那封信，但還是沒有人看出個所以然，做不出診斷。艾瑞克森接著讓我們看見許多獨立字詞和字母，寫字的人用力把筆尖壓下寫字。那些字詞與字母，如果組合在一起，就揭露了一個完全分開，來自次級人格的第二層訊

息，這些訊息跟那封信主要內容毫無相關，並且帶有更多強烈情緒。當他向我們指出這點，我們知道這絕對沒錯。

傑夫・薩德： 一封有密碼的信。

大衛・卡洛夫： 一封很多密碼的信。太了不起了！所以，就因為我記得這個案例，我請艾瑞克森給我診斷，聽完錄音。他說：「她是多重人格。」這太厲害了，但更厲害的是他接下來的評論：「有一部分是憂鬱小女孩。有一部分是憤怒青少年，一部分是憤怒父母，還有一些其他孩子的部分。」而他也指出一些其他可能部分。他的描述跟我自己對這個個案幾個月催眠治療的臨床觀察完全相符合。

教學研討會

大衛・卡洛夫： 我記得兩個讓我感到非常光榮的時刻。當我與艾瑞克森工作的時候，我持續寄信給他，也寄給他個案病史。有一次，就在拜訪鳳凰城之前，我寄了一個個案報告給他，那是關於我為一對夫妻成功地使用深度催眠的方法。

這對夫妻當時陷入僵局。我讓他們進入深層催眠，兩人交換身分，然後協商彼此的差異，獲得極大成功。艾瑞克森在我前往鳳凰城參加另一次教學研討會之前一個月收到這封信。

接下來那個星期，在一次緊湊的教學課程中，他突然停下正在說的故事，轉向我這邊說：「我想今天可以有另外一位老師。」起初，我認為他指的是來訪的其中一位醫師，所以我期待地看著房間裡其他人。接著艾瑞克森直接轉向我，微笑地對

我說，「不，就是你！」他要我提供那對我做了深層催眠身分交換的夫妻作為案例，我照做了。

另外一次上課時他身體非常疼痛，他突然停下來，顯得非常沮喪，然後對著團體說：「我想我們今天需要另外一位老師。」再一次地，他轉向我說：「你何不告訴我們一些案例？」

與死亡有關的案例

大衛・卡洛夫：我記得一次深刻動人、令人感動的時刻。故事發生在接近艾瑞克森生命盡頭，也牽涉到一位研討會成員的死亡。這兩個事件淒美地並列著（這學生與艾瑞克森都即將過世），成為特殊的普世經驗。

1979 年夏季，我在一個非常忙碌的星期拜訪艾瑞克森，團體中大約有十二個人，他們幾乎整個星期都參加了。其中一位年輕的專業男性，很明顯地等了好幾年才能夠成為艾瑞克森的學生。他顯然非常愉悅，笑著，很高興他能夠在那裡。他當時是癌症末期，有一位護士跟著他。看得出來他即將死去，也看得出來他對於終於能夠進入教學課程的喜悅。

一個午後，艾瑞克森身體狀況不錯，天氣非常炙熱，房間很擁擠、又熱又不通風。我們進行了將近三個小時，到了某個時點，那位年輕朋友終於打斷艾瑞克森，有一點沒有耐性地說：「我們可以休息一下嗎？」艾瑞克森猶豫了一下子，然後堅定地吼了回去：「不，但你可以休息。」我對於艾瑞克森大

吼的聲音感到震驚，大家都緊繃著，空氣瞬間凝結。教學課程在一個小時之後結束。大約兩個小時之後，那位年輕朋友過世了，他的護士告訴我們他走得非常平靜。我相信艾瑞克森的回應與他平靜逝去是有關聯的。

那個事件奇特地、也很美好地畫下句點。在年輕人要過世之時，下了一場詭異的暴雨，來得快，去得也快，洗淨了空氣中的灰塵，讓一切獲得了濕潤，也煥然一新。也許是正離子作用，但團體中許多成員都說在那場暴雨的時刻突然感受到平安和喜樂。

第二天同樣令人難忘。年輕朋友過世的消息在出席同學裡快速傳開了。艾瑞克森那天身體非常疼痛，所以比較晚開始上課。馬利安·摩爾醫師告訴大家，他已經跟艾瑞克森醫師說這個年輕人過世的消息了。我們都很好奇艾瑞克森會如何處理，對於前一天都有許多複雜情緒。

大約兩個小時之後，艾瑞克森醫師散發光芒，坐著輪椅被推進教室。他帶著一個我覺得是充滿幸福的微笑，穿戴用玉或是瑪瑙做成的傳統蝴蝶結領帶，玉上面有一個中文字。他散發光芒，環顧房間裡的每個人，跟每個人眼神接觸，這一群受到驚嚇、五味雜陳的學生們。

接著艾瑞克森指著他的領結，用一種開心的爺爺般的音調對大家說：「你們知道這個中文字是什麼意思嗎？」我們實在沒有心情去思考他提出的二十個問題。有人冒險猜測，而艾瑞克森說：「不！這個字（囍）的意思是，願你的快樂加倍再加倍。」然後他開始教學課程，沒有提到任何死亡，講了將近五

個小時，幾乎沒有任何中斷。

在那令人疲憊的一天結束，我們離開時，其中幾個人突然意識到艾瑞克森整天都沒有直接談論死亡。我記得跟一群人晚餐，雖然疲憊，我們心情很好，即使前一天發生這麼重大事件。晚餐時我們感覺困惑，不大清楚到底發生什麼事了，也感到心情很好，分享一種平靜與親密交流的感覺。

我們花了一些時間才領悟到艾瑞克森對那個中文字（囍）的解釋：「……願你的幸福加倍再加倍。」他開始說生命的故事……一開始是關於懷孕的女性，接著是嬰兒、孩童與青少年、年輕成人、養育小孩、成為祖父母、老年，以及最終關於死亡的故事。這一整天，艾瑞克森溫柔地帶領我們，經歷自然生命階段的發展，從嬰兒到自然死亡。這將時候還未到就過世的同學這件事，擺放在自然生命事件的情境裡，同時，帶領我們走過一遍生命周期，到達最後的結束，艾瑞克森給我們一個平行架構，我們可以對於同學過世有一種生命完整的感受。無論如何，那是神奇深刻的一天。幾個月之後，我得知艾瑞克森過世了。那天的感受馬上回來。當我回想起來，我很確定艾瑞克森對於選擇什麼時候休息有全然的掌控，而跟那天同樣的平安感覺也回來了。

教學研討會催眠示範

大衛・卡洛夫：我記得另一個例子，是艾瑞克森如何面對權威，對於無意識力量如何超越專家頭腦的經典做法。這案例是艾瑞克

森跟一個教學團體中一位很有挑戰的成員工作。他詢問有沒有人要自願擔任示範個案,這個六人團體裡沒有人舉手。然後,「潔希」(Jessie),一位參與團體的社工自願當個案。團體裡大家都知道潔希,她有著誘惑人的能力、操弄以及掌控行為,也常常挑釁。我們知道艾瑞克森遇到一個很有挑戰的個案了。

我記得同學們交換眼神,彷彿是說,「天啊,艾瑞克森會不會踢到鐵板了!」他淡定地接受她成為下個示範個案,指示她在他身邊的個案椅子坐下。當她坐下來,艾瑞克生什麼都沒有說,只是身體傾向她,微笑著。你幾乎可以聽到一根針掉下來的聲音!你可以看到潔希身上開始感到壓力,因為艾瑞克森就只是身體前傾,看著她,帶著期待的微笑。她試圖對抗那個上升的焦慮,艾瑞克森只是繼續微笑,看著她。終於,無法再掩飾那個排山倒海而來的不舒服,她無法控制自己,她的手明顯開始顫抖。

艾瑞克森關心地看著她的手,用一種撫慰人的聲音,充滿了關愛,溫柔地問:「你為什麼在發抖?」她半笑著,試圖裝作正常,但她做不到。「好的,我想我感到一點害怕(scared)。」沒有任何喘息空間地,艾瑞克森真誠說道:「你為什麼這麼驚恐(scary)?」潔希似乎沒有聽出從害怕到驚恐的轉變,所以艾瑞克森繼續加壓,詢問她為什麼這麼驚恐,她如何讓自己這樣驚恐?他瓦解了她的意識口語防禦機制,在兩個層面上同時跟她說話,因而卸下了她的防禦狀態。最終,她放棄對抗,進入一個愉快、溫和的催眠狀態,看得出來整個人軟化下來。她後來跟大家變得比較親近。

治療一位艾瑞克森過往的個案

大衛・卡洛夫：我曾經治療過一位女性，宣稱曾經在幾年間接受艾瑞克森很多次催眠治療。她什麼都不記得了，就算有，也只剩一點意識上的記憶。她說治療的結果是她對自己感覺「好一點」，然而她也不記得一開始為什麼會去找艾瑞克森醫師。對此她並沒有不開心，但對於無法記得細節感到有點困惑。她認為這中間一定發生了一些重要事情，雖然她不知道那是什麼。

之後，她搬離鳳凰城而想要繼續工作，大約是在 1984 年。我運用催眠與她工作，加強任何艾瑞克森醫師為她做過現在仍然有效的事，並透過催眠、心靈圖像與預演把這些效果更加精煉。

剛開始我幫她做催眠，試圖打開那個失憶面紗，挖掘她和艾瑞克森做催眠治療的內容，但是努力徒勞無功，因為這個失憶就是她想要的，而她也想要繼續保持失憶。因此我反過來做，每次引導深層催眠，就只是簡單引導她運用她的無意識……使用過去有效現在也仍然有效的，運用她接受艾瑞克森指導所產生的狀態，而這對她目前方向、興趣以及深層需求都是最好的做法。然後，我告訴她可以有足夠多時間，喚醒所有無意識問題解決的資源，用來處理當下困境，例如一些困惑煩心、嘮叨的問題、舉棋不定、死胡同、危機，以及復發。

我幫她做了類似短暫系列的催眠治療，她離開時沒有呈現焦慮、恐慌、失眠，以及不理性恐懼加劇的現象。她不記得任何與艾瑞克森的治療，除了去找他，接受催眠治療，發現自

己是很好的催眠對象。她記得有一兩次治療他們只是談話。從她所提供的說法，艾瑞克森催眠她，而她會「清醒過來」。治療快結束時，她離開但不記得任何催眠的部分。她對他感覺很好，而且認為他幫助到她了，但她對於他為她做的催眠沒有任何感受。

個人與專業成長

傑夫・薩德：回顧一下，你會如何評估你與艾瑞克森相處的經驗，以及他對你專業上的影響？

大衛・卡洛夫：我與艾瑞克森的工作代表我專業上一個重要理論的交叉點，整合了解離世界與家庭系統。我跟他的學習教會我觀察在每天生活裡發生的催眠和解離現象，這也發生在客體關係的家庭生活裡。他看重個案生活的內心關係與人際關係，這是我目前每天治療工作的一個重要原則。[14]

傑夫・薩德：那麼，人的部分呢？

大衛・卡洛夫：我與他的工作的許多事都讓我特別高興。首先，我認定他是一位特立獨行的人。而我一如艾瑞克森，也承受著許多不認識我或是不了解我工作的人對我的批評與譏諷，或是在我掌控之外的那些投射。我將艾瑞克森視為典範，面對巨大障

---

[14] 作者註：許多大師會比較世代間的家庭關係與催眠關係的特性。卡爾・華特克在第一屆艾瑞克森國際大會上的主題演講，談到家庭裡的母親催眠。特克的演講：https://www.erickson-foundation.org/download/media/Carl-Whitaker-Keynote-Hypnosis-and-Family-Depth-Therapy-Erickson-Congress.pdf.）

礙依然堅忍不拔。我欣賞這種特質，並且試著從中學習。

　　我特別感謝艾瑞克森醫師用不同方式幫助我。他轉介個案給我、轉介演講邀請，以及某些重要的專業連結與推薦。他很明顯地支持我，雖然他知道我並不是主流人物。他在我其中一本書裡寫道，「我喜歡你學習思考的方式。」這對我的治療工作是極大認可。

傑夫・薩德：你的故事都好精彩。還有其他回憶嗎？

大衛・卡洛夫：到梅薩汽車旅館（Westernaire Motel）有著一整套儀式（當時大家拜訪艾瑞克森時都住在這間旅館）。在那裡工作的人大部分似乎都不知道誰是艾瑞克森醫師、他在做什麼，或是為何持續有名人訪客拜訪他。說到解離，梅薩汽車旅館讓我發笑，這就是艾瑞克森醫師中西部實用派的美好例子，它當然不是鳳凰城最棒的汽車旅館。

艾瑞克森的發展

傑夫・薩德：這些年你看到艾瑞克森有什麼改變？

大衛・卡洛夫：他的治療變得更簡單、有效率。他有一些清楚的模式，會反覆使用加上些微變化與調整。那些年，我看他使用越來越少的力氣、說話更為精簡、技巧也更為精煉，教學故事更多層次目標。很清楚地，他們並沒有一個固定含義，也就是說，可以根據更加多元的情境，產生關聯。有些時候，一個故事提供了一個概念，幾個星期之後，說同樣故事的目的變得完全不同。

傑夫・薩德：艾瑞克森會因為不同目的一而再說同一個故事。

大衛・卡洛夫：加上一些潤色。我注意到他改變故事的一些事實細節，或是強調他正在做的一些重點。

告別

傑夫・薩德：還有嗎？

大衛・卡洛夫：我最後一次和他在一起是心酸又感動的經驗，給了我無法磨滅的印記。我最後一次拜訪艾瑞克森醫師是在他過世前三個星期。在那之前，我規律拜訪他，我們很熟。通常，在拜訪結束時，我會找他並跟他說：「好的，艾瑞克森醫師，幾個月後我會再來見你。」他總是說：「那太棒了。」如果我沒有說什麼時候要回來，在我離開時他可能會問我：「你什麼時候要回來？」這是我每次拜訪結束時我們典型的互動。

　　最後這一次，我像平常一樣走過去跟他說：「好的，多保重，艾瑞克森醫師，兩個月後我會再回來看你。」他的反應吸引了我，他伸出狀況較好的手握著我的手，然後用力地抬起另一隻無力的手，雙手握著我的手。他看進我眼睛裡，帶著一絲微笑以及結束的氛圍說：「再見，大衛。」我立刻說：「不，我知道兩個月後我會再回來看你。」他更加緊握我的手，再說一次，四目相交，這次帶著更明顯堅韌、慈愛的力量：「再見，大衛。」我記得背脊感到一陣寒意，那一瞬間我明白了，我不會再看到他了，他會在第一屆艾瑞克森大會之前過世。在回家的飛機上，我試圖甩掉內心那個不理性的想法，但那個感

受的真實性卻讓我揮之不去。三個星期之後當我聽到艾瑞克森
過世了，我不驚訝，那個消息似乎代表了從他而來的深度尊榮
與認可。

治療師發展練習

大衛‧卡洛夫：我記得我很喜歡偶爾跟艾瑞克森機智問答的交流。
有一次我請他推薦自我發展的工具，增進我在正式課堂裡的能
力。他回應：「你知道機場是什麼嗎？」我回答，「我想我應
該知道。」我知道這個問題是他要帶我去到一個奇怪的地方。
他回答：「好的，你並不知道。機場是人們搔癢的地方。」他
告訴我他把提早去機場這件事當作練習，他會提前到機場研究
人們的行為。所以我也開始那麼做。

　　有一次，我決定觀察人們如何走經過非吸菸區前禁止吸
菸的標誌，看看是否可以透過非口語行為來分辨誰是會吸菸的
人。我會關注一個可能目標穿過機場，觀察他或她是否會改變
行為。我曾經嘗試關注我認為不吸菸的人，判斷他們經過禁止
吸菸標誌附近的行為。比較那些可能是吸菸的人，這群人在我
眼前幾乎不會有任何行為改變。我觀察到當吸菸的人看到禁止
吸菸標誌，常常無意識地伸手、輕拍，或掏皮夾、公事包或錢
包。

　　大概這麼做了一年，我告訴艾瑞克森，他很開心聽到我這
麼做，他重新闡述了什麼是機場。我溫和地回應：「艾瑞克森
醫師，你知道餐廳是什麼嗎？」他說：「不，我不知道。」而

我說：「不，你不知道。餐廳是人們很快忘記餐具、碗盤、杯子叮噹聲的地方。」那是另一個解離的例子。

傑夫·薩德：那些都是鮮明回憶，即使艾瑞克森已經過世十五年了。

大衛·卡洛夫：是的，他們確實如此，依然力道十足。

▌評論

大衛·卡洛夫提供了對艾瑞克森治療方法的精彩描述。

艾瑞克森堅決反對非專業人員使用催眠，這是為什麼他要求卡洛夫在獲得適合的學位之後再回來找他。只有極少數的非專業人員可以通過艾瑞克森的門檻，進入他的教學研討會。艾瑞克森會被動機所吸引，毫無疑問地他看到卡洛夫的動機。如同前面談到的，當我向艾瑞克森提議舉辦第一屆艾瑞克森催眠與心理治療國際研討會時，也遭遇類似的經驗。他透過閃躲我的要求好幾個月，來測試我的動機以獲得最後的答案。當我強烈不可摧的動機讓他滿意了，他才同意我的提議。

關於卡洛夫的第一次拜訪，以及他描述艾瑞克森使用間接手法，這在艾瑞克森過世後幾十年都是很常見的說法，說他是間接溝通者。在某些專業圈子裡，仍然是同樣看法。我喜歡說艾瑞克森是一個概念性溝通者，誘發人們的體驗，透過一個我稱之為引導導向的做法。藝術家會引導導向，不提供教條式的訊息，相反地，他們運用藝術媒介喚醒觀眾的感受。

我們來看一下艾瑞克森治療卡洛夫強迫亂花錢的方法。艾瑞克森透過詢問卡洛夫為什麼留長頭髮，讓卡洛夫的習慣模式失去穩

定。去穩定化這個技巧也可以在音樂裡看到，音樂家會使用不和諧音。這技巧通常是用來瞬間抓住人們的注意力。一旦治療師得到個案的全部注意力，另一層次有療效的治療溝通就可以開始出現。去穩定化的事件本身就有喚醒無意識的含義。

艾瑞克森透過戲劇效果與多層次溝通，讓治療變得活靈活現，他會採取小的策略步驟來建立戲劇化效果與動能，產生滾雪球效應。請注意：艾瑞克森治療卡洛夫的亂花錢習慣是提議卡洛夫購買存款帳戶。艾瑞克森採取的小步驟，其中的隱藏文法可以這樣描述：同步個案當下狀態；再次同步，給一點些微變化的說法；建立一個確認模組；最終給予一個簡單解決問題的方法。這個根本的溝通方式是艾瑞克森治療風格的一部分；他在專業上與個人生活上都是這樣做。

診斷的敏銳度

如同卡洛夫提到，艾瑞克森是一位敏銳的診斷專家。以下是艾瑞克森太太提到兩個例子，關於她先生非凡觀察藝術的天份。

大衛・卡洛夫：米爾頓總是對於精神官能症與精神病症學，他們如何經驗與解釋這個世界，很感興趣，他認為這也呈現在藝術家的藝術創作當中。比如，我記得在愛洛思醫院（Eloise hospital），一位邊緣性思覺失調症個案（疑心症狀思覺失調，我相信這是他的診斷）如何裝潢個案娛樂室。他粉刷牆壁，接著在接近天花板的地方用裝飾滾邊修整。看起來像簡單

的設計，但米爾頓給我看這位個案如何透過某些設計騙過大家的眼睛。

米爾頓有許多珍貴書籍，其一是德文的稀有版本，漢斯・普林茲霍恩（Hans Prinzhorn's, 1922）前瞻又深入研究精神病個案的作品《精神病個案的藝術創作》（*Bildnerei der Geisteskranken*）。若干年前，大概在 1950 年代，《生活雜誌》（後來變成有名的相片週刊）有個專欄刊登精神病個案的畫作，美麗的彩色印刷，附有每一位藝術家簡單的介紹與診斷。我小心地將每個標題都用不透光紙條覆蓋，挑戰米爾頓為每一位藝術家個案診斷。他每個都給出正確診斷，少數幾個，他的診斷比書上來得更通泛，比如他將一位創傷後的腦傷個案診斷為「患有某種程度的器質性腦傷」，但沒有一個是錯誤的。

幾年之後，我讀到一篇非常有趣的文章，是關於詩人與藝術家，威廉・布萊克（William Blake）。米爾頓和我都非常喜歡他的詩。我們知道他是一位神祕主義家，很有遠見的人，但沒有讀過他的傳記。我讀到一則個關於他的故事，提到他有時候會出現一些精神病症狀，例如他曾經告訴一個朋友他看到了一個鬼魂，一隻跳蚤的鬼魂，然後他素描了那個『幻覺』；書中就有這個素描的複製品，一幅真正詭異的圖畫。

有趣的是，我把素描以外的頁面通通遮住，再給米爾頓看，沒有揭露任何內容或是這書是關於誰的，我問他給這個藝術家一個診斷。他毫不猶豫地回答：「這幅畫是個惡作劇，一個藝術家試圖說服其他人他看到『某種東西』。我說，「米爾頓，你確定嗎？其他資訊讓我相信這位藝術家可能有精神方面

的疾病。」

米爾頓說，「我不是說這幅素描是一個沒有精神問題的正常人所畫的，我只是說這幅素描是個惡作劇……他這麼做是想要作弄人。」這些都發生在很多年之前，絕對是在 1970 年之前，我記得是在柏木街的家中。

1985 年 7 月 9 日，我拜訪英國倫敦的一位朋友，珍妮特‧亨利（Janet Henley），以及米爾頓的親戚，雪莉‧布里斯（Shirley Bliss）。我們參觀泰德美術館（Tate Gallery），主要是為了透納（Turner）的特別畫展。當時正好有一個威廉‧布萊克的素描、繪畫與手稿的展覽，包括那幅「跳蚤的鬼魂」素描，旁邊的文字說明是：布萊克為一位名叫維里（Varley）的朋友所畫的幻覺素描。說明裡也提到這可能是一個惡作劇，因為布萊克知道維里很容易受騙，很容易被他牽著鼻子走。這是我第一次覺察到，除了米爾頓之外沒有人一眼就了解這幅素描的本質。[15]

參考文獻

Haley, J. (1967). (Ed.). *Advanced Techniques of Hypnosis and Therapy: the Selected Papers of Milton H. Erickson, M.D.* Grune & Stratton

Prinzhorn, H. (1922). *Bildnerei der Geisteskranken.* Verlag Von Julius Springer.

---

[15] 作者註：艾瑞克森太太把那本普林茲霍恩的書，與那封描述她的倫敦發現的手寫信，送我當作聖誕節禮物。信與書目前都陳列在艾瑞克森博物館裡。

第二代

萊絲里‧卡麥隆－班德勒

我在 2014 年 9 月訪問萊絲里‧卡麥隆－班德勒（Leslie Cameron-Bandler）。

萊絲里‧卡麥隆－班德勒是神經語言學創始人班德勒和葛蘭德在聖塔克魯茲最早期團隊的一員。她以發展後設程式而著名，後設程式是神經語言學主要模式。她也與麥克‧雷堡（Michael Lebeau）共同發展神經語言學用來探索情緒組織模式與人格系統的模型，稱為重要自我（Imperative Self）。在她《情緒人質》（*The Emotional Hostage*, 1986）一書中描述情緒結構模型，其他著作包括《解答：強化愛、性與關係》（*Solutions: Enhance Love, Sex, and Relationships*, 1985），也與麥克‧雷堡及大衛‧高登共同合作《銘印法》（*The Emprint Method*, 1985）。

萊絲里‧卡麥隆－班德勒：當時我剛離婚，正準備回學校讀心理學研究所，與法蘭克‧普希力克（Frank Pucelik）交往。有天他參加一個完形團體，我跟著一起去……一次會議中，理查‧班德勒站起來說話，他有一個催眠、磁性的聲音所說的非常吸引人，我知道他說的是真的，但不知道他如何獲得這些訊息。他為羅伯特‧史畢格醫師編輯弗里茲‧波爾斯的書，史畢格是出版社老闆，在加州班洛蒙德（Ben Lomond）有個倉庫……班

德勒聘用我擔任研究助理⋯⋯

在班洛蒙德，那是一個共用的居住空間。我們坐在理查住處的一個大房間裡，格雷戈里・貝特森在那裡，建議理查與約翰去拜訪米爾頓・艾瑞克森⋯⋯他是一個有趣的人，有些東西可以教他們。史畢格醫師為我們付旅費。他支持理查與約翰做一些事情⋯⋯當時有史蒂芬・吉利根、我、約翰、理查、茱蒂絲・狄洛基爾⋯⋯我們一起去拜訪艾瑞克森。當時，史蒂芬・吉利根和我是班德勒與葛蘭德的明星學徒。

我們都閱讀過《催眠與治療的進階技術》，飛到鳳凰城跟艾瑞克森學習⋯⋯目的是提煉出催眠的語言模式。班德勒與葛蘭德當然希望艾瑞克森做他曾經做過的事，讓他們觀察、聆聽以及提問，但並沒有預先想好的問題。

艾瑞克森催眠我，但當時作為他的催眠對象，我並不喜歡他。在我們面前，他與一對伴侶工作，肥胖的一對夫妻，他在催眠引導以及說故事的時候取笑他們。我認為他非常殘忍，不友善，但還是絕頂聰明。似乎在他、理查與約翰之間有著競爭關係⋯⋯

（在他催眠我之前）⋯⋯他要其他人離開並且跟我開了些玩笑。他說的那個故事的本義就是，我不需要踏進路途上的每一個泥坑，他指的絕對是理查。也許他意圖良善⋯⋯認為那個隱喻會讓我印象深刻。他不喜歡理查，不像他喜歡約翰那樣子。我不認為理查或約翰曾經讓他催眠他們。雖然我不是說他沒有催眠他們。艾瑞克森這個人非常聰明⋯⋯

當時理查與我剛要開始一段關係⋯⋯所以很多的事情都

跟那個有關……我們坐在飯店的房間裡，討論他所做的、他如何做、如何使用隱喻、如何說故事，以及接下來他要做什麼等等。有一些討論是關於他使用的模式是非特定性的。我們……觀察他的語言模式，而這正好是後設模式的相反方向。

艾瑞克森的工作跟本人之間有一個差別。我們開玩笑聊他曾經治療過的每一個人都結婚了、生孩子，也送他聖誕卡片。那次是理查唯一一次的拜訪，但約翰拜訪了幾次……那個年代，有許多天才正在推進人類意識的發展……格雷戈里、米爾頓、維吉尼亞·薩提爾……以及後來的摩謝·費登奎斯（Moshe Feldenkrais）……

關於艾瑞克森對於神經語言學的影響，卡麥隆·班德勒這麼說：「米爾頓帶來一種陽剛能量，從非常權威的位置做治療。他不太教育人們，不像維吉尼亞·薩提爾會教導人們。米爾頓會看見個案，知道他們需要什麼，知道需要做些什麼，然後給予治療。還有，他順勢運用開放式搜尋，找到某個有用資源，例如他建議人們去爬女人峰……他相信每個人都可以被改變。我相信他用類似方式在這個層次上影響神經語言學。」

現在這個年代，有許多訊息在說人類是說故事的動物。我認為米爾頓了解這個特質，比其他任何人更加順勢運用這個特質——某種程度上，這呈現在神經語言學的幾個面向上，意思是讓某人接受一個新故事或是改變一個信念。我覺得是米爾頓將說故事引進心理治療領域裡。

參考文獻

Cameron-Bandler, L. (1985). *Solutions: Enhance Love, Sex, and Relationships*. FuturePace, Inc.

Cameron-Bandler, Lebeau, M. (1986). *The Emotional Hostage*. Real People Press.

Gordon, D. Cameron-Bandler, L. & Lebeau, M. (1985). *The Emprint Method: A Guide to Reproducing Competence*. FuturePace, Inc.

Haley, J. (Ed.)(1967). *Advanced Techniques of Hypnosis and Therapy: Selected Papers of Milton H. Erickson, MD*. Grune & Stratton.

第一代
大衛‧齊克

我在 1984 年 11 月舊金山的一次催眠會議中訪問大衛‧齊克（David Cheek）。

大衛‧齊克醫師是催眠領域一位傑出人才，寫了許多科學論文與書籍，包括《臨床催眠治療》（*Clinical Psychotherapy*, Cheek & LeCron, 1968），後來與恩尼斯特‧羅西出版了《心身治療》（*Mind-Body Thearpy*, Rossi & Cheek, 1984）。齊克在書中大量引用艾瑞克森，他想要跟艾瑞克森學習催眠。

齊克也是萊絲里‧勒克隆（Leslie LeCron）的熱情追隨者，勒克隆寫了《自我催眠術》（*Self-Hypnotism*, 1970）」。勒克隆在早期與艾瑞克森一起教授工作坊，但因為不同的倫理標準，兩人最終分道揚鑣。1954 年 2 月，齊克有機會在舊金山遇見艾瑞克森，勒克隆也是工作坊裡一位講師。「很明顯的，勒克隆受到艾瑞克森的影響，」齊克認為，「艾瑞克森與勒克隆都說：『請小心你在手術個案身邊所說的話。』我深有同感。」

作為一位婦產科外科醫師，齊克堅信因果關係的法則。他最有名的就是使用意動手指訊號來揭露形式與壓抑議題，他相信這些與病症形成、維持有關。艾瑞克森不喜歡使用手指訊號。

1956 年，勒克隆擔任舊金山一次會議的演講者，談到手指訊號這個主題。他是我們當中最早使用意動或手指訊號的人。齊克補

充道：「艾瑞克森有些憎恨任何手指訊號的催眠形式。這很有趣。他也痛恨謝弗勒爾擺錘（the Chevreul pendulum）……真的痛恨。他不喜歡勒克隆。他們討厭彼此。」[16]

　　謝弗勒爾擺錘是依據十九世紀有名的化學家米歇爾·謝弗勒爾（Marcel Chevreul）所命名的。他對世界的貢獻讓他的名字刻在艾菲爾鐵塔上。身為一位懷疑論者，他譴責靈魂論，探索意動行為效應，非自主肌肉的運動產生無意識的反應（擺錘的直線或圓形運動），可以代表針對問題的「是」或「不是」答案。當詢問治療裡的問題時，勒克隆與齊克都使用手指訊號的意動行為，因此個案可以是「無意識地」使用不同手指向上的運動，來代表「是、」或「否、」「我不知道、」或是「我不想說。」齊克主張我們可以使用意動行為來探索人們的無意識感受，當他們仍然是子宮內的胎兒（1986）。他也用這個方法讓個案確認或否認催眠的存在。

　　齊克記得艾瑞克森給他一個案例讓他閱讀，艾瑞克森是在1937年寫下這個案例，關於一個男人被下毒、痛打，後來被丟在水溝中，男人因而失憶。「我想這大概是我第一次學會如何打破失憶，」齊克說，此外他還從艾瑞克森身上學到其他治療方法：如何讓個案重新做夢，重做那個惡夢，並且改變角色，但在夢裡保持主要意義。齊克在1969年寫了關於婦產科個案的夢。

　　齊克偶而與艾瑞克森接觸。「米爾頓對我相當嚴格，」齊克回憶著，「艾瑞克森對我說，『你必須觀察這個人整體狀態。』」我

---

[16]　作者註：我當然有理由質疑齊克關於艾瑞克森與勒克隆兩人關係的推論，尤其這是催眠剛開始的時期。參見後面評論。

說：『好的，米爾頓，我有眼角餘光，不需要直接看著個案，讓他們感到不自在，因為儘管他們眼睛閉上，仍然知道你正看著他們的臉。』……動物也會這樣做。米爾頓在很多方面都非常偉大……這刺激我讓我必須持續進步……十年後，我還記得艾瑞克森曾經對此說過什麼……」

齊克提到了臨床與實驗催眠學會與美國臨床催眠協會之間的緊張局勢。「我親口聽到艾瑞克森的說法。他們很嫉妒他，決定成立一個行政委員會，但並不想告訴他，而他說，『我聽到風聲，我跟著米爾頓‧克林（Milton Kline）與伯納‧瑞金斯基（Bernard Raginsky）進入他們的辦公室。』他們試圖將艾瑞克森邊緣化，而他是這個學會創會成員之一。」

關於艾瑞克森這位偉大精神科醫師的名聲，齊克說：「他天生基因如此，我覺得他從自身的疾病學到很多。他總是堅決否認的是……他的直覺，這不僅僅是仔細觀察。我說：『米爾頓，是否有透視眼這麼一回事？是否有無意識智慧這麼一回事？』他說：『你知道有任何東西可以穿透水泥嗎？那是不可能的。我無法接受那樣說法。我的訓練是非常直接的。你觀察事物。你找到線索，但它們全部可以用一個物理的基礎加以解釋。』」（1994, p.37）[17]

「大部分米爾頓做的示範，」齊克說，「展現了對個人權利的尊重。他致力於帶出某種催眠品質，比如：他可能會說，『你想要看到你的椅子上有一罐水，這樣你就無法坐下？』接著要那位示範

---

[17] 作者註：齊克相信超自然的力量，寫道：「透視力與讀心術等元素似乎存在於醫師與個案之間的無意識溝通。」

個案真的拿起那罐幻想看到的水瓶，放在旁邊，那樣她或他就可以坐下……這樣的做法激怒了某些看過這個示範的精神科醫師，他們的反應是：『天啊，他在操弄人們！』我從來沒有看過他操弄過任何人，他想要教導他們，他總是在尋找。我認為我們很難理解艾瑞克森的大腦，這遠遠超過我們所能理解。」

艾瑞克森通常將他的治療引導到個案的當下情境與未來生活，而不是聚焦在過去。齊克評論，「他不太在乎他們的問題如何出現。我認為他給人們的印象通常是在無意識層面，透過他的示範與他使用的語言。他會向大團體說類似這樣的話：『那位女士的臉上有一個非常棒的表情。一位擁有受人喜愛特質的女性』……接著他們其中一個人就會自願擔任示範個案。他以稱讚的方式開始，而這會吸引參與者進入……接著他用手臂飄浮開始做催眠，用一個雙重束縛技巧這麼說：『我很好奇，你會在你的手向上抬的時候進入催眠，或是在你的手碰觸到你的前額之後才進入催眠。』他是一位大師，他所做的事情總是容易被人接受。」

齊克回憶起一些艾瑞克森告訴他很有趣的故事，其中一個是間接的自然催眠。「那是一個小男孩，希望他媽媽買一個他想要的玩具。那時他們在舊的南芝加哥機場，他們到處跑來跑去，媽媽花了許多時間讓那個男孩安靜下來。終於，他們來到玩具店，那裡有賣他想要的玩具。每一次那個小男孩站起來，會走到那個玩具的地方看著那個玩具。他的方法非常精微。這個小孩知道如何讓他媽媽買那個玩具給他。如果直接跟媽媽要，她會拒絕他。但藉由一再地在周圍繞來繞去，他最終讓他媽媽給他買他想要的玩具。」

齊克也回憶起艾瑞克森在賽普瑞斯街的房子（Cypress Street

home）：「他的辦公室非常小，比辦公桌大不了多少，有很多香菸、菸灰缸……當時他是一個老菸槍。有一把直背椅子，你可以坐在上面，他會在辦公室與餐廳之間拉上布簾來做隔音。」

　　齊克與不孕症個案工作，他常常會詢問女性想法，關於她們為什麼無法懷孕。「艾瑞克森給我這篇短論文，」齊克回憶，「有大約十二個女性依循這個治療方式。所有的人至少兩年了，無法懷孕，這是不孕症基本的診斷標準。他會讓她們的手臂變紅，然後再變白；讓她們的臉變紅，然後再變蒼白……最終個案可以讓子宮內部發紅，如此一來，得到好的健康循環，輸卵管可以放鬆了。艾瑞克森會向個案解釋輸卵管痙攣，就如同你的脖子痙攣或是因受傷而疼痛的手臂痙攣，某些肌肉會緊繃。女性的輸卵管可能緊繃，因為害怕自己無法懷孕。他的女性個案有很高百分比率後來都懷孕了。」

　　齊克回想起艾瑞克森與齊克的妻子珍（Jane）的工作。珍有十二指腸潰瘍。雖然她沒有任何的嗜好，艾瑞克森企圖激發她對仙人掌的興趣。「他送她去一個印地安部落探索斷垣殘壁，」齊克解釋著：「要珍回來時向他報告。她從這些小小的教學活動學到很多，他是很棒的家庭醫師，他真的知道該如何幫助她。」

　　當問到是否還有其他從艾瑞克森身上得到的特別學習，齊克回答：「因為看到艾瑞克森所做的，還有他所想的，我從而產生工作熱情。我相信這些年來我做的所有治療工作沒有不受到米爾頓的影響，不論是因為他的鼓勵，或是因為他所提供的指引。對我而言這些指引很難具體描述……」

評論

當我開始學習催眠，我非常欽佩齊克。齊克欽佩並且堅決擁護萊絲里．勒克隆。以下是勒克隆的一些背景，或許可以提供不同觀點（Zeig & Geary, 2000）。艾瑞克森與勒克隆有複雜關係。

萊絲里．勒克隆是一位二十世紀中期的催眠貢獻者。關於勒克隆不再喜歡艾瑞克森這件事，兩人其實一開始有一段良好互動。勒克隆寄給艾瑞克森一本書的初稿，《今日催眠學》（*Hypnotism Today*, LeCron & Bordeaux, 1947）。1946 年，艾瑞克森寄了一封信給勒克隆，提到一位勒克隆在書中提到八次的「專家」。艾瑞克森稱這位「專家」是「知名的江湖術士，他相信這個人從事非法的醫療行為……」勒克隆回信給艾瑞克森，表示同意艾瑞克森對這個人的看法，而且也刪除書中八次的參考引述。艾瑞克森詳細地審查並且認真地編輯勒克隆的書，也讚賞這本書的貢獻。（Zeig, Geary, 2000, pp.148-174）。此後，勒克隆成為艾瑞克森教學研討會的講師，這些是最早期美國為專業人員開辦的研討會。

1956 年，艾瑞克森寫信給伯納．瑞金斯基（Bernard B. Raginsky），國際催眠學會的創會會長，信中批評勒克隆。艾瑞克森宣稱勒克隆任用自己的太太擔任專業夥伴，但她唯一的經驗是教小學三年級生。他也提到三個「江湖術士」都與勒克隆有關聯，這三人想要在鳳凰城執業，也希望可以跟艾瑞克森合作；信中描述其中一人只有八年級的學歷，另外兩人則是「花錢買了博士學位」。艾瑞克森建議瑞金斯基開除勒克隆臨床與實驗催眠學會的會籍，以及臨床與實驗催眠學會專業期刊的編輯委員資格（Zeig & Geary, 2000, p. 248）。

1958 年，艾瑞克森調查勒克隆的學術學位，發現他有歷史學學位，而不是先前宣稱的心理學。從那時開始，艾瑞克森與勒克隆保持距離（Zeig & Geary, 2000, pp. 148-174）。即便勒克隆只有學士學位，他仍然是臨床與實驗催眠期刊的編輯顧問。艾瑞克森寫信給米爾頓・克林，期刊的總編輯，表達他對勒克隆的懷疑。從 1959 年 1 月開始，勒克隆的名字不再出現在期刊刊頭。

艾瑞克森與勒克隆從 1945 年合作到 1964 年。勒克隆把艾瑞克森介紹給阿道斯・赫胥黎，眾所皆知赫胥黎經常轉介個案給艾瑞克森。有一篇關於艾瑞克森與赫胥黎的文章廣為流傳（Erickson, 1965）。

▌參考文獻

Cheek, D. B. (1992). *Are Telepathy, Clairvoyance, and "Hearing" Possible in Utero?* Suggestive Evidence as Revealed During Hypnotic Age Regression Studies of Prenatal

Memory. Pre-and Perinatal Psychology Journal, 7(2), (pp. 125-137).

Cheek, D. B. (1994). *Hypnosis: the Application of Ideomotor Techniques.* Allyn & Bacon.

Cheek, D. B. (1986). *Prenatal and Perinatal Imprints: Apparent Prenatal Consciousness as Revealed in Hypnosis.* Pre-and Perinatal Psychology Journal, 1(2), (pp. 97-110).

Cheek, D. B. (1969). *Significance of Dreams in Initiating Premature Pregnancy.* American Journal of Clinical Hypnosis. 12, (pp. 5-15).

Cheek, D. B. (1965). *Some Newer Understandings of Dreams in Relation to Threatened Abortion and Premature labor.* Pacific Medicine and Surgery, 73, (pp. 379-384).

Cheek, D. B. & LeCron, L. M. (1968). *Clinical Hypnotherapy.* Grune & Stratton.

Cheek, D. B. & Rossi, E. (1998). *Mind-Body Therapy: Methods of Ideodynamic Healing in Hypnosis.* W. W. Norton & Company, Inc.

Erickson, M. H. (1937). *Development of An Apparent Unconsciousness during A Hypnotic Reliving of A Rraumatic Experience.* Archives of Neurology & Psychiatry. 38, (pp. 1282-1286).

Erickson, M.H. (1965). *A Special Inquiry with Aldous Huxley into the Nature and Character of Various States of Consciousness.* American Journal of Clinical Hypnosis. July 8, (pp. 14-33).

LeCron, L. M. & J. Bordeaux, J. (1947). *Hypnotism Today.* Grune & Stratton.

Zeig, J. K. & Geary, B. B. (2000). *The Letters of Milton H. Erickson.* Zeig, Tucker & Theisen.

第一代

賽門・奇亞森

賽門・奇亞森（Simon Chiasson）醫師是一位受人敬重的美國臨床催眠協會會員，並擔任過臨床催眠學會會長。我在 1981 年 11 月採訪他。

艾瑞克森令人大開眼界的說故事技巧

奇亞森在俄亥俄州執業，曾經治療一位女性個案，有歇斯底里失明症，這是一種轉化症。轉化症是一個人發展出一個無法以醫學病因說明的生理病症，以處理壓力。

奇亞森治療這個案例沒有進展，所以詢問當時正在俄亥俄州演講的米爾頓・艾瑞克森，請他來看這個個案，艾瑞克森同意免費看診。艾瑞克森跟這個個案談話，並且解釋為什麼有些人跟他一樣無法正常走路，並繼續說，還有一些人無法說話，而有些人則是看不到。艾瑞克森說當一個小嬰兒學習走路，常常會跌倒，但他會站起來再繼續嘗試。

那個個案之前受到頭部創傷，治療她的醫師告訴她如果不待在醫院裡面，她就會失明。

透過告訴那個女性如何應付生理限制的故事，艾瑞克森在短暫會談裡完成的比奇亞森兩個月所做的治療還要多。在跟艾瑞克森醫

師談完之後，那位個案的視力恢復一些。

放下手邊一切趕去那裡

賽門‧奇亞森：當時是美國臨床催眠協會第十屆大會，我在紐約，他寫一封信給我，說他很忙，身體也不舒服，告訴我不要期望他會參加。然而，我運用他的影響力邀請瑪格麗特‧米德參加一場我們的午餐會……漢斯‧謝耶（Hans Selye）也會參加。所以，當我打電話給艾瑞克森，告訴他我運用他的影響力邀請到了瑪格麗特‧米德與漢斯‧謝耶，他說，「我會放下手邊一切。我會參加大會。」

種花體驗

賽門‧奇亞森：艾瑞克森的同事們總是對他的治療方法與個案快速復原感到神奇。他在鳳凰城的一次教學研討會裡，治療一位講師的焦慮。他知道那位女講師很享受自己的玫瑰花園，所以跟她說種花的事。他告訴她鳳凰城一年大部分時間都很熱，也非常乾燥，對於種植植物與花卉是很大挑戰。因為那位女講師不住在鳳凰城，艾瑞克森說她在較冷、較潮濕的氣候下，可能會遭遇不同的種花問題，比如，可能會為了玫瑰花受凍或發霉而焦慮。那位女講師進入深度催眠，她的焦慮消失了。

▌評論

這些案例闡明艾瑞克森常用的方法，包括平行溝通裡的策略談話。第一個案例，他暗示改變的發生需要一系列小步驟，如同嬰兒一再跌倒、站起來。

第三個案例是他多層次溝通技巧的例子，艾瑞克森會同時在社交層面與心理層面說話。在這個案例，他提供一個隱喻：討論種花，亦即個案有興趣的事物，同時溝通一個想法，如何處理當下問題（Erickson, 1964）。

▌參考文獻

Erickson, M. H. (1964). *The Interspersal Hypnotic Technique for Symptom Correction and Pain Control.* American Journal of Clinical Hypnosis, 8, (pp. 198-209).

第一代

鍾東盟

　　鍾東盟（Chong Tong Mun）醫師是新加坡執業的一般科醫師，也在新加坡大學擔任臨床講師。艾瑞克森要我邀請他在 1980 年的艾瑞克森國際大會上演講，主題是「艾瑞克森學派在一般科的應用。」

　　我的助理在 1983 年 12 月，當鍾醫師在第二屆艾瑞克森國際大會演講時，訪問了他。

鍾東盟：1962 年我在舊金山美國臨床催眠協會的會議中第一次遇到米爾頓‧艾瑞克森。我在課程裡擔任他的示範催眠個案。他似乎有一種直覺，可以挑選出容易對催眠有反應的人來擔任個案，過程裡我們建立深刻關係。當時我對催眠很陌生，只練習過一兩年。我對他的第一印象是非常生動活潑，儘管他是坐在輪椅上。

　　1965 年我在巴黎的國際催眠學會大會再次遇到他，之後還有兩次，1967 年，他邀請我到他位於賽普瑞斯街的家慶祝感恩節。幾年之後，1976 年，國際催眠學會在費城舉行，慶祝美國建國兩百週年，我們全家前去拜訪他。

　　艾瑞克森告訴我過去他習慣花數個小時觀察人們行為，而他會為治療一位個案花上好幾個小時。他全心全力投入工作。

我對他的治療沒有任何批判，甚且效果卓著。然而心理治療是一種藝術，充滿許多變異。我執行催眠與醫療工作越多，越相信艾瑞克森對於催眠的做法是正確的。他把催眠定義為一種想法與理解的呈現樣貌，讓人們可以運用自身潛力。艾瑞克森強調，打從一開始，我們沒有創造任何新的事物。這又回到古老說法，醫師沒有療癒個案，是個案療癒自己。我們只是激發個案體內的自然原動力，讓他們恢復自身的平衡，加速他們恢復健康。

我從他身上學到了許多，我非常感恩。我欠他很多，因為他啟發我，並且幫助我走在正確道路上。我對於催眠的執業和理論感到困惑，是他讓我看到事物的真實樣貌。

▌參考文獻

Chong, T. M. *Ericksonian Approaches in Medicine; Ericksonian Approaches in General Practice.* (1982). In Zeig, J. K. (Ed.). Ericksonian Approaches to Hypnosis and Psychotherapy. (p. 292). Brunner/Mazel Publishers, Inc.

第一代

約翰・科利

我在 1984 年訪問約翰・科利（John Corley）。

約翰・科利是一般科執業醫師，1950 年代在加拿大班夫（Banff, Canada）艾瑞克森舉辦的工作坊第一次遇見艾瑞克森。艾瑞克森鼓勵約翰・科利向美國臨床催眠協會投稿，所以科利投稿了一些短論文，也被接受了。

羅傑的信

科利記得：我們（艾瑞克森與科利）開始奇怪又有趣的書信往來。我收到許多宣稱來自於羅傑手寫在一個黃色墊子上的信，羅傑是他們（艾瑞克森家）的狗，信裡他會討論在艾瑞克家裡發生的事情，包括孩子們、米爾頓本人，以及一些米爾頓處理的個案。我也回信寫給羅傑，信封上註明是寫給羅傑的，他會回覆關於我的個案非常有用的建議。這樣書信往來持續了大概一年……我很確定，我不是唯一一個與米爾頓用這個方式通訊的人。

艾瑞克森不會錯過任何細節

科利：米爾頓讓我印象最深刻的是他觀察個案的認真態度，他幾乎不會錯失任何細節，包括前額的皺眉、身體姿勢的改變、身體的細微移動、稍縱即逝的臉色改變等。我從來沒有遇到任何人如此敏感，對於一個人行為裡精細微小的心理動作變化都收入心裡。他因此常常對我感到惱怒，因為我老是錯過一些細節變化。

他持續讓我印象深刻的一件事是，即使個案在深度催眠裡，我們持續互相溝通。而除非我非常注意這些細節變化，不然就會錯過個案試圖跟我溝通的東西，就不會成功。我努力地練習米爾頓所教我的，但成就有限，甚至離艾瑞克森的程度還很遠。我也不曾看過其他人可以到達米爾頓不可思議的敏銳程度，他總是注意到個案所提供的細微暗示。

一個月經疼痛的案例：回憶起一個病症

科利（1982）報告了一個艾瑞克森成功治療經痛（月經疼痛的醫學名詞）女性的案例。

科利：……讓我印象深刻的是米爾頓絕不侵犯個人內在本我（inherent self）。我觀察他為一位女士做的治療，她一直以來因為經痛而失去行動力，很痛苦。艾瑞克森教導她如何放鬆，並且在每一次的生理期來時因幾乎不存在的不舒服而受苦。當

那位女性進入催眠，艾瑞克森說：「妳知道如何帶著一點點或是幾乎沒有不舒服的感覺經歷生理期。請妳記得，任何時候妳感覺先生或孩子對妳提出不合理要求，或是把妳視為理所當然，而妳相信自己值得也需要多一點的關注，那麼妳可以完全自由地讓自己的經痛多一些疼痛，藉此得到妳所需要的關心。」那是她作為女人的特權與權利。

但他也暗示，沒有任何理由把那個不舒服變得很嚴重，她微笑了。即使在深度催眠裡，那位年輕女人完全了解，並且感激艾瑞克森所說的一切（Zeig, 1982, pp. 287-288）。艾瑞克森最讓我敬佩的是他對個案身為一個人的尊重和看重。

評論

艾瑞克森治療工作的一個啟發原則是一個人的所有部分，即使是他們的病症都有價值，沒有必要消滅任何症狀。相反地，找到方法順勢運用它。經痛案例是一個順勢而為的經典例子。

參考文獻

Corley, J. B. *Ericksonian Approaches in Medicine; Ericksonian Techniques with General Medical Problems*. (1982). In Zeig, J.K. (Ed.). Ericksonian Approaches to Hypnosis and Psychotherapy. (p. 287). Brunner/Mazel, Publishers, Inc.

第一代

羅伯特・迪恩

　　我在 1997 年訪問羅伯特・迪恩（Robert Dean）。

　　關於艾瑞克森在這個領域的聲望，迪恩這麼說：「當我回到鳳凰城當精神科醫師，我打聽關於米爾頓的事，他在精神醫學界的名聲並不好……人們認為他很奇怪……當時在鳳凰城沒有很多精神科醫師……很明顯地，在當地的精神醫學界，他的名聲不佳。」

第二代

茱蒂絲‧狄洛基爾

我與茱蒂絲‧狄洛基爾（Judith DeLozier）在 1990 年 2 月做訪談。

茱蒂絲‧狄洛基爾擁有宗教學和人類學碩士學位，是早期神經語言學學派的擁護者，也是《米爾頓‧艾瑞克森的催眠技巧模式（下）》的共同作者。當時她是約翰‧葛蘭德的長期伴侶。

狄洛基爾在訪談裡跟我確認了其他人說到關於她和艾瑞克森的故事，同時也加入她個人觀點。她記得史蒂芬‧吉利根（記載在吉利根那篇訪談裡）提到一個故事是她在催眠狀態裡看到祈禱的手。「我記得艾瑞克森在催眠結束後問我那個催眠狀態感覺如何。我就說到祈禱的手，我和艾瑞克森兩人都笑了，因為聽起來很荒謬，這裡有祈禱的手，那裡有祈禱的手，我因此和艾瑞克森開始互動，過程中他非常尊重我⋯⋯」

狄洛基爾也回想起吉利根在艾瑞克森辦公室裡藏了一個木雕的貓頭鷹。她補充說明，艾瑞克森喜歡跟學生／個案玩尋找線索的遊戲（參考補充說明）。

狄洛基爾也回想起一個有趣的故事，讓我們了解艾瑞克森的價值觀，以及葛蘭德的觀點。艾瑞克森看重婚姻的價值，但是在 1970 年代，許多年輕人都挑戰婚姻的重要性。大家了解艾瑞克森看重傳統婚姻，於是葛蘭德知道當狄洛基爾打電話給艾瑞克森時，

她如何逃過艾瑞克森戲謔的遊戲。

當狄洛基爾打電話給艾瑞克森時，她會表明自己是茱蒂絲·狄洛基爾，艾瑞克森總是回答說他不認得這個名字。當她告訴艾瑞克森她跟葛蘭德住在一起時，艾瑞克森會說，「好的。」狄洛基爾回想起有一次，葛蘭德要她打電話給艾瑞克森，看看他們是否可以去拜訪艾瑞克森。當她打電話跟艾瑞克森說她是茱蒂斯·狄洛基爾時，艾瑞克森又假裝不認識她，這時葛蘭德跟她說，「那你就說你是茱蒂絲·葛蘭德（冠上男朋友的姓）。」當她這樣做時，艾瑞克森立刻歡迎兩人前去拜訪他。

艾瑞克森有一次幫狄洛基爾和葛蘭德在他家後院舉辦慶祝儀式，就在藍花假紫荊樹下（亞利桑那州州樹），在那棵大樹下，艾瑞克森幫許多家人、學生或個案舉辦慶祝儀式。艾瑞克森鼓勵約翰·葛蘭德親吻茱蒂絲·狄洛基爾，然後觀看著。狄洛基爾把這個儀式看成是艾瑞克森一種有彈性的態度來面對狄洛基爾和葛蘭德同居這件事。

總結，狄洛基爾說，「我可以從艾瑞克森身上學到很棒的事情，他運用故事、隱喻，以及類比，他的做法超神入化。」

補充說明

艾瑞克森跟學生們玩的遊戲會有一些線索，這些事物有一個共同特點。艾瑞克森會說一系列的問題，每個問題的答案之間都會有一個共通點。你可以試著回答以下這些問題，看看你是否知道這些事物之間的共通點是什麼（這些線索都是艾瑞克森會提供給學生的）。

蛆的幼蟲會變成什麼……（Maggot larvae develop into……a Fly）

低沉的男人聲音叫做什麼……（Low male voice are called…… Bass）

碳可以變成什麼……（Carbon can become……Car）

裝水的容器是……（A vessel for water is……Bowl）

有翅膀的哺乳類是……（A winged mammal is……Bat）

當艾瑞克森告訴狄洛基爾這個故事時，在場的所有學生都解不出答案。當時有一個學生的小孩在場，在這個遊戲之後，這小孩很隨興地跟他爸媽要錢，因為他要去便利店買東西，回來時，他買了棒球卡（baseball cards）。

艾瑞克森玩的這個遊戲可以看成是意動現象原則的延伸，這會啟動一個連結，然後產生行為。他通常會用這種方式來刺激治療連結，產生深刻的體驗療效。我們可以簡單地把這個想法看成是「跟無意識說話。」藝術家也會運用類似的做法，通常是用他們的媒介，建立一個動能，讓觀眾有個深刻體驗。詩詞裡的隱喻就是一個最佳例子。

艾瑞克森的風格是從內而外的運作，他不會給予教條式內容，不會叫人背熟做人道理，而是用一種喚醒式溝通來刺激人們有深刻體驗。這些不同元素的暗示會匯聚產生一個頓悟。當他把這些用在我身上時，我感覺自己內而外成長和發展。我不是在背熟技巧，相反地，我在消化吸收一種治療原則，一輩子獲益良多。

▍參考文獻

Grinder, J. T., DeLozier J. & Bandler, R. W. (1996). *Patterns of the Hypnotic Techniques of Milton H. Erickson, M.D. Volume 2.* Metamorphous Press, Inc.

第二代

麥可・戴蒙德

我與麥可・戴蒙德（Michael Diamond）在 1984 年 5 月訪談。

麥可・戴蒙德在史丹佛大學獲得社會學與臨床心理學博士學位，後來成為精神分析治療師，他的學術文獻卓越，獲獎無數。

戴蒙德是一名培訓專家、督導，在洛杉磯精神分析學院與洛杉磯懷特學院（the Wright Institute Los Angeles）擔任教職，也在加州大學洛杉磯分校（UCLA）擔任客座臨床教授。他是美國心理學會（American Psychological Association）的研究學者、國際精神分析學會學者、美國專業心理學會臨床授證專家。

麥可・戴蒙德曾參與兩次艾瑞克森的工作坊，分別是 1979 年和 1980 年，第二次可能是艾瑞克森最後一次教授工作坊。

戴蒙德回憶他對第一次的三天工作坊感到很失望：「根本不可能跟艾瑞克森直接對話……他總是使用催眠語氣或是間接語句，我感覺他像是躲在這些話語後面，雖然這絲毫不會減輕他的治療工作，或是削弱他神奇的故事描述力道。」

關於艾瑞克森在心理治療歷史上的地位，戴蒙德這樣說：「艾瑞克森聚焦在個案人格和心靈上健康的那一面，他鼓勵治療師要多思考如何處理面對個案好的那一面……當代世界沒有人能夠媲美艾瑞克森的天才，我們或許也不可能再遇到像他那樣的天才。」

▎補充說明

　　我們之前提到，艾瑞克森是溝通概念的大師，他從不直接教導學術研究或是治療技巧，這些反而是傳統治療師會教導的東西；艾瑞克森更擅長的是激發學生的發展和成長。

第二代

羅伯特・迪爾茲

我與羅伯特・迪爾茲（Robert Dilts）在 2014 年 7 月訪談。

從 1970 年代晚期開始，羅伯特・迪爾茲是生命教練、行為技巧培訓師，也是企業顧問，擁有加州大學聖塔克魯斯分校大學學位，主修行為科技，他是一名發展家、培訓家、作者、神經語言學顧問。2018 年，神經語言學學會（ANLP）頒發終身成就獎給迪爾茲。他和史蒂芬・吉利根合作創辦國際生生不息改變學會（the International Association for Generative Change, IAGC），撰寫多本神經語言學相關書籍，其中《英雄之旅：自我發現的旅程》（*The Hero's Journey: A Voyage of Self-Discovery*, 2009）是他和史蒂芬・吉利根合寫，這本書旨在幫助人們找到生命召喚、擺脫限制信念和習慣。

當迪爾茲開始參與神經語言學的發展時，班德勒和葛蘭德已經拜訪過艾瑞克森，迪爾茲回憶：「他們兩人回來後跟我說『你所知道的一切都錯了』，這句話是一個喜劇團體的名稱。那一次拜訪艾瑞克森，改變了他們整個巨觀模式研究方向，因為這模式是強調精準。拜訪艾瑞克森之後他們豁然發現，『哇，他用一種前所未見的開放式句子帶來強大療效。』」

關於艾瑞克森對神經語言學的影響，以及神經語言學對艾瑞克森的影響，迪爾茲這樣說，「我覺得這是一個互相影響的結果，因為神經語言學如果沒有艾瑞克森的話，不會這麼有名……同樣地，

如果不是神經語言學的話，艾瑞克森和他所使用的語言結構也不會變得這麼有名，人們無從了解起艾瑞克森的厲害之處。」

關於《神奇的結構（上）》這本書，迪爾茲說：「格雷戈里·貝特森不喜歡這本書……他是介紹理查·班德勒與約翰·葛蘭德認識艾瑞克森醫師的人。當貝特森讀了一份書稿，根據葛蘭德的說法，貝特森覺得這本書是「粗製濫造的知識學」，意思是說，兩人描述了艾瑞克森在做什麼，但是沒有抓到精髓。而這些遺漏掉的精髓，提供人們機會可以操弄別人，因為他們捕捉到技巧，但是沒有抓到重點……沒有抓到艾瑞克森做治療的根本精髓……因此這兩人跟貝特森的關係就每況愈下。」

「佛洛伊德寫了許多其他事情，都是跟治療無關的事情。佛洛伊德看到藝術的層面，也看到文化層面，我覺得艾瑞克森醫師也有這樣深度與視野。我記得參與葛蘭德的課程，他在談論艾瑞克森模式與詩詞……我想艾瑞克森把班德勒和葛蘭德帶到一個更寬廣的境界，是他們以前到達不了的……這是一種互相提升彼此地位的局面，艾瑞克森因此獲得更高地位。我想艾瑞克森的名望因為這兩人早期書籍而大幅提升。

「我不是一個治療師，而艾瑞克森深刻了解人們，這也是我在工作時最常想的事情。我有許多東西都是由他而來的……他正直、誠信，他的人生就是一趟英雄之旅，他很仁慈、大方又睿智，尤其是在面對由問題產生的許多阻抗時。當我擔任教練或是處理商業議題時，這些因素都是我所考量的。」

迪爾茲有次跟他的伴侶安妮塔（Anita）一起去拜訪艾瑞克森，他們後來結婚了。眾所皆知，艾瑞克森不喜歡教授沒有專業執

照的學生，但艾瑞克森很高興見到他們兩人。

迪爾茲回憶：他很仁慈地接待我們……我們兩人都沒有博士學歷……但是他很友善，並且讓我們參與學習。

他當時正在做一些上課會做的事情，接著給安妮塔一個雕像，兩個人擁抱在一起的雕像，然後對安妮塔說一些作為女人／女性的典範。他知道我們會在一起，我想這就是他祝福我們兩人的方式。

在那次工作坊之後，安妮塔說：「我聽到許多鑲嵌用語，就像班德勒和葛蘭德在說的。事實上，艾瑞克森甚至不像約翰・葛蘭德那樣細微。」但是他有一種親切感，你完全不會抗拒他所說的一切，一種親切連結的感受。

我試著從治療的觀點來看他……我自己不需要任何事。當我第一次在那裡……我給他一張照片，是我幫他素描的人像畫，他眼中閃爍著光芒，他告訴貝蒂（艾瑞克森太太）把這幅素描放在檔案夾裡，你知道的，這是對我的測試。我總是感覺，他非常有人性、很落地，同時又絕頂聰明。他給我這種集大成於一身的感受，一直伴隨著我，更勝任何人事物。

參考文獻

Bandler, R. & Grinder, J. (1975). *Patterns of the Hypnotic Techniques of Milton H. Erickson. Vol. 1*. Meta Publications.

Gilligan, S. & Dilts, R. (2009). *The Hero's Journey: A Voyage of Self-Discovery*. Crown House Publishing.

第一代

唐‧道格拉斯

我在 1993 年訪問唐‧道格拉斯（Don Douglas）。

唐‧道格拉斯是一名神經精神科醫師，在紐約執業。1956年，道格拉斯在芝加哥的美國臨床催眠協會的工作坊認識艾瑞克森，當時艾瑞克森在台上示範深度催眠，透過隱藏的暗示邀請一名觀眾上台。道格拉斯說艾瑞克森就是精微地溝通，改變他的聲音和身體姿勢，同時又把間接訊息傳遞給那選中的觀眾。接著，當這觀眾在深度催眠裡，艾瑞克森誘發催眠現象，包括正向幻覺和負向幻覺。

「他催眠的方式真是神乎其技……」道格拉斯回憶：「我們從來沒有見過像這樣的做法。當他在講課時，會看似不經意的看向某人，然後說，『當然，當我在幫個案治療時，我喜歡直接跟個案說話，』接著說，『你會很享受跟我一起工作。』」

有一次，道格拉斯從巴爾的摩帶了一個人去聽艾瑞克森演講，艾瑞克森說，「我知道坐在這裡的這位年輕女士很好奇我們在台上做什麼。她可以上台來。」道格拉斯說，「我以為這是對任何人說的。但是，她收到這樣的間接暗示，然後就上台了。」

道格拉斯參與過大約十二次艾瑞克森的催眠工作坊，並不是因為崇拜艾瑞克森，而是他想學催眠，把催眠用在他的治療上。「打從一開始，艾瑞克森就是主導一切。在那段時間，學催眠並不是一

件容易的事。」

1960 年初期，道格拉斯又去參加美國臨床催眠協會的工作坊。他記得：「當時艾瑞克森身體很痛苦……此外還有另一個壓力，他必須聽另一個精神分析師演講告訴我們，催眠不好……因為催眠會讓你上癮、依賴，會讓你做很多不好的事。然後艾瑞克森走上台，他很生氣……下巴都在顫抖……然後他告訴我們，這個精神分析師偏離事實，他說的都是他自己的幻想。」

道格拉斯提到艾瑞克森如何控制自身的疼痛。艾瑞克森告訴道格拉斯，他必須讓他的喉嚨傾靠在椅背上，這樣才能睡著；這個他自己誘發出來的疼痛，就讓他跟身體的慢性疼痛分離。「我對此做法印象深刻，並且深受感動，」道格拉斯說，「因為我可以看到艾瑞克森是這樣努力，想要做到自己最好的那一面。」

「艾瑞克森了解人們的心智用一種神奇的方式運作，」道格拉斯說道，「但我不覺得艾瑞克森會過分認同人們的情感。他知道人們感受到什麼，但他自己感受不到……我想這為他帶來很大的治療優勢……因為他不會被個案的情緒給淹沒，不會體驗到反移情。他關心個案，但不過度認同，很多治療師會過度認同個案……全然無條件支持個案，或是有時候反對個案，這些治療師要跟自己的情緒對抗。」

當問到艾瑞克森如何以個案為示範，道格拉斯回憶起艾瑞克森曾經催眠他的秘書：「他有一種做法，當他把拇指和其他手指放在一起，他會說『星期一、星期二、星期三』……然後『星期四』……接著我秘書就大笑。然後他就會用失憶來做一個催眠後暗示。」（詳見補充說明）

「我看到他很開心，」道格拉斯說，「當被催眠的個案對他的暗示有反應，像是『那隻小狗在那裡，他的顏色是什麼？（正向幻覺，小狗不存在）』，個案會描述那隻小狗的顏色，他很滿意這樣的反應，就好像他自己也身歷其境。」

道格拉斯回憶有次參與艾瑞克森工作坊：「那是星期天，我們都在午餐之後回來，艾瑞克森就在教室門口，他調整了教室門，所以大家無法同時擠進教室。他想要看人們如何進教室。他站在那裡，杵著拐杖，帶著慣有的犀利眼神，看著大家走進教室，跟每個人打招呼。我心裡想，他應該是趁機挑選示範個案。之後他說，『如果你看到一個人，他以非常燦爛陽光的回應打招呼……這就是一個很好的標準，他會是很好的示範個案。』」

道格拉斯對於艾瑞克森在 1950 年代的印象是，個人風格鮮明，除了他的領帶之外。當時，艾瑞克森開始穿戴波洛領帶（bolo tie）。道格拉斯說，「他對自己的穿著很注重細節，但是不擔心別人怎樣看他。我總覺得他有超強自信……一種炙熱眼神……總是對人充滿興趣。

「我記得有次工作坊之後在機場遇見他，他看起來很累。我想，做催眠、教導學生和老師們耗費他許多心力……他心力交瘁。」

▎補充說明

艾瑞克森是運用隱藏訊息和反應的大師，他透過「引導導向」來溝通，我們可以把這種溝通看成是生物邊緣共振。

當我們思考溝通的演化，動物透過聲音和動作來溝通，一個聲

音或動作可以是暗示「靠近」或是「遠離」。當對訊號產生反應，魚群會聚集游在一起，牛群也會靠近彼此；動物不需要高端智力來溝通，而是透過生物邊緣共振溝通。

人們對於隱藏的聲音或動作也會有情感反應。儘管人類溝通有更複雜的模式，像是語言，但最終還是透過生物邊緣共振的平台。我們對於明顯的或是隱藏的溝通都會產生情感反應。

在艾瑞克森那個年代，社會心理學尚未蓬勃發展，而現在的社會心理學證明人們對隱藏溝通有反應。艾瑞克森花了許多心力探索這部分，並樂在其中。他也很喜歡透過體驗式方法教導其他人學會這一點。艾瑞克森不會作教條式教導，不會解釋他在做的事，他就只是治療。他的學生會透過親身體驗而學習到艾瑞克森的智慧，他們頓悟，而不是頭腦理解。

關於艾瑞克森幫道格拉斯的秘書做催眠，讓她大笑，這裡有一個解釋：艾瑞克森會伸出他的拇指和無名指，觸碰一起，成一個圓圈，然後展示給催眠個案看，接著他會問，這個手勢代表什麼。當然，個案不知道如何回答。這時艾瑞克森會眼神發光地說，「這代表星期四！」然後把拇指伸直說，「這是星期一。」接著把拇指和食指扣在一起說，「這是星期二。」星期三是拇指和中指扣在一起，拇指和無名指扣在一起就是星期四，觀眾和個案都會覺得很有趣。

艾瑞克森會用催眠的方式帶出一段失憶，關於星期四的手勢，然後在催眠治療的後段，再次重複這個部分，就好像他是第一次講解，而這又會讓被催眠的個案再次大笑，就好像她從來沒聽過這件事。艾瑞克森用這種方式來示範在主觀情境裡運用催眠誘發一段失

憶。他也展示了，我們可以在催眠治療時運用幽默，催眠不會剝奪個案的天生幽默感。催眠是一種互動狀態，一種人際溝通的方式。

▌參考文獻

Zeig, J. K. (2014). *The Induction of Hypnosis: An Ericksonian Elicitation Approach.* The Milton H. Erickson Foundation Press.

威廉・艾德孟斯頓

我在 1989 年 2 月訪問威廉・艾德孟斯頓（William Edmonston）。

威廉・艾德孟斯頓博士在 1968 年至 1976 年接替艾瑞克森在美國臨床催眠協會擔任期刊總編輯。

艾德孟斯頓是一名專業學者，撰寫科學期刊文獻和專業書籍。1960 年代早期，艾德孟斯頓是華盛頓州立大學聖路易斯分校醫學院（Washington University School of Medicine in St. Louis）的教授，也是臨床心理部門主席。他後來擔任柯蓋德大學（Colgate University）的心理學教授，兩次擔任柯蓋德大學心理系系主任，同時資助心理學與神經科學跨領域合作的發展。1996 年，他獲頒柯蓋德大學的榮譽教授。

1958 年，威廉・艾德孟斯頓在肯塔基大學（University of Kentucky）遇見艾瑞克森，那是艾瑞克森念研究院的地方。但是艾德孟斯頓直到三年後，1961 年才算真正認識艾瑞克森，當時艾德孟斯頓因為科學論文得到美國臨床催眠協會的柏納高登獎項（Bernard Gorton Award），他這篇學術文章是奠基在他的博士論文上，刊登在美國臨床催眠協會期刊上（Edmonston, 1961）。

當他在講台上獲頒柏納高登獎項時，他記得現場有許多崇拜艾瑞克森的人們，「大家都擠在艾瑞克森身邊，對艾瑞克森感到不可思議。我記得有一些較年長的人們在他身邊，後來知道那是他父母

親……我很驚訝，他們家人這麼親近，這種親近感覺在他的專業和個人生活裡都有。」

艾瑞克森擔任美國臨床催眠協會的總編輯將近十年（1957-1967），他想要退休，選擇艾德孟斯頓繼續接手總編輯的工作。「我當時在那個領域還很年輕，」艾德孟斯頓說著，「我感到很驚訝也很榮幸，他竟然會選我當接班人……他基本上可以自己決定誰來當總編輯，他可以決定事情的發展方向，他會管理情況和管理人，讓事情朝他計劃的方向發展。」

選擇艾德孟斯頓擔任總編輯接班人，其實牽涉到美國臨床催眠協會的政治鬥爭。

我有機會跟艾瑞克森太太談到這件事，她跟我說，1966年那一年期刊，艾瑞克森霸道地、帶有策略意味地，直接更改美國臨床催眠協會的期刊名稱，變成《美國催眠期刊：臨床、實驗與理論》（*the American Journal of Hypnosis: Clinical, Experimental, Theoretical*），也更改了期刊的版面大小，頁面比原來期刊多了二至三公分，因而在會員與執行委員會裡引發了一場風暴。這個期刊的改變只維持了一期，後來會員強迫艾瑞克森把名稱和大小改回原來的樣貌。

1967年秋天，他們要選舉新的期刊總編輯。精神科醫生羅伯特・皮爾森（Robert Pearson）是艾瑞克森最優秀的學生之一，也想跟隨艾瑞克森的腳步擔任下一任總編輯。美國臨床催眠協會的委員會以為艾瑞克森會希望羅伯特接手總編輯，畢竟羅伯特在協會裡頗有聲望，也為期刊貢獻不少學術文章。

改變期刊名稱和版面大小是一個轉移焦點的手法，執行委員會對於艾瑞克森這種霸道且隨意更改名稱和版面出現強大反彈，造成

最終委員會選擇艾德孟斯頓作為接任總編輯。這一切都在艾瑞克森的計畫之中。

當跟個案或是學生工作時，艾瑞克森是極度策略性思考的，他經常運用轉移焦點來幫助個案。比如，如果他知道這個個案喜歡批評、評斷，他會在個案進入催眠狀態之後，故意在文法上說錯話，因此個案就會一直聚焦在這個文法的錯誤上。讓個案一直聚焦在一個文法錯誤上，這樣一來治療就會變得輕鬆容易許多（個案不會批評治療過程，只會聚焦在文法錯誤上）。

艾德孟斯頓回想起在美國臨床催眠協會的許多政治鬥爭：「我記得我參與許多會議，艾瑞克森也在其中，他是主席。當時，學會有兩個派別：一個是芝加哥派，一個是艾瑞克森派，艾瑞克森有許多擁護者。會議裡很清楚地，艾瑞克森有他想要前進的方向，他會讓事情照他想要的方向前進。艾瑞克森把炸彈丟給執行委員會，他提名我擔任總編輯，也提名羅伯特·皮爾森擔任總編輯。我知道羅伯特跟艾瑞克森私交非常好……這樣的提名馬上引來劇烈爭吵……然後，當爭執告一段落，執行委員會說，『不，我們就要艾德孟斯頓，不要皮爾森。』我頓時大悟，原來艾瑞克森的計畫是要我擔任總編輯，提名羅伯特只是一個煙霧彈。這就是我說艾瑞克森處理事情的方式，他想要這事情發生……我知道羅伯特非常沮喪。我不理解為什麼或是怎麼可以有人這樣做，我突然被任命為總編輯……這對我來說當然非常棒，但也感到許多壓力……看到我的好朋友因為這件事而沮喪落寞。」

從 1967 年到 1969 年，艾瑞克森寫了幾封很長的信，警告他關於美國臨床催眠協會的「巨大謊言」。艾瑞克森詳盡描述美國臨床

催眠協會的混亂政治鬥爭，以及他對於某些特定人士致力於把總編輯的工作偷走。艾瑞克森的信件「明白揭露政治機制的運作，以及個人私心在學術領域以及專業領域顯現出來的醜陋」，然後他建議艾德孟斯頓「必要時把鐵拳的手套拿掉。」（Zeig, Geary, 2000, p. 296）

當問到艾瑞克森的專業地位，艾德孟斯頓說：「很清楚地，有些人把艾瑞克森看成像是父親的角色，有時候甚至看成是神一般。在這些人眼中，他永遠不會做錯。如果你談到艾瑞克森有些甚麼負面面向，就會被看成是異端⋯⋯我總是把他當成正常人，不會給他送禮、進貢，或是對他懇求什麼，我就是把他當成專業領域的同事。」

艾德孟斯頓回想起一個事件，當時西奧多・巴伯要去某個大會上演講。他說：「艾瑞克森和巴伯就像是火石和鋼鐵一樣，碰在一起就會有火花⋯⋯艾瑞克森找我去批評巴伯的演講，要我把巴伯講得一文不值，當然我沒有那樣做。艾瑞克森於是很生氣⋯⋯因為我沒有照他說的話做，他替我決定我就該那樣處理巴伯。」

另一件事，艾瑞克森寄了一本書給艾德孟斯頓寫評論，很清楚地表示他希望艾德孟斯頓寫一個負評。然而，艾德孟斯頓寫信給艾瑞克森說，他很樂意寫評論，但是只有當他發現書真的很糟糕時，才會如實寫負評。「或許我跟艾瑞克森處得來，是因為我們沒有情感上的交流羈絆，」艾德孟斯頓這樣說，「我們就只是兩個人，處在同一個專業領域裡⋯⋯會有意見相左的時候。」

當問到艾瑞克森做示範治療時是否有什麼特別之處，艾德孟斯頓說：「我記得他會用一種充滿韻律節奏的語氣說話⋯⋯有很多人

崇拜他……他被賦予強大的力量可以改變這些人的人生……我看到他的天賦，以及他在催眠上的敏銳力，但我想，我並沒有看到其他人所說的那個光環。他是一個有絕對影響力的人，毋庸置疑。」

在我們 1989 年的訪談裡，艾德孟斯頓提到，「後世的人會記得艾瑞克森，他是在催眠學派走下坡時重新點燃催眠治療火焰的人。」關於對艾瑞克森兩極化的評價，艾德孟斯頓說：「我想在催眠實驗圈子裡有個共識，很多艾瑞克森說的故事案例……就只是他說故事的方式，並不是他真的拿個案來實驗。」艾德孟斯頓提到厄尼斯特・希爾加這位大師，批評艾瑞克森的人之一，他批評艾瑞克森的故事都是經過修飾、美化的。

評論

厄尼斯特・希爾加博士是二十世紀最有影響力的心理學家之一。透過他在史丹佛大學的催眠實驗研究室，他幫催眠奠定了正統科學地位。我欠希爾加一個人情債。我年輕時花了一個暑假在他的研究室當義工，請他指導我的博士論文。作為一個堅定的實驗研究學者，他反對艾瑞克森，因為艾瑞克森所做的都是臨床性質。艾瑞克森所做的研究更像是人類學野地實訪研究，而不是實驗室的正統科學研究。關於希爾加指控艾瑞克森的個案實例都是經過修飾、美化這件事，他認為艾瑞克森就是變色龍，會依據所處的人際互動環境而調整改變，會稍微修改故事情節以達到他想要的理想效果。

在艾瑞克森退出美國臨床催眠協會之後，羅伯特・皮爾森和凱・湯普森主導協會許多年。皮爾森是艾瑞克森最喜愛的學生之一，但或許是因為他欠缺學術背景，或是因為沒有所需的編輯技

能，他從未擔任美國臨床催眠協會的總編輯，而在艾德孟斯頓被任命總編輯時，擔任編輯委員會的委員。艾德孟斯頓擔任總編輯時，協會發表許多卓越的文章，臨床與實驗兩個領域各有所重，維持很好的平衡。皮爾森和艾瑞克森的深厚友誼恆常，儘管艾瑞克森常拿他來當煙霧彈。

▎ 參考文獻

Edmonston, W. E., Jr. (1961). *An Experimental Investigation of Hypnotic Age Regression. (Vol. 111).* American Journal of Clinical Hypnosis. No. 3.

第一代
珍妮亞‧英格力胥

我在 1994 年 3 月訪問珍妮亞‧英格力胥（Genia English）。

珍妮亞‧英格力胥醫生來自馬來西亞，是一位家庭科醫師，十四歲就上牛津大學，是家中七個孩子裡最小的一位，她的兄弟姐妹都念醫學，全部都到海外念書。

1960 年，她搬到美國，當時的老公是一位有名學者。當她在聖地牙哥實習時，參加了一個艾瑞克森舉辦的工作坊。英格力胥說：「當時工作坊快要結束了，我不知道自己在做什麼，我就走到台上了，這對我來說很不正常，因為我平常是非常害羞內向的……我介紹了自己是誰，然後問艾瑞克森他是否做婚姻治療，他說，『是的，我提供婚姻治療，但你要到鳳凰城來。』」英格力胥和她當時的伴侶湯米找了一個週末去鳳凰城。幾個月後，她提出申請離婚。英格力胥說，「我一直沒有從那個催眠狀態清醒過來，我待在鳳凰城的時間就像是一片空白……我記得鳳凰城的天氣很熱……記得去他家……他的小孩在那裡……一個家庭的場景。感覺很好，很溫暖，在餐廳後面是他的辦公室……一個非常好、私密、舒服、安全的地方，然後我們就是談話。我不記得我們說了什麼，只依稀記得他問我關於性生活的事，我有些反應。他先跟我談，然後跟湯米談，最後跟我們兩人談……當我們兩人要離開時，他說，『我會建議你們兩人走不同的路回家……』」

艾瑞克森經常建議夫妻離開他的辦公室時分別回家，這是為了安全的理由。他不想要夫妻在開車回家的路上感到沮喪或是吵架。

遇見艾瑞克森時，英格力胥描述自己是：「非常僵化、害怕、硬邦邦的人……年輕不懂事……非常沒有生活經驗，不知道怎樣跟人相處。我所有時間都放在學習和讀醫學院。我的家人很親近，他們很保護我……我們不能自己上街，做什麼事都要有人陪伴在旁。我記得我年輕時，身邊總是有一個護士跟著。」

十七年之後，她再婚了，有兩個小孩，住在西雅圖，英格力胥收到一封艾瑞克森的來信，信裡說到她先生湯米沒有付治療費用，此外他也在信裡說：「我希望你已經離開他。」

「我不知道這封信怎麼寄到我手上，我很驚訝我前夫竟然沒付治療費用，也感到很有趣他會這樣說湯米。」

1979 年，英格力胥跟艾瑞克森再次聯繫上，她去鳳凰城參加醫學會議。她記得艾瑞克森老了許多，說話很困難。她問艾瑞克森哪本書最能代表他的治療工作，艾瑞克森請他太太去拿一本《不尋常的治療》來。他簽書給她：「給珍妮亞，我對她的魅力和能力景仰多年。1979 年 12 月，米爾頓·艾瑞克森醫生。」

英格力胥說，「這本書對我而言就是無價之寶。」

她告訴艾瑞克森她的生活充滿壓力，艾瑞克森伸手拿起她的右手，抬起她的右手手腕，然後說，「這裡我感受不到壓力。」她就進入催眠狀態。艾瑞克森醫生和他太太給他看一個女人招手的全息圖，她再次進入催眠狀態。當她要離開時，艾瑞克森給她一個小的鵪鶉鐵木雕刻。她感覺這禮物很有意義。「我非常感動，因為我是空手去找他，沒帶禮物。我給他的禮物是跟他表達感謝，做一個結

尾，身為醫生，病患不一定會告訴你他們得到多少幫助。我感覺自己成長……進步……成熟，我把這一切都歸功於那個週末艾瑞克森所做的事。那是我人生的轉捩點。」

總結她跟艾瑞克森的幾次接觸，英格力胥說：「他把我從社交束縛裡釋放出來，讓我可以自由地做我自己……我知道我沒問題。」

▍評論

艾瑞克森的舊家很普通，三個臥室、一個浴室、一個客廳，客廳也當做個案的等候區。這個舊家已經消失了，現在改建成商業大樓。

▍參考文獻

Haley, J. (1973). *Uncommon Therapy: the Psychiatric Techniques of Milton H. Erickson, M.D.* W. W. Norton & Company.

第一代

司布真・英格力胥

　　我的助理在 1983 年採訪司布真・英格力胥（Spurgeon English）。

　　司布真・英格力胥是精神分析師，也是心身醫學的先驅。在身心療法還沒有普遍流行前，英格力胥寫了一本書，《人生的情緒問題》（*Emotional Problems of Living*, 1968），這是關於身心療法最早期的書。

　　將近十年時間，英格力胥是天普大學（Temple University）醫學院精神科系主任。與此同時，他決定研究催眠，他說，「不管人們看法如何，覺得催眠不受歡迎，或是令人不敢恭維，我就是想要了解催眠。」

　　在 1960 年早期，英格力胥參與了一個費城的研討會，遇見艾瑞克森。「我很幸運，艾瑞克森邀請我坐在他身旁共進午餐。我們談話時提到了他的小兒麻痺……我跟他說『艾瑞克森醫師，我想閃電真的會兩次打在同一個人身上。』他冷冷地，幽默回應我，『是的，我想會的，如果你非常渴望它發生的話。』」[18]

　　英格力胥對艾瑞克森的印象是：「他對所有事物的觀察非常敏

---

[18]　編註：艾瑞克森認為他的小兒麻痺有兩種不同病毒，事實上，在他人生晚期，他承受的痛苦來自小兒麻痺後遺症。

銳，包括他的家人生活。他知道人們為了什麼來找他，知道什麼帶給人們快樂，也知道什麼造成人們痛苦和悲傷。」

在瑪格麗特・米德的推薦，以及英格力胥的邀請下，艾瑞克森去費城參與一個多年的思覺失調研究計畫。他們選擇思覺失調個案，醫生治療，並錄影。艾瑞克森治療一個一個無法進入內在、嚴重思覺失調的個案，在短暫的三十分鐘裡獲得先前任何方法都無法達到的療效。

有一次英格力胥到史考特戴爾（Scottsdale，鳳凰城的附近城市），艾瑞克森帶他去一家有名牛排館吃飯。英格力胥說，「我回想起當女服務員在幫我們服務時，艾瑞克森對她產生許多正向影響，就只是他對人說話的方式，以及他知道每個人要的是什麼……他不是蠻橫、強硬，不是到處丟出權威，但是那個女服務員的服務方式就讓我感覺，她全然受到艾瑞克森人格特質的影響。我不覺得他在催眠那個女服務員……我覺得他的行為就是邀請，一種尊重。」

英格力胥只跟艾瑞克森見過三次面，但他開始把艾瑞克森的精神整合進他的治療工作裡。「艾瑞克森覺得治療時間長短不重要，可以是一種互動關係，某些問題可以很快解決。」英格力胥同意艾瑞克森的說法，他說，「個案花很多時間講過去歷史，試著要了解為什麼他們會有這個問題，但是這個過程很少會產生療效，而我對於改變和結果更感興趣。艾瑞克森醫師覺得，如果你要在這世界上做什麼，就去做，運用你在自己身上和生活學到的東西，就去做你想做的事。」

英格力胥說，「我曾經聽人們這樣說，艾瑞克森做心理治療

的起點向來是運用催眠……我覺得艾瑞克森是把催眠帶進心理治療，如果他覺得催眠有幫助，就會做催眠；如果他覺得催眠沒有幫助，就順勢運用他自己……通常這兩種做法是一個做法，同一種做法。」

▌參考文獻

English, O. S. & Pearson, G. H. J. (1968). *Emotional Problems of Living*. George Allen & Unwin, Ltd.

傑瑞・芬克

我在 1989 年 2 月和 3 月採訪傑瑞・芬克和瑪莉・芬克（Jerome anr Mary Fink）。

傑瑞・芬克是一名醫師，艾瑞克森教過的精神科醫師。他第一次遇見艾瑞克森是在底特律的偉恩州立大學醫學院，當時艾瑞克森在那裡教書。芬克在愛洛思醫務室輪班，當時艾瑞克森是醫學院的研究主任。瑪莉是傑瑞的太太，擁有教育學位。她是一名藝術家，也是藝術老師。

徵兵局

1942 年，芬克觀察艾瑞克森在徵兵局擔任志工，艾瑞克森幫軍隊做精神評估，篩選合適的軍人。這棟大樓有很多一樣的辦公隔間，木頭桌子和豎直靠背的椅子。在身體檢查之後，每個想從軍的人需接受簡短的精神評估面談。有時候，一天要面談兩百多人。

根據芬克的說法，艾瑞克森有一系列的「指標」：十個簡單問題，關於年齡、教育、宗教信仰、恐懼、害怕的東西等等。艾瑞克森總是用這些人聽得懂的話跟他們溝通，其中一個問題是你多久做愛一次，這是艾瑞克森一種隱祕的問話方式，用來區分誰是同性戀者。在那個年代，美國軍隊禁止同性戀從軍。

芬克回憶著，「有個事件讓我印象深刻，有個人……坐在外面角落的椅子上，像是一直在絆倒。艾瑞克森第一個問的問題是，『你在哪裡被控告謀殺罪？』這讓那個人完全溶解了……整個人像是被完全擊倒。面談之後……我問艾瑞克森，『你怎麼知道那個人被告謀殺罪？』艾瑞克森回應，『傑瑞，你和我都看到，外面有幾千人都坐過那椅子，只有這個人是如此的虐待成性，無法控制自己，他會下意識地不停踢那張椅子，這樣的人只會是謀殺犯。』」

艾瑞克森說，有一個住院醫師曾經拒絕過十幾個想從軍的人，因為他們都有背痛，艾瑞克森說明了背後的原因。芬克回憶：「艾瑞克森非常同頻人們的成長過程中所出現的文化背景。在某個獨特的文化族群裡，性行為是禁止的……每個男人都很少有性關係……而艾瑞克森花了些時間研究統計這些人。」

艾瑞克森學到，在美國中西部的某個文化族群裡，年輕男性農夫一週抱怨一次嚴重背痛，接著整天待在床上，其他六個年輕農夫就要幫忙分擔田裡的事。這種情況是因為抱怨的農夫前一天晚上發生性行為，導致背痛，因此，七個農夫會事先決定誰在一週的哪一天可以發生性行為，因為這會讓那個農夫接下來一整天都無法工作。（關於這個故事的文化背景，請看《跟大師學催眠：米爾頓‧艾瑞克森治療實錄》）

提升藝術創作能力

1940 年代中期，當時艾瑞克森住在密西根，曾幫助一個藝術家艾米爾‧衛狄居（Emil Weddige）。衛狄居是瑪莉‧芬克在密西

根大學的藝術老師。衛狄居成為艾瑞克森的個案時，已連續兩年獲得底特律藝術學院的第一名。芬克回憶，「衛狄居會創作一幅畫，接著艾瑞克森催眠他，讓他徹底從這幅畫裡解離出來，不記得自己畫了這幅畫……然後艾瑞克森讓衛狄居以他的專業來評論這幅畫……這種方式讓衛狄居的繪畫能力愈見深厚。」

瑪莉回憶：「……當他被催眠、認識艾瑞克森之後，他的繪畫功力大幅提升，畫作變得更寫實、更有結構、更成功。」

愛惡作劇的人

傑瑞和瑪莉・芬克與艾瑞克森密切聯繫，當然他們也知道艾瑞克森喜歡紫色。艾瑞克森太太甚至會把艾瑞克森的內褲染成紫色。有一年聖誕節，芬克夫婦送艾瑞克森一個紫色的陶瓷乳牛。艾瑞克森喜歡惡作劇，一段時間後，他們夫妻收到艾瑞克森的回禮，染成紫色的牛奶和起司。

心理學實驗室

當艾瑞克森在愛洛思醫院工作時，當時的醫生經常住在醫院裡。瑪莉記得艾瑞克森一家人住在愛洛思醫院某個區域三樓，許多個案也住在那區。艾瑞克森的兒子，伯特和蘭斯・艾瑞克森長大之後提到他們小時候都把愛洛思醫院當成巨大的後院，在那裡玩耍。

當時，整個世界都像是艾瑞克森的心理學實驗室。無論在什麼地點，艾瑞克森都會做即興的心理實驗和教授課程。

一天晚上，在艾瑞克森的晚餐桌上，幾個賓客討論把催眠用在反社會行為上——從道德層面來看是為了幫助人們脫離負面行為。艾瑞克森很反對這一點，當場對餐桌上一位不喝酒的女士做了個實驗。他證明了就算在催眠狀態裡，這位女士也不會喝酒。果真如此，她在催眠狀態裡很直接地拒絕艾瑞克森邀請她喝酒這件事。

芬克也記得艾瑞克森很有彈性，很流動地在人們的家裡做練習，甚至教授工作坊。「我幾乎開始相信這在精神科領域裡是很正常的事，沒有辦公室或是時間的限制。我不覺得艾瑞克森留意要控制時間。這些作為都是純粹醫學，但看起來很像是社交行為。當時，艾瑞克森經常把香菸拿來玩耍……當時，如果有人遞香菸給你，這是一個訊號，就像是催眠後暗示，讓你感覺到美好，或是做些他們該做的事。」

一個害羞的小便寄宿者

在艾瑞克森的要求下，瑪莉和傑瑞收留了羅伯，一個年輕的軍人，作為寄宿者。羅伯當時是艾瑞克森的個案，無法在公眾場合上廁所。芬克回憶著，「艾瑞克森試著讓這個年輕人不要遭受退役命運。」瑪莉接著說，「艾瑞克森想要羅伯接觸不同的人，我想我們都是羅伯催眠後暗示的一部分……我開始覺得這是很正常的事。」

傑瑞解釋，「我參與了這個年輕人的治療，每次艾瑞克森看他，無論是在他辦公室或是我們家裡，我都在場。」（參見評論）。

接收無意識語言

艾瑞克森對於無意識語言有種不可思議的理解能力。傑瑞·芬克指出當一個人跟艾瑞克森說話時，無意識不自覺透露一些訊息，而艾瑞克森會接收到這個細微線索。比如，這個人可能微笑著說，「你真的可以隨時自在地上廁所。」

1945 年，艾瑞克森拜訪曼寧格診所幫忙評估一個個案。過去三個月以來，診所的醫生試著診斷這位個案的狀態，始終無法決定是不是思覺失調，因此他們找來艾瑞克森。艾瑞克森看這個案不到一分鐘，就診斷他是僵直性思覺失調。

艾瑞克森說要推論出這一點很簡單。他觀察這個個案會下意識地移動拇指和其他手指，用一種不尋常的方式延伸手指。艾瑞克森說這位個案不知道身體的邊界在哪裡。這就是僵直性思覺失調的指標。芬克說，「診所裡的醫生覺得艾瑞克森有一種神奇的直覺能力，事實上，他是一個厲害的觀察者。」

芬克談到艾瑞克森跟思覺失調個案工作：「艾瑞克森與思覺失調個案有一種神奇的連結能力。比如，在愛洛思醫院，他給我一個個案……我給這位女士檢查，詢問她一些事情，她開始談論電力（electricity），這個談論幾乎要思覺失調的狀態，她對於電力非常疑神疑鬼……我用盡所有心力，就是無法突破這位女士的心防。艾瑞克森對我說，『你問她關於電力的事？』我回答，『……我這樣問，因為你覺得我應該這樣做。』艾瑞克森說，『你有沒有問她關於電力城市（Electric City）？』這是一個很細微的雙關語，接著他走向個案：『你要不要跟芬克醫師說一下電力城市？』這就像是滿

天花朵盛開。所有的談話猶如螺絲各就其位，因為這就是針對思覺失調個案正確的提問。」

芬克接著說：「另一個案例……有位女士被診斷是無組織型思覺失調，她會一直說話，一直說話。她會提到『8：00』，然後開始提到咖啡的種類：波卡（Bokar）、麥斯威爾房子（Maxwell House）、切絲和桑蹦（Chase & Sanborn）、然後卡在『桑』（San）這個詞。這個就是線索，因為艾瑞克森問我：『現在，你從中學習到什麼？』我一臉呆滯待在那裡……他說：『波卡，這可能是一個地方。當然 8：00 是一個時間……』因此，我們找社工機構調查……令人驚訝地是，艾瑞克森完全猜中，這個發現挖掘出這位女士為什麼會有思覺失調症……。」[19]

「艾瑞克森說關於房子（house）這個詞，是跟一個地方有關，有一間房子，有一個追求（Chase），有一個祕密約會，當然，她卡在『出生』（born）這個詞，（我們可能聽成 Sanborn 或是 son born）……這對艾瑞克森聽起來就像是一種無意識的溝通訊息……」

芬克認為艾瑞克森是他的精神科醫師職業生涯的貴人。在 1940 年早期，芬克感覺艾瑞克森想要栽培他當接班人，但是他太過傳統和保守。「艾瑞克森是一個令人驚奇、充滿魅力的人，一個神奇的無意識偵探……他不落俗套，不遵循傳統，他有超凡能力可以捕捉到無意識的語言。」

---

[19] 作者註：最終發現，這女士來是美國東北岸，在山上一個小木屋裡跟她男朋友住一個週末，後來懷孕，生了一個男孩（son, 跟 San 是同音字）。

評論

　　我編輯的《跟大師學催眠：米爾頓·艾瑞克森治療實錄》書裡有這個案例「害羞的小便者」（頁 314 至 326），一個男士無法在公開場合上廁所。書中個案，我稱為羅伯·狄恩，1943 至 1944 年在美國海軍服役，準備好要去國外打仗。根據艾瑞克森的說法，芬克是這案例的關鍵人物。

　　關於這個案例，芬克確認艾瑞克森所說的一部分。但是不同意其他一些部分，把他不同意的部分稱為「作者的權利」。芬克不同意艾瑞克森，艾瑞克森在這個案例裡說，芬克是很好的被催眠者。同時，芬克說他沒有伴隨個案去上廁所，不像艾瑞克森所描述的。芬克記得的是，這個治療持續好幾個星期，不像艾瑞克森說的那麼短。芬克也對於艾瑞克森所描述的個案的父親部分保持懷疑態度。艾瑞克森說個案父親是酗酒者，但是已經改過自新，戒酒了。芬克也記得，個案的身形大小跟艾瑞克森所描述有出入。最終，芬克認為這個案例沒有像艾瑞克森所說的那樣簡單容易。

　　但是芬克還是認同艾瑞克森的部分說法：艾瑞克森要求個案跟傑瑞和瑪莉·芬克住在一起。瑪莉記得當個案在他們家的院子裡推割草機時，帶出了一個壓抑的過去意外，因而造成「害羞的小便者」，同時，割草這個行為也在某種程度上成為個案復原的因素。後來個案在治療結束後不久，就去國外打仗，過世了。

參考文獻

Zeig, J. K. (1980). *A Teaching Seminar with Milton H. Erickson*. Brunner/ Mazel Publishers, Inc.

佛瑞曲卡・佛瑞泰格

　　我在 1981 年 11 月訪問佛瑞曲卡・佛瑞泰格（Fredrika Freytag）。

　　1965 年，米爾頓・艾瑞克森選擇精神科醫師佛瑞曲卡・佛瑞泰格擔任美國臨床催眠協會期刊總編，這是第二位女總編，瑪格麗特・米德是第一任。在 1970 年代，佛瑞泰格醫師在美國臨床催眠協會與催眠學界很活躍。佛瑞泰格寫了兩本書，第一本是《催眠與身體意象》（*Hypnosis and the Body Image*, 1961），關於催眠投射方法，用來強化感官、動作體驗；第二本書是《焦慮歇斯底里的催眠分析》（*The Hypnoanalysis of An Anxiety Hysteria*, 1959）。

　　她在遇見艾瑞克森之後迫不及待寫了第一本書，艾瑞克森替這本書寫前言。1981 年，當我採訪佛瑞泰格時，她已經是九十一歲高齡。她是 1916 年從醫學院畢業。那個年代，女性醫師是很少見的，她必須在專業醫學領域為自己爭取一席之地。1930 年代，她開始從事精神科治療。1950 年代，她開始持續參加艾瑞克森的催眠工作坊，參與次數超過二十次。1979 年，佛瑞泰格參與了艾瑞克森最後一次美國臨床催眠協會在鳳凰城的教課，他到課堂上現場示範眠。

　　佛瑞泰格很幸運地跟艾瑞克森有些個人相處時光，詢問艾瑞克森一些她的案例。她回憶：「艾瑞克森會很仔細聆聽，從來不給建

議。相反地，他會跟我說一些故事。他要我每次來拜訪時，帶一或兩個案例，這樣我們可以討論在精神醫學治療上一些相同或相異之處。他會聆聽我冗長的個案歷史報告，當我講完時，他已經有了病理動力分析結果。他很少跟我說他的案例，而是講一些讓我困惑的故事。當我回家之後，有時候會突然體悟他要告訴我什麼，有時候這樣的困惑要持續一兩個月我才會突然領悟。」

佛瑞泰格從艾瑞克森身上學到最重要的原則是，「尊重人們身上的相似和相異之處，讓無意識工作。」當問到其他醫師如何看待艾瑞克森時，佛瑞泰格沉思後說：「我想大部分醫師對艾瑞克森是高度欣賞讚嘆……但也遇到少數醫師覺得艾瑞克森很難搞。在他執業生涯早期，他更像是個權威。但是當我遇見他時，他是一個很隨和的人，很慈愛，很關心人。」

1950 年代，艾瑞克森在催眠學界廣為人知，但是在精神醫學領域卻少有人知道他。佛瑞泰格同意，甚至說：「不不不，精神醫學界沒有人知道他，我在精神醫學界比較有名。」

佛瑞泰格回憶，「他有優美的聲音。事實上，有次我們搭郵輪去加勒比海玩，艾瑞克森在郵輪上教課，我們給他取了個綽號『聲音先生』，我想是因為他聲音的豐富性、抑揚頓挫、說話的停頓，以及他說話內容帶給人的影響力，都讓我們驚訝。他教導我們如何運用自己的聲音，如何說話停頓，如何等待對方回應。」

當問到艾瑞克森是否運用任何特殊催眠引導技巧，佛瑞泰格回答：「這些催眠引導各自相異，跟標準流程大異其趣。事實上，有時候你甚至不知道他在做催眠，而這個特色在他晚年變得更加鮮明。」佛瑞泰格回想起一個示範催眠：「我記得有個女士在催眠狀

態裡，她的腰部以下是解離的，腰部以下感覺不到身體的存在，但是從腰部以上，她的身體有感覺⋯⋯」

佛瑞泰格回憶：「當我剛認識他時，他是杵著拐杖走路，身體很多處疼痛⋯⋯當我從機場開車載他到我家時，他說『我感到越來越痛⋯⋯完全沒有好轉⋯⋯。』」

有一次佛瑞泰格邀請艾瑞克森到她家用餐，幫傭讓烤羊排在烤箱裡太久了，羊肉分離四散。艾瑞克森毫不猶豫地對佛瑞泰格說：「我喜歡我的羊肉碎碎片片。」

佛瑞泰格做治療時以艾瑞克森為榜樣，運用類似說故事和其他間接治療方法，她說，「有一次我的個案清醒過來告訴我說，『你知道你是一條蛇嗎？』」佛瑞泰格相信如果艾瑞克森聽到這種說法，應該會當成是稱讚。

評論

艾瑞克森是短期心理治療的先驅，運用多層次溝通，增加治療的彈性。艾瑞克森的治療風格是引導導向一個體驗，讓個案和學生們發展出有彈性、自我引導的思考，而不會提供像棍棒一樣強硬的指令。有次在聽完他的早期演講錄音之後，我告訴他，他的演講聽起來很讓人困惑，好像是冗長的催眠引導。他說，「我從來不會回聽我過去演講。我演講不是要提供大家資訊，我的目的是激勵人們。」當艾瑞克森這樣說時，我立刻頓悟：我以前不知道可以運用演講來喚醒人們的獨特狀態。

佛瑞泰格提到她從艾瑞克森身上學到「如何讓無意識工作」。有一種說法可幫助你了解這個概念，倚靠無意識的力量：艾瑞克森

希望他的學生和個案們消化吸收一個概念，然後變成自動化反應，不需要倚靠頭腦思考，比如，如何刷牙、穿衣服時如何扣上鈕扣，這些都是自動化反應。

運用一個生理解離或是心理解離的技巧，對於佛瑞泰格而言，看起來很不尋常，因為在那個年代，解離這個詞代表病理學一種疾病狀態。艾瑞克森可能有個策略性理由在女性個案身上誘發解離現象，或許是這樣做的話，女性將來要生小孩時，可以自我催眠進入解離狀態，減少生產的痛苦。

艾瑞克森對於那個烤得太熟的羊排的立即反應，是他一種正向引導風格——對於生命所帶來的大大小小失望，都能全然接納。

▎參考文獻

Freytag, F. (1959). *The Hypnoanalysis of An Anxiety Hysteria*. Julian Press.

Freytag, F. (1961). *Hypnosis and the Body Image: A Projective Technique and Psychotherapeutic Approach Based upon the Hallucinatory Phenomena of Hypnosis in which the Revivification of Ideosensory Motor Experiences Take Place*. Julian Press.

第二代

約翰·富里克曼

我在 2013 年 12 月以及 2014 年 8 月訪問約翰·富里克曼（John Frykman）。

約翰·富里克曼是路德教會牧師、老師、心理治療師、諮詢師，專長是短期心理治療與家庭治療在北加州執業。

富里克曼早期專注於治療藥物成癮個案。1968 年，他創辦海特艾旭博立免費診所（Haight Ashbury Free Clinic）——位於舊金山一個藥物成癮治療中心，並擔任主席所長。當時，一個志願者推薦他傑·海利的書《心理治療策略》，書裡提到米爾頓·艾瑞克森，富里克曼深受吸引，決定要去拜訪他。

第一次碰面

當富里克曼受邀到鳳凰城主持戒毒工作坊，他邀請了約翰·威克蘭德一起教課，他知道威克蘭德會幫他引薦認識艾瑞克森。當他們碰面時，艾瑞克森邀請威克蘭德進入一個「愉悅的催眠」，藉此，艾瑞克森可以透過威克蘭德更加了解富里克曼。富里克曼試著跟艾瑞克森聊他們共同的丹麥祖先，藉此建立連結。

富里克曼想要付錢，因為艾瑞克森花時間跟他談，但艾瑞克森很有禮貌地拒絕了。對富里克曼來說艾瑞克森很明顯只想要把他的

知識和專業能力傳承下去，這樣他的學生們可以繼續傳承並幫助別人。

富里克曼對艾瑞克森如此著迷，想要把他們的對話錄影下來，也想要錄下艾瑞克森做個案。當時艾瑞克森太太同意擔任個案，他們搭飛機離開鳳凰城去一個攝影棚錄影（這些影片保存在艾瑞克森基金會資料庫）。富里克曼回憶起艾瑞克森如何引導他幫忙自己上廁所，他覺得艾瑞克森對於要求別人幫忙上廁所並不覺得丟臉。

瑪格麗特‧米德

富里克曼回憶起跟瑪格麗特‧米德的對話，是關於瑪格麗特和艾瑞克森的互動。米德告訴富里克曼，她曾經和艾瑞克森一起嘗試LSD 迷幻藥，在一個安全環境裡，但是兩人對於這種體驗都沒太多感受。

催眠

富里克曼注意到當艾瑞克森跟學生們講心理治療的故事和原則時，自己會進入催眠狀態。傑‧海利曾經戲謔地要富里克曼催眠艾瑞克森。富里克曼跟艾瑞克森說這件事，艾瑞克森回應，當他在跟富里克曼說話時，經常感覺自己進入催眠狀態裡。富里克曼試著說話夾雜著挪威話催眠艾瑞克森，運用一種去穩定化技巧。

卡蘿・艾瑞克森

　　富里克曼住在舊金山灣區，艾瑞克森的大女兒卡蘿也住在那裡。卡蘿的母親海倫，艾瑞克森的第一任老婆，當時住在丹佛，有天晚上突然打電話給富里克曼，因為她擔心女兒，富里克曼因此去找卡蘿，兩人後來變成朋友。

　　有一次，富里克曼想要艾瑞克森談談他的小孩。艾瑞克森沒有提到卡蘿，富里克曼問為什麼。艾瑞克森的回應是，卡蘿「遺棄」了這個家庭，富里克曼沒再多問關於卡蘿的事，之後，富里克曼跟卡蘿有很多次談話提到她對這件事的看法。[20]

結論

　　總結跟艾瑞克森的相處經驗，富里克曼說：「他的大部分治療工作是實際可行的，不會太過深奧。他幫助人們改變……他運用一種不尋常的感官能力。我們一般人擁有的常識會把事情變得更糟，比如，如果你酗酒，試著戒酒時，通常會喝更多，因為你變得更加焦慮。艾瑞克森可能會把你的注意力切換到當下正發生的事（像是這個人正在喝酒），而不是喝酒本身。」又，艾瑞克森可能好奇想知道酗酒者的無意識正從酒精學習到什麼。富里克曼注意到，艾瑞克森不會追究問題的根本，雖然追究問題根本的心理治療做法在當

---

[20]　作者註：這本書是艾瑞克森傳記第一集，第二集會有艾瑞克森的家人、朋友、鄰居、個案，也包括卡蘿的觀點。

時那個年代很流行。

「他是少數幾個治療師真的知道如何幫助個案，」富里克曼說：「他有個清晰的方法來概念化事物，知道用什麼方法會產生療效。他不會用心理學專業術語，而是談論人們正在做的事，也不是為什麼這樣做。他聚焦在解答而不是疾病本身，聚焦在他可以解決的困難難題上。」

富里克曼繼續說：「他過去經常提到如何運用他的無意識。他學習打字，就會在牆上畫一個打字機按鍵圖……讓他的無意識學習打字，而不需要看著打字機。他一次練習打五個字，直到可以完美操作打字機。」

富里克曼提到一個艾瑞克森運用無意識的故事。[21]

艾瑞克森就讀威斯康辛大學二年級時，替大學每日報刊（*The Daily Cardinal*）寫文章。當時主編要他每天早上把文章放在主編的郵箱裡。艾瑞克森決定用一種獨特方法來寫，是他更年輕時會做的事：在睡夢中修正數學問題。艾瑞克森把鬧鐘設在凌晨 1 點，處在夢遊狀態，寫隔天需要的文章。早上起來，他不記得前一晚寫了什麼，但會留著所有他寫的文章的副本，他刻意不去閱讀自己寫了什麼。接下來一整個星期，他會勤奮閱讀大學每日報，認不出自己寫的任何文章。到了一週結束時，他會閱讀自己留存的副本，感到驚訝，他的每一天文章都被選上並刊登出來。

富里克曼說：「艾瑞克森致力於把精力、能量、時間都用在連

---

[21] 作者註：這個故事在艾瑞克森和羅西 1977 年的文章裡提到〈米爾頓艾瑞克森的自動催眠經驗〉。

結溝通他頭腦裡無意識的力量，這就是他獨特之處。沒有人願意花這麼多時間做無意識功課。」

▍評論

當我們強調富里克曼關於艾瑞克森致力於做功課時，艾瑞克森訓練自己時就像是職業運動員，或是專業演奏家，嚴格且極度自律。

在醫學院，艾瑞克森的精神科醫師培訓是由一位外科醫師教導，那位外科醫師並不喜歡精神科。畢業之後，艾瑞克森為自己設計家庭功課，閱讀一個住院個案的標準精神診斷結果，然後他會寫下他感受到的個案的社交歷史，然後跟真實的個案社交歷史比對。接著他會反過來做：閱讀一個真實的個案社交歷史，然後推論出一個精神疾病診斷。他反覆這樣做，訓練自己精準的推論思考能力。

就像是偉大偵探夏洛克·福爾摩斯（Sherlock Holmes），他會尋找線索，然後推論。為了增強推論的準確性，他觀察人們，猜測人們的社交地位或是所處情境。比如，他推論懷孕女性在早期姙娠階段，臉色會改變、走路樣貌也不一樣。他會寫下推論，交給秘書鎖在抽屜裡，等待最終確認他的推論是否正確。

▍參考文獻

Erickson, M. H. and Rossi, E. (1977). *Autohypnotic Experiences of Milton H. Erickson*. American Journal of Clinical Hypnosis. 20, (pp. 36-54).

Haley, J. (1963). *Strategies of Psychotherapy*. Grune & Stratton.

第二代

布蘭特・吉爾利

　　布蘭特・吉爾利（Brent Geary）在 2020 年 7 月遞交他跟艾瑞
克森相遇的故事。

　　布蘭特・吉爾利博士是在美國亞利桑那州鳳凰城執業的心理學
博士。從 1988 年起，擔任艾瑞克森基金會的培訓主任，在基金會
教授艾瑞克森催眠初階和進階課程。從 1991 年起，他在世界各地
教授艾瑞克森催眠。我和他一起編輯了《艾瑞克森學派心理治療手
冊》（*The Handbook of Ericksonian Psychotherapy*, 2000）與《艾瑞克森
書信集》（*The Letters of Milton H. Erickson*）等書。

布蘭特・吉爾利： 我很小時候有些回憶，我爸爸會消失幾天去參加
　　活動。他回來時，我跟他坐在沙發上，他會說：「找到天花板
　　上一個點，盯著那個點看……」然後他會用一種催眠的語調跟
　　我說話。我記得很多這樣的經歷，就算他沒有出門去學習。很
　　多年之後我才知道，我爸爸，當時是婦產科醫師，後來成為精
　　神科醫師，他消失是去參加艾瑞克森與艾瑞克森同事所舉辦的
　　工作坊。他參加美國臨床催眠協會所舉辦的一系列催眠培訓和
　　工作坊。我成長過程中經常聽到我爸爸講述關於艾瑞克森的故
　　事。後來他溫和地、持續鼓勵我多學習艾瑞克森學派。當時我
　　沒放在心上，不過後來這個建議影響我甚多。

我就讀亞利桑那州利大學，主修心理學，對當時系所流行的行為學派很反感，我想要找到更有意義和價值的東西，因而想到了「艾瑞克森學派」。當時，其實沒有太多關於艾瑞克森的文獻，但我致力尋找任何市面上可以看到的書籍或文獻，包括《不尋常的治療》和《催眠與治療的進階技術》。我爸爸也給我一些書讀，包括沃爾博格（Wolberg）、布蘭威爾（Bramwell）、克羅格、博杜安（Baudouin）、多爾克斯（Dorcus），以及其他作者的著作。

　　後來我在華盛頓州研讀碩士學位，參加了幾個艾瑞克森學派的催眠工作坊。其中一個講師鼓勵我如果想要精進，就申請參加艾瑞克森醫師在鳳凰城的一星期工作坊。我寫信給艾瑞克森醫師，收到艾瑞克森醫師太太的回信。她信裡解釋，艾瑞克森接下來的三年工作坊名額都已經額滿了，很抱歉無法幫我報名。我很失望，跟那個鼓勵我的講師說，然後那個講師提醒我：「你怎麼不找你爸爸幫忙，既然艾瑞克森跟你爸爸是舊識？」我爸爸很樂意幫我寫信。再一次，很快地收到回信，這一次，是艾瑞克森親筆回信──當然是紫色墨水筆寫的！後來我了解，當艾瑞克森親筆回信時，那是莫大的尊重，因為當時寫字對他而言已經很困難了。艾瑞克森醫師寫信給我爸爸，他會把我安排 1979 年 8 月的一星期工作坊裡，如果我可以參加的話。

　　因此，我再次回到鳳凰城，一個我曾經生活十四年的地方。工作坊的第一天早上，我發現過去住鳳凰城時，我曾經無數次經過艾瑞克森的家，去找當時的女朋友，而我竟然不知道

這裡有這麼一個人。當我到鳳凰城時，天氣非常熱，但我一點都不意外，我畢竟在鳳凰城待過很多個炎熱的夏天了，但沒有想到的是，艾瑞克森在家裡的辦公室舉辦工作坊，冷氣一點都不冷，上課時其實熱得很不舒服。即使如此卻絲毫不影響我們學習，因為有這麼難得的機會，我可以跟我爸爸講了二十年他崇拜的老師學習。

星期三，艾瑞克森在總結教導，那天艾瑞克森太太無法來把艾瑞克森的輪椅推回住家主屋。艾瑞克森詢問一個志願推輪椅者，所有同學面面相覷，沒人敢志願推輪椅。我過去念研究所時，曾經幫助癱瘓的同學推輪椅，有經驗，也很熟悉怎麼做，所以我就上前了。當我推著艾瑞克森的輪椅，從辦公室客房回到主屋時，有個門的把手很容易就打開了。艾瑞克森醫師抬頭看我，微笑說：「我很高興我沒有困在這個炎熱的八月太陽底下，等著時髦的都市人搞清楚如何開門！」他好像記得，在第一天填寫的問卷裡，我提到我在鄉下長大。

當我們進到主屋，艾瑞克森醫師開始一一介紹屋裡擺設的紀念品，很多人送他的禮物，還有他的鐵木雕刻品。他特別喜歡一個精靈，裝在一個大盒子裡，精靈眨眼、微笑、吹送一個吻，這是早期的立體圖像。然後他邀請我到他的家庭房裡，「我們可以聊一下天。」

那天下午，我跟艾瑞克森在一起四個小時，我不太記得具體聊了什麼。他沒有問我什麼問題，就一直講話。我記得他提到我爸爸，以及我在這個心理專業領域的可能發展。也有一些非正式的催眠教導，但現在回想，我知道當時我被艾瑞克森催

眠了。很清楚地，他想要傳授我一些東西，無論是出於什麼理由。當談話結束，我很驚訝竟然已經四個小時過去了，我感覺只有三十分鐘。

艾瑞克森說話的語氣就像是爸爸的口吻，帶有慈祥、鼓勵的意味。他對於我和我爸爸的互動關係瞭若指掌，我很好奇他怎麼會知道這些細節。從那天下午之後，我會做夢夢到艾瑞克森。我不知道這些夢是否還原那天下午我跟艾瑞克森的相處時光，但我確實知道，艾瑞克森的「聲音伴隨著我」，即使我進入很深沉的睡眠，他的話語引領我的專業發展，以及我致力於幫助個案的方法。我人生最精彩之處就在於，我爸爸引領我親身體驗到艾瑞克森學派所帶來的喜悅和滿足。

在我參加完艾瑞克森的工作坊八個月後，我收到我媽媽寄給我一封艾瑞克森逝世哀悼文。我媽媽當時住在鳳凰城，這則悼文刊登在鳳凰城當地報紙上。就像那些受到艾瑞克森啟發的人們，艾瑞克森醫師對我的深遠影響持續發酵。

▍參考文獻

Geary, B. B. & Zeig, J. K. (Eds.)(2002). *The Handbook of Ericksonian Psychotherapy*. Zeig, Tucker & Theisen, Inc.

Zeig, J. K. & Geary, B. B. (Eds.)(2000). *The Letters of Milton H. Erickson*. Zeig, Tucker & Theisen, Inc.

第二代

史蒂芬‧吉利根

史蒂芬‧吉利根（Stephen Gilligan）是神經語言學最早的學生，他在 1970 年代中期參與了理查‧班德勒與約翰‧葛蘭德的神經語言學培訓。我在 2014 年訪問他。

史蒂芬‧吉利根：當《神奇的結構》出版時，格雷戈里‧貝克森讀了，並且印象深刻。他跟班德勒和葛蘭德說，「如果你們想知道任何關於溝通的事情，去跟艾瑞克森學習。」[22] 當我讀到那本書裡艾瑞克森的做法，就好像我的頭掉到地上，有什麼東西打到我。這是我體驗過最棒的事……我內心深處某個部分被觸動了。在接下來幾個月，我的生活沉浸在學習書中艾瑞克森的方法。因此，當他們（班德勒和葛蘭德）要再次拜訪艾瑞克森時，我記得當時是 1975 年，他們帶我一起去。那是五天的工作坊，參與的有班德勒和葛蘭德、茱蒂絲‧狄洛基爾，萊絲里‧卡麥隆－班德勒，羅伯特‧史畢格和他太太。

艾瑞克森通常會在培訓開始時問：「你今天想要知道什麼？」我於是問：「我讀到關於視覺解離現象，我非常好奇，但不知道怎麼做。」艾瑞克森看向茱蒂絲和萊絲里，問她

22　作者註記：貝克森是介於班德勒、葛蘭德和艾瑞克森之間的聯繫人。

們：「你們是很好的被催眠者嗎？」然後艾瑞克森點點頭，兩個女生也跟著點點頭，然後他就催眠她們進入一個無人之境的體驗。接著他把手伸到她們面前。他穿著淺紫色的衣服，說：「當你睜開眼睛，你會看到一雙手漂浮在空中，在無人之境。」她們倆睜開眼睛，眼睛睜得大大的，無辜的眼神，像小女孩一樣。茱蒂絲有宗教信仰，當艾瑞克森說，「你們兩人看到什麼？」茱蒂絲說，「我看到一雙祈禱的手。」然後萊絲里帶著六歲小女孩的興奮口氣說，「我看到你的手臂袖子裡沒有東西。」大家哄堂大笑，這是和艾瑞克森在一起很美好的親密時刻。

　　理查·班德勒當時跟萊絲里交往中，看起來很不安，他打斷艾瑞克森的催眠：「艾瑞克森，約翰和我用了你這個無人之境的技巧，我們比你做得更好。」這是很經典班德勒會說的話。你看到這兩個女生馬上對於打斷催眠有所反應。艾瑞克森當時在講一個關於凱特·湯普森的故事（凱特·湯普森是艾瑞克森的學生，也是同事），聽到這個打斷，艾瑞克森突然改變故事，直接看著班德勒，說一個凱特·湯普森告訴他的事：「這裡有些事情不對勁，這裡有些事情非常、非常不對勁。」班德勒閉嘴了，艾瑞克森接著轉向我，我當時坐得直挺挺的。班德勒身形很瘦，那時留著長長的鬍子，下巴抬得高高的，艾瑞克森看著我說，「為什麼一個留著長長鬍子的人下巴要抬得高高的，對著太陽呢？」我說，「我不知道，為什麼？」艾瑞克森接著說，「因為他非常、非常沒有安全感。」班德勒似乎沒有聽懂艾瑞克森的弦外之音，但接下來整場都安靜不說話

了。

　　當萊絲里感覺不安全時，她會不自覺地挑逗身邊的男人。那幾天萊絲里在一種高漲的挑逗狀態，我當時忙著看艾瑞克森做催眠，試著跟上培訓的節奏。大概是第三天或第四天，艾瑞克森突然轉向萊絲里說：「你不想要這樣做，不是嗎？」萊絲里耳根都紅了，他接著說：「你應該去看精神科醫生。我是個老人了。」然後他用一隻手舉起小兒麻痺的那隻手……放開手，讓小兒麻痺手掉在桌子上，接著說，「這不管用了，你甚至無法從我這裡得到撫摸。」大家都笑了，包括萊絲里，儘管她當下覺得很羞愧……我想萊絲里是深深感激艾瑞克森指出她到處挑逗的問題，而且不當面拆穿。

　　艾瑞克森跟保羅‧卡特（Paul Carter，保羅當時跟吉利根一起帶工作坊）有一個有趣的故事。當時，艾瑞克森把保羅當作示範個案，讓保羅在催眠狀態裡感覺自己騎著驢子進入美國大峽谷。保羅在催眠裡說騎驢子走在大峽谷很危險，快要掉下大峽谷了……你可以看到保羅臉上表情既害怕又興奮。不知如何地，這個話題轉移到年齡回溯。艾瑞克森突然問保羅：「你現在幾歲？」保羅說，「五歲。」幾分鐘之後，艾瑞克森又問：「順帶一提，你嘴唇上的那個是什麼東西？」當時保羅留著大鬍子……保羅開始把手向上提，你可以看到他臉都紅了，就好像在說，「什麼？我嘴唇上有東西？！」然後保羅說，「什麼也沒有！」艾瑞克森接著說，「不對，我想你的嘴唇上有些玉米碎片或是什麼東西，我要你再檢查看看。」保羅把手伸到臉頰上，然後說，「不是，那不是玉米碎片。」艾瑞克森

問：「那是什麼？」保羅說，「是頭髮。」這個說法真的很奇怪，我們通常會說那是鬍子。艾瑞克森說，「嗯，是的，那個頭髮在五歲小男孩的嘴唇上做什麼？」保羅看起來很困惑，然後笑了，接著說，「喔，那是我長大後會有的。」艾瑞克森也笑了，然後他們轉移話題談論對時間的感覺。

　　我記得艾瑞克森告訴我他對於精神性僵直問題個案的看法，他覺得個案是在催眠狀態裡聽到特定聲音，並且把聲音強化。一個星期天下午，艾瑞克森教課時把一些小孩帶進來，有個個案看見這些小孩就不自覺地臉部和手臂僵化，說，「喔，是的，你有這個小男孩，以及那個年長的小男孩……」同時個案會用跟小孩一樣高度的手勢跟小孩溝通，個案後來回復健康了。艾瑞克森談論人們如何進入一個切換狀態，感覺體驗跟著強化。[23]

體驗式功課一

史蒂芬‧吉利根：在我早期跟艾瑞克森的培訓課程裡，我看他跟個案做了一個很棒的治療。如果這個複雜策略是從他的複雜認知心智而來，我下定決心要找到他所運用的思考模式。

　　當個案離開時，我準備好紙筆，堅定地要開始拷問他的想法。

---

[23]　作者註：吉利根花了很長的時間跟艾瑞克森相處。訪談的下一個部分，他回憶起運用一些從神經語言學學來的技巧，模仿艾瑞克森的策略性溝通。隨後，他也回憶起一個體驗式功課。

「米爾頓，你有產生看見？很多畫面嗎？」

「沒有。」他緩慢而堅定地回答。

「沒有畫面。」我喃喃自語，把這個選項從紙上畫掉。「好的。你在當時有很多內在聲音對話嗎？」

「沒有。」他再次帶著說服力回答。

「好的。沒有內在聲音。讓我把這一點寫下來。那身體的感受呢？你知道，身體裡的感覺，那樣子的感受？」

「沒有。」

我開始有些懷疑，困惑了，「讓我們看看，沒有畫面，沒有內在對話，沒有身體感受。好的，米爾頓，我不太了解，那你怎麼知道做什麼？」

艾瑞克森說：「我不知道我要做什麼，也不知道我要說什麼，我只知道，信任我的無意識傳遞給頭腦的適當訊息。我不知道個案會怎樣反應，只知道他們會有反應。我不知道為什麼，也不知道何時，我只知道他們會用恰當的方式反應，以最適合他們個人需求的方式反應。同時，我的好奇心升起，好奇他們的無意識會怎樣反應。因此，我耐心等待他們的反應，知道當他們的無意識有所反應時，我可以接受它，並且順勢運用。」

體驗式功課二

史蒂芬・吉利根：我和艾瑞克森另一個交會的時刻，說明了我的個人發展，這是我生命當中最重要的學習成長過程之一。在很多

年認真學習他的治療方法後，我覺得我抓到、學會一些複雜技巧，但同時也很清楚，我內在少了某些東西。我的治療工作不像我以為的那樣有效，但我其實不知道我哪裡限制了自己。終於，在某次一週長的艾瑞克森工作坊最後，我帶著崇高敬意詢問艾瑞克森這件事。這次他沒有用他一慣的冗長間接方式回答我，而是簡單但是語意深長地回答我：「你習慣過度用頭腦劃分你的體驗，這阻礙了你的無意識發展。」然後立刻結束這個會談。

當我跟其他人一起離開辦公室時，我跟其他人抱怨艾瑞克森沒有給我完整答案，帶著同情語氣說，或許艾瑞克森老了，而且他對自己所做的事從來沒有意識上的真實了解，換句話說，「我當時用頭腦劃分了艾瑞克森的答案！」

幾個月後，再一次，工作坊快結束時，我再次問了相同問題，這次他更加嚴厲地回答我，「你習慣過度用頭腦劃分你的體驗，這阻礙了你的無意識發展！」這一次，我對他更加失望了，覺得他真的老了，他甚至不記得他曾經給我同樣的答案。

四個月後，我更感絕望，因為我第三次問他同樣問題，他給我同樣答案。為什麼米爾頓・艾瑞克森記性這麼差？他甚至不記得他跟我說過什麼？他對所有學生都這樣給答案的嗎？他不是應該針對每個人提供獨特的答案和治療方法嗎？

幾個月後，我決定再試一次，然後他回答了：「你習慣過度用頭腦劃分你的體驗，這阻礙了你的無意識發展。」我腦海中畫過一道閃電！！四次相同問題和答案，時間間隔八個月，我驚訝於自己的盲點（看不見我自己的問題）：我習慣過

度用頭腦劃分我的體驗，這真的阻礙了我的無意識發展！！當時我看向艾瑞克森，他的眼睛閃爍光芒，溫柔地說：「這就對了！」（Zeig, 1982, pp. 93-96）

幾年之後，吉利根回看一些艾瑞克森的影片，回憶起：「這些影片拍攝時，伴隨著艾瑞克森催眠的聲音，有時候聚焦、有時候失焦，有時候鏡頭會很僵硬地轉移到在場其他人身上。我看到影片裡自己真的在流口水，我的兩眼瞪得大大的。我回想起當時，我告訴自己，我絕對不要閉上眼睛，因為我困惑了。當時我對自己說：『我是要進入催眠跟其他人一樣得到療癒？還是我要睜開眼睛做一個勤奮的好學生？』然後我在催眠狀態問我自己這個問題，有一個聲音告訴我：『讓眼睛張開著……』我想我在艾瑞克森的辦公室裡，大概有三年沒眨過眼睛。」

吉利根也記得艾瑞克森問過他：「你上次在這裡時，哪個人看起來最沒安全感？」在我和吉利根的訪談裡，他說：「我可以想像，艾瑞克森暗指的人是班德勒。」

大家都知道，艾瑞克森和班德勒的關係很緊繃，兩人互相調侃對方，但有時候玩笑會開過頭。吉利根回想起最後一次班德勒拜訪艾瑞克森。班德勒離開房間，對在場其他人說（也包括吉利根），「好的，約翰，我想我們已經從這老頭子身上學到所有東西了，我覺得我們沒有必要再回來這裡了。」

吉利根也提到，1977 年，布萊德・基尼（Brad Keeney）採訪格雷戈里・貝特森，「你還有跟艾瑞克森聯絡嗎？」貝特森回答，「近幾年沒有了，只透過我送去給他的學生得到一些消息。」（當

時，班德勒和葛蘭德的書剛剛出版。）基尼問貝特森，「你覺得班德勒和葛蘭德的書如何？」貝特森回答，「我不同意他們的做法，我很抱歉跟他們有任何關聯，我再也不會送任何人去見艾瑞克森了。」

吉利根：艾瑞克森從個案的個人內在系統來思考，在個案內心的全面複雜性裡思考，所以他的技巧是從個案內在系統而來。貝特森說了，當人們研究艾瑞克森時，他們都是從外站在旁觀者的角度來看艾瑞克森——從個案的角度看分離的事情——因此把艾瑞克森看低了，彷彿他只有一些神奇技巧或是神奇點子，這是貝特森所說過最糟的話。貝特森曾經說過，神奇的點子會完整的崩潰整個系統——系統的一部分覺得自己可以也應該掌控系統的全部。

　　吉利根認為貝特森說的是艾瑞克森有能力進到個人系統，並且從個案內在思考，從中發展出技巧，這是最先進最強大的艾瑞克森治療方法。四十五年之後，吉利根還在拆解、探索艾瑞克森劃時代、跨時代的治療方法。

▌評論

　　當艾瑞克森詢問吉利根誰是在場最沒有安全感的人時，我也在場。我回憶起，艾瑞克森詢問吉利根，吉利根聽過哪個人讓他感覺最沒安全感。我想起來，當時艾瑞克森正啟發吉利根更敏銳的聽覺能力，我也想起艾瑞克森經常問我，我看到什麼會帶給我一種特定

感覺，我相信，當時艾瑞克森啟發吉利根加強他的聽覺能力，猶如他啟發我加強我的視覺能力。

▎參考文獻

Bandler, R. & Grinder, J. (1975). *The Structure of Magic.* Vol. 1. Science and Behavior Books.

Gilligan, S.G. (1987). *Therapeutic Trance: the Cooperation Principle in Ericksonian Hypnotherapy.* Brunner/Mazel Publishers, Inc.

Zeig, J. K. (1982). *Ericksonian Approaches to Hypnosis and Psychotherapy.* Brunner/Mazel Publishers, Inc.

第一代
哈洛德・高藍

　　我在 1998 年 3 月採訪哈洛德・高藍（Harold Golan）。

　　1960 年代早期，牙醫哈洛德・高藍在塔夫茲大學（Tufts University）遇見艾瑞克森，當時艾瑞克森是受邀到大學的演講者，高藍則是大學的教授。高藍後來成為牙醫催眠治療的專家，擔任過幾個催眠專業學會的主席，包括美國臨床催眠協會、美國牙醫催眠學會（American Board of Dental Hypnosis）。

　　高藍回憶：「我記得艾瑞克森的第一件事是他具有魔力的聲音。他罹患小兒麻痺，因此當他說話時，是用橫隔膜在說話。他說話時的聲音聽起來就像是機關槍，聲音帶給人很震撼的感受⋯⋯就好像你全身跟著同頻共振⋯⋯這真是最不尋常的體驗了。我坐在前排，艾瑞克森演講時問：『高藍醫師，你在哪裡？』然後他的聲音和眼神穿透了我，我被他催眠了。那是我第一次體驗到催眠。」

　　高藍在塔夫茲大學教書時，有人跟他說催眠對於牙醫治療有幫助。「有一些知名的牙醫師會用催眠幫助個案。」他回想起三個有名的牙醫師：羅倫斯・史特柏斯（Lawrence Staples），泰德・艾斯登（Ted Aston），厄文・塞克特（Irving Secter）。

　　高藍在美國臨床催眠協會工作或是舉辦工作坊時，不時跟艾瑞克森交流。他記得艾瑞克森是很有「權威⋯⋯（艾瑞克森說的）更像是給一個命令，而不是暗示。」

他也記得艾瑞克森帶著「參與地、仁慈地、溫柔地語氣和身體動作。這看起來很不一致，我想這是他的個人魅力……他的微笑是這麼迷人。」

關於艾瑞克森的傳奇，高藍說：「我覺得他很棒，一種感覺就像是他的做法全世界通用……他教授的東西持續幫助任何想學習催眠的人。他思想獨特，也經得起時間考驗。米爾頓·艾瑞克森是一個治療師，他真正的工作是培訓人，而不是在實驗室裡。」

▎評論

艾瑞克森持續探索如何運用精微溝通、策略性溝通來產生療效。他會用簡化的手勢和聲音，這比語言更能夠產生療效。艾瑞克森的微笑在他的治療裡非常重要，無論是他做催眠或是做心理治療。儘管被催眠的個案閉著眼睛，艾瑞克森還是微笑。他的微笑就是在跟個案溝通，他喜歡看到個案的獨特體驗。與其用口語表達，當個案或學生做對了時，他會用眼神加上微笑來肯定他們。他的治療和教導有許多精微的地方，包括了微笑這樣的細微表情，都會帶來療效。

我記得有一次，離我上次拜訪艾瑞克森已經過了幾個月，我想去找他，但又害怕打擾他，所以我鼓起勇氣打電話給他。他接了電話，我戰戰兢兢地說，「艾瑞克森醫師，我是傑弗瑞·薩德……」然後，就好像是接到一個久未見面的老朋友打電話來，他馬上開心地說，「傑弗瑞！」當下我鬆了一口氣，也感到喜悅。我永遠不會忘記那個簡單片刻。

第二代

大衛・高登

我在 2014 年 7 月訪談大衛・高登（David Gordon）。

在 1970 年代早期，大衛・高登是神經語言學學派的創始人和發展者之一。他在世界各地教課，並撰寫了幾本書籍，包括《有療效的隱喻》（*Therapeutic Metaphors: Helping Others Through the Looking Glass*）。

1970 年代，他在加州大學聖塔克魯斯分校念大學，認識了理查・班德勒，當時班德勒正在編輯弗里茲・波爾斯的錄音帶，並學習如何使用完形治療學派的技巧。班德勒在教一個工作坊，邀請高登參加。高登說，「我立即被吸引了。來自世界各地不同遭遇的人們都被理查治療的能力給震攝了……他真的能夠抓到波爾斯做治療的精髓。」

當時，班德勒在寫科學和行為學的書，他消化吸收維吉尼亞・薩提爾和波爾斯的所有書籍，他觀看波爾斯做治療的影片。班德勒並沒有心理學的學位，但是他教導行為模式，包括艾瑞克森的教導。

高登這樣描述班德勒：「他那些日子有個非常精微、活躍的頭腦。他是一個天生的尋找模式高手，並且善於運用這些模式。」

1974 年，班德勒和葛蘭德發表新書《神奇的結構（上）》，隔一年，他們把第一本書稿給高登看（Bandler & Grinder, 1975）。

高登說，「當我一看到這本書的書稿，我馬上就知道，我要回去跟他們學習。」他馬上搬回聖塔克魯斯，繼續跟班德勒和葛蘭德學習。班德勒和葛蘭德開始教授晚上課程，內容包括巨觀模式和艾瑞克森模式。高登說，「我不知道是巧合還是諷刺，我回去跟他們學習時，他們才剛認識艾瑞克森，但我早就認識艾瑞克森了。」

高登開始在聖塔克魯斯大學念書時寫了一篇文章，是關於延遲反應，他當時讀到《不尋常的治療》這本書，說道，「真是大開眼界，在我研究心理學的文章和書籍裡，艾瑞克森是我遇見過最獨特的人，我整個人驚呆了。吸引我的不是催眠，而是他帶給人們在催眠裡的獨特體驗。在催眠狀態情境，他可以自由給予人們在日常生活裡所沒有的直接或間接體驗。這跟催眠無關。透過互動，艾瑞克森創造一個情境，人們可以在日常生活做出改變。」

在跟班德勒與葛蘭德學習過程，高登練習巨觀模式與艾瑞克森模式。高登說，「我們同時在兩個模式上運用語言，運用巨觀模式獲得體驗的結構，運用艾瑞克森模式來改變個人體驗。當時我們實驗如何不透過教條式教導來創造人們體驗，只對行為模式感興趣，我們尋找一種個人用來構建他們世界的模式。」據此產生了一些推論，最基本的是，個人體驗有一個結構，你的體驗本質，你如何依據你的體驗而產生行為，這是結構帶出來的功能。因此，如果你改變結構，將會有不同的體驗，將會衍生不同的行為。」

1970 年代，高登是班德勒和葛蘭德的核心團隊成員，因此有機會見到艾瑞克森。

高登回憶，「跟艾瑞克森見面真是太棒了，我感覺好像已經透過許多方面認識艾瑞克森很久，卻是第一次親眼見到他。他的親

切讓我印象深刻……他的淘氣和他的頑皮。第二次拜訪艾瑞克森，瑪莉‧貝斯‧麥爾斯－安德森（Mary Beth Myers-Anderson）和我同行，我們還帶著一個學徒 —— 威力‧史文森（Willie Swenson）他後來成為很厲害的治療師。威力是很好被催眠的對象。艾瑞克森立刻看到這點，催眠他，試著把他帶回到清醒狀態，但威力醒不過來，就這樣持續好幾個小時！

「另一件我覺得很棒的事是艾瑞克森試著叫我們去爬女人峰（Squaw Peak），他當然不會明講。我們走出他家就想著，『喔，他想要我們去爬女人峰……我們當然不會聽他的。』隔天我們回到艾瑞克森家裡，他想知道我們是否去爬了女人峰，我們當然沒有去爬，我們感到很自豪，不受艾瑞克森的影響。到了第五天，我們很早起床，彼此說，『管他的，我們去爬女人峰吧。讓艾瑞克森高興一下。』艾瑞克森聽到後真的很高興。我們走出他家，心裡想著，『這完全是我們的自主決定。』現在我其實不確定那真的是我自己的決定。」

高登第一次遇見艾瑞克森時，他全部的焦點都在隱喻上，以及艾瑞克森如何構建隱喻，並運用隱喻。他回憶：「那次之後，我們嘗試做催眠。催眠變成我們在做神經語言學時很重要的基礎結構……大家都在做催眠，感覺很棒。我發現，聽他說故事、看他用的隱喻，然後他在催眠狀態裡也做同樣的事。與其給予個案一個幻想世界的體驗，艾瑞克森把現實生活的獨特體驗帶到催眠情境裡。」

第二次去見艾瑞克森時，高登聚焦在艾瑞克森做治療時的模式，「無論好壞，這些觀察我都寫在我的書裡，《鳳凰城：米爾

頓‧艾瑞克森的治療模式》（*Phoenix: Therapeutic Patterns of Milton H. Erickson*, 1981）。」[24]

參考文獻

Bandler, R. & Grinder, J. (1975). *Patterns of the Hypnotic Techniques of Milton H. Erickson, M.D., Vol. 1.* Meta Publications.

Bandler, R. &Grinder J. (1974). *The Structure of Magic. Vol. 1.* Science and Behavior Books, Inc.

Gordon, D. (1978). *Therapeutic Metaphors: Helping Others through the Looking Glass.* Meta Publications.

Gordon, D. & Meyers-Anderson, M. (1981). *Phoenix: Therapeutic Patterns of Milton H. Erickson.* Meta Publications.

Haley, J. (1973). *Uncommon Therapy: the Psychiatric Techniques of Milton H. Erickson, M.D.* W.W. Norton & Company.

---

[24] 作者註：一個隱喻，當然是象徵性說法，無論是單詞或是句子都會運用在一個物件或是行為上，不是字面上的意義。我們可以把艾瑞克森的一些故事看成是「隱喻」。

第二代

約翰・葛蘭德

我跟約翰・葛蘭德（John Grinder）只見過一次面——當時我參加他和他太太舉辦的一場演講。2014 年 11 月，他 email 給我，回答了我提出的問題。

約翰・葛蘭德是一名美國語言學家、作者、企業顧問、培訓師，以及演講者。他和理查・班德勒共同創建了神經語言學，現在是飛躍公司（Quantum Leap Inc.）的主任，這是一家企業顧問公司。

1960 年代早期，葛蘭德從舊金山大學（University of San Francisco）畢業，得到心理學學士學位。冷戰時期他在美國特種部隊服役，也在 CIA 工作。1960 年代晚期，他從加州大學聖地牙哥分校（University of California , San Diego, UCSD）得到語言學博士學位，並且成為加州大學聖克魯斯分校（University of California, Santa Cruz, UCSC）的語言學副教授，遇見理查・班德勒。

約翰・葛蘭德：我們在 1970 年代中期開始跟艾瑞克森聯繫，格雷戈里・貝特森邀請班德勒和我，把我們的模式工作發展起來，創造一個艾瑞克森模式和他的治療工作。貝特森說他在心理研究機構擔任菁英團隊領導時，包括約翰・威克蘭德和傑・海利，他派幾個團隊從帕羅奧圖到鳳凰城去了解艾瑞克森治療模

式的精髓。他告訴我們，通常團隊回來時會帶來許多精彩故事，艾瑞克森出神入化的治療，以及驚人的結果。然而，這些團隊並沒有帶回足夠清楚的框架和架構，可以轉移到其他人身上，讓其他人學習艾瑞克森智慧的精髓。不幸的是，這些團隊成員也無法示範他們所觀察到的艾瑞克森模式。

格雷戈里跟我們說，「時間不多了。」意思是艾瑞克森已經走到人生晚期階段，如果無法把他的治療模式精髓保存下來，會是很大的損失。基於我和班德勒完成的《神奇的結構（上）》一書」，貝特森覺得我們有辦法完美地完成這個艱鉅任務。當我們覺得已經準備好了，在我和貝特森、班德勒討論之後幾個月，貝特森打電話給艾瑞克森，安排我們跟艾瑞克森學習。

最早的模式是從效仿薩提爾、波爾斯以及其他人開始。我和班德勒去鳳凰城找艾瑞克森時，有些模式已經編寫完成，我們開始這趟驚人旅程，目的是了解這位天才的模式。往後幾年，我和班德勒大約拜訪了艾瑞克森十二趟。

在那個年代，傳統的做法是在治療快結束時，才給予改變的因素，無論是精神科醫師、心理治療師、諮商師或是牧師都這樣做，在治療師和個案談論治療過程所發生的事情，進而做語言上的精神分析和意識回顧。我們很快發現艾瑞克森所做的深度治療跟這個傳統模式非常不一樣，透過艾瑞克森所運用的治療方法，不需要分析就能得到更深入有效的療效，不需要數字排序、不需要語言排序、不需要把無意識的元素帶到頭腦層面分析。很明顯地，這個引導改變，在不需要頭腦的幫忙下，

不僅可以更快速、更深入地發生，同時在頭腦意識不介入的情況下，依然可以對個案產生深刻、有效、成功的改變。相反地，頭腦經常成為產生改變的障礙和阻礙。這兩個原則讓神經語言學可以更有效產生改變。

班德勒和我很高興地發現，透過模仿艾瑞克森，一個模式出現了，我們後來稱之為艾瑞克森模式。艾瑞克森的語言模式是一系列的語言模式，和我們已經解碼的超越模式（《神奇的結構》正好相反）。神經語言學的模仿包括了無意識模式組合，我們一開始不知道，後來透過複製艾瑞克森的行為，得到了類似的結果。

現在神經語言學的應用包括許多模式和解碼，都是來自艾瑞克森治療工作的啟發。他們用來定義人際溝通過程的目標，這契合了艾瑞克森做治療時的模式，沒有運用正式的催眠引導，或是順勢而為的技巧——這是艾瑞克森晚年強調的重點。對於這位清醒且敏銳的觀察者而言，深度催眠現象可以自然發生，不需要正式催眠引導或是順勢而為的技巧。

艾瑞克森是最優雅、配合且慷慨的大師，他甚至可以在我們開口詢問之前就知道我們想要什麼。他視覺和聽覺的敏銳度是一個傳奇，他從來沒有停止增進自己這方面的能力。

他有個個人特質深刻烙印在我心裡，影響我個人與專業上的活動。他在很多年的生活裡，總是有學生和個案帶給他同樣的挑戰，詢問同樣的問題。就像貝特森一樣，他從來不會給公式化同樣的回答；相反地，當被問到同樣問題時，他會深思熟慮，再思考，重新構建他的回答。他拒絕把類似的案例看成一

樣的案例處理。這個堅持讓他在每次面對個案和學生時，總是出神入化，引導出全新的模式和效果。艾瑞克森發展出這個技巧，起源於他面對一個失語症個案。他把個案帶給他的挑戰當成全新挑戰，因而產生豐富的模式資料庫。他這個特質對我個人和專業風格影響很大。

我們（班德勒和葛蘭德）是帶著對等尊重的態度面對艾瑞克森。每一個艾瑞克森給我們的謎題，我們都會回給他相同的謎題……在他所擁有的資源裡，我可以輕易找出：超強解析人類行為能力、擁有彈性、生生不息的策略用以創造並給予隱喻；面對美國醫師公會數次威脅要吊銷他的執照依然面不改色；堅定承諾要找到個案的獨特之處、他的聰明才智和創造力，為每個個案量身定制專屬的治療方法、聰明地運用槓桿原理在治療改變的工作上、深度運用共感的能力。

他的缺陷很明顯來自他的行動能力和生理身體限制。他看起來是很好地架構一個洽當的 X, Y, Z 生活價值觀，其中因素包括，在他那個年代的傳統男女角色、適當的公證關係——婚姻證書，以及養兒育女的傳統價值觀。

我認出他有權利，任何人都有權利依循自己的價值觀來工作，只要不與別人的權利有所衝突。在個人層面上，我不覺得這些價值觀和關係有什麼吸引力。在專業上，我反對艾瑞克森的做法，或是任何人想要將自己的價值觀強加在別人身上。特別是在治療工作上，個案的改變狀態會定期發生。這樣的個案對於外界的建議是很脆弱的，特別是從所謂的權威者來的意見。這是不道德的行為，很不幸地，卻很常見。這對個案和個

案來說是危險，讓人不滿意的情況。

　　我個人最喜愛的一個事件發生在 1970 年代中期，當時班德勒和我對於艾瑞克森有效且優雅的模式深感著迷。我們執著於要測試這個模式，並且解碼，決定找一個年輕的學生，從我們眾多神經語言學的學生裡找一人，看看我們是否能夠把艾瑞克森大部分的技巧轉移到這個人身上。這個學生史蒂芬·吉利根，當時才二十歲出頭，他吸引我們的目光，他示範了絕佳潛力，可以改變自身狀態。

　　因此，我們確保吉利根不僅僅是在我們的催眠底下改變他自身狀態，同時也可以自我催眠，引發同樣狀態。在我們的建議下，吉利根花了很多時間處在改變狀態裡，他觀看許多艾瑞克森影片，比如，賀伯特·拉斯提格影片（尼克和曼蒂），也聽了很多艾瑞克森做治療的錄音帶。吉利根迅速地消化吸收，在很短時間裡，掌握艾瑞克森所有動作，尤其是艾瑞克森的說話聲音、語調、音色以及節奏頻率。吉利根是一個高度有效率的複製者，模仿了這個比他老五十歲的人，精準地模仿艾瑞克森成功做治療的許多面向。

　　我們很滿意吉利根的模仿能力，邀請吉利根跟我們一起去鳳凰城拜訪艾瑞克森，並繼續我們的解構大師模式計畫。吉利根聽過許多關於艾瑞克森的故事，尤其知道他辦公室裡有許多鐵木雕刻，這些鐵木雕刻佔據辦公室所有空間，吉利根決定要去買一個不到 4 公分的小鐵木貓頭鷹，送給艾瑞克森當禮物。

　　我們幾人坐在艾瑞克森辦公室等他。我記得，史蒂芬問理查和我，他應該怎樣把這個禮物送給艾瑞克森。我們把握機

會，要想證實艾瑞克森過人的敏銳視覺觀察力，建議史蒂芬坐在艾瑞克森的椅子上，從那個視覺角度，把貓頭鷹放在一個高度，艾瑞克森只能看到這個雕像的一半，剩餘的部分就用書架上其他的雕像遮蔽起來。史蒂芬接受我們的建議，把貓頭鷹放在一個適當的高度。

我記得我用眼角餘光看是否能夠看到這個貓頭鷹雕像，我確認看不到。然後，一個最有趣的個案過程展開了。一開始，吉利根精準模仿艾瑞克森的說話聲音語調，以及動作。大概不到五分鐘，艾瑞克森並不覺得有趣。不需要更進一步評論，艾瑞克森很快開始講一個層層包裝的隱喻，是關於一個年輕人，一個反社會人格的人，他把艾瑞克森從人行道撞開，掉進臭水溝裡。史蒂芬不需要進一步詮釋，他已經收到這個訊息，於是切換回他本來的樣貌，一個年輕人。

後來更好玩的事情發生了。艾瑞克森看起來累了，很快這個個案要結束了。我記得，在那個當下，吉利根，是我個人意見，帶著尊重口氣詢問艾瑞克森，他想要問一個直接問題。艾瑞克森堅定地點點頭，史蒂芬在沒有任何證據顯示的情況下，直接問艾瑞克森以下問題：「艾瑞克森醫生，你是否在你現有的木雕收藏裡看到任何新的物件？」艾瑞克森絲毫不猶豫，雙眼不動地盯著史蒂芬的臉，他回應：「我不在乎（I don't give a hoot—hoot 是貓頭鷹的叫聲）我收藏品裡的新物件。」

關於艾瑞克森神奇的解構能力和深度幽默感的例子，還有一次他和摩謝・費登奎斯碰面。儘管我是從另一個人身上聽到這故事，不巧地，那一次我不在現場。

如果你不熟悉費登奎斯的工作，我高度推薦，他開創了費登奎斯身體工作，這是改進身體最好的方法。艾瑞克森和費登奎斯都有一種高效的策略工作能力，運用在個案身上，用以平行溝通。比如，艾瑞克森很少會直接觸碰問題和改變，他會給出一系列的隱喻，亦即個案的語言和非語言回應，有些有框架，有些是自然的，有些是來自個案的反應；想要的改變就隱藏在這些隱喻裡，同時也讓個案的無意識注意到這些訊息。

　　相反地，費登奎斯在是在身體的層面上工作，比如，一個困難手肘移動的病症，他會引導整個肢體移動，然後手肘的移動變成其中部分元素。這種策略式轉移注意力，包含想要的改變，作為大整體的自然一部分，兩人都會使用。

　　有個費登奎斯的支持者來找我，他聽我說過費登奎斯的神奇治療和高效率操弄手法就像是艾瑞克森的治療模式。這個人就要求我作為橋樑，介紹這兩個天才彼此認識。我立刻拒絕，並且說這種會面不應該發生。

　　然而關於艾瑞克森和費登奎斯的會面還是發生了：透過另一個連結管道，我所拒絕的這個人隨後想辦法安排兩人在鳳凰城會面。他們在艾瑞克森家的客房，小房子碰面。費登奎斯仔細觀察到艾瑞克森很困難地進房間，坐下來，觀察到艾瑞克森的身體障礙。費登奎斯尊重地站起來，詢問艾瑞克森是否可以讓他做些身體調整，來增強他移動的能力。最主要的是，他詢問艾瑞克森，他是否可以觸碰他的身體。艾瑞克森就從正在靠近的費登奎斯面前移開，透過語言和非語言溝通拒絕費登奎斯的邀請。

這可能對於讀者有幫助，一方面費登奎斯認為透過他的手，他確信，至少在他的觀察裡，他可以幫助艾瑞克森強化某些身體移動能力。另一方面，我聽說（但從來沒有證實過）艾瑞克森有個固定儀式，每天早上會花時間大概一個半小時時間做疼痛管理，讓他的疼痛指數降下來，好跟個案工作。任何做過疼痛管理的人都會同意我的說法，這需要一些解離現象（這也是艾瑞克森用來管理自己疼痛指數的方法），身體某些部位，疼痛的部位，如果被別人觸碰到了，那個解離就會崩塌，疼痛管理就無效了。因為當你被觸碰時，你的神經系統會把注意力轉移到那個觸碰之處。因此，如果艾瑞克森讓費登奎斯觸碰他身體，艾瑞克森就無法選擇他要體驗到哪種程度的疼痛了。

漫長且尷尬的時刻過去，費登奎斯帶著最正向的意圖，又問了艾瑞克森幾次，每一次都得到艾瑞克森負面回應。當時，艾瑞克森開始做一系列難以解釋、很不尋常的動作，他用可以移動的那隻手，左手，做許多動作，同時跟另外兩個一起來的訪客溝通。他的手勢就好像是要去抓飛行物件，或是趕走飛行物件，他的手在臉部附近揮舞著。費登奎斯和兩位同伴當然注意到這個奇怪動作。在觀察到這些舉動一段時間後，費登奎斯身子向前傾，用真心擔心的聲音詢問艾瑞克森，「我們可以幫助你什麼嗎？」艾瑞克森忽視這個問題，繼續用手做這些詭異的動作。在費登奎斯幾次試圖幫忙失敗後，費登奎斯也做相同的動作，改變他的問句：「艾瑞克森醫生，你想要做什麼？」艾瑞克森轉換聚焦，深刻地看進費登奎斯的眼睛，簡單的說，

「我試圖把蟲子趕走！」

這兩個天才的會面，隨後很快就結束了。有很多正向意圖，但是得不到反饋！

艾瑞克森總是很大方地展示他的模式給班德勒和我看。他很清楚知道我們要學什麼，接受我們的存在，給我們例子，讓我們可以解碼。我們之間沒有關於模式的明確對話，唯一例外是，他為我們的書寫了很棒的推薦序《米爾頓·艾瑞克森的催眠技巧模式（上）》。

評論

我和班德勒、葛蘭德的接觸很少，但我讀過他們幾本書，從中學到很多。我曾經相信班德勒和葛蘭德會是推動心理治療改革的動力。在我跟隨艾瑞克森時，艾瑞克森高度稱讚葛蘭德和他的敏銳能力，但是艾瑞克森和班德勒有他們的問題存在。

參考文獻

Bandler, R. & Grinder, J. (1975). *Patterns of the Hypnotic Techniques of Milton H. Erickson, M.D., Vol. 1*. Meta Publications.

Bandler, R. & Grinder J. (1975, 1976). *The Structure of Magic*. Vols. 1 & 2. Science and BEhavior Books, Inc.

第一代

亞力山德・格林斯登

我在 1980 年 6 月採訪亞力山德・格林斯登（Alexander Grinstein）。

亞力山德・格林斯登是一名醫師、精神分析師，在俄羅斯出生，五歲時移民到美國。2007 年，他八十九歲時過世。格林斯登認為自己的專長是「應用精神分析」。

1942 年，格林斯登在愛洛思醫院擔任精神科住院醫師，艾瑞克森當時在那裡工作。擔任住院醫師的早期，格林斯登開始精神分析受訓，1950 年，他成為美國精神分析學會最年輕的會員。有好幾年時間，他是底特律偉恩州立大學的精神科臨床教授，也擔任過紐約佛洛伊德資料庫的主席，以及密西根精神分析機構主席。

格林斯登是一位多產的作家，著有許多文獻和書籍，包括《驚人的碧雅翠絲・波特》（*The Remarkable Beatrix Potter*, 1995），這本書是精神分析個性研究，獲得國家獎項。他撰寫許多精神分析書籍，也是《精神分析文獻大全》（*The Index of Psychoanalytic Writings*, 1956）的共同作者，這是一套十四本的學術參考書籍。

1941 年秋天，格林斯登在愛洛思醫院遇見艾瑞克森。格林斯登回憶，因為二次世界大戰，很多醫學院老師和住院醫師都被徵召去打仗，只留下格林斯登這位住院醫師。大家開玩笑說他是「最受歡迎的住院醫師」，事實上他是唯一的住院醫師。

格林斯登回憶：「我當時有個很棒的獨特優勢，有榮幸跟艾瑞克森一對一學習，而這是住院醫師工作的一部分……從我 1942 年 6 月待在醫院，一直到 1945 年離開……這真是太棒了……他聆聽我對個案的描述，試著解釋各種不同心理動力名詞。他教導我關於美國精神診斷大全第三版（DSM III），這在當時是官方標準版本……他會給我建議，教我如何更有效做催眠。我們當時做的聞名的事，稱為『催眠精神分析與年齡回溯』，這在醫院同事裡引發高度關注，也帶來很多疑問，因為我可以透過電話就催眠幾個個案……或是運用一種聚焦注意力的方法，上下轉動鉛筆讓人進入催眠，這是艾瑞克森教導的。」[25]

格林斯登說這女士是「解離性人格分裂」，他回憶：「我們看著她寫字的筆跡，一部分是某一個人格，另一部分字跡是另一個人格。艾瑞克森認為她是精神病態。我不同意他所說的一切。整體來說，這個治療最後沒有很好結果。」

格林斯登也跟艾瑞克森在引導部門工作，儘管主要是輪替的工作。「艾瑞克森教我一個技巧，如何快速評估……問一系列問題，用一種獨特方式組織，就會找到問題所在。從這些練習，我學會評估個案問題的嚴重性，產生快速的診斷，這最終會幫助決定一個男人是否適合去打仗……」

---

[25] 作者註：艾瑞克森在愛洛思醫院時，我曾在《艾瑞克森：天生的催眠大師》記錄一個女性案例，我稱她為黛安。艾瑞克森和格林斯登一起治療這個個案。一開始的面談時，艾瑞克森跟這名女士說：「女士，我不知道誰這麼恨你，要把你送來接受醫學治療。」這女士被送來住院，當時艾瑞克森是醫院主任，他指派一個非常聰明的精神科住院醫師來治療，同時自己在旁協助。

「艾瑞克森有次治療一個有尿尿問題的男人，」格林斯登回憶著，「艾瑞克森讓這個男人在家裡練習從一個圓圈裡尿尿，然後到公眾場合上廁所。艾瑞克森真的幫了很大忙。艾瑞克森相信，如果有問題，就面對它。」

格林斯登 1945 年離開愛洛思醫院，自己在底特律開了診所，他跟艾瑞克森的關係就逐漸淡去。

評論

當我第一次遇見艾瑞克森時，他給我看黛安的自傳手稿，讓我閱讀，並讓我診斷。我無法做出正確診斷，直到艾瑞克森解釋給我聽她的模式是什麼。黛安會核對正向和負向評論，以及稱讚，沒有任何藥物濫用。然而在寫了自傳很多頁之後，她全盤否定之前的努力。她的書寫是一種操弄行為，或許是來自無意識。對艾瑞克森而言，這就確認了他給的診斷，精神病態。

參考文獻

Grinstein, A. (1956). *The Index of Psychoanalytic Writings*. International Universities Press.

Grinstein, A. (1955). *The Remarkable Beatrix Potter*. International Universities Press.

Zeig, J. K. (1985). *Experiencing Erickson*. Brunner/Mazel Publishers, Inc.

傑·海利

以下訪談分成兩部分：一次是傑·海利（Jay Haley）和我的助理在 1983 年 12 月的訪談，一次是我和傑·海利在 1988 年 4 月的訪談。

傑·海利是短期心理治療和家庭治療的創始之父，擁有加州大學藝術學士和加州柏克萊大學科學學士學位、史丹佛大學溝通碩士學位。2007 年 2 月過世時，他是加州應用國際大學專業心理分校（California School of Professional Psychology at Alliant International University）的研究學者。

1960 年代早期，海利加入格雷戈里·貝特森的心理研究機構，兩人合作，發展並鞏固短期心理治療和家庭治療領域。作為貝特森在心理研究機構項目的一部分，海利經常跟約翰·威克蘭德跑去鳳凰城，觀察艾瑞克森、與他互動，並記錄他。

海利在 1960 年代中期離開心理研究機構，開始跟薩爾瓦多·米紐慶一起工作，米紐慶發展出結構派家庭治療。在這段期間，海利寫了《不尋常的治療》，艾瑞克森因而更廣為人知，之前只有催眠學界知道他。海利的最後一本書《指導性家庭治療》（*Directive Family Therapy*, 2007），是一本解決人生各階段問題的實用書籍。

我們很難概括傑·海利於出版品中對於艾瑞克森治療觀點，以下內容節錄自 1983 年艾瑞克森國際大會傑·海利回答的問題，我

們得以由此窺見他對於艾瑞克森的專業生涯和個人生活那獨特、充滿洞見的觀點。

海利是聰明的作者，有著穿透力的智慧，我從他身上散發的光芒持續學到很多，他對心理治療的貢獻是跨時代的。我鼓勵所有心理治療學派的治療師學習他的治療工作。海利融合了對人類問題和強項的系統性了解，同時以務實的方法來做治療，這在 1960 和 1970 年代被視為異端，而在今時今日早為大眾所接受。

海利回憶他如何遇見艾瑞克森，最終撰寫了許多關於艾瑞克森的著作：「我當時跟著格雷戈里·貝特森學習溝通……動物行為、腹語術、思覺失調，以及其他許多事……我對於催眠師和個案的溝通很感興趣。當時，艾瑞克森到城裡來帶工作坊，我問貝特森是否可以在我的研究裡加入這部分……之後就成為貝特森項目的一部分。貝特森非常景仰艾瑞克森，我覺得他甚至害怕艾瑞克森，他不喜歡艾瑞克森的治療……他反對改變人們，在人類學界總是受到排斥……而他一點也不在乎。艾瑞克森在精神醫學界也總是被斥，他也完全不在乎。他們都在各自領域裡被視為是異類。事實上，人們不喜歡他們所做的事情，但對他們來說完全沒關係，他們在做自己認為對的事，去他們想去的方向，他們對彼此都非常景仰尊重。」

傑·海利：約翰·威克蘭德和我開始拜訪艾瑞克森，貝特森從來沒有跟我們一起，但是貝特森會跟我們坐下來，討論我們該問艾瑞克森什麼問題……約翰和我會跟艾瑞克森討論催眠。我們在思覺失調和催眠這兩者之間做一些平行溝通，因為你可以透過催眠引發很多不一樣的症狀。這兩者很相似，像是催眠裡的僵

直催眠現象，和住院的精神病患所呈現的僵直思覺失調行為是類似的。身為研究學者，我們到處調查人……然後跟艾瑞克森討論，我們會跟他描述我們所看到的，因此他對於許多不同事情會因為我們所帶來的影響而有更多了解。當時他住在鳳凰城，主要是做催眠，他並不知道其他正在發展的心理治療學派。

艾瑞克森為人所知的是醫學催眠，大家對於催眠師都有一些偏見，對於他所做的治療也不例外。他以前做性治療，當時沒有任何人在做性治療。我知道一個女士……她告訴我當她第一次去見艾瑞克森時，艾瑞克森叫她去隔壁房間自慰。在當時給這樣的建議，人們認為他一定是瘋了。他對於性這件事是很具體、實際的。這不是性幻想，而是真實的跟性有關的行為。

當時，催眠位於灰色地帶之外，沒有人學習催眠……只有很少數人。人們認為艾瑞克森這樣做很奇怪，而他之所以教導催眠工作坊，主要是因為學校不會教這個，大學不會教，於是他教牙醫師和家庭醫師催眠，用一種全新的治療方法，這是史無前例的。

我有一個錄音帶是艾瑞克森描述他參加一個研討會，與談人有哈利‧蘇利文（Harry Stack Sullivan）。他想要讓某人移動菸灰缸，於是跟蘇利文說，「我想我可以讓那個人把菸灰缸移到左手邊。」那是一個很無聊的研討會……當他讓那個人移動菸灰缸時，他感到很滿意。他經常給自己設定好玩的挑戰……總是在探索人類影響力的範圍有多大。在他的社交生活裡，他會參加一個派對，試試看是否可以讓這個人移動到另一個人所

坐的位置，他會跟這兩個人溝通。要做到這一點，需要很多練習……他可以同時做其他事情，又達成他心裡所想的目標。

他總是在教一些事情，但是人們搞不清楚他在教什麼。我記得有一次他試著闡述無意識的連結……他拿起桌上的打火機，給約翰‧威克蘭德看，然後說，「告訴我，當你看到這個，你想到什麼。」約翰說，「佛羅倫斯（Florence）。」艾瑞克森說，「說的沒錯，那是佛羅倫丁銀色（Florentine silver）。」約翰不知道那是佛羅倫丁銀色，而是他的腦子其他部分有個連結……這就像是西洋棋，某種程度上艾瑞克森總是超前兩三步棋……他的任務是讓事情發生。

當我在 1965 年開始私人執業……我對於一些個案感到困惑，跟艾瑞克森談論關於催眠和思覺失調議題時，我知道他有一種特殊的短期治療方法，因此我去拜訪他。我把個案議題帶給他，他會跟我說他如何處理每個個案，這就變成我們對於治療的研究項目，也讓我對於臨床治療充滿興趣。

然後我開始試著撰寫他的治療風格。如果他晚生二十年，應該是一個偉大發明家，人們會全力投入研究他的工作，因為他在教的，就是後來人們在做的事。但是在當時，他是全然創新的，沒有人知道他。1963 年我寫了《心理治療策略》，裡面有一章節是關於短期治療和艾瑞克森的治療工作，很多人因為這本書而對他感興趣。後來我寫了《不尋常的治療》。我本來要把書名叫「不尋常的感覺」（Uncommon Sense），但是已經有兩三本書用那個書名了。

我接受他所做的治療方法，因為我自己會嘗試，真的有

效。我從來不覺得他做過頭了。我總是對他所做的種種感到驚訝……我的意思是，如果一個人有失眠問題，讓他整晚不睡覺，這真是令人讚嘆、神奇獨特的治療方法。

相較心理治療學界，醫生更能接受艾瑞克森，因為他們經歷醫學培訓，受過如何處理生與死問題的訓練，因此不介意要在人生許多領域負責任。有個人告訴我一個案例，艾瑞克森告訴一個男人要離開他老婆，再娶另一個老婆。現在，這聽起來很過分，我不確定我會不會這樣給忠告，但是我不驚訝艾瑞克森會這樣做，因為他很確定他要做什麼，不介意要擔負這種責任。他在與人互動中做許多實驗，建立廣大的身體資料庫，因此他很確定該怎麼做。他系統性地觀察各種人，同時透過這些經驗來賺錢養活自己。

當問到艾瑞克森個人作為治療師的演化時，海利說：「我想大概是 1940 年代，他確定有洞見並不會治癒人們……因此他發展出更直接的治療風格來改變人們的行為。1940 年代是精神分析最盛行的時代，整個心理治療領域都在提倡洞見，他離開主流，做自己想做的事。在那個年代的末期，除非你接受過精神分析，不然無法成為名人。這在當時是超級流行的趨勢。如果你沒有接受過分析，就無法擔任精神科主任。艾瑞克森卻走上完全相反的道路。但是後來心理治療界改變了，改走艾瑞克森的方向……」

「當我跟他談論治療時，他告訴我他放棄用洞見來幫助人們。我感到很困惑，以為他在做的是讓人們覺察到小時候發生的事情……因為這是當時流行的做法，但就不是他在做的事，因此，我

要改變自己的想法進入他的思考。」

關於艾瑞克森的身體疾病，海利說，「我想他的身體問題對於他治療的風格有很大影響。沒有人可以讓艾瑞克森感到同情，因為他比任何人都更了解痛苦。

「有件事情很有趣，艾瑞克森從來不會讚賞那些教過他的老師。他是透過克拉克・霍爾（Clark Hull）才認識催眠……艾瑞克森觀看克拉克做治療，然後把他老師的東西……變得更好，但是他從來不會說他是霍爾的學生。我覺得，大部分聰明的人都會引用一個權威來說某件事是真實的。這樣的想法可回溯到猶太教和基督教的歷史，智慧必須由先知傳遞下去，不然就不是真的。在學術界也是相同道理，你會引用在你之前的權威的資料，但艾瑞克森從來沒有這樣做。他總是說，『你試試看，看看這是否有效。』他不會說『你應該要這樣做，因為某某權威如此說。』」

討論到艾瑞克森的個性和人格時，海利回答，「我不覺得他是那種仁慈、慈愛的人……就算是年老的時候。我的印象是，他在個案身上所用的技巧不會用在他的同事上。很多時候，他會跟這些同事爭執……他有許多衝突，有些很糟糕的感覺……」

關於艾瑞克森的治療工作和倫理，海利說，「我從來不覺得艾瑞克森想要用任何方式佔個案便宜，他從來不會這樣做。事實上，艾瑞克森會示範治療，有人會志願，而他就在大家面前催眠志願者。我自己不喜歡這種方式，覺得這是利用人，但我對他這樣做完全沒異議，因為當他邀請志願者上台時，總是帶給志願者長期的療癒……他總是提供很多幫助，會在台上示範時處理人們隱藏的病症……但他不會明顯做出來，而是間接地做，所以觀眾都不知道他

在做什麼，以為他就是在做催眠。我覺得，如果要說幫助人們這一點，他是最善良的人。」

「在他之前有佛洛伊德和榮格……這兩人主要是哲學家，或是人類心智的學生。如果你問佛洛伊德，他的工作是否改變人們，他很可能會說不是，他的工作是幫助人們了解自己。我想艾瑞克森是第一個改變人們的人。這讓許多人震驚，因為當時的臨床治療領域並沒有要負責任改變人們，但艾瑞克森是。艾瑞克森不會在意這些，只說這是他的工作。他對於失敗感到煩躁，同時他也是一個對於使用權力或是談論權力不會感到愧疚的人。當時，人們總是假裝自己並沒有要權力。我記得他說他有次參加研討會，會場死氣沉沉，所以他就接管整個研討過程。他理所當然地說著……。

「我想如果我們說，『你可以運用什麼聰明的方式來操弄？』他馬上就用另一種方式去做。我想操弄是圍繞在一個事實上，即如果他不做什麼創新有趣的事，就會感到無聊；他會同時在兩、三個不同層面上思考。」

關於艾瑞克森的感知能力，海利說，「他觀察人的能力超強。我記得有一次他帶我和約翰進他辦公室，當時他在辦公室跟一位女士做治療。那女士就坐在那裡，眼睛閉著。當那女士離開後，他問我們觀察到什麼。我說，『這是一位女士……』他說，『沒錯。但是她可能是一個變裝癖者……那女士的左邊臉比右邊臉大一點，她的左手比右手大一點。這就說明一些事。』我們應該要看到這些細節，但是沒有，而他看見了……這就是他工作時認真的態度。」

關於艾瑞克森對隱喻的運用，海利回憶著，「當他做夫妻治療時，他會跟夫妻討論他們如何共進晚餐，然後他會開始平行溝通吃

東西和性，他會說，『你們喜歡點蠟燭、喝紅酒共進晚餐，還是就直接不管先做了再說？』『你想要先上前菜，刺激滋潤一下，再用晚餐？還是你想要直接享用肉類和馬鈴薯？』他會說些雙關語，在夫妻兩人都不會意識到的情況下，他會看這兩人是否發現，然後很快切換到另一個話題（讓兩人繼續保持在無意識狀態裡）。

「我有次跟他聊到這個，我問他當他給出隱喻時，他會不會逐漸把隱喻變得更清楚。他說，『有時候會，有時候不會……』通常個案會了解含義。有時候他們會離開隱喻的範圍，試著把隱喻變得具體，如果個案還沒有體會到隱喻的意義的話。」

當討論到艾瑞克森如何激勵人們時，海利說：「他有些案例是父母親帶小孩來，把小孩直接丟進他辦公室說，『搞定這小孩。』這小孩會大叫，尖叫，艾瑞克森也會開始大叫和尖叫，接著說，『現在，我不想跟你在一起，你也不想跟我待在一起，但是我們要花些時間待在一起，那我們何不把這時間變得有趣些。』然後他會跟小孩參與在一起，他會激勵小孩。他有很多方式激勵人們。我的意思是，如果一個小孩拒絕學習閱讀，艾瑞克森會說，『現在，讓我們看看……洛杉磯是在西雅圖的北邊。』小孩會說，『不對，洛杉磯不在西雅圖的北邊。』艾瑞克森就接著問，『你這句話什麼意思？我一直都知道洛杉磯在西雅圖的北邊。』小孩會說，『不是的，不是這樣。』艾瑞克森說，『那你去拿地圖來。』小孩急著要指給他看。但是要指給他看，小孩需要閱讀地圖的城市名，這就是一個激勵小孩學習的方法。」

關於艾瑞克森的順勢而為技巧，海利說：「他順勢運用所有事物。我想他會運用自己年老、有點無助的這一點，這樣人們就會

低估他，而這又給了他一個優勢來改變人們。他會順勢運用自己所有的一切。他對於他可以做到什麼，不能做到什麼，完全不會內疚。」

傑・海利：關於他的年紀很大，這一點有點哀傷。他是一個比任何其他治療師都還要倚重聲音的人，他的流利說話、他的行動，因為他運用所有溝通的管道來做治療，當他變老的時候，失去很多這樣的優勢。我記得在 1970 年代，我想要把他治療的過程錄影下來，因為當時他沒有像樣的影帶，錄音帶倒是不少。我問他我們是否可以在他的辦公室架設錄影機，紀錄他在做的事。他跟我說，他不想這樣做，因為他越來越老了，他不想要人們記住他是一個老頭子，對自己的身體沒有掌控能力。同時另一個他不想錄影的原因是，人們可能會誤解他在做的事。他在暗示我，如果我坐下來，並且幫忙編輯，他或許就願意這樣做。

當他變老，我對他感到更難過，因為他曾經說過，『當你是一個厲害的治療師，你應該對你的身體和聲音有完全的掌控。』然後他失去這些掌控。我不覺得他了解自己的情況每況愈下。他需要花兩到三小時才能準備好看一個個案。他要重新學習如何說話……他的視覺出現重疊影像，無法做他過去人生可以做到的事；相反地，他只能坐著、說故事，沒有太多精力做其他事。

總結來說，關於艾瑞克森：「他有一個專業領域，也就是改

變的領域和催眠的領域。在這兩方面，他是絕對的大師和天才。在生活其他方面，他就只是個人，既不飽讀經書，對很多事情也沒興趣，他雕刻一些木頭，他講老掉牙的笑話，他用自己的方式吹噓，他就是個平凡人，但是在他的專業領域，他是超凡卓越的。他當然想要有學生，他會教導這些接近他的人。他是一個偉大、有條理的老師，但他實在太先進了，人們不會來找他，人們會去找正規的老師。

「我從來沒有聽他說過他很孤單，他對於自己所有事情都態度很正向，從來不會抱怨……即使有時候看得出來他很痛苦。有個住在華盛頓州的人，長得很像艾瑞克森，大概一百八十七公分，非常英俊的人。他告訴我，有一次他在跟艾瑞克森聊天，艾瑞克森跟他說，『有時候我在想，為什麼是我？為什麼是我得了小兒麻痺？』這是我第一次聽到他跟人抱怨，我想那是因為那個人看起來就像是沒有得小兒麻痺的艾瑞克森。他在身體層面不停遭遇挫折。儘管當我剛認識他時，他很強壯、充滿活力，可以拄著拐杖走好遠。當他後來坐輪椅，我就不再真的認識他了。」

▎評論

我所認識的艾瑞克森是飽讀經書的。事實上，艾瑞克森醫師和艾瑞克森太太家裡有著豐富的藏書，他們都閱讀過。艾瑞克森有著許多智力上的興趣，這為他在跟學生及個案工作時帶來很大優勢。是的，他會雕刻一些木頭，是的，他會說老掉牙的笑話，這些都是我很喜愛的他的特質。

當我在 1970 年代跟艾瑞克森學習時，海利已經不再拜訪艾瑞

克森了。海利愛艾瑞克森，但我覺得他討厭那些如同邪教般跟隨艾瑞克森教導工作坊的年代。海利認識的是一個更強大、更有活力、更直接的艾瑞克森，而不是那個後來坐著輪椅、教導催眠工作坊的治療師艾瑞克森。我相信，艾瑞克森可能對海利也感到有些失望吧，我想艾瑞克森希望海利是可以更直接地看個案，而不是待在單面鏡後面做學生督導的角色。

海利引用艾瑞克森，成為他策略性治療的基礎，他的工作造成更多學生和專業人士去拜訪艾瑞克森。

傑·海利比我大二十三歲，我非常敬仰他，盡可能從他的工作坊和書籍中學習，儘管我承認，我對他的機智幽默感到畏懼。我在1980年12月遇見傑，邀請他擔任第一屆艾瑞克森催眠和心理治療國際年會的主講師，他很親切地接受邀請。當他抵達的時候，我們一起走去鳳凰城交響樂大廳，讓他看看要演講的地方。當我們走過觀眾席，走到講台上，我怯弱地問他，「當你對一大群人演講時，你會不會緊張？」他俏皮地回答，「一大群人？」意思是他對任何數量的人數演講都會感到緊張。他的幽默讓我安心下來。

在接下來幾年裡，我很多次跟他一起在美國和世界各地共同演講。就像艾瑞克森，他是一個觀察者，在人群中獨樹一格。這些年下來，他是艾瑞克森基金會最重要的擁護者之一。1999年我策畫艾瑞克森國際年會，感謝傑·海利傑出的貢獻，我也參與完整會議過程。。

參考文獻

Haley, J. D. Richeport-Haley, M. (2007). *Directive Family Therapy.* The Haworth Press, Inc.

Haley, J. D. (1963). *Strategies of Psychotherapy.* Grune & Stratton.

Haley, J. D. (1973). *Uncommon Therapy: the Psychiatric Techniques of Milton H. Erickson.* W. W. Norton & Company, inc.

Eig, J. K. (Ed.)(2001). *Changing Directives: the Strategic Therapy of Jay Haley.* The Milton H. Erickson Foundation Press.

第一代

威廉·賀隆

　　威廉·賀隆（William Thomas Heron）是明尼蘇達州立大學的心理學教授。1930 年代，他跟行為學家史金納合寫了一些論文。1980 年代中期，為了整理艾瑞克森傳記這本書稿，我寄給他一些提問，他的回答如下。

　　賀隆認識艾瑞克森是因為兩人一起在美國臨床催眠協會工作，彼此也有一些書信往來，在一些心理專業會議上碰面。在他們認識之前，賀隆讀過一些艾瑞克森所寫的相關催眠論文。

　　打從這段關係開始，兩人個性上有許多衝突。「當美國臨床催眠協會創辦了，」賀隆回憶，「我們一群人聚集在芝加哥，米爾頓·艾瑞克森直接宣告他不喜歡賀隆。當我演講時，也會說同樣的話，我不喜歡他。我從來不知道，他為什麼不喜歡我，但我覺得他疑神疑鬼，防禦性很強。此外他會對個案說一些聽起來像是狡辯的話，比如，『你可以擁有任何你需要的痛苦。』個案問：『我需要多少痛苦？』艾瑞克森回答：『盡可能擁有你可以承受的痛苦。』他說話的方式對我做心理治療沒有任何幫助。」

　　關於艾瑞克森的治療方式與他的地位，賀隆寫著：「我覺得他說話所用的技巧方法很神祕……任何專業人士做心理治療都會有些成功的案例，我從來不覺得他的治療方法有什麼特別之處，除了一件事，他有時候會叫個案做一些事情，在我看來，是令人反感的。

我認識一些精神科醫師並不在乎艾瑞克森所做的治療，有些同事則覺得艾瑞克森疑神疑鬼……容易對一些事耿耿於懷。他從來不認為自己可能會是錯的……他有個很強大的自我，總是隨時替自己辯護。

「我想到，有一次我們去邁阿密海灘附近開會。催眠工作坊一開始是賺錢的，但是有時候參加人數突然減少，講師就必須自己負擔部分的工作坊費用。其中一個講師，泰德·艾斯登抱怨這件事，艾瑞克森就站出來替學員說話……他一直講，直到艾斯登被迫切斷跟工作坊的所有關係。當時艾瑞克森和艾斯登已經一起工作很多年了，可是他一點也不後悔跟艾斯登切斷關係。

「這些年來我不覺得艾瑞克森有什麼改變。」賀隆說：「在他1980年過世前幾年，我跟厄文·塞克特去鳳凰城拜訪他，他當時已經長期坐輪椅，身體也很虛弱，但是很有精神，頭腦清晰。他已經不再行醫看個案，沒有更新醫師執照。我覺得那時的他防禦性沒有那麼強了，不再耿耿於懷很多事，我們那次相處很愉快。我真的很喜歡最後一次見他的感覺。」

關於艾瑞克森的自信與他的治療工作，賀隆說：「我懷疑艾瑞克森把自己看得很偉大。我想他不公開他的治療工作，是因為他沒有真的把他對於治療工作的理論思考轉變成正式教案。他總是對當下的情境反應，沒有先入為主的想法行動。再者，如果他整理出一套系統了，可能也不會公開，因為他的自我無法承受別人對他的批評。」

賀隆做了結論：「有些人相信艾瑞克森有種獨特且極具價值的治療方法，但是所有關於他神奇治療方法的討論，都讓人感覺就像是某種邪教。」

第一代

西蒙・赫胥曼

我與西蒙・赫胥曼（Seymour Hershman）在 1988 年 5 月訪談。

西蒙・赫胥曼是一名家庭科醫師，專門做減肥治療，並把催眠運用在治療裡。赫胥曼從一名律師那裡學會催眠，那名律師把催眠當作娛樂工具。

赫胥曼在 1950 年代認識艾瑞克森，當時他參加加州大學洛杉磯分校舉辦的座談會，艾瑞克森是其中一名講師。

赫胥曼參與催眠工作坊（Seminars on Hypnosis, SOH），這個工作坊後來成為美國臨床催眠協會的培訓課程，其他成員包括，厄文・塞克特、萊絲里・勒克隆、泰德・艾斯登。赫胥曼說他去找臨床與實驗催眠學會，告訴他們如果他們接受催眠工作坊的會員便可以快速增加會員人數，但提議遭到否決，因而促成艾瑞克森成立美國臨床催眠協會。

1950 年代，沒有太多關於催眠的書籍。催眠工作坊的成員們決定把一些演講內容整理成書稿，書名《醫學與牙醫催眠的實際運用》（*The Practical Applications of Medical and Dental Hypnosis*, Erickson, Hershman &Secter, 1961）。

赫胥曼與艾瑞克森保持頻繁聯繫，艾瑞克森會飛到芝加哥，用一天的時間幫忙看他的個案。艾瑞克森曾經看一個個案，承受工作

壓力，上司是自家人。艾瑞克森給他一些間接暗示，告訴他要改變他的職業生涯，不要繼續在家庭公司裡工作。然後他告訴赫胥曼，如果個案不遵照他的暗示做，將會口吃。個案後來真的開始口吃。

赫胥曼記得艾瑞克森在台上做催眠示範時的高強度，然後他會很疲累。在一個工作坊裡，有個女醫師請艾瑞克森做催眠示範。台下觀眾很多都是醫師的太太，有些人會帶小孩來參加工作坊。艾瑞克森從觀眾裡選了一個年輕女孩，跟她說，「看看台下這些人們，告訴我，誰會是第一個進入催眠裡的人。」艾瑞克森聽從小女孩的直覺選擇，找到一位女士，他直接抬起這位女士的手。這女士的手就停在半空中，呈現僵直現象。然後他請這女孩再選一個最容易進入催眠的人。這女孩的選擇證明下一個個案也是完美的被催眠對象。

赫胥曼說艾瑞克森經常在身體疼痛裡……艾瑞克森是這麼痛苦，有一次赫胥曼必須叫他的護士來給艾瑞克森打針吃藥。

艾瑞克森經常散發出自信。事實上，有些同事認為艾瑞克森太過自信，自以為是。赫胥曼記得有次工作坊結束後，艾瑞克森來到他的酒店房間，問他：「西蒙，我做得還可以嗎？」在社交場合，艾瑞克森看起來很冷漠，不會閒話家常。

在艾瑞克森過世前十年，赫胥曼和艾瑞克森鬧翻，但是赫胥曼不記得這件事。

參考文獻

Erickson, M. H., Hershman, S. & Seater, I. (1961). *The Practical Applications of Medical and Dental Hypnosis*. The Julian Press, Inc.

第一代

佛瑞德・可拉奇

我與佛瑞德・可拉奇（Fred Kolouch）的太太，海倫・可拉奇在 1994 年訪談。

佛瑞德・可拉奇是一名醫師，出生在內布拉斯加州，在明尼蘇達州立大學受訓當外科醫師。他與家人居住在愛達荷州雙子瀑布，是當地一家醫院的主治醫師。

可拉奇看很多個案，他們在動手術前都有不合理的恐懼。他一開始對催眠是抱持懷疑態度，但當他開始使用催眠，他看到催眠如何減輕個案的恐懼。很多個案都反饋說，在動手術之前覺得放鬆很多，而且術後更快恢復健康，沒有併發症，也不需要止痛藥。

可拉奇堅決相信，在麻醉藥和催眠的作用下，個案會大大受到手術室談話內容的影響，他會跟個案說不要聆聽任何跟他們無關的對話。

海倫・可拉奇：1960 年，佛瑞德去猶他州立大學，他是一名外科醫師，對於重新在精神科醫學受訓非常興奮。當時有個工作坊，艾瑞克森是受邀講師之一。他從三天工作坊回來時說：「海倫，我要告訴你一些事，但這聽起來很奇怪……這個艾瑞克森醫師，他做催眠。」然後他告訴我他看到的催眠示範，就像是全國巡迴的雜耍劇團做的事。佛瑞德猶豫要不要跟我說，

因為他是相信科學的人。我看著他，帶著微笑說，「佛瑞德，你還記得我告訴過你我姊姊的事。」

我的雙胞胎姊姊瑪姬在 1959 年 12 月過世。她因為淋巴癌接受胸腔手術，當時她直到第五天才從疼痛和焦慮中放鬆下來。我那天一早七點到醫院。她看起來整個人完全不一樣。她說，「海倫，我昨晚終於睡著了……他們請了一個牧師來探望我，大概是凌晨三點，他沒有跟我談論宗教，而是催眠我，這是我近兩個月來第一次終於睡著。」我猶豫要不要告訴佛瑞德，最後我說了，我以為他會覺得我瘋了。然後四月，四個月之後，在佛瑞德遇見艾瑞克森之後，他說，「我很不想跟你這樣說，你會覺得我瘋了，但是，海倫，這個催眠有點意思。」我跟他說，「是的，我知道這一點。」提醒他我姊姊瑪姬的事。

佛瑞德和艾瑞克森變成好朋友，專業上與私交都很要好。我不覺得佛瑞德錯過任何一場艾瑞克森的工作坊。1976 年我們在鳳凰城附近的史考特戴爾，於是去了艾瑞克森家裡待一天。我很擔心他會催眠我，因為他的眼神直接看進你內心裡……

我們三次邀請他來我們家作客。大家都對他感興趣。他跟南方中心醫院的醫生們講課，催眠了三個或四個志願者。因為他，佛瑞德除了動手術之外，也對催眠感興趣，運用催眠來幫助個案術後恢復。他沒有催眠個案再動手術，而是利用催眠幫助個案在手術前做好心理建設，讓他們放鬆，一般來說，他們的術後恢復比其他個案好很多。

我們在太陽谷幫艾瑞克森開了個派對，當天晚上他催眠了一些人，他們對那場派對都念念不忘。其中有位女士精神崩潰，我知道艾瑞克森和佛瑞德有點緊張，但最終妥善處理好。

艾瑞克森有一次在醫學會議上催眠佛瑞德……他問有誰要志願……當佛瑞德舉手時，我感到驚訝……艾瑞克森催眠他年齡回溯。我跟自己說，「佛瑞德會回到他的童年創傷經驗，切除扁桃腺的手術。」很自然地，他就進入那個創傷童年裡。他小時候，爸爸經營一家小醫院，媽媽是管理者，負責提供麻醉藥。想想，一個母親給自己小孩打麻醉藥，父親負責動手術，這對小孩子來說是很可怕的事。在艾瑞克森做催眠時，佛瑞德流鼻血了，接著艾瑞克森暗示，「你動了這個手術，你爸爸媽媽覺得這是必要的手術，你再也不用擔心這件事了，你可以停止流鼻血。」然後鼻血就停止了。

▎評論

我記得艾瑞克森談論過佛瑞德‧可拉奇。可拉奇得了雷諾氏症（Raynaud's disease），通常症狀會在手和腳出現，當感受到壓力或是寒冷時就會疼痛。艾瑞克森談論佛瑞德如何催眠式地在手指尖「點燃一個小火焰」，以反制這個病症。也是因為這個病症，可拉奇無法當外科醫師，轉而研究精神科領域。

艾瑞克森提倡一個概念，就是生理和心理有關聯，這是「身心合一」的概念尚未廣泛流傳在心理治療界之前的年代。我記得艾瑞克森提到他教醫學系學生的課，他會突然用一種權威式口氣對他們說，等一下短暫下課休息回來後有個考試，這個考試會決定他們

在醫學院的未來前途。事實上，沒有考試。很多人下課時跑去上廁所，等到學生回到教室，艾瑞克森接著問：「哪些人是屬於利尿劑小組？哪些人是屬於腸胃蠕動小組？」艾瑞克森醫師在暗示學生們因為考試而感受到的焦慮會造成生理反應，立刻尿尿（利尿劑小組）或是立刻去大便（腸胃蠕動小組）。艾瑞克森這種實驗讓學生們深刻體驗，難以忘懷，這就是一個例子，關於心理和生理的連結，這就是艾瑞克森想教導學生的事。

威廉・克羅格

我在 1984 年 2 月採訪威廉・克羅格（William Kroger），他在 1995 年過世。

威廉・克羅格醫師是醫學催眠的先驅，也參與創建醫學學會和學術機構，他致力於發展身心醫學和醫學催眠。

他受訓成為一個婦產科醫師，也鑽研身心疾病、內分泌醫學、神經生物學、生物工程學。著作有《臨床和實驗催眠》（*Clinical and Experimental Hypnosis*, 1977），與他人共同撰寫的作品有《催眠與行為修正：視覺畫面制約》（*Hypnosis and Behavior Modification: Imagery Conditioning*, 1976）、《身心醫學與婦產科：婦科問題治療》（*Psychosomatic Gynecology, Including Problems of Obstetrical Care*, 1956）。

克羅格透過書信往來跟艾瑞克森熟識。「我們都發表催眠文章」，克羅格回憶，「我們寫信給彼此，用來重新出版……」1930 年代晚期，克羅格在一次專業會議上遇見艾瑞克森，「當時，催眠治療的土壤很貧瘠，」克羅格說，「我們被嘲笑、被毀謗、被虐待，得不到任何尊重。我覺得艾瑞克森是個創新天才，有膽量在學術會議上站出來，講他正在做的事情。不論對或錯，艾瑞克森始終堅持自己在做的事……我也是這樣。我堅決相信，我們所做的事終有開花結果、被大眾所接受的時候。

「當時，催眠被認為是勉強可以移除病症的工具。反對的聲浪則是催眠無法深入問題根本，艾瑞克森會說，『但是用他們的方法可以移除病症嗎？』他說所有的醫學都奠基在一個簡單規則上。他會指責那些治療潰瘍的醫師，只知道把問題切除，而根本原因可能是病人痛恨他的老闆或太太。

「我試著把催眠帶到婦產科。艾瑞克森寫信告訴我，他太太在生小孩時，他用催眠幫助她……然後我們碰面了。」

克羅格對艾瑞克森的第一印象：「他有雙穿透的眼神，他會用眼神讓你動彈不得；他說話緩慢且刻意地，他非常聰明。」

關於艾瑞克森的地位，克羅格說：「他很受尊重，他是一個父親型權威。」

當時，有兩組專業人士到處舉辦催眠工作坊，最終，這兩組人合而為一，包括泰德‧艾斯登、艾瑞克森、西蒙‧赫胥曼、萊絲里‧勒克隆、克羅格和厄文‧塞克特。克羅格描述早期的催眠工作坊：「他們先教導催眠定義、理論、歷史和應用，然後談論不同主題，如婦產科、外科手術、小兒科、精神科，以及深度催眠、深度催眠狀態現象。我教導催眠歷史、理論和催眠引導技巧，赫胥曼教導間接催眠技巧，艾斯頓和賽克特示範他們的技巧。但是艾瑞克森不會展示他的技巧，相反地，他示範催眠的複雜面向：深度催眠現象、年齡回溯、回憶強化，以及時間扭曲。」

1957 年，艾瑞克森和其他成員在一趟加勒比海的郵輪之旅上創建美國臨床催眠協會。克羅格說，「這是對臨床與實驗催眠學會的反擊，因為這些人總是在臨床與實驗催眠學會遭排擠。」在此之前，艾瑞克森大量貢獻學術文章給臨床與實驗催眠學會的期刊，克

羅格說，「艾瑞克森常常寫關於催眠實驗案例的文章……當時他或許是催眠界最響亮、受尊重的名字。」

克羅格對於艾瑞克森的人格特性和社交行為的觀察：「你永遠不會了解艾瑞克森，他是遠離人群的。如果他要聆聽你，就會轉向你……但是他不會一開始就給你一種溫暖、熱情的感覺，你甚至可以說他是脫離人群的。」

關於艾瑞克森的治療工作：「我總是把艾瑞克森看成是原本行為的修正者。我感覺他是隱藏地運用修正行為的方法，他會運用策略讓個案進入一個雙重束縛。他的治療跟催眠沒太多關係，更多是他所運用的策略。」

1950年代後期，克羅格跟艾瑞克森漸行漸遠。有人詢問克羅格，他想要展示如何運用腦波同步機器，如此一來就會產生催眠。克羅格感覺這對催眠有幫助，所以寫了一篇關於這機器的文章，文章發表出來了。克羅格回憶，「當時似乎冒出很多憤慨聲音，艾瑞克森寫了一封義憤填膺的信給我。信裡說：『你提到這個機器已經大量廣告，並且在幾千個期刊裡發表了。』事實上，是這個人在全世界上幾百份報紙裡刊登廣告。或許艾瑞克森覺得我在這個公司扮演了什麼角色，可我從來沒有收取任何一毛錢，我只是想要幫助這個可憐人，從來沒有宣稱這是催眠，那只是對做催眠有幫助的機器，就只是一台閃爍著燈光的機器。

「艾瑞克森是絕頂聰明、直覺力超強的心理治療師，他並沒有全然倚賴催眠，更多是倚賴他的策略。他總是說，『你不是用催眠來治療個案，而是在催眠狀態裡治療他們。』他刺激個案運用他所設計的治療方法產生自我療效，比如，在治療肥胖個案時，他可能

說，『如果你可以吃更多，同時每個星期減兩公斤體重，你感覺如何？』他會讓個案失去平衡，而當你失去平衡成為在下位者，他就成為在上位者。

　　「艾瑞克森是個很謙虛的人，從不會自誇自擂。我把他的技巧歸功於他對於人性本質的深刻了解。他可以把個案帶到他心裡；這是他的祕密。個案會感受到他的同理心，他就可以構建治療。艾瑞克森是一個天才治療師、誠實的人、勤奮的科學家。」

▌參考文獻

Kroger, W. S. (1977). *Clinical and Experimental Hypnosis*. J. B. Lippincott & Co.

Kroger, W. S. & Fezler, W. D. (1976). *Hypnosis and Behavior Modification: Imagery Conditioning*. J. B. Lippincott & Co.

Kroger, W. S. & Freed, S. C. (1956). *Psychosomatic Gynecology: including Problems of Pbstetrical care*. Free Press.

第二代

史蒂芬‧蘭克頓

我在 1989 年 4 月採訪史蒂芬‧蘭克頓（Stephen Lankton）。

史蒂芬‧蘭克頓是一名心理治療師、作家、演講家，經常擔任艾瑞克森基金會所舉辦心理學大會的主講師。他在國際上舉辦工作坊，在主要大學和國家治療機構講課。他是亞利桑那州立大學的教授，從 2003 至 2010 年擔任亞利桑那州行為治療公會主席。從 2005 年開始，他擔任美國臨床催眠協會期刊編輯，獲頒兩次催眠與心理治療終身成就獎。蘭克頓的著作包括《實用的魔術》、《內在的答案》、《家庭治療的魔力與干預》、《艾瑞克森學派治療之整合》（*Assembling Ericksonian Therapy*, 2003）與《意圖的工具》（*Tools of Intention*, 2009）。

史蒂芬‧蘭克頓會開始認識艾瑞克森並且跟他學習，是因為高中時做的一個夢。蘭克頓對這個夢很好奇，詢問圖書館員有沒有什麼書可以推薦。「她認為一本關於象徵的書籍可能有幫助。」蘭克頓回憶，「這本書在心理學分類，但是相關的書講得都不對。有一本書《心理治療策略》，當時在圖書館是新書，是傑‧海利對艾瑞克森做治療的觀點探討。在沒有任何心理學的基礎下，我閱讀了這本書，覺得艾瑞克森這個人做治療的方法很不一樣。我當然不知道怎樣做到他在做的事，覺得是傑‧海利跟他學習，然後寫下這本書，這一點很有意思。我大學本來念工程系，後來受到一個大學教

授啟發，轉念心理系。我當時想要跟艾瑞克‧伯恩（Eric Berne）以及弗里茲‧波爾斯學習，但是他們都過世了。因此，我下定決心要跟當代的心理治療大師學習——在他們還沒過世之前。」

史蒂芬‧蘭克頓：在伯恩和波爾斯過世後不久，我參加一個大會，格雷戈里‧貝特森在台上演講⋯⋯我跟他共進午餐，他建議我去找艾瑞克森，我說，「我以為他已經過世了。」他說艾瑞克森還活生生的，建議我打電話給他。

　　我打電話，「我是從密西根打電話來，我想找艾瑞克森精神科醫師。」他說，「我就是。」我沒有聽到任何「哈囉」，或是「這是他的辦公室⋯⋯」或是「我很抱歉，艾瑞克森醫師正在忙。」我支支吾吾地想要解釋我是社工師，聽不太清楚他說什麼。我以為我們沒有太好的連結。我希望他能到密西根來，但是他說他無法旅行，因為他半身癱瘓。我無法聽得清楚他說什麼，心想應該再打回去，我當時很緊張，他說，「你可以很清楚地聽到我，我的嘴唇也癱瘓了。」「我無法見到你，因為你坐在輪椅上。」他接著說，「你將會寫一封信，建議一些日期，」我重複他說的，然後他就掛掉了。我感覺自己像是經歷一個艱鉅任務，但很幸運地我知道我要什麼，因為他要求我要說出來，雖然我預期我們的談話會更正式些。1975 年夏天，我寫一封信建議一些拜訪他的日期，他接受了，我就出發了。接下來我每三個月去找他一次。每一次，根據他的健康情況，我可能待一個星期左右，只有最後一次拜訪例外。

　　幸運地，當時密西根整體的經濟很好，我工作的家庭治療

中心，一年有二十天休假日，加上可以參加一次大型會議、兩次小型會議，加上病假。我可以傍晚去看我父母親（他們住在亞利桑那州太陽城〔Sun City〕），白天跟艾瑞克森在一起。我開我爸媽的車子、睡家裡、吃家裡⋯⋯一切都順利進行。

當時，還有其他幾個人跟我一起在那裡會合。我認識這些人，因為在修倫谷（Huron Valley）培訓中心接受培訓⋯⋯我們都對艾瑞克森的工作感興趣。核心成員大概有十人，我們經常去鳳凰城，但不是約好一起出發⋯⋯我拜訪他時帶著幾本人際溝通分析的書，因為我參與在人際溝通分析課程裡，且自己也在教課。我以為人際溝通分析對心理治療領域很重要⋯⋯我帶了三本書要送給艾瑞克森做禮物，我想要他知道我的學術興趣，我做了功課。我沒有試著要當他的朋友。

艾瑞克森的催眠非常不一樣。在放鬆和直接建議的催眠方法，艾瑞克森的做法看起來很不合理。我第一次拜訪他時，想要更了解催眠，因為他的工作讓人感到驚訝⋯⋯他問我以前是否被催眠過，我說沒有，沒有被正式催眠過，他要我坐在綠椅子上，然後轉向他的左邊，他的辦公桌上有不同形狀和樣貌的水晶。他說我可以聚焦在任何一個東西上，然後他開始催眠引導⋯⋯很快地，他讓我看著我的手，手會抬到我的臉上。這是我第一次手臂漂浮體驗，肅然起敬，我的手竟然抬起來了。在整個催眠過程中，我都是戰戰兢兢的。到了某個點，有趣的事情發生了，出乎我的意料之外。他說，一個人如果進入催眠，可以思考兩個銀河系距離多遠。這句話打到我，因為這不是在正常對話中你會對人說的話，大部分人不會做這麼蠢的事，思

考計算兩個銀河系之間的距離，但是我就會這樣做，他真的知道我內心在想什麼，他神奇的直覺力。他說這句話的方式，讓我感覺思考距離是一件很搞笑的事……我開始在內心暗笑……然後開始放聲大笑……然後他結論這句超強渲染力帶來怎樣的體驗，你可以自己決定要怎麼做……我笑著，他的語調提高，像是父母親的聲調。他選擇跟我的笑聲同步，用一種嚴厲的口氣，就像是父母親教訓小孩一樣。因此，在那第一次催眠裡，我覺得他可能有個結論，了解到關於我擔心我的成長和發展，擔心我想要什麼以及我需要什麼。他用的策略技巧裡有些素材，他的主動參與、同步體驗、間接催眠，提供一些素材給個案，看看他們會怎樣運用。

在那次催眠結束時，他談到把一本書從最後一頁倒著念……試著了解前面的章節在講什麼，運用邏輯往回推論。他拿了一本書給我看，好玩的是，從來沒有人是用這麼奇怪的方式拿書給我，他把書立著，書背向著我地拿給我。我必須翻轉手才能收下這本書……然後他拿著書的手一直往後退，同時跟我說這本書要倒著讀。我思考著，是不是應該從他手中拿過書，因為他的手一直往後退。我不想突然把書拿過來……因為我過去常常送他書。我想是不是給他一個訊號讓他知道我想做什麼，我想要寫書，這是為什麼他要我伸手去接那本書。催眠結束時，他繼續對我說把書拿給他，主要就是順勢運用這個切換的過程來解釋他所發現的現象。這個頓悟（在人際溝通分析裡，是注意力的單位），我給他書就是我自己也想要給自己的東西。

我在跟他相處過程中經常感到焦慮，我把他看成是學識淵博的人，我一直想要成為學識淵博的人，但是在他眼前，我感覺他看到我彷彿我需要學習更多。我的焦慮是自己給自己的——覺得自己不夠聰明、讀的書不夠多等等。我投射在他身上，想著他會看見我。

　　當時，我很認真工作，因此在大學裡沒有很多時間社交。對於社交場合的一些事，我不太懂，而這讓我感到焦慮，尤其是在艾瑞克森身邊。他總是說些笑話，直到好多年之後我才比較適應，可以笑出聲來，很多時候他會說些笑話，我很認真嚴肅地想要分辨其中是否隱藏了什麼意義。

　　我記得我曾經想過，要好好仔細地觀察艾瑞克森……然後，當拜訪結束時，我感覺自己看不清楚他的樣貌。我心中有一些畫面……我覺得自己很認真地研究他的許多細節，卻又被自己的分析搞糊塗了，因為我沒有真的看見他，我只是想要更清楚看到他。我沒有被他的紫色衣服，或是不尋常舉動給嚇跑，這些事看起來都很恰當。在遇見他之前，我見過一些心理學大師，有些更自戀，由於高高在上，有距離感，傲慢態度，以及權威感，但艾瑞克森沒有這些。他看起來就是真心對人們感興趣。他有一次遇見我父母親，對我父母親感興趣……他們面對艾瑞克森也覺得舒服自在，他面對我父母親也感到舒服自在。

　　他對於發起新主義和創新想法是很厲害的，這讓我感到驚訝。我認為他喜歡我，原因是我喜歡學習。我感覺我們年紀相同，兩人可能都會把一個時鐘拆開來，或是做類似的事情，就

只是為了了解這東西如何運作，也因為這是好玩的事情，是我們兩人都喜歡做的……這或許是我們兩人的共通點。

有次我跟一個女生一起拜訪他，這位女生剛跟男朋友分手，從來沒見過艾瑞克森醫師。他問她是否想要進入正式催眠，她說好。然後艾瑞克森開始講一個故事，一個人來見他，她剛剛跟男朋友分手，我當時心想：「或許他是看到這個女生打扮得更好看些，比那些沒有分手的女生好看，或許她想要知道自己是有吸引力的。」然後艾瑞克森接著說她的生活，他講的很多事情都跟這個女生之前跟男朋友一起的一樣，包括一件讓我很驚訝的事。當艾瑞克森說到那件事時，女生閉上眼睛，變得僵直，我想可能是她聽到艾瑞克森所說的話深感訝異。她剛分手的男朋友是芬蘭人，艾瑞克森說他喜歡吃芬蘭甜點。我從來沒聽過芬蘭甜點，只聽過英國甜點、法國甜點，他竟然說芬蘭甜點，我很吃驚，無法相信自己所聽到的，難怪大家都認為「艾瑞克森知道我心裡想什麼」。

我也看過他如何跟一個人互動。有個男人很愛到處拈花惹草，也因此失去他在亞利桑納州的治療執照，因為到處亂搞。我們稱他為喬，當時只有我和喬兩個人待在艾瑞克森辦公室，正等其他同學加入。我坐在靠近客房的地方，喬坐在靠近艾瑞克森所坐的地方，我們之間有一張茶几。我當時正在準備麥克風和攝影器材……艾瑞克森醫生開始說以前有兩個人來拜訪他。我抬頭看一眼，發現喬正在寫筆記。我知道喬很聰明，心想他應該是從艾瑞克森那聽到什麼智慧名言，因此我也專心聽。艾瑞克森說到兩個醫生從明尼蘇達州來拜訪他，喬還在繼

續寫筆記，然後把筆記本合上，試著把本子交給我。

這並不像小學同學會在老師上課時互相傳筆記，我不想收下，因此搖搖頭說不，但是喬堅持要給我。我指著茶几，喬把筆記本放在茶几上。同時，艾瑞克森說到，兩個醫生如何彼此溝通，傳遞了一則新聞公報。我聽懂了，我應該收下這本筆記本。當我拿起筆記本時，艾瑞克森說，「所有的溝通都是西加蒙斯（higamus）、必加蒙斯（pigamus），男人是一夫多妻（polygamous），賀加蒙斯（hogamus），寶佳蒙斯（pogamus），女人是一夫一妻（monogamous）。」我非常震驚，他才遇見喬不到五分鐘，已經跟喬講了一個故事，還有一首詩。真讓人感到不可思議，他可以立刻知道這個人骨子裡是什麼樣的人，同時用隱喻和詩詞的方式呈現！

艾瑞克森不著痕跡地構建這整件事情，不費絲毫力氣。我那時才知道喬的那些作為不久，這也畫了一個重點，交什麼樣的朋友，你就是那樣的人，而這不是我想親近、交朋友的人。

艾瑞克森對一些人很好。我記得他看恰克（Chuck）很多次，很明顯地，他不收恰克錢。我大概一半時間有付錢。直到我拜訪他幾次之後才聽到艾瑞克森在說學費的事情。我記得我們都很困惑，因為他會解釋他一小時收費多少，就走了。我們不知道是否要個別付他每小時的錢，還是根據在場人數，每人分擔費用一起付錢給他。當我詢問要做個別諮詢時，我比較清楚要付多少錢。艾瑞克森沒有告訴我學費。但是他說如果我不付錢，內疚就會限制我。這件事事後或許聽起來很好笑，但在當時我是很認真嚴肅看待的。

我想是我第三次拜訪他時，他說如果我希望接受更多培訓，就要做些不同的事情。我照字面意思慎重看待這件事……他跟我說，我要去找一棵觀峰玉樹（Boojum tree），然後他停頓，我一定是一臉疑惑，我從來沒聽過這種樹。身為守規矩的男童軍，我以為我對北美所有樹名都瞭若指掌。我對這個樹名感到懷疑，艾瑞克森試著拼字母給我聽，他大概拼了六次……我終於聽懂這個觀峰玉樹。「是的，就是那個樹。這是一棵真實存在的樹。」他說。我以為這個把戲是搞清楚他的拼音。如果你重新組合這些字母會得到「繁榮」（boom）或是「屁股」（bum）等等。我還是不確定這是一棵真的樹。艾瑞克森說這是一棵真的樹，鳳凰城的植物園裡有，但他不要我去植物園看，因為女人峰上也有。有些學生也在沙漠裡看過。我開始有點相信他，想要去女人峰上找。他說當我找到樹時，我的意識心智會知道這是一棵樹，而我的無意識心智會說「我不相信，我不相信，我不相信」，然後我會進入催眠狀態。

　　他同時也提到伏地魔（creeping devils）這種植物：「它們也在那裡。」然後咧嘴微笑，我不知道他這話什麼意思，接著他就推著輪椅轉身離開，沒有再看我一眼。我離開他的辦公室，穿上網球鞋，開車去女人峰，爬山。我不覺得會有什麼觀峰玉樹，而關於伏地魔，我也覺得他是在說個隱喻。當我在女人峰上走來走去，我看到龍舌蘭、仙人掌、約書亞樹，我不認為有其他大型植物在女人峰這個荒漠裡。因此，我想著如果把觀峰玉樹倒著拼音，或許會出現什麼，我腦子裡一直想著伏地魔會出現在我的人生裡。比如，念研究所時，湯姆士博士質疑

我的論文。當我父親打破我所創造的某個東西時，我沒有站出來講話。我還沒有寫書，我被這件事、那件事嚇到，我很確信我應該要去打獵，或許在某個點，就會拼湊得起來，我會豁然開竅。突然間，我看到一棵觀峰玉樹，我驚訝不已，因為我以為我已經檢查過整個荒漠了……然後我想起艾瑞克森說的，我的意識會知道它是一棵樹，我的無意識會說「我不相信」。

當時，我應該要進入催眠狀態，我以為會出現深刻頓悟，以為我會腦洞大開，因此，我準備好進入催眠狀態。當時，我就站在荒漠，滿天沙塵，太陽炎烈，我看著這棵樹，我的頭腦意識沒有得到我預期該有的連結……沒有戲劇化結果。接著，我想尋找伏地魔，差不多同時，我看到手掌大的格狀物，像是網絡般展開，在觀峰玉樹底下蔓延開來。我有點失望，心想，「老天爺，這就是所謂的伏地魔嗎？跟我想像的不一樣。為何艾瑞克森派我來這裡就只是看這個？他一定知道我會經歷這個自我懷疑的過程。如果是艾瑞克森的話，他會叫我怎樣做？」然後我想起我正在做他跟我說的事：有意識地對我自己說，「我不相信。」

我迷惘了。某種程度上，是我跟自己開了個玩笑，但是我笑不出來，因為我無法相信，一定還有更多。我回到艾瑞克森的辦公室，他看著我的腳、我的褲子、我的臉，然後說，「所以你看見觀峰玉樹了嗎？」我說，「我覺得有。」他身體往前傾，眼中散發光芒，嘴角帶著微笑，興高采烈地說，「那你有沒有看見伏地魔？」我感覺我內在不一致，我說，「是的，我想我有。」我的意思是，這跟我預期會看到的不一樣，然後艾

瑞克森大大的微笑，就好像他得到更多……然後他定睛看著我說，「記住這一點。」我都不知道我要記住什麼。我回想起整個過程，走路去那裡，內心有很多對話，看見觀峰玉樹，看見伏地魔，然後艾瑞克森好像很肯定有些事情可以牢牢記住。我試著回想哪些部分值得記住，但沒有什麼事特別印象深刻。然後那一刻我得到他所有的注意力，就像房間裡沒有其他人一樣。他最終放下凝視，坐回椅子上，就像是他進入催眠狀態，他說，「記得在人生裡，總是會出現伏地魔。」他繼續看著我一會兒，我不知道該說什麼，然後他推了輪椅，轉向對其他同學說，「接下來我要教導的是……」他接著教課，這指出他正在教課。

艾瑞克森是否在我身上開了個現實的玩笑？或是，他事實上知道我會進入內心的對話，尋找以前負面的回憶？我定下心來，覺得創造意義的意思是你永遠可以把生活裡一些小挫敗看成大事件來處理。但是如果你就只是看見事物本來的樣貌，就沒有什麼真正重要的事了。艾瑞克森設置了這樣一個體驗，給我一個具體功課，但是目的是模糊的，也一直保持模糊。透過在治療裡給予模糊功課，這個學習永無止盡。我覺得就像是禪宗公案一樣，這個模糊是一個源頭，你一直觸碰到自身創造力的豐富空無裡。

我最終從那個體驗裡出來，從一個角度觀看，「天啊，我已經有這樣的體驗很多年了。這是從何而來的？」我過去都誤解艾瑞克森了。我總以為艾瑞克森會知道他所給的作業最終會帶來什麼結果——他做計畫、運用他敏銳的判斷力。我總是覺

得有點卡住，覺得艾瑞克森的創造力是人們無法學習的，就是艾瑞克森本身厲害之處。他成長的那個年代，大家都在戶外上廁所，地板有很多灰塵，而他有小兒麻痺。或許任何人經歷了這些都會獲得洞見，但我錯誤預期他會事先知道結果是什麼。我覺得他也跟個案一起學習成長，過程中逐步知道結果會是什麼，只要這些功課是符合道德標準、合法、安全，也不會讓個案太難堪。如此一來，個案會學到東西，因為你派他們出去，帶著一個態度知道學習是很重要，也很有趣，可以對很多情境有幫助。

▋評論

1960 年代晚期，史蒂芬・蘭克頓和我都是密西根州立大學的大學生，我們都在第一社區危機干預中心擔任過義工，那個干預機構叫「聆聽的耳朵」，至今還存在。我們兩人都學過人際溝通分析，儘管是在不同學院學習。史蒂芬在 1970 年代中期拜訪艾瑞克森，看到艾瑞克森家的客廳有一封信，上面有我的回郵地址。我們重新連結上，他邀請我回密西根州立大學跟他一起教授艾瑞克森學派工作坊。

史蒂芬・蘭克頓的重大貢獻之一是，發展治療裡的模糊功課指派。（更多學習請參考《*Creative Breakthroughs in Therapy: Tales of Transformation and Astonishment*》，Jeffrey A. Kottler & Jon Carlson, 2009,〈Chap. 2: Stephen Lankton: Ambiguity, Relevance, and the Creeping Devils〉）如果治療師刺激個案行動，大部分個案都會照做，只要能提升自己心理健康狀態。因此，治療師可以提供模糊功

能的任務，以刺激出更好的體驗。

　　關於艾瑞克森建議蘭克頓把一本書倒著閱讀，預期前面的步驟會導致後面的劇情發生：艾瑞克森知道這樣做會產生策略性思考，這是艾瑞克森所擅長的：選擇一個目標，然後逐步朝向目標前進，用一種天衣無縫、流動的策略小步驟。

參考文獻

Haley, J. D. (1963). *Strategies of Psychotherapy*. Grune & Stratton.

Kottler, J. A. & Carlson, J. (2009). *Creative Breakthroughs in Therapy: Tales of Transformation and Astonishment*. Wiley.

Lankton, S. R. (2004). *Assembling Ericksonian Therapy*. Zeig, Tucker & Theisen Publishers, Inc.

Lankton, S. R. (2007/1986). *Enchantment and Intervention in Family Therapy*. Crown House Publishing.

Lankton, S. R. (2003/1980). *Practical Magic: A Translation of Basic Neurolinguistic Programming into Clinical Psychotherapy*. Meta Publications.

Lankton, S. R. (2008/1983). *The Answer Within*. Crown house Publishing.

Lankton, S. R. (2009). *Tools of Intention: Strategies that Inspire Change*. Crown House Publishing.

第一代

尚・拉斯納

　　我的助理在 1983 年 12 月訪談尚・拉斯納（Jean Lassner）。

　　尚・拉斯納在維也納出生，後移民法國，是一名醫師，也是個博士、得獎很多且聞名國際的麻醉科醫師。1965 年 4 月，拉斯納組織了國際催眠學會，在法國舉辦大會。艾瑞克森是受邀講師；這是艾瑞克森唯一一次旅行到歐洲。

　　「早在我還未認識艾瑞克森之前，我就一直對催眠有興趣，」拉斯納說，「在參與國際催眠學會的創建和組織之前，我就認識艾瑞克森。我閱讀了他寫的一些文獻，在 1966 或 1967 年第一次去鳳凰城拜訪他，那已經是二十三年前的事。當時艾瑞克森還能夠開車，他開車到機場來接我。之後我又去美國幾次，他來法國參加國際催眠學會大會。我們書信往來。他很仁慈……他會寄給我看他職業生涯晚期發表的文章，當時有些年輕人對他感興趣，寫了一些關於他的書。

拉斯納：我認識他的老婆貝蒂，很多年了，也看著他的小孩們長
　　大。我們很親近。我在過去二十至二十五年主要關注在照顧慢
　　性疼痛個案，也是我和艾瑞克森保持聯繫的原因，因為他也對
　　這個議題感興趣。

　　　我最後一次去看他，他臥床不起，他對我說的第一件事

是，『我非常痛，你看我的手指緊縮……』這應該意味他要我看到他可以關閉頭腦意識，不去感受身體痛苦，他在保持他的獨立自主，儘管身體日漸衰弱。

在美國，人們看待痛苦跟其他國家不一樣。我從來不說要控制痛苦。基督徒對於痛苦的態度是，把痛苦與罪惡感以及懲罰連結一起。印度教徒和佛教徒會說痛苦是人生的精華。談論如何控制痛苦聽起來無意義，因為這意味著抵抗人生的精華。

某種程度上，艾瑞克森跟他的痛苦和平共存。儘管「控制」這個詞在這裡是很適當的說法，艾瑞克森不僅僅有能力轉移頭腦的注意力，還能夠預防身體的疼痛。但是我們看到，他的肌肉緊縮、他的瞳孔緊縮、他的脈搏加速，在在證明了疼痛存在他身體裡。」

在艾瑞克森 1965 年去巴黎參加大會之後幾個月，他寫信給拉斯納，談論他的身體危急狀況：「我的身體有這麼多種診斷，聽起來我的情況是近乎好笑的。」他的疾病包括關節炎、脊椎骨骨刺引發坐骨神經發炎、肌肉發炎、肌腱炎、痛風性關節炎，還有血液裡化學物質不平衡。艾瑞克森也寫到，他想要去西班牙參加 1967 年的第四屆世界精神科醫師大會，但是他後來沒有成行，很可能是因為身體狀況不佳（Zeig, Geary, 2000, pp. 372-373）。

拉斯納這樣看待艾瑞克森：魔鬼在他身上重重打擊他，惡魔般的考驗和施加在他身上的折磨對他而言就像是塗在臉上的妝。這些折磨不見得是壞事。白天和黑夜不能分開；如果沒有黑暗，就不會有光明。所以他身體裡那惡魔般的一面被巧妙地運用來幫助其他

人。他需要他人格裡惡魔般的那一面，如此才能做平常人做不到的事。

「我覺得他有偉大的天賦。我想他的殘缺，他有很多殘缺，他用超凡的能力克服，成為主導者。他真的是一腳踏進墳墓裡的殘缺身體。他結婚，生了很多小孩，將這些小孩好好地養育成人，這說明一些事。我想他值得大家的景仰和尊重。」

評論

1990 年，我在巴黎遇見尚・拉斯納，去他家拜訪他，當時我受邀到一個工作坊講課。他是法國最有名、最受尊重的醫學催眠醫師。他家的牆上有很多獎牌，其中有張照片是戴高樂將軍簽名（Charles de Gaulle），寫著「給尚，來自夏爾」。

拉斯納關於艾瑞克森手指彎曲的回憶值得說明一下。艾瑞克森有一個系統方法評估自己一整天的能量有多少。當他一早起床，他會看看一隻手，有幾根手指是彎曲的。更多手指彎曲，表示他壓抑更多的疼痛，這時候他知道這一天會如何度過。

參考文獻

Zeig, J. K. & Geary, B. B. (2000). *The Letters of Milton H. Erickson.* Zeig, Tucker & These.

第二代

海瑞亞・勒納

　　我在 1993 年 3 月跟海瑞亞・勒納（Harriet Lerner）訪談，她是梅寧格醫學中心（Menninger Clinic）的心理學博士，現在在堪薩斯州的羅倫斯執業。勒納是在女人心理治療領域最受尊重的聲音，發表許多學術文獻，有十二本書翻譯成三十五種語言，著作包括紐約時代週刊暢銷書《憤怒之舞》（*The Dance of Anger*, 2014），最近一本則是《如果那時候，好好說了「對不起」》（*Why Won't You Apologize?*）。

　　勒納因為幾個原因想要認識艾瑞克森。她有焦慮問題、長期失眠，聽說艾瑞克森最有名的就是快速療效。同時，她也對班德勒和葛蘭德的工作感興趣，他們兩人告訴學生要跟那些有最好療效的大師們學習，不管他們是用什麼方式工作。

海瑞亞・勒納：我聽說過艾瑞克森，但不確定是從誰那裡聽到。我
　　了解他在協助改變和消滅病症上有神奇能力。除此之外，我想
　　要認識他，希望他可以治好我焦慮導致的失眠問題。我每天晚
　　上大概半夜三點起床，就無法再入睡了。這個病症是在我遇到
　　一個有名的醫學直覺人士之後出現，當時我在曼寧格診所工
　　作，他是受邀的醫師，我是診所的員工。他告訴我我身體有乳
　　癌病症，正在滋生，可是很多年都檢查不出來，同時還有其他

的身體健康問題，我掉進焦慮狀態，晚上失眠。我試著用精神分析的方法解決這問題，但是斯中的洞見對我沒有幫助，其他方法也無效。當時，我正在鑽研精神分析模式，同時也保持開放態度，對其他可以成功產生療效的方法感到好奇。

我終於遇見艾瑞克森是因為我父母親從紐約的布魯克林搬來鳳凰城，他們退休了，住在離艾瑞克森家一個半小時車程的地方。所以，1977 年，當我計畫拜訪我父母時，我事先寫信給艾瑞克森，他同意見我。我想要除去我的焦慮，晚上可以睡得好——這是我想找他的主要原因，其他則是，我很好奇，他擁有崇高的地位，可以快速且戲劇化地改變人們，世界各地的人都跑來見他。我當時受訓，相信改變是一種極度緩慢的洞見過程，不是什麼神奇魔法，所以我想知道他骨子裡玩些什麼把戲。

讓我驚訝的是，艾瑞克森連續好幾天，每天看我三或是四個小時，從來沒有計算時間，沒有提到錢，也沒有給我任何帳單。當我問他如何付費時，他說隨喜，如果我想要付錢的話。因此，我告訴艾瑞克森我睡不好的故事，以及前因後果。他不到一分鐘的時間就給出一個啟示，他說那個直覺醫師所說的話很荒謬，我不應該相信他。接下來的時間，他跟我說故事。他辦公室有那麼多紫色物件，我以為他一定有什麼神奇魔法，直到後來我才知道他是色盲。

很奇怪的是，在看完艾瑞克森之後，我的焦慮和失眠就消失了，開始可以一覺到天亮，這對我來說很重要，但是我找不出他說的哪句話幫助我療癒。如果說有什麼事，我覺得他沒興

趣談論我的病症。事實上，他沒興趣聽我講論任何事。他跟我坐在一起，告訴我一些故事，我有些不好意思，終於鼓起勇氣告訴他，我沒有辦法集中注意力，因為這些故事很無聊，又很冗長，感覺跟我的問題沒有任何關係。他回應我說沒問題，我不需要專注聽，他是在跟我的無意識講話，我的無意識比我想像中要更聰明，我的意識頭腦沒有我想像中那樣聰明。因此，我不專心聽沒問題，因為他在跟我的無意識講話。

後來，當我想起他說的這些亂七八糟的故事，我發現其中有一條主軸貫穿這些故事——不要跟阻抗正面衝突，或是你知道有個敵人，你就做相反的事：順著阻抗走。

比如，我知道艾瑞克森最有名就是催眠，我記得我告訴他，當要被催眠時，我會產生很大的阻抗，我沒有辦法被催眠。他告訴我沒問題，因為我時時刻刻都在催眠裡，不需要擔心這一點。後來，他告訴我，他催眠一群女生⋯⋯我記得他說大學女生，其中一人是非常控制型的，他對那女生說，「這對我來說會非常好玩，因為我會坐回來，讓你控制全部過程。」有另一個女生非常消極，他就跟她說不一樣的話，但是傳遞一個隱藏訊息，目的就是順著每個女生的阻抗走。我自己所受的訓練是，如果一個人很愛控制，而你試著催眠他，你會解釋給他們聽，他們的無意識需要控制過程。然而，艾瑞克森的做法就像是說，「太棒了，你想要主導一切，那我就可以坐回來，放鬆下來。」

我還記得他對於精神分析學派的批評。我有自己對於精神分析的批評，同時也對教導我的老師很忠誠。我還沒準備好

要從精神分析的框架和理論裡脫離，當時曼寧格診所最有名的就是這個部分，這也是我選擇在這個診所做博士後研究，後來加入他們工作行列的原因。我相信這是唯一一種治療方式，奠定自己的地位。很明顯地，艾瑞克森沒有要教我其他治療方法，因為我很難想像自己用他的風格來說話，治療個案，把這個變成我的治療工作。比如，我記得他告訴我一個案例，一個女生經歷很多治療師都幫不了她之後，找到艾瑞克森。在他們第一次見面後，他就把這女生送走，他說，「我沒有哪個同事是我討厭到要把你轉介給他們的。」這對我來說是不可置信的事情，怎麼會有治療師這麼沒有同理心，但是今天回想起來，「或許她離開艾瑞克森辦公室之後就好轉了。」[26]

最有趣的事情是，當我離開艾瑞克森，回到托皮卡（Topeka），我有了全新清晰的洞見，就好像我以前看個案總是透過起霧的車窗一樣，然後突然擦拭乾淨。我也開始觀察個案的模式，而不是只聚焦在病理學上，這就像是一層層的假皮，我對於精神分析的理論和治療方式開始層層脫落，我發現這些精神分析的東西不適合我。打開新視野學習新的治療方法和觀點是很困難的，因為我同事開始對我失去尊敬，他們堅持他們的觀點，相比於其他表面和虛假的觀點，精神分析是最能產生療效、最有深度的方法。我失去跟這群精神分析同事們的歸屬感，這些人對我來說很重要，所以這個部分很難受，儘管

---

[26] 作者註：在我第一次遇見艾瑞克森時，他也跟我說過同樣故事。給我的啟發是更有彈性，我不想變成像那個阻抗的女生一樣。

我還是非常感激我的精神分析背景，在我的治療工作裡依然有一席之地。

當我遇見艾瑞克森時，他坐在輪椅上，很顯然身體健康狀態不佳。當我探望我父母親時，又去拜訪他一次，我記得自己當時想著，艾瑞克森有著神奇的觀察能力以及行為，或許可以讓他活得更久些。再一次，當我回到托皮卡，我回想所有拜訪艾瑞克森所得到的豐富經驗，但我還是一無所知，我不知道如何運用他的方法做治療。我也很好奇，為什麼他花這麼多時間跟我說故事，說他家人的故事，並且邀請我去他家？他知道我會做很多好事，或許想要幫我走在正確道路上？我當時並不是全心欣賞他的慷慨和整個情況，因為儘管我知道他在催眠領域享有盛名，卻不覺得自己被他催眠；我當時不知道他多麼有名，這或許也是好事。

在我拜訪他一年之後，我突然覺得要寫張支票給他，即使他從來沒要求過，很清楚地，也沒期待我的支票。我當時薪水不多，直到今日我都清晰記得，我很可笑地試著要搞清楚，到底要寄多少錢的支票給他。我人生當中從來沒有為了寫一張支票而感到這麼荒謬。我想我應該寄紫色禮物給他，這樣他可以放在辦公室裡，跟其他紫色禮物在一起。

在描述艾瑞克森如何影響她的人生，勒納分享，「我把這個看成是一個神奇的蛻變體驗。我們都不知道我們的人生會變得怎樣不同，如果不是有這些轉折、遭遇的話。我真的相信因為我和艾瑞克森的相處時光，我找到自己的勇氣、清晰，以及在專業上對各種學

習的開放。艾瑞克森如何幫助我做到這一點，始終都是神祕的謎，
我早已放棄要把這個謎搞清楚了。」

▌參考文獻

Lerner, H. (2014). *The Dance of Anger: A Woman's Guide to Changing the Patterns of Intimate Relationships*. William Morrow.

Lerner, H. (2017). *Why Won't You Apologize? Healing Big Betrayals and Everyday Hurts*. Gallery Books.

Zeig, J. K. (1985). *Experiencing Erickson*. Brunner/Mazel Publishers, Inc.

第一代

羅倫斯・李山

以下是珍・皮爾絲（Jane Parsons）1994 年與羅倫斯的訪談。

羅倫斯・李山（Lawrence LeShan）現年九十九歲，是美國心理學博士、研究學者、教育家，也是許多書籍的作者，包括暢銷書籍《如何冥想靜心》（*How to Meditate*, 1974）。他與人共同編寫了七十五篇學術論文、十三本書，主題從心理治療、戰爭、癌症治療到神祕學。他也使用筆名愛德華・葛蘭登（Edward Grendon）撰寫科幻小說。

羅倫斯・李山在密西根的愛洛思醫院遇見艾瑞克森，他們都在那裡工作。羅倫斯回憶，「我在那裡待了一個半月，艾瑞克森是整個醫院最惹人厭的人……主要是兩個原因：第一個原因，只要有一個有趣的案例，然後主治醫師搞砸了，醫院主任就會把這案例從精神科醫師那裡拿走，交給艾瑞克森處理，而他通常會治好個案。第二個原因，他之所以被討厭是因為他對蠢蛋的容忍度很低，他會跟人們說誰誰誰是蠢蛋，用一種無可救藥的方式想要提升人們。

李山：我當時在做一個研究，用全新的方法來治療疑心病。我整整齊齊地寫好，送給艾瑞克森過目，我覺得他是那家醫院唯一有專業學術背景，又有能力治療的人。他把我叫進他的辦公室，跟我說，「我讀了你的研究報告，你有兩個問題：第一，你非

常年輕，第二，你非常愚蠢而且無知。年輕這個問題或許終究會解決，另一部分，我很懷疑你是否會改進。」他把我剝了一層皮，告訴我我在這個研究上沒有做功課，我自以為是的思考我可以想到一個方法醫治疑心病，卻沒有閱讀別人的研究。我離開他的辦公室時就像夾著尾巴逃跑的狗，至今還有遺留下來的傷疤。但是從那天起，我不會再做兩件事：我不會沒有先閱讀文獻就開始一個研究，我不會去貿然拜訪一個人，除非先做足功課了解對方，了解很多關於他的事。艾瑞克森是一個偉大的老師，他就是無法愉快地忍受蠢蛋。

我記得他用過的一個教學工具。有次他在一間有四千張病床的醫院教授住院醫師和實習生身心醫學，當時沒有人聽過這個主題。他無法讓學生們了解他在教授的東西；你可以看到他感到很絕望。有一天，他說下一堂課就是這學期最後一堂課，學生們的成績就看下一堂課了。他說，「我會是那個幫你們寫推薦信的人之一。我會根據你們的成績來寫推薦。這個成績會跟隨你一輩子，所以你們最好認真做。」他給學生很大壓力。我是唯一一個可以旁聽這門課的心理學實習生。當艾瑞克森來上最後一堂課，講台上有張椅子和桌子，坐在椅子上的是一位獸醫，一個很棒、很聰明的人，也是艾瑞克森的好朋友，同時是很好的被催眠對象。艾瑞克森在他身上做過很多催眠實驗工作。講台上還有一個顯微鏡和其他器材。艾瑞克森很快地催眠這個男人，讓他朝著某個方向更前進些……他進入很深的催眠狀態。接著艾瑞克森拿起一支鉛筆，用手帕把鉛筆包裹，接著說，「你看到這個嗎？這是一條燒得白熱的鐵棒。」男人回

答，「是的，我可以感受到熱度，真的很燙！」然後艾瑞克森把這枝鉛筆拿去觸碰男人的手腕，他尖叫。艾瑞克森跟他說他不會讓他更痛了。男人手上出現了一個完整水泡。艾瑞克森用針戳了水泡，從中擷取了一些液體，把液體放在玻璃片上。接著他讓男人坐在顯微鏡旁邊的桌子上。艾瑞克森對學生們說，「現在你們要一個一個到講台上來，看看這個水泡，看看這個顯微鏡底下玻璃片裡的液體。這個考試只有一題：這個水泡跟真實生活裡被燒紅鐵棒燙傷的水泡有何差別，有何不同？」當然，答案是兩者沒有不同，是一樣的結果。這就是艾瑞克森當老師的樣貌——戲劇化、讓人興奮、杵著兩根拐杖大步走動，不接受任何愚蠢的作為。

參考文獻

Parsons-Fein, J. (1994, September). *Interview with Lawrence LeShan, PhD.* NYSEPH Newsletter, Vol. 9, No. 1 (p. 1.)

第二代

艾倫·拉文頓

　　我的助理在 1983 年 12 月訪問艾倫·拉文頓（Alan Leveton）。

　　艾倫·拉文頓是一位醫師，家庭治療師，住在舊金山。他第一次遇見艾瑞克森是在 1970 年代晚期（Zeig, 1982, pp. 205-206）。

艾倫·拉文頓：我可說是很早遇見艾瑞克森，也是很晚遇見他，我當時正接受培訓，他的逐字稿是我能找到唯一發表過的治療個案逐字稿。我從來沒見過我的老師做治療，他們也沒有見過我做治療。我對任何治療過程的逐字稿都很感興趣，但當時催眠不在我想學習的名單上，我覺得催眠就是操弄別人，是一個禁忌，這讓我對學習催眠駐足不前。很自然地，我抗拒跟著艾瑞克森學習。在接下來的歲月裡，我發現艾瑞克森是美國精神科醫學的畢卡索，在費城和帕羅奧圖都有很大影響力，在雙重束縛理論、非傳統治療，以及在短期心理治療上都是。我到鳳凰城跟他學習，已經是他晚年愛說故事時期，我想親身體驗一下文章所無法描述的感覺——他的仁慈、他對於人生的深刻了解、他堅信無意識的深刻療癒能力。

　　第一天，艾瑞克森把我太太愛娃，催眠了。他注意到我在觀看時的防備心。我當時下決心第二天我一定要進入催眠，那

一晚我輾轉反側，小時候的回憶出現了，我知道我一早見到艾瑞克森就要先說這件事。我告訴艾瑞克森父親教我下西洋棋，我當時十歲，他會一直跟我下西洋棋，只要是他贏。在我十二歲時，我第一次贏了父親，從此他就沒再跟我下棋了。艾瑞克森用一種歪斜的身體姿勢、害羞的口氣，跟在場另一個人說，「艾倫的父親教他下棋，可以是因為下棋輸了而輸了，或者是下棋贏了而輸了。」艾瑞克森眼神向下，尋找、收集他的人生故事，開始講一個又一個的故事，跟他自己人生有關的事件，跟他小孩們有關的事件，這些故事是他的小孩們越來越進步，他因為他們的進步感到很開心，他們愉悅相處。我理解到他是一個好父親，他會享受他小孩的成就和成長。

　　我很清楚知道，我不用點頭或是對他的笑話有所反應。我可以在不同時空裡當他的某個小孩，他可以是我父親的角色，我可以在我的幻想世界裡自由玩耍。在他冗長的談話裡，反覆出現兩個詞：「現在」和「你」。「現在」向來是一個穩定的力量，是故事和故事間的橋樑。「現在」意味著他抱持著這個空間，他會負責提供故事的連續性，不會讓我掉進一個靜默的、沒被照顧到、可怕的空無裡。

　　他運用「你」這個詞把我帶到催眠的幻想世界裡。「你」這個詞就像是一個震動的頻率敲響一個大鐘，打開我童年回憶的美好和驚奇。當他說話時，很多畫面和回憶出現，我甚至不知道那些是什麼，卡車穿越的聲音，電話鈴響，外面的小鳥，都從我的意識心智裡退去。我就在幻想的世界裡，在我的童年世界裡，探索……找到我家的角落和裂縫，翻越後院的圍籬，

最重要的是，站在樹的頂端花很多時間做白日夢。

評論

艾瑞克森語言溝通的精準並不侷限在他字句的選擇，他也會運用強調語氣、音調曲折、聲調、說話速度、音調高低，以及發出聲音的方向，達到療效。如果要暗示時間扭曲，他可能會強調這個詞「現在」，拖長音來說，變成現現現……在……在……或許是在暗示延長當下的體驗時間。

他也教學生們溝通時，聲音的強調語氣是非常重要的。他會提到一個有名的演員，在一個單人演出裡，說「不」，用十二種不同方式來說，每種方式都代表不同含義。

參考文獻

Leveton, A. F. (1982). *Family therapy as play: the contribution ofMilton H. Erickson, M.D.* in Zeig, J. K. (Ed.) *Ericksonian approaches to hypnosis and psychotherapy.* VII, 17(pp. 201-213). Brunner/Mazel Publishers, Inc.

第一代

亞伯拉罕・列維斯基

我在 1989 年 11 月訪問亞伯拉罕・列維斯基（Abraham
Levitysky）。

亞伯拉罕・列維斯基博士是舊金山灣區的心理治療師。二次世
界大戰期間，他在美國陸軍服役，之後在密西根大學取得臨床心理
學博士學位。他把不同觀點整合進催眠，包括完形學派與神祕學。
他是美國臨床催眠協會的編輯，也擔任協會副主席。

1950 年代晚期，當時列維斯基在聖路易斯州立醫院工作，參
加了艾瑞克森的催眠工作坊。

「我對於我所看到的感到興奮。」列維斯基說，「多年來我始
終想學習催眠，因為我有個模糊想法，讓我在年齡回溯時看到一些
實驗現象，後來學會催眠技巧後，我真的實現了這個夢想。

「當時，我所學的心理治療技巧是傳統做法，很糟糕。關於可
以觸碰個案、更有彈性地運用自己、跟個案自然的連結等，這些觀
念對我來說真是大開眼界，讓我很興奮的」

在催眠工作坊裡，艾瑞克森做了個深度催眠的示範，包括正向
幻覺、負向幻覺、年齡回溯，以及個案如何回憶起發生在很久以前
的事。列維斯基說，「這真的是驚奇不斷，讓在場所有人都張大嘴
巴，嘆為觀止。」

列維斯基跟艾瑞克森有幾次個人諮商經驗。「我記得第一次

時，他聆聽我的故事……我對他很失望，覺得他沒有細心聽我說話，我感覺沒有被理解。」

1963 年，列維斯基寫信給艾瑞克森，提到一個三十歲的基督教長老教會牧師，牧師有幻覺，神叫他不要吃東西。後來他變憂鬱，出現自殺傾向。列維斯基診斷是思覺失調，疑神疑鬼的的憂鬱症，想要聽聽看艾瑞克森的意見，如何治療這個個案。艾瑞克森寫了很長的信回應，說他沒有更好的建議可以提供，同時又告訴列維斯基他自己處理過兩個類似的案例。其中一個個案也是拒絕吃東西，聲稱是神的旨意；另一個男個案堅持自己沒有腸胃道，也拒絕吃東西。在這兩個案例裡，艾瑞克森用魚肝油治好這兩個個案（Zeig, Geary, 2000, pp. 262-265）。[27]

1970 年代中期，列維斯基到鳳凰城拜訪艾瑞克森，跟他談話三小時，艾瑞克森沒有收取費用。

列維斯基回憶起艾瑞克森談論自己戒菸很困難這件事：「他用一種慣有的輕率口氣說，『你知道的，我們每個人都有一些自戀和自大存在內心裡，我們會對自己說「這不會發生在我身上……」當時，我帶著一點點興致聽我內心的聲音，有趣的事情發生了：那天晚上大概凌晨兩、三點，我突然醒來，戒菸的想法突然擁有一個強大的影響力，我就把我的香菸丟到垃圾桶了。』」

關於艾瑞克森 1950 年代在專業領域的地位，列維斯基說：「……我不會說這是誰說的——他對於催眠有許多貢獻，有很高的

---

[27] 作者註：在 1950 和 1960 年代，每天給小孩子吃一顆魚肝油是常見的醫學建議，但是魚肝油腥味很重，是很難入口的東西。

地位——但是他把這個視為俏皮話，好奇這個神話般傳奇故事的真實性，像是艾瑞克森對我們的取悅。我對於這些傳說保持懷疑態度，因為這些故事聽起來太厲害了，不可能是真的。當時，艾瑞克森在專業催眠圈子裡的地位是非常崇高的。當他演講時，我們發現……人們全神貫注聆聽，然後他會示範，超乎一般精神科醫學對人性的透徹理解；他有常識，了解一般人的感受，同時結合了精神科醫學原則的實際運用……一種全然創新的做法。他會反覆運用一種特殊做法……是跟『想法的呈現』有關。」

列維斯基記得有一次，當時他在聖路易斯州立醫院工作，和幾個專業醫師帶艾瑞克森去吃晚餐。列維斯基說，「跟他一起在社交場合是很不舒服的，他是個妄自尊大的人，我們都不覺得這是雙向溝通，所有事情都必須繞著他轉。當服務生來點餐，他讓女服務生感到尷尬，他會這樣說，『現在我常把這個當成聯邦事務處理……我希望我的牛排是全生的，可以看到血紅色。』當他講完後，女服務生都想殺了他，我們也準備要離開了，因為他就不好玩。

「現在，有個模糊、類似的事情發生……當我跟他談論香菸的事情，感覺我們不是太親近的好兄弟……我們之間很友好……他會給我很多時間，也允許我在他做治療時在場觀看。但那種感覺就像是，作為一個人，我不存在。他不會說『你好嗎？』不會好奇我是否喜歡這種方式。我們的談話圍繞著他和他的技巧，以及他辦公室裡許多藝術品和小物件。他會問我拿起一個特別的鐵木雕刻……我發現自己被他耍得團團轉，感覺笨拙且愚蠢。同時，很多他所說的話介於有趣和睿智之間。所以，跟他在一起，總是會學到東西，但是你無法享受他作為一個普通人的時刻，至少我就無法做到。」

評論

艾瑞克森有時候很難讓人了解，不是所有人都能跟他連結。他也不喜歡說廢話，他是少數幾個永遠都在精準的點上面的人，而且他絕對是在上位者。艾瑞克森總是在示範人類的行為反應，也致力教導別人。他想要把人們最好的那一面激發出來，有時候，反而讓人誤解，同時讓人感到不舒服。我聽過其他同儕談論艾瑞克森在社交場合的故事，他總是不按牌理出牌。但我相信他有他的策略，更多像是展現一個新觀點，或是誘發一個新體驗。我從來沒有感覺他是妄自尊大的人。

我記得艾瑞克森提到「想法的呈現」。艾瑞克森把想法（ideas）的發音讀成想想法法（iideeas），就好像他想要這個想法真的深植在你心裡。艾瑞克森也強調做催眠治療時，想法的呈現對於個案來說是核心，因為在催眠狀態裡，個案會活化自己的無意識，對於特定想法有深刻體驗。

此外，當艾瑞克森在說個案案例時，他經常修改，視當下情況提出案例的調整和改變，以增加療效，或是加強教課的效果。

參考文獻

Zeig, J. K. & Geary, B. B. (2000). *The Letters of Milton H. Erickson*. Zeig, Tucker & Theisen.

第二代

安妮·林登

我在 2015 年 2 月訪問安妮·林登（Annie Linden）。

安妮·林登是神經語言學第一代核心成員，她發展出一種全新的人際溝通、個人內在溝通技巧和改變技巧，透過神經語言學創始人約翰·葛蘭德和理查·班德勒而認識艾瑞克森。林登回憶，「我詢問理查如何精進能力，他告訴我跟艾瑞克森學習，我就去了。」

1978 年和 1979 年，林登參與艾瑞克森工作坊，她回憶，「艾瑞克森讓我印象深刻的是，他的眼睛，看起來就像是深邃的池塘，好像他跟你說什麼，都會進到你心靈深處，他給你的任何功課，你都會立刻去做。」

當林登跟艾瑞克森說了一個個人問題，艾瑞克森給她一個經典功課：去爬女人峰。「他說我會爬到山頂，然後我再也不會用同樣方式思考我的問題。」那年夏天，鳳凰城異常地熱，當林登爬到山頂時，周圍沒有任何遮蔽物。

林登回憶： 我當時很不舒服，很累，在山頂，我走來走去，心裡想著「我沒有感到任何不同。沒有任何不同的想法出現。」林登開始對艾瑞克森生氣，為什麼給她這樣困難的功課。「然後我體悟到，我可以在這裡看盡整個鳳凰城，但是是從一個全然不同角度……突然我靈光乍現，內心有個什麼變化，艾瑞克森真

的改變了我對問題的看法。這真的是深刻體驗，我甚至不知道問題的解答是什麼。

作為一個心理治療師，我們不會改變人們，是他們改變自己。艾瑞克森創造了一個學習的空間。當你改變你的看法，好事就發生了。

讓我印象深刻的是艾瑞克森對於「錯誤」的態度。我一開始學習人際溝通分析，因為我喜歡這個概念「我很好，你很好」，但是我們沒有學到如何達成這一點。我喜歡神經語言學的一件事是它教導我們如何達成這一點。艾瑞克森醫師有一次對我們這群人說，「我很高興有時候我在個案身上做的事情不成功。」

艾瑞克森相信要人們有所改變，需要遵循三個要素：第一點，對未來的真實感受；不是頭腦想到的未來，而是親身體驗到的未來。第二點，改變你的觀點。最後一點，有幽默感。

遇見艾瑞克森之後，我變得更有彈性、有創造力。我了解他是如何影響我，這些影響持續增強擴大。

第二代

保羅・蘭斯貝里和南西・溫斯頓

　　我在 2013 年 5 月訪問保羅・蘭斯貝里和南西・溫斯頓（Paul Lounsbury and Nancy Winston）。

　　保羅・蘭斯貝里和南西・溫斯頓都住在紐約市，兩人的婚姻從 1987 年持續到 2003 年。今日，蘭斯貝里是婚姻與家庭治療師，溫斯頓是臨床社工師與治療師。溫斯頓和蘭斯貝里都是在 1980 年第一屆艾瑞克森學派國際年會的講師，是艾瑞克森個人欽點並邀請的講師。

　　1970 年代，蘭斯貝里和溫斯頓在一個人際溝通分析的大會上相遇。兩人都讀過《不尋常的治療》，都被艾瑞克森深深吸引。

　　蘭斯貝里先去拜訪艾瑞克森，然後兩人一起再次拜訪艾瑞克森。因為他們接受艾瑞克森的個人指導，獲得極大的成長和蛻變，兩人決定「全力投入」學習艾瑞克森的治療，接下來幾年，他們定期拜訪艾瑞克森。

蘭斯貝里（對艾瑞克森的第一印象）：艾瑞克森是一個令人難以捉摸的驚喜。我聽過一些故事說他有著難以名之的可怕力量。因此，在我無意識的想法裡，我想著會遇見一個生命的巨人……相反地，我看到艾瑞克森推著輪椅，他看起來弱小又虛弱，穿著紫色的衣服，我心想，「這怎麼可能是傳說中巨人般的艾瑞

克森？」我很快就發現了。

　　每個小時過去，他的臨在變得更強大，他的聲音變得更大聲，他在房間裡光芒四射，而我更加進入催眠狀態，回到小時候……某個點上，他的聲音聽起來就像是高高在我的上方。我感覺自己是個小男孩，我的雙腳在椅子上擺動，同時還是可以聽到艾瑞克森的聲音，一個巨大強壯的成年人，讓我感覺安全、溫暖、受到保護。

　　那個星期我大部分時間都在一種恍惚的催眠狀態裡。艾瑞克森有時候會喚醒我們，但很快我又飄走了。艾瑞克森給我們很多空間，自由地坐著，放鬆，做自己，就只是簡單地存在。我經常是部分意識清醒，我的頭掉下來，有時候甚至流口水。他會帶領我們進行高強度的頭腦工作，訓練我們專注力，也給我們同樣強度的情感工作，提供一些機會讓我們回想起早已忘記或壓抑很久的情感衝突。其實我們都不知道，這樣做很耗費精力。

　　我們大多數人都住在同一個旅館裡，週間時計畫著，等到明天催眠工作坊結束後就出去玩，去派對。

　　隔天下午，工作坊快要結束了，艾瑞克森開始講一個故事，刻意放慢說話速度，放慢呼吸和講話頻率，告訴我們一個看似有趣但是很無聊的冗長故事。當故事快結束時……艾瑞克森提高音調說，「還有一件事！」他的口氣很嚴厲、很嚴苛，他臉色變了，坐直身子，帶有攻擊性地身子向前傾，盯著我們看，用一個打雷轟轟般的聲音說著，「你們有很多功課要做！！願神幫助你，如果你們不現在就做這些功課！！」然

後，他戲劇化地解開他輪椅的煞車，把輪椅 180 度轉向，怒氣沖沖地轉輪椅離開。我們全部人立刻清醒過來，放下我們要去派對的計畫，回到旅館，整個晚上都在練習催眠引導。

南西·溫斯頓：在我遇見艾瑞克森之前，我期待自己成為女版的艾瑞克森。我記得我走進他辦公室，希望他看見我……上課時間大概過了三分之二了，他問是否有人知道他們在催眠狀態裡，或是沒有體驗過催眠狀態。他的銳利眼神看向我，我覺得我需要反應，就算我不知道催眠狀態是什麼，我很天真地說是的，然後很緊張地笑著，艾瑞克森也笑了。因此，艾瑞克森看見我了，但是不是我預期的那樣，或是我想像中的情境。

蘭斯貝里：我注意到他會轉移到整個教室的細微動靜和立即動靜。更讓我震驚的是他如何快速地帶給一個人療癒。當我們的注意力轉移時，艾瑞克森的犀利眼神會穿透我們的意識心智，就像是說，「我看見你了。我知道你正在臣服。現在，把注意力放在你正在做的事。」

一整個星期的棒棒糖

蘭斯貝里和溫斯頓兩人都回憶起，工作坊裡有個女生有一根很大的彩色漩渦狀棒棒糖。整個星期女生都在舔這根棒棒糖。每一天，女生的節奏都更慢些，而舔的速度則變快些。蘭斯貝里說：「她的手像是跟身體分離，像一個人體節拍器。艾瑞克森沒有跟這個女生直接溝通。但是，他很明顯地用一種私密語言跟她溝通。到了工作坊結束時，大家一起拍照，她親吻了他，把棒棒糖給他，他

笑得很燦爛。」

小女孩在大搖椅裡

溫斯頓：我坐在艾瑞克森家裡的客房，旁邊沙發坐著兩個男人，佔據很大空間。工作坊裡還有另外兩個男人，一人坐在折疊椅，另一人坐在舒服椅子上。突然，艾瑞克森抬起頭來，眼神聚焦在椅子上的男人說，「挪出空間給四個女生，不是，三個女生或是四個男人在沙發上。」他是故意說錯話嗎？然後喃喃自語，「這裡有個學習功課。」

我完全不知道他在說什麼，或是在對誰說話。他接著指著沙發說，「把那個女生移到某處，移出空間。兩個苗條男人應該坐在那裡。」

然後艾瑞克森的銳利眼神轉向我，等著，就像是天長地久的時間，同時帶著期待地看著我。但是我真的不知道他要什麼，我應該移動那些男人嗎？還是他們要來移動我？最終我說話，「看起來沒有人想要移動。」艾瑞克森說，「忘掉沙文主義的世界。把他們從肩膀上抬起，丟出去。」

這個體驗對我來說影響深遠。我不曾注意到在這些專業人士眼中我看起來多麼渺小，我只以為這些人都比我更有經驗、更專業，我沒有覺察到自己就像是小女孩假裝成一個女人，但是艾瑞克森看到這一點。或許他看到我的不自在、我的不舒服，這就像是他在告訴我看見自己那部分，那個連我自己都沒看到的部分。

我花了很多年時間才了解並感激那個體驗。我了解到在這個世界上堅定我所在地位，是完全沒問題的。我學到僅僅做一個女人就足夠強大了。

與艾瑞克森持續對話

當他們兩人第一次一起去拜訪艾瑞克森，蘭斯貝里和溫斯頓以為他們可以直接跟艾瑞克森互動，詢問他關於他的技巧。但是去到那裡，他們發現基本上是不可能用他們的方式來問問題。

在他們觀看了艾瑞克森的治療後，他們決定寫下問題清單，希望透過問題清單擷取如何發展有效溝通，並構建一個框架來運用這些技巧。

「我們感到很自豪，找到一個方法可以逃過他的法眼。我們不知道我們給自己種下什麼，我們接下來四十年持續在做這樣的事。」

蘭斯貝里和溫斯頓跟艾瑞克森的對話，可以作為治療師指引手冊。艾瑞克森把他對問題的回答用在工作坊裡，他們拍攝工作坊，然後看影片，把要問的問題去蕪存菁。

「我第一次把錄影機帶進來，」蘭斯貝里回憶，「我笨手笨腳地架設器材，我非常敬畏他，感覺他就在我身後看著我，讓我很不舒服⋯⋯他在跟 Blinky 玩 [28]，這是很強大的，因為他讓我把插

---

[28] 作者註：Blinky 是一種電子產品，艾瑞克森兒子艾倫很愛玩的東西。它有個電容器，就算拔掉插頭仍會持續閃爍。

頭拔掉，當然 Blinky 還在閃爍。然後他說，『現在，把插頭插回去。』我把插頭插回去，他說，『剛剛好！』我印象最深刻的是，從來沒有人用這種觀點看我，他用許多方法真的看見我。」

艾瑞克森開始把蘭斯貝里的影片做為教學反饋。蘭斯貝里說，「南西和我是唯二清醒的人，其他人都在催眠狀態，我們就很好奇為什麼。我發現自己把錄影機轉向某人，然後看向艾瑞克森的指頭所指方向，他在指導我把錄影機轉向何處。這是很讓人驚奇的無意識對話。我們的關係是建立在錄影機上面。」

蘿珊娜：接納

南西‧溫斯頓：隔天在催眠狀態裡，我突然睜開眼睛，看看房間四周，發現每個人好像在恍惚的催眠狀態，除了保羅之外，他看起來很清醒。艾瑞克森在說一個關於他女兒蘿珊娜的故事，她打算要嫁給一個猶太男人。

似乎有些問題，那個男人的母親並不喜歡她兒子娶一個非猶太人，母親抱怨蘿珊娜安排的婚禮沒有太多猶太人的禮節。未來新郎很苦惱，但是蘿珊娜告訴他，他母親會回心轉意，會對她更友善。

蘿珊娜結婚了，婚後她婆婆的態度依然沒有改變。然而蘿珊娜已經有計畫了。猶太人的節日快到了，蘿珊娜報名猶太人的烹飪課程，準備了一頓典型的猶太人大餐。老公的奶奶很喜歡這道食物，立刻愛上蘿珊娜，沒多久婆婆也喜歡上蘿珊娜！

到這個點，我又掉回催眠狀態，當我再次清醒，我完全不

記得這故事在講什麼。六個月後，我決定拜訪住在佛羅里達州的祖父母，我邀請保羅一起去。我希望祖父母喜歡保羅，我知道對祖父母來說外表很重要，所以我給保羅買了新衣服，剪了新髮型。但是對我媽媽來說，保羅的外表不重要。我媽媽不接受他，因為他不是猶太人，我媽媽從來不提到保羅的名字。

我把保羅介紹給祖母。我說，「這是保羅‧蘭斯貝里。」祖母微笑，然後說，「喔，是的，蘭斯伯里。」我試著糾正她三次，最終放棄了。

我祖母很強勢，在各方面都要比朋友們強，就連疼痛也要更加疼痛。她的疼痛永遠是最糟糕的。我們待在那裡時，保羅聽見她的抱怨，詢問我祖母是否想進入催眠狀態，用催眠來減輕一些疼痛。祖母同意了，跟隨保羅的催眠引導。他暗示我祖母收集她的一生生活裡所有正向回憶，當準備好了，可以分享。當祖母睜開眼睛時，很驕傲地說催眠沒有效。吃晚餐時，我祖母跟我們開心地聊了許多兒時回憶，祖父說他已經多年沒看過祖母這麼開心了。

當我們從佛羅里達州回來後，我跟母親講電話，聊到最後，她說，「喔，順帶一提，保羅最近好嗎？你知道你祖母真的很喜歡他。」

相異和相似

蘭斯貝里：我記得一個強烈的體驗。艾瑞克森和我對於相異和相似的爭論。他說，「每個人都不一樣。」我反駁說，「每個人都

有相似之處。」他說，「我有一顆心，你也有一顆心，現在告訴我，你的心是在身體的哪一邊？」我不能說話，啞口無言，我所能做的就是指向我的心所在的地方。然後他切換，用溫暖和滋養的口氣說，「是的，我的心也在左邊，但是有些人的心是在不同邊。」這是很有接納性的話語：「我們在這裡在一起。」他進入無意識的深水池裡……他與人們在情感世界相遇。

　　* 蘭斯貝里與溫斯頓拍攝的影片精選保存在艾瑞克森基金會的資料庫。有心想跟艾瑞克森學習的人，可以購買有講評的影片。

第二代

賀伯特・拉斯提格

我的助理在 1983 年 12 月訪問賀伯特・拉斯提格（Herbert
Lustig），2020 年他更新如下。

有將近五十年的期間，賀伯特・拉斯提克醫師，費城的診所接
個案，提供精神治療對象包括大人、小孩、家庭。他在艾瑞克森生
命最後六年，既是艾瑞克森的學生也是同事。

「我是 1971 年到 1973 年時在約翰・霍普金斯大學（John
Hopkins）受訓成為成人精神科醫師。」拉斯提克回憶，「但是那
裡沒有任何人提及艾瑞克森的名字。」拉斯提克接著到費城的薩爾
瓦多・米紐慶所主持的兒童指導診所，針對兒童與成人精神科疾病
受訓。傑・海利當時在診所工作，但是拉斯提克不記得傑・海利在
培訓精神科醫師時提過艾瑞克森的名字。拉斯提克聽到艾瑞克森是
在診所舉辦的一週工作坊，當時有個精神科醫師在教課，提到傑・
海利《不尋常的治療》一書，深入談到艾瑞克森的治療工作。「他
提到艾瑞克森的策略治療，」拉斯提克回想起，「但是艾瑞克森的
催眠狀態運用和催眠溝通不是這個工作坊的重點。」

1973 年秋天，拉斯提格在完成兒童指導診所的受訓後，報名
一門醫學催眠課程，同時自己的私人診所也開張了。「這門課程有
一個非官方的『米爾頓・艾瑞克森日』，那天凱・湯普森進來，給
大家看影片，影片是關於用自我催眠當作麻醉劑，幫個案做換膚手

術，她同時以感覺麻木相關的題目演講，談論她跟一個叫艾瑞克森的人學習，但是這跟我在費城兒童指導診所受訓時聽到的是不同人。在我人生的專業培訓中，我終於第一次聽到有人從催眠的角度來討論艾瑞克森。

「那天下午，當地的精神科醫師，亞歷山德·亞諾夫斯基（Alexander Yanovski）示範了一個困惑技巧，他也跟艾瑞克森學習，談到一個人叫米爾頓·艾瑞克森。但是他講的這個米爾頓·艾瑞克森，不是凱·湯普森在談論的同一個人，也不是我在費城兒童指導診所工作坊聽到的人。在亞諾夫斯基講完之後，傑·海利上台，給大家看一段老舊的艾瑞克森影片，接著談到艾瑞克森與催眠。他講的米爾頓·艾瑞克森跟我當天聽到其他人講的也不是同一人。」

「因此我去到辦公室，打電話給艾瑞克森。我說，『艾瑞克森醫師，我是賀伯特·拉斯提克醫師，我來自費城，參加一個催眠工作坊。今天有三個人，他們都談到你、很了解你，但是他們三人講的像是不一樣的人，我可不可以去拜訪你？』」

艾瑞克森同意了，他和拉斯提克討論拜訪的時間。兩週後，拉斯提克跟他朋友提到他要拜訪艾瑞克森的計畫，他們建議他錄影。拉斯提克打電話給艾瑞克森，他同意了。「幾個月之後我才知道，」拉斯提克回憶，「艾瑞克森有很多年都不讓人錄影。在我們的電話談話時，米爾頓理解我想幫他做一段影片，我會擔任個案的角色。」然而拉斯提克所拍攝的影片，聲音出現干擾，損壞了。拉斯提克對於糟糕的錄影品質很沮喪，於是在鳳凰城租了一個電視台攝影棚，再次錄影，這就是後來我們熟知的《米爾頓·艾瑞克森的

治療藝術》。

　　拉斯提克花錢請個案從費城飛到鳳凰城，找了當地最好的電視新聞導播，當場剪接錄製的治療影片。「我需要找一個可以當場剪接的導演，之後再做兩英吋的影片剪接。」拉斯提克回憶，「我沒有錢可以錄製九十分鐘艾瑞克森做治療的影片。直到那時，艾瑞克森知道我是下定決心要為他拍影片，而這個影片可以流傳後世。我也想要做十六厘米的最終影片，因為在 1970 年代，兩英吋的影片撐不過十年就會壞掉。」

賀伯特‧拉斯提克：我聯繫了太空總署用來保存登陸月球影片的影片公司，那是當時美國唯一一家可以把兩英吋影片轉換成 16厘米影片，並且保留最好的畫質。我也找到一個商業保險櫃，可以用正確的溫度和濕度好好保存影片。我留了底片備份，確保萬無一失，也放在保險櫃裡。

　　拍片那天，艾瑞克森太太貝蒂借我他們家的旅行車，把艾瑞克森載到電視台。她說，當天艾瑞克森穿了紫色的睡衣，以及波洛領帶，艾瑞克森前一晚六點就沒有喝水了，這樣他就不會在拍攝過程中需要上廁所。

　　電視台有一個很大像是飛機機庫的攝影棚，中間有個平台，有椅子和麥克風在上面。我們花了將近一小時把燈光和麥克風架設好。艾瑞克森說話的聲音很柔弱，那個配戴式麥克風電力不夠強，無法精準地錄音。我們必須找到更敏感的麥克風，放在離他很近的地方。艾瑞克森坐在輪椅上，在平台上，很熱的燈光照射他將近一小時，直到燈光和聲音設備最終都準

備好。他開始了，第一段錄影啟動，接著大家休息一下，燈光關掉，米爾頓繼續待在那個平台上，我去平台上陪他。他沒有喝任何東西。然後燈光再次打開，開始錄第二段影片。錄影到一半，艾瑞克森明顯看起來累了，他看起來很累，聲音聽起來也很疲累，他的聲音變得更輕柔，說話含糊不清，同時呼吸變得沉重。但是艾瑞克森完成了這個影片，我覺得是他給這個世界的禮物：一個超級棒的治療個案過程，個案不需要說自己任何問題，或是任何事情。

我們結束拍片，我送他回家，他躺到床上，整晚過得很糟糕。我後來知道這個艱鉅的拍片過程花了他差不多一星期的時間才從脫水和虛弱中回復過來。拍片之後一兩天，我把影片給他看。他對結果很滿意。在拍片之前我們兩人協議，這個治療藝術影片的版權屬於我們兩人共同擁有。他看完影片後說，「我想要更動影片的版權。」我說，「好的，你想要怎樣更動？」他說，「我想要我們兩人，活得比較久的那個人擁有全部版權。」我說，「米爾頓，機率是我會活得比你久，可是如此一來你的家人就無法享受擁有版權的利益。」他說，「這就對了。」然後他告訴我一個故事，對於早期寫的一本書遇到法律的問題，由於他是共同作者，和另一位作者共同擁有版權，但是當另一個作者過世，雙方繼續擁有一半版權，艾瑞克森卻因此無法再次出版那本書。因此，他決定讓治療藝術影片流傳後世，給後世的專業人士觀看的最好方法，就是寫清楚，我們兩人當中有一個人過世時，另一個人擁有全部版權。

有趣的是，打從一開始，我就把艾瑞克森當成老師、我的

治療師。後來，我們成為同事。有些人告訴我他們沒有要求艾瑞克森治療，他們只把他當成老師。我善用我的機會請他幫我治療，體驗身為個案是什麼感覺。

艾瑞克森刻意不使用學術理論，但是他在做的事情是很有結構的，同時他沒有想要跟別人溝通他正在做的事情。相反地，他用這種結構方式來轉化、蛻變個案或是學生們，把這變成一種體驗，讓他們可以從中受益。那些跟艾瑞克森待在一起的人們，透過體驗學習，而不是透過知識學習。當我拜訪他回到家之後，我會把我所體驗到的、所看到的派上用場做練習，然後六個月之後再回去繼續跟他學習。

當艾瑞克森在看個案時，我會跟他待在一起，然後把所有發生的一切都吸收進我的身體記憶裡。一段時間後，我發現跟他學習最好的方式是進入催眠狀態——把一切吸收進來，就像是一個全息影像，然後儲存。當我在看個案時，我從來不會模仿艾瑞克森的聲音或是行為。但有時候我會聽到自己嘴巴裡說出來的話，就是艾瑞克森在說的話。大多數時間，這些話語就只是流經過我，這些話是用我自己的方式說出來。

參考文獻

Erickson, M. H. & Lustig, H. S. (1974). *The Artistry of Milton H. Erickson, M.D.* https://catalog.erickson-foundation.org/page/artistry-of-mhe.

Haley, J. (1973). *Uncommon Therapy: the Psychiatric Techniques of Milton H. Erickson, M.D.* W. W. Norton & Company.

《米爾頓・艾瑞克森的治療藝術》影片可以在艾瑞克森基金會官網上找到，有不同語言字幕可選擇。

　　以下是賀伯特・拉斯提克醫生的影音文獻紀錄：

數位媒體

　　《米爾頓・艾瑞克森的治療藝術》（第一集和第二集）（1975, 2015）製作人，旁白者。艾瑞克森基金會，版權所有，傳播者。

　　拉斯提克醫生和艾瑞克森醫生在1978年1月一起捐贈十六厘米的影片備份給美國國會圖書館，作為永久保存資料。

　　2015年，拉斯提克醫生把永久版權捐贈給艾瑞克森基金會。

紀錄片

　　《倒帶》(Rewind, 2019), Principal Cast Step 1 film, Grizzly Creek Films with Cedar Creek Productions.

　　T. Winston, S. J. Neulinger, S. G. Winston and A. Grenier, 製作人，Sasha Joseph Neulinger, 導演。

　　FilmRise, 發表者 rewind documentary.com

　　摘要：薩沙・喬瑟夫・紐林格（Sasha Joseph Neulinger）很年輕的時候在家裡遭到兩個叔叔和一個表哥性侵。賀伯特・拉斯提克醫生從1997年11月開始提供他和家人精神治療，當時薩沙八歲，直到二十歲在大學念二年級為止。從許多的家庭錄影帶裡挑選，《倒帶》這部影片重新回溯了薩沙年輕時發生的事件，描述一個堅定不

移的兒童性侵事件以及他如何從中恢復過來。這個影片在 2019 年翠貝卡電影節（Tribeca Film Festival）首映，2020 年在 PBS 頻道上播放，現在可以在各大頻道上找到。

第二代

克羅伊・麥丹斯

我在 2015 年 7 月訪問克羅伊・麥丹斯（Cloé Madanes）。

克羅伊・麥丹斯出生在阿根廷，是家庭治療和短期治療領域的創新大師、老師。

1960 年代中期，麥丹斯在心理研究機構擔任研究員，開始接觸家庭治療與艾瑞克森的工作。當時傑・海利是心理研究機構的員工，麥丹斯和海利在 1975 年結婚，一起創辦首府華盛頓的家庭治療機構，以及馬里蘭的家庭治療中心。在這段期間，麥丹斯撰寫了兩本書《在單面鏡後面》（*Behind the One-Way Mirror*, 1980）與《策略家庭治療》（*Strategic Family Therapy*, 1981）。

1980 年代，麥丹斯對於年輕的性侵加害者發展出悔改步驟治療方法，接著發表幾本書：《性、愛和暴力》（*Sex, Love, and Violence*, 1990）、《男人的暴力》（*The violence of Men*, 1995）、《金錢的祕密意義》（*The Secret Meaning of Money*, 1998）。幾年之後，集她所有文章的書《治療師、人類學家、社會運動者以及系統思考者》（*The Therapist as Humanist, Social Activist, and Systemic Thinker*）出版了。

麥丹斯在世界各地的專業大會中發表她的工作。從 1985 年開始，她是艾瑞克森基金會所舉辦世界心理治療發展大會的固定主講師。她獲頒許多獎項，包括艾格爾基金會獎、慕尼黑大學、瑞士、

心理學傑出貢獻獎、加州心理學學會、人類學榮譽博士、舊金山大學董事。2013 年，她受邀在烏拉圭為克羅伊・麥丹斯兒童虐待治療中心開幕。

她在《新聞週刊》、《華盛頓郵報》、《波士頓全球報》發表文章，著作翻譯超過二十種語言。

從 2002 年開始，麥丹斯跟東尼・羅賓斯（Tony Robbins）合作，最新書籍《關係的突破》（*Relationship Breakthrough*, 2009）就是兩人合作的結果。

1960 年代她住在加州柏克萊，開始研究艾瑞克森的工作。「我閱讀了所有能找到跟他有關的東西，他寫的東西。我當時還是傾向於精神分析學派，所以這對我來說是一個震驚，花了我一些時間才能消化吸收。我是保羅・瓦茲拉威克在心理研究機構的研究助理，也跟唐・傑克森一起工作，心理研究機構有很多人談論艾瑞克森。我回到阿根廷，沒有見過艾瑞克森，絕望地想要找個認識他治療工作的人，這樣我才能跟人一起談論艾瑞克森。」

麥丹斯在自傳裡寫道，「1970 年，布宜諾斯艾利斯大學舉辦一場大型家庭治療會議。受邀的講師裡有傑・海利，我在心理研究機構工作時拒絕跟他碰面，因為我不同意他所寫的關於精神分析的批評言論。但當時我對於心理治療的觀點有很大的轉變，我希望能夠有機會跟他學習。當我受邀擔任他在大會的翻譯時，我很開心。大會開始之前三天，主辦單位急迫地打電話給我。」

傑・海利已經抵達了，主辦單位拜託麥丹斯去招呼一下傑・海利，就算是一天幾個小時也行。她帶他參觀布宜諾斯艾利斯她最喜歡的地方，他們相處很愉快，這幫助她準備好大會翻譯的工作。

1972 年，麥丹斯回到美國，在費城兒童指導診所工作。「那裡的團隊氛圍很棒，我有很多好朋友，」麥丹斯說，「薩爾瓦多‧米紐慶，布勞里奧‧蒙塔沃，以及傑三人是最佳搭擋，他們花很多時間在一起，很多很精采的討論，而傑大部分時間埋頭撰寫關於艾瑞克森的書《不尋常的治療》。

　　「我跟傑說，『如果你還會採訪艾瑞克森醫師，我想要一起去見他。』我們到了鳳凰城，只有一天時間，當傑採訪艾瑞克森時，我就坐在裡面，一個小時。很有趣，我印象深刻，艾瑞克森是這麼將心力放在提升身邊的人。」

克羅伊‧麥丹斯：然後，1973 年，我父親在阿根廷，因為一場車禍過世了，當時他五十六歲，我久久無法釋懷，狀況很糟糕，有一天傑跟我說，「你必須跟艾瑞克森約個時間，找他幫忙。你現在狀況很糟。」我打電話跟艾瑞克森太太聊了一下，然後她回應我，「艾瑞克森醫生說他必須見你一整個星期。」我說，「我沒有辦法，我有兩個小女兒。」她說，「把他們都帶來。」所以 我決定帶著兩個女兒與保母去鳳凰城找艾瑞克森。艾瑞克森間斷性地每天看我，把我安排在其他個案的空檔時間。

　　我不太記得我和艾瑞克森醫師聊了什麼，但我記得大部分時間很生氣，因為我覺得他完全不了解我。後來我才知道，如果我很生氣就沒辦法同時憂鬱了。他或許是刻意激發我的生氣。

　　我跟艾瑞克森聊了許多關於傑的事情，關於我的事業，

以及我在心理研究機構的經驗，這些人艾瑞克森都熟知。某個點上，我說，「這對你來說應該很困難吧，因為我在聊傑的事情，我很確定這對你來說很難決定要跟我說什麼，因為，畢竟他是你的門徒，而且正在寫一本關於你的書。」他說，「當我和個案在一起時，我心裡只在乎怎樣對個案最好。你是我的個案，我不在乎其他人。」

艾瑞克森給我一本書，堅持我要讀完。這本書是瑪格麗特·米德的傳記。我問他為什麼要讀完，他回答，「有一天你會懂的。」後來我發現，我的人生跟瑪格麗特·米德有太多相似的地方了。

對我來說跟艾瑞克森談話最有趣的地方是，當時我是超級害羞的人，曾經歷恐慌發作，還有嚴重的社交焦慮。如果我要跟超過三個人待在房間，我的心跳就會加速、兩手會凍結。作為一個學心理學的學生、治療師、講師，這是很棘手的問題……但是我在那裡跟艾瑞克森談著我哀悼父親，因此沒有提到這件事。

我離開之後，開始接受邀請，面對大眾演講，三十個人、五十個人，甚至未來自全國各地的一百個人辦工作坊。我再也沒有恐慌發作，沒有焦慮，艾瑞克森在我完全沒有提到的情況下幫我解決了。

很多年過去，我沒有再聯繫艾瑞克森。我在 1985 年第一屆世界心理治療發展大會上擔任講師……艾瑞克森太太也在現場。我說，「艾瑞克森太太，你可能不記得我是誰，但是我多年前是你先生的個案。」她說，「我當然記得你，你從不打電

話，也沒寫信來。」當下我感到很糟糕。然後我記得艾瑞克森過去會說，那個個案想要有失憶症。如果後來他們跟治療師聯絡的時間，是在他們再也沒有問題的時候，就會回到當時那糟糕的感覺。

參考文獻

Haley, J. (1973). *Uncommon Therapy: the Psychiatric Techniques of Milton H. Erickson, M.D.* W. W. Norton & Company.

Madanes, C. (1984). *Behind the One-Way Mirror: Advances in the Practice of Strategic Therapy.* John Wiley & Sons Inc.

Madanes, C. (2009). *Relationship Breakthrough: How to Create Outstanding Relationships in Every Area of Your Life.* Rodale Books.

Madanes, C. (1990). *Sex, Love, and Violence: Strategies for Transformation.* W. W. Norton & Company.

Madanes, C. (1981). *Strategic Family Therapy.* Jossey-Bass.

Madanes, C. & Madanes, C. (1998). *The Secret Meaning of Money: How to Prevent Financial Problems from Destroying Our Most Intimate Relationships.* Jossey-Bass.

Madanes, C. Keim, J. P. & Smelser, D. (1995). *The Violence of Men: New Techniques for Working with Abusive Families: A Therapy of Social Action.* Jossey-Bass.

第一代

賀伯特·曼

我在 1986 年 8 月訪問賀伯特·曼（Herbert Mann）。

1940 年代早期，賀伯特醫師讀到《北美醫學診所期刊》（*The Medical Clinics of North American Journal*）上艾瑞克森醫師的文章，標題是〈催眠在醫學上運用〉（Hypnosis in Medicine, 1944），他非常欣賞艾瑞克森的做法。曼回憶：「在 1930 年那個年代，催眠在醫學上的運用完全不被看重。事實上，我們少數幾個做催眠的醫師都必須安靜地做催眠。」

賀伯特·曼：我當時在紐約執業，開始對我的個案使用催眠。我是透過閱讀布蘭威爾自己學習催眠。我記得當時沒有任何關於催眠的文章，除了精神科醫學期刊和心理治療期刊。那些年，沒有地方讓醫師交換關於催眠的訊息，除了少數幾個地方，像是克拉克·霍爾和艾瑞克森做催眠的地方，但是這兩人的培訓課程並沒有針對一般醫師。因為沒有任何培訓，催眠師開始做培訓和工作坊。

　　「二次世界大戰時，我在歐洲戲院擔任部隊外科手術醫師（二次大戰時，歐洲一個戰火激烈的地方），因為幾個原因我持續運用催眠。有時候，沒有嗎啡可用，我發現催眠對於減輕

疼痛有用，以及治療作戰疲累的創傷後症候群。」[29]

　　他們認為，這是非常可笑的做法。安德烈·韋森霍夫在史丹佛大學的際遇也不例外。直到 1950 年，當時，艾瑞克森、西蒙·赫胥曼、厄文·塞克特、泰德·艾斯登、法蘭克·帕提，以及比爾·赫倫（Bill Herron）聚在一起，開始教授三天的工作坊，當時仍舊面臨很多人的嘲笑。但是透過這個工作坊，我開始認識艾瑞克森，我們花很多時間在一起。我們度過很棒的時光。除了專業講師、講很多有趣的事、從彼此身上學習之外，我們傍晚聚在一起，去城裡一起聚餐。

　　1957 年，艾瑞克森受邀為紐約州立大學醫學院的學生們教授催眠，他邀請我擔任他助教。我們花了兩三天時間在紐約市，這個課程隨後在加勒比海的郵輪上繼續進行。在那十天裡，我更加認識艾瑞克森，和艾瑞克森有很棒的回憶……當時他只吃肉，一種飲食型態。我想他相信只吃肉對他的痛苦有幫助，或許是某個醫師建議他只吃肉，但是他是吃生肉，不喜歡肉煮過。我記得跟他到一家牛排餐廳，有一個很長的櫥櫃，先選擇想吃哪一塊肉，掌廚的人會問你想要怎麼煮。艾瑞克森指著那塊肉，廚師拿起那塊肉問，「你想要怎麼煮？」艾瑞克森說，「放在盤子上。」我解釋給廚師聽，「直接把肉放在盤子上，不用煮。」

　　我有次跟他去旅行……我們坐在加勒比海郵輪的餐廳，服

---

[29]　作者註：1948 年，曼醫師到加州大學試著讓醫學院為專業人士教授催眠，但是被取笑。

務生走過來。艾瑞克森用催眠口氣說，「我想要給我的貓一個盤子。這裡、小貓、小貓。你沒有看見這隻貓嗎？」那個服務生就走回去了。從那時起，艾瑞克森的位子旁都有一個小盤子放在地上。

艾瑞克森的態度和行為是獨特的。他是一個讓人吃驚的人，學識非常豐富。我記得所有參加工作坊的人都被他的示範催眠深深吸引。這背後沒有什麼魔法，艾瑞克森的專業能力最主要是奠基在他花很多時間和注意力在個案身上、在治療上，以及他會給出什麼樣的建議上。他的無意識總是充滿各種材料，我想部分原因是因為他的身體殘疾。他沒有參與我們大多數人會做的事，當我們去城裡玩的時候……他待在房間裡，專注隔天的教課，準備流程、演講，以及示範治療。

當我們其他人教課時，他可能坐在走廊，跟其中一個講師聊天……或是跟一個有問題的人聊天。他會指著他對面一張椅子，要人們坐下來。他是很具體的，而這會讓人們聚焦在接下來要發生的事、何時會發生、怎樣發生。

沒有人像艾瑞克森這般充滿戲劇化人格。當艾瑞克森站上講台，你會聽到針掉下的聲音，空氣凝結，一種期待的氛圍。當然，他知識非常深厚，但是他演講的肢體動作、他看向觀眾的眼神、聚焦在台下每個人，用他穿透力的眼神把催眠示範做得像是施展魔法一般。比如，他會站上講台，開始對兩百位專業人士演講，十分鐘之後，最後面一排的某個人會站起身來，開始向講台移動，你發現這個移動的人在夢遊。大家都驚奇不已：艾瑞克森如何在對大家演講時同時催眠了這個人。沒有人

不知道，其實在前一晚他已經打下基礎……艾瑞克森可能前一晚遇見這個人，發現他是很好被催眠的人，給了一些催眠後暗示。他不會只是說，「你將進入深度催眠。」他會增加很多東西，比如，「你會進入這麼深層的催眠，你可以好好享受。這會持續很久。你會全身都很享受。現在當你看見我抬起我的手，或是向你點點頭，你會進入同樣的深層催眠，感覺你很想要走向講台，加入我，跟我一起享受台下的觀眾們。」因此，當這個人站起來，走向講台，大家都很驚訝，他們不知道艾瑞克森事先做了功課。

我覺得艾瑞克森把這個過程當成演講的一部分。他不僅僅教授工作坊，同時在教授個人，賦予他一個能力，可以運用自己心理生理的反應和行為。我不認為艾瑞克森享受感覺自己很強大，我覺得他的享受來自於發現他教會一個人運用他自己的能力。他很在乎人們。

關於艾瑞克森的技巧和治療，曼說到，「我想人們認為艾瑞克森發展自己的技巧來做奇蹟治療。事實上，他也有失敗案例。有很多他幫助的人，並沒有快速達到效果。早期關係裡，我們都認為要花時間跟個案在一起。我在婦產科上大量運用催眠……教導婦女們接受子宮的收縮，讓這個過程變成相對愉悅的感受。但是艾瑞克森教導我忘記懷孕這件事，花更多時間跟人們相處。他經常說，『你看，一個女人是一個女人，不論她是否懷孕。教會女人關於催眠的各種現象，就會間接幫助她們，在懷孕時、臨盆時派上用場。教導婦女負向幻覺……教導她們自動書寫。』他認為自動書寫是一種對

於學習行為和學習反應都很有用的催眠機制。」

談到對艾瑞克森的兩極評價時，曼說：「我想這個負面評價是因為嫉妒艾瑞克森。很多人試著模仿他，都很悲慘地失敗收尾。很多人不相信他的方法，比如，短期治療的療效。尤其在那些年，基本上所有精神科醫師和精神分析師都反對任何短期治療，他們覺得需要花很長時間才能改變人的行為和思考。在那些年，我們沒有吸引到真誠的治療師，都是一些外圍的人，一些想要利用催眠吹噓自己的能力，吹噓他們可以對個案為所欲為的人。有幾個精神科醫師會偷跑進來，但是他們不會說自己是精神科醫師，需要自己發現這些人。我大膽地說，一百個學生裡有一半是想看魔法的庸醫……他們不認同短期治療。催眠是遭到嚴厲指責的。

「在那些年裡，艾瑞克森不被了解，很多人認為他是舞台娛樂者，用一種看舞台催眠師的眼光來看待艾瑞克森，像是在舞台上的表演者，他們學不到東西，卻又對他操弄的能力驚嘆連連。艾瑞克森並不想操弄別人，他試圖教導。在現今世代，如果艾瑞克森要上台做治療，我想台下觀眾會更加專業，聚焦在他所做的治療，以及為什麼，那就是問聰明的問題。」

曼是那一群被臨床與實驗催眠學會趕出來，隨後創建美國臨床催眠協會的人之一。曼回憶，「我們對臨床工作更感興趣，但是臨床和實驗催眠學會的人不感興趣，他們有他們的興趣。我們大概有十二個人聚在一起：艾瑞克森、賽特克、賀胥曼、艾斯登、派蒂、比爾‧賀隆、大衛‧齊克、法蘭茲‧鮑曼和我。當時我們招來很多敵意，我常說或許我們有很好理由解釋為何需要兩個機構——一個機構主要聚焦在實驗工作上，另一個機構主要是臨床工作。」

關於艾瑞克森的個性和方法，曼說：「有些個案害怕艾瑞克森，我認為他們對他的印象錯誤。我記得有個人住在舊金山灣區，他去鳳凰城看艾瑞克森，之後來找我做治療。說艾瑞克森是瘋子……他的方法讓她害怕。你知道的，穿透力的眼神、專注力，有些人就受不了這種。因此，同樣的特質幫助了許多人，但也嚇跑了一部分人。」

談論艾瑞克森的傳奇和他的影響力，曼說：「有兩個人說他們是艾瑞克森的傳人，我不認為艾瑞克森享受跟人很靠近。我覺得他對於那些想要攀附他的人感到厭煩，而且他他可以看穿他們。他是一個很疏離的人。」

曼最後一次看見艾瑞克森是他受邀到亞利桑那州立大學演講時。他打電話給艾瑞克森，問他在幹麻。艾瑞克森回答沒做太多，但是他想要曼過來一趟，跟某個人見面。那個人是人類學家瑪格麗特‧米德。「她是艾瑞克森那個週末的貴賓，」曼回憶著，「那是我第一次看到艾瑞克森享受跟人相處的社交時光。就只有我們四個人，（艾瑞克森醫師、艾瑞克森太太、曼和瑪格麗特‧米德），我們聽米德講述旅行到南太平洋的許多故事。

「我記得在工作坊上……下課後大家都離開了，我待在他身後，幫他離開講台，我們會在去電梯的路上閒聊。但是當我談到社交情境時……你會發現他開始神遊太空，我感覺他正想著剛做完的催眠示範……或是明天要教什麼。並不是說他不社交……他只是覺得社交浪費時間。

「艾瑞克森從來不會批評任何人，他當然有很多理由去批評。他就只是做自己的事，讓每個人做他想做的事。很多時候，我問他

他認為我的講課如何，他總是幫助我許多。如果你問他，他覺得你很真誠，你想聽到批評或建議，他會給你的，但是他不會主動提起，這是艾瑞克森很棒的特質。」

第一代

羅伯特・麥斯特斯

羅伯特・麥斯特斯（Robert Masters）是人類意識的探索先驅、1960 年代個人成長運動的領袖。從 1965 年開始，麥斯特斯是心智研究基金會的聯席主任。他跟珍・休士頓（Jean Houston）結婚，共同創作許多文章，也撰寫了幾本書，包括暢銷書《心智遊戲》（*Mind Games*, 1972），這意外地啟發約翰・藍儂（John Lennon）創作同名歌曲。

以下摘自羅伯特・麥斯特斯的書《米爾頓・艾瑞克森：個人追憶和感謝》（*Milton H. Erickson: A Personal Reminiscence and Tribute*, 1981）。

羅伯特・麥斯特斯：我最早在 1950 年代中期遇見艾瑞克森，當時他致力於喚醒催眠的潮流。他到全國各地旅行，帶著一些醫師和牙醫師……他舉辦工作坊，激起大家對催眠的興趣，並獲得支持，他想要說服美國醫學學會讓催眠成為合法的醫療工具。

我參與的工作坊是在路易斯安那州的雪薇波特（Shreveport）舉辦……艾瑞克森催眠全場觀眾，我體驗到我的第一次催眠狀態。當時我已經催眠過很多人了，但是沒有人可以催眠我，儘管很多人嘗試過。在艾瑞克森催眠我之後，我覺得我的一個障礙被移除了；我可以體驗到催眠狀態，無論是

別人催眠我，或是我催眠自己——這是我深刻感激的，當時我深度參與在意識狀態的改變工作裡，無論是透過藥物或是沒有透過藥物。

事實證明，艾瑞克森可以進入自我催眠的狀態，無論是淺度催眠或是深度的夢遊，他經常在自己的催眠狀態治療個案。這種驚人的催眠能力應該歸功於他對催眠狀態的了解，以及對個案體驗的了解……在他的晚年，他說到，他會被帶到一種我們現在說的超凡（far out）的狀態，然後確定他有超凡的體驗。他發現自己待在一個遙遠（far reaches）的太空，沒有任何人事物在那裡。他說，還有什麼比這種體驗更遙遠？

就像其他體驗過艾瑞克森治療的人一樣，我花了很多年時間密切研究他的文章和任何我能拿到的錄音帶。這些錄音帶很難取得，許多人擁有這些錄音帶都嚴密保護著不外流。研究艾瑞克森對我的催眠工作與其他實驗應用、心理治療應用有很大幫助。當我太太，珍·休士頓和我出版《心智遊戲》這本書時，我們大大感激艾瑞克森，那本書把他的一些方法介紹給一般大眾，這或許是大眾第一次知道艾瑞克森這個人。

艾瑞克森或許是最擅長操弄的治療師，但是他操弄人們獲得自由、健康，以及接觸到自己的極大潛力。艾瑞克森致力於幫助找上門的人們，他會做任何必要的事情。當他在工作時，無論是個人或是團體，他總是全然臨在——這是少數人花一輩子時間才能達成的。他長得很好看，給人感覺很聰明，甚至有偉大的覺知能力。在個人互動上，我會觀察他，並詮釋我所觀察到的，他有時候會指派他的某部分意識繼續一個談話，然後

其他意識部分去到別的地方。當然，我們每個人某種程度上都會這樣做，但是在艾瑞克森身上，你似乎感受到量化這些不同地方。

超過半世紀的時間，艾瑞克森大概深度催眠過最多個案，比任何其他催眠師都多。他也花更多時間探索個人的催眠體驗，比其他人都多。所有關於人類行為的事他都感興趣，很少有人類的問題是他沒處理、探索過的。催眠狀態是他主要的探索工具。他可以跟各種人建立親近關係，無論社交經濟地位、教育程度，或是問題本質。

真正的心理健康很少見。更少見、幾乎不曾被人見到的，是全然覺醒又全然天才的人。我覺得艾瑞克森的偉大和成功，尤其是作為治療師的身分，有很大一部分原因歸功於他的全然覺醒——這建立一個基礎或根基，他的天才總是可以回到這個基礎上。

▎參考文獻

Masters, R. (1981). *Milton H. Erickson: A Personal Reminiscence and Tribute*. Dromenon. (Pp. 66-69).

Masters, R. & Houston, J. (1972). *Mind Games: the Guide to Inner Space*. Viking Press.

第一代

葛萊蒂斯・麥卡利和比爾・麥卡利

我在 1989 年 3 月訪談葛萊蒂斯・麥卡利和比爾・麥卡利
（Gladys Taylor McGarey and Bill McGarey）。

葛萊蒂斯・麥卡利是家醫科醫師，當時已經執業六十年。她在
印度長大，父母親是醫療傳教士。她在國際公認的全人醫療之母，
也是自然生產的時代先驅；是美國全人醫療學會的聯合創始人兼現
任主席，也是超心理學與醫療整合學院的聯合創辦人，此外她也
是美國最早期運用針灸治療，並且培訓其他醫生學習針灸治療的醫
生。

比爾・麥卡利是國際聞名的醫師，執業五十五年，與葛萊蒂斯
一起開創了全人醫療領域，並且把針灸運用在醫療，帶到美國醫學
界。大家都熱情地稱他為「比爾醫生」，他也是美國全人醫療學會
的聯合創辦人、艾德加・凱西（Edgar Cayce）著作的主要貢獻者。
比爾・麥卡利致力於將凱西的療癒工作帶給世人，他寫了一本書叫
《艾德加・凱西療法》（*The Edgar Cayce's Remedies*）。

1955 年，麥卡利一家人從俄亥俄州搬到亞利桑那州鳳凰城，
當時鳳凰城只有七間醫院和十五位女性醫生。葛萊蒂斯說，「當時
是個養牛小鎮。他們做的是對抗傳統醫療工作。人們會因為採用針
灸和全人醫療法而被殺害。城裡的人不歡迎艾瑞克森，也不歡迎我
們。」

1970 年，麥卡利夫妻在鳳凰城創辦了啟迪教育資料研究學會（the Association for Research Enlightened Education Material, A.R.E.），他們是醫學界整合全人醫療和對抗醫療的先驅。

　　1955 年，比爾・麥卡利遇見同行比爾・羅傑斯（Bill Rogers）和鮑伯・艾斯特（Rob Axtel）兩人，他們開始討論催眠。比爾回憶起，「比爾・羅傑斯是醫師，和我一起在鳳凰城市立醫院工作……我們大量閱讀，對催眠感興趣，然後他說，『或許我們應該閱讀更多關於催眠的資料，你知道現在全國最厲害的催眠老師就在這裡。』我問：『誰？』他回答，『米爾頓・艾瑞克森。』」

　　比爾・麥卡利打電話給艾瑞克森，艾瑞克森同意跟一些同行談論催眠。他們第一次聚會是在麥卡利家，當場還有幾位醫生參與。

　　葛萊蒂斯說，「我們在晚上聚會，艾瑞克森會教我們催眠。我當時對婦產科有興趣，研究如何運用催眠幫助生產……這是一個家庭聚會的形式，一群醫師聚在一起，研究概念想法。當時，醫生們沒有聚會場所可以一起討論和研究，或是探索他們好奇的事情……艾瑞克森讓我們做自己的工作，毫無疑問地，大家都知道誰才是會議領導。」

　　葛萊蒂斯被艾瑞克森催眠過，她描述那是一種「奇異卻美好的體驗」。

比爾：有個關於布萊蒂・墨非（Bridey Murphy）的故事出現在談話裡，她是家庭主婦，本名維吉尼雅・泰蒂（Virginia Tighe），自稱前世是布萊蒂・墨非，生於十九世紀的愛爾蘭，還有一小段影片紀錄。我當晚播放這個影片，艾瑞克森說：「這不是前

世回憶，沒有前世這種事。」他堅決反對前世輪迴的概念……我們覺得聽起來合理，也就配合艾瑞克森的說法。

　　逐漸地，這個醫師團體人數增加……我們感覺變得太大了，當時至少有十五至二十個醫師參與聚會，因此我們換了地方，聚會繼續進行……

葛萊蒂斯：艾瑞克森大兒子伯特（Bert）的老婆莉莉安（Lilian）即將迎接第一個小孩，我們準備好在家裡生產。艾瑞克森去兒子家裡做了催眠……這小孩已經過了生產期很久還沒出生，艾瑞克森就對他媳婦說，「我必須去一趟夏威夷，你必須把小孩生出來……」他媳婦自我催眠，我幫忙接生，小孩順利誕生。很有趣，就好像這小孩等艾瑞克森離開才要出來。艾瑞克森對這小孩而言太強勢了。

　　說起對艾瑞克森的印象，葛萊蒂斯說，「他是一個讓人愉悅的人，有他自己的主見，跟我的看法不一樣……我們有著相同的目標。外表上他看起來不強壯，但內在有超級強大的力量……他當然不是傳統做法的人。現在，大家都談論催眠，就像家常便飯，但在當時，人人視為異類。

比爾：艾瑞克森是一個讓人愉悅的人，經常微笑。他總會讓人感到安心。

▌參考文獻

McGarey B. (1983). *The Edgar Cayce rRemedies: a Practical, Holistic Approach to Arthritis, Gastric Disorder, Stress, Allergies, Colds, and Much More.* Batum.

第二代

羅伯特・麥克里尼

羅伯特・麥克里尼（Robert McNeilly）在 1984 年寄給我關於傳記的材料，我在 1988 年 3 月採訪他。

羅伯特・麥克里尼是來自澳洲的醫師，是澳洲最有名的艾瑞克森學派治療師和講師，撰寫了數本書，有大量培訓素材，發展出自己的培訓方法。

「我最早聽到艾瑞克森是在澳洲阿德萊德（Adelaide）的一個會議上。」麥克里尼回憶，「約翰・哈德蘭受邀從歐洲來，講了一些關於艾瑞克森如何幫助他的故事。」哈德蘭進入催眠狀態，他自己不知道，這讓麥克里尼感興趣，因為哈德蘭寫過一本催眠教科書。

羅伯特・麥克里尼：1976 年，我參加國際催眠學會在費城舉辦的大會，現場放了一個影片（賀伯特・拉斯提格拍攝的《米爾頓・艾瑞克森的治療藝術》），影片裡，艾瑞克森幫曼蒂和尼克催眠。我對自己的反應感到很不安，因為我的眼睛無法一直睜開。當時已經很晚了，我以為是因為很累所以睜不開眼睛。隔天早上吃早餐時，我發現自己並不是因為很累……這就讓我感到興奮和緊張。

　　1977 年，我打電話給艾瑞克森，問他我是否可以花點時

間跟他學習。我強烈感覺我會得到治療。到了鳳凰城機場，我再次打電話給他，電話那頭的口氣聽起來很粗暴……他告訴我想辦法到他家。我後來才知道，應該是我當時語氣讓他感覺我太興奮……聽起來很無助。

艾瑞克森太太貝蒂催促我到客廳……李‧普羅斯（Lee Pulos），一個從加拿大來的心理學家也在現場。我對艾瑞克森萬分驚恐。他問我想從他那裡學到什麼，我不知道要說什麼，只說我想學疼痛管理。他讓我坐在一個三角的凳子上，離他很近，他接著讓李進入催眠，要李展示給我看前一天發生了什麼事。我開始感到昏昏沉沉，很不舒服的狀態，我捕捉不到艾瑞克森要我做什麼。我想要閉上眼睛……但是他沒有給我明確指令說我可以閉上眼睛，我於是很有禮貌地等待他的許可。過了一些時間，我不知所措，唯一能做的就是閉上眼睛，進入更深的催眠。就好像是他讓我感到不知所措，不知所措到只能進入催眠裡。大概兩到三個小時坐在那不舒服的凳子上，我的手肘掉到膝蓋上，我的頭感覺像是要掉下來。我從中學到很多關於疼痛管理。

我總是喜歡討好人，低聲下氣到極致，艾瑞克森有次對我說，「如果你有禮貌，把這些留在外面，這些禮貌在房間裡不受歡迎。」他看起來好像不在乎我是否喜歡他，他有時候就是這麼會激怒人……甚至激怒我使對他沒禮貌。有一天，他一定是感覺到我需要更多的表達，更不要顧及禮貌，他對我窮追猛打，非常直接，挑戰口氣，面質口氣，直到某個點，我被激怒了，我跟他說，「我對你這麼生氣，我甚至可以打你一拳。」

他毫不在意地問我是想用左手還是右手打他。我一輩子沒有打過別人，當時非常困惑，只是盯著我的拳頭看。

在兩週的培訓快結束時，我告訴艾瑞克森我想要離開原本的家醫科醫師工作，成立一個催眠諮商機構。他暗示我那是非常困難的事，我不應該這樣做。我很尊重他的意見，但後來想想，他是想刺激我反叛，走自己的路。有趣的是，這個覺察直到六個月之後我才發現。我轉換職業，儘管他建議我不要這樣做。

我後來又去拜訪他一個星期，請他幫忙處理我當時岌岌可危的婚姻。他給我一些直接忠告，我感覺受到支持……但他告訴我，我的婚姻已經結束了，我直到兩到三個月後才能接受這忠告。飛回澳洲後，我收到他寫給我的一封信，信裡他說，個人的命運是主要的力量，可決定一個情境的結果，而不是一些個人小事。看著那封信我感到困惑，這對我的頭腦沒有任何影響……但是最終卻又對我大有幫助。

我在 1977 年回到鳳凰城。一次治療裡，他幫助一個有個搭飛機恐慌症（airplane phobia）的女士……他告訴她完全不是因為她有搭飛機恐慌症……而是她先生有外遇（an affair），他說她所認為的「搭飛機恐慌症」是一種害怕失去控制，從中產生一個社會能接受的說法來表達這個害怕。治療的過程，他持續跟她說，在他看來，她是一位非常有吸引力的女士。然後他問我的意見，我說她是很漂亮。他對她說，「至少在這世界上有兩個人覺得你非常有吸引力。」然後他有點指責她，用一種溫和的方式說，她忽略了生活裡有許多舒服的資源可以和她

連結⋯⋯然後他讓這位女士回家修正這些遭她忽略的東西，這樣她就會看見這些資源。她離開時看起來完全不一樣。

最後一次我和我太太去找艾瑞克森是在 1980 年，大約他過世前兩週。有個年輕女生在那裡。她前一天也在場，總是吸引大家的注意力。第二天，她把自己安排在綠色椅子（催眠個案椅）上，穿著白色洋裝，頭髮弄得很漂亮。艾瑞克森推著輪椅進來辦公室，看看在場的同學們，然後轉向他左手邊的女生，說，「小無辜女士今天如何？」

星期五那天，我們要離開前待在後院，他讓我當時的太太幫他推輪椅，推到一個點，他說，「就是這個地方。」然後他向上指，樹上有個槲寄生，我太太說當時她情不自禁地一定要在艾瑞克森臉頰上親吻一下。

當時我和我太太剛剛結婚三到四個月，他給了我們兩個結婚禮物：一個是剪紙的陶瓷器，一層層的紙包裹起來，你可以看到裡面一層的另外一個顏色。這就像是他給我他的治療工作的隱喻——你所看到的只是表面，在面有很多東西在運作，是我們看不見的。另一件禮物是一個海豹（Seal）的鐵木雕塑，他很吃力地在一張卡片上寫下，「時間到了，海象（walrus）說，去說到一個海豹⋯⋯」他提到了一個怪老頭（Old Codger）。[30] 在槲寄生底下，我很確定他不僅僅是給我們一隻海豹作為結婚禮物，同時象徵我們的婚姻堅貞不移（a seal to our marriage），他也在讓我們知道，或是他自己知道，

---

[30] 作者註解：艾瑞克森有時候把自己稱為怪老頭。

他快要離開人世間了。

我第一次接觸他的工作，就像是敲響了一根弦，但是我無法跟上，接著我就置身這個神祕當中。我花了很長時間才有辦法在內心彙整、運用他所教導的種種。我想最難的部分在於，理解不合理的地方、非線性發展的本質。他的說話就像是不知從何而來，很明顯地不相關、沒有結構，而這個不合理令人著迷目眩，挑戰你的一切。

至於他的個人風格，他非常有彈性，與人適當地相處……就算一個人可能體驗到他很不合理的反應。我覺得他充滿愛、在乎、願意做一個適當的人，而不是做他人預期的、流行的，或是大家認為對的事。他會大膽地真正看見真相，喚醒個人的潛在可能性，不論是治療師或是個案。他認為心理學和精神醫學很明顯地自我受限，不切合實際的理論，扭曲了事實真相。我相信歷史會證明，艾瑞克森是一個創新的人，他是人類心理發展的偉大先驅。

▊ 參考文獻

Erickson, M. H. & Lustig, H. S. (1974). *The Artistry of Milton H. Erickson, M.D.* https://catalog.erickson-foundation.org/page/artistry-of-mhe.

第一代

馬利安・摩爾

我在 1984 年 3 月和 1989 年 3 月訪問了馬利安・摩爾（Marion Moore）。

在田納西州孟菲斯市開設私人精神科診所的馬利安・摩爾醫生，在 1952 年收到了一份艾瑞克森關於催眠研討會的宣傳，他前往參加研討會。在那之前，他從未聽過米爾頓・艾瑞克森的名字。

「我不知道該期待什麼……」摩爾回憶道：「私底下我喜歡他，他似乎也喜歡我，特別是當我告訴他我用催眠治療的第一個案例是我的妻子之後。我告訴他我一直以來如何使用它，以及為什麼使用它。他說：『你是我喜歡的類型。』」

「我的妻子需要接受手術，但由於風險是肝功能可能衰竭，她不能接受術前麻醉。我使用催眠讓她麻醉……如果她激動起來，可能會死亡。因此，在催眠的幫助下，結果非常完美。」

摩爾對艾瑞克森的第一印象：「我喜歡這個人說話的方式和對人的反應。他似乎對人有一種真誠的洞察或感覺，儘管有點像舞台上的演員。我非常喜歡他對個案和其生活方式的尊重……（艾瑞克森）不只是一個向個案收費的醫生，他與個案有了個人聯繫。

「我盡我所能頻繁地和他聯繫……每次會面都很豐富多彩。他偶爾會邀請我到他的房間進行更進階的催眠談話。我一直在進行許多催眠，我發現它真的很有效，所以更有興趣學習。」

摩爾在研討會上從艾瑞克森學到的一件事是做出正面暗示的藝術，以這樣的方式說話，個案不會將其視為直接命令。

「當我進入（精神科）住院醫生階段……這很符合米爾頓的喜好。」摩爾回憶道：「我被告知，住院醫師和正當精神科醫師都不會使用催眠，因為它是江湖騙術。那是一般傳統醫學的觀點。他告訴我，就催眠而言，要低調行事，直到醫學院採取不同的態度，而它確實如此。1974 年，當精神醫學系發生變革時……我們被告知可以教催眠。他（艾瑞克森）說：『我一直在等你。』……接著我們立刻安排我前往鳳凰城與他共度幾週時間。」

關於艾瑞克森在這個領域的聲譽，摩爾說：「我聽過很多種批評，有些人認為他太冒失了……一個表演者……他的教學裡吹噓多於實質內容。但當我開始用它來治療我的個案時，我發現實際情況並非如此……我認為這是專業嫉妒。透過仔細觀察個案的行為，他能夠做到大多數人無法做到的事情，因為他有能力看清個案需要什麼。

「多年下來，他對自己的能力充滿信心。涉及治療個案時，他會竭盡所能……大多數情況下，結果都很好。當然，也有失敗的時候。米爾頓有健康的自我。他確實在想一些個案──關於他所做的事情是否可能有誤。如果使用的治療方法行不通，他會轉向另一種方法，但我不認為他曾感到挫敗。

「他晚年時變得冷靜一些，似乎不再那麼有力，但始終很寬容。他會對人使用隱含建議，他是一個很高明的說服者。

「我認為米爾頓最令人難忘的特點是他操縱他人的能力……他的個案、孩子，甚至他的妻子都不例外。這其中的美妙之處在於，

他會操縱某人讓他們得到某些東西……這是為了被操縱者的發展、知覺增強和力量提升。我看到他比同時代一些用催眠工作的人更有說服力。當時有一些政治問題，而米爾頓在操縱政治局勢方面非常嫻熟。」

關於艾瑞克森如何成為一個如此熟練的專業者，摩爾說：「我認為根源是在他童年時期就學到的。即使在他患上小兒麻痹之前，他就會在雪地裡跳著踩出蜿蜒曲折的路徑，其他孩子會跟著這條路走，而不是直線行走。曾經有一次，牛不肯進穀倉，於是米爾頓拉住牛尾巴，牛便衝進穀倉。米爾頓有閱讀障礙，看待許多事情都很不同……而且他從閱讀障礙中學到了很多。這對他的治療方式很有用，因為他對個案產生直覺感受。

摩爾：米爾頓是一個非常安靜的人，我從未聽到他尖聲大叫，除了或許在晚年感覺不舒服時。他是一個相當低調的人，喜歡開玩笑……而他可以很輕易地講出笑話，儘管有些古怪。如果有人做了違反他道德標準的事情，他甚至會生氣。他偶爾會跟我討論這些事情，這是一種健康的發洩方式。

他要我成為他的私人醫生……我前往那裡（鳳凰城）連續數週——直到他去世。大多數時候，米爾頓情緒穩定，但在後來的幾年，隨著肌肉功能的下降，他可能感到沮喪，我不得不用抗憂鬱藥物治療他的憂鬱。我開始理解他的憂鬱行為和反應，透過藥物和個人接觸消除這些問題。我幫助他走出沮喪，讓他能夠自理並從事他非常渴望做的教學工作。我認為他在最後幾年的教學使他活得更久。他告訴我，如果不是我處理他的

心臟問題，他會在一年前就去世了——對此他很感激。

　　當我接手開始照顧米爾頓時，我希望他接受實驗室檢查：X光、心電圖、血液檢查，帶他去了林肯醫院，推著他的輪椅四處走動，米爾頓情不自禁地哭泣，這是我記得他唯一一次這個模樣。我曾經見過他因身體困難不時痛苦和沮喪地哭喊。我問他怎麼了，他說：「沒有什麼問題，馬利安，但你不知道我坐在輪椅上被你推著在醫院裡走是多麼令人尷尬。」我覺得這些話記錄了這個人的性格特點。事實上，我曾經看過他表現出任何健康的人在一生中可預料到的各種情緒狀態。

　　我認為他很棒，因為他非常獨特，他的方法有效，他對於人的理解絕對是非常出色的。他不太願意寫書，這方面是由傑‧海利、恩尼斯特‧羅西和傑夫‧薩德完成，那並不是他的興趣所在。他興趣在於治療個案，照顧人們，確保其他人學會如何以有建設性的方式照顧個案，幫助個案改善他們的生活品質。對於米爾頓來說，這比讓他人效仿他的偉大更加重要。

第二代

比爾・歐漢龍

我在 2015 年訪問了比爾・歐漢龍（Bill O'Hanlon）。

1973 年，比爾・歐漢龍在亞利桑那州立大學附近的馬修斯藝術畫廊遇見了艾瑞克森。歐漢龍最終成為艾瑞克森的園丁，以此支付艾瑞克森教導他的費用。艾瑞克森對歐漢龍產生了巨大的影響，他寫了三十多本書，對全球的治療師做了三千五百場演講，是許多國際會議的頂級演講者，2001 年，新英格蘭教育學院授予他「年度傑出心理健康教育者」稱號。

當比爾・歐漢龍遇到艾瑞克森時，他還是亞利桑那州立大學的大學生，也是馬修斯藝術畫廊的工讀生。一天，艾瑞克森和夫人以及女兒蘿珊娜來到了畫廊。艾瑞克森坐在輪椅上，但是主畫廊位於幾層樓之上，而建築物不適合輪椅通行，艾瑞克森想要看一看畫廊，以及出售斯瑞（Seri）鐵木雕刻品的禮品店。「我們決定使用一條小坡道，大約和他的輪椅一樣大，但坡度很陡，」歐漢龍說：「身為病態樂觀主義者，我為這個坐在輪椅上的人感到難過，所以我說我可以幫他。他們看著我：『真的嗎？』我那時又矮又瘦，但我說：『噢，是的，我能做到。』上去容易，因為我可以用真正的蠻力，但下來時我必須抓住那個輪椅。」艾瑞克森在畫廊商店購物結束後，要求歐漢龍幫他回到車上。」

歐漢龍：當我回到美術館時，一個同學說：「你知道那是誰嗎？」我說：「不知道。」她說：「那是著名的精神科醫生米爾頓·艾瑞克森。」「我從未聽說過他。」我回答。她說：「你是學心理學的，應該要知道他。」她遞給一本畫廊的雜誌說：「這裡有一篇文章。」這是命運，因為那個星期時代雜誌刊登了一篇文章，關於艾瑞克森和傑·海利的新書《不尋常的治療》，文章標題是〈亞利桑那州的斯文加利〉。我一讀就著迷了。

　　我去了亞利桑那州立大學圖書館，找到一些他的文章，但沒有書；又在艾瑞克森曾經工作的亞利桑那州立醫院找到了更多的文章。我覺得這個人做的事情與大學教我的東西不一樣。他很有創意、有趣，處理人的方式很奇怪。很迷人，但也令人困惑。我盡可能地了解他的一切。我有點著迷。

　　當我完成調查時，我已經進入研究所了。我想成為婚姻和家族治療師，這部分是受海利的書啟發。1976 年，我參加了班德勒和葛蘭德的研討會，他們告訴我：「你住在那裡（鳳凰城），為什麼不去跟艾瑞克森博士學習？」我說：「我沒有錢，而且只是個學生，無法跟艾瑞克森博士學習。」他們說：「他非常開放，你應該打電話給他。」當時的我很害羞，不可能打電話給他，但種子埋下了。當時我自認為是女權主義者，心想：「我會寫信給艾瑞克森夫人和艾瑞克森博士，先提及艾瑞克森夫人。」我寫了一封信給他們，說我沒有錢但想跟艾瑞克森學習。我告訴他們我有各式各樣的計劃來實現此目標，其中一個就是我可以當他們的園丁。我曾經當過園丁，為自己付清研究所的學費。我還提議我可以寫一本關於艾瑞克森的傳

記，因為我覺得他的人生經歷非常鼓舞人心。

　　我將信寄出後就去度週末了。回來後，我的室友說：「有個很奇怪的人一早就打電話過來，詢問歐漢龍園藝服務。他不留言，當我告訴他你不在的時候，他就掛了。」第二天早上，室友很早來敲門，說：「又是他。」我接了電話，艾瑞克森博士說：「歐漢龍園藝服務？」我說：「是的，我是比爾・歐漢龍。」他說：「你覺得在決定接受這個工作之前，應該調查一下土地嗎？」好吧，我嚇呆了，我陷入了催眠狀態。

　　歐漢龍同意在隔週二上午十一點與艾瑞克森碰面。「現在故事中荒謬的部分來了，」歐漢龍回憶：「當時我是一個頭髮長到腰的嬉皮，我讓女友按照圖樣為我製作了一套白色三件式西裝，但是我買不起好布料。約翰・藍儂穿著一件代表和平的白色西裝。我決定穿上那套西裝去見艾瑞克森。回想起來，我肯定看起來很可笑，但那是我當時最好的衣服。當我到達艾瑞克森家時，艾瑞克森太太打開了門，說：『哦，你是比爾・歐漢龍。我們一直在等你。』艾瑞克森就在門邊，我感到很害怕，因為我讀了很多關於他的東西，並且思考了很長時間。我去握他的手，當然他部分癱瘓了，所以我想：『哦不，我已經犯了一個錯誤。』他正在看《一家子》電視節目，每次阿爾奇・邦克（Archie Bunker）使用錯誤的語言時，艾瑞克森博士都會笑個不停。我想：『哇，我們正在一起看《一家子》。這真是太神奇了。』但過了一會兒，我開始想知道我們在做什麼。他會教我嗎？我沒有頭緒，驚訝又困惑。節目結束後，艾瑞克森叫貝蒂（艾瑞克森太太）幫他坐上輪椅，說我應該把他推到花

園裡。

歐漢龍：花園裡有一小片區域種有玫瑰。他對我說：「我希望你能把這些玫瑰中的香附子（nutgrass）清理出來。」作為心理治療學生，我認為香附子是他使用的比喻，因為英語中的「nut」可以表示「瘋狂」。艾瑞克森讓我當場完成這個任務。我看了看自己的白色衣服，太害羞了，不敢問能否先回家換衣服，所以，我跪了下來，弄髒了衣服，而那實際上是很棒的禮物。關於香附子是這樣的，你可以除去草，但地下還有一個小的堅果核必須清除掉，否則草還會長回來。那一天，我花了很多時間在艾瑞克森的花園裡挖掘。最後，他說：「你為何不下週再來一次呢？」

　　隔週來那次我穿著合適的衣服。第三週，艾瑞克森夫人拿出了艾瑞克森的預約本，說：「米爾頓，這位孩子想參加一些療程。我們來安排一下。」之後，我參加了療程。在那一年裡，當我向他學習時，我是他的園丁。有時只有我們兩個人在客廳，或者他會來到花園為我講故事。如果我問他關於心理治療、催眠或人類行為的問題，他的回答總是比喻或間接的。如果我問他關於園藝的問題，他會非常清晰地回答。在園藝方面，他從來沒有任何含糊，總是很明確地表達他希望我在花園做什麼。

　　我曾經和他談過為他寫傳記的事情，他拿出了所有艾瑞克森家族的歷史剪貼簿和照片，告訴我許多故事。之後，我們去了他的車庫，那裡有一個泥地區域，可以停放一輛額外的車。

泥地經常遭車子碾壓，因為這是亞利桑那州，泥地形成一層硬質物，白堊土。當亞利桑那州下雨時，礦物質從泥土中滲出，並在表面底下一兩吋變成類似混凝土。艾瑞克森對我說：「這裡沒有人停車，我想建一座花園，能幫我挖一下嗎？」我只有五十公斤，跳上乾草叉試圖挖掘這塊泥地，但只在表面上刮掉了一點點。約莫四小時後，艾瑞克森出來告訴我：「不行。」他讓我離開，再也沒有談過寫他的傳記。在那之前，我們已經談論了兩個星期，但後來我想他並不認為我有足夠的能力或毅力來寫他的傳記，甚至一篇文章。

我最後為他完成的園藝任務是將一個桶型仙人掌切成兩半。我不知道為什麼要做這件事，也不知道為什麼有人想要這樣做。他沒有給我任何理由，只是讓我將仙人掌鋸成兩半，這並不算太困難。就這樣，當時這似乎是一個隱喻任務，而不是實際的任務。

我是在史蒂芬・蘭克頓和大衛・卡洛夫來訪期間出來的，我猜我對那段時間發生的一些事情失憶了。

我成長在一個充滿惡意、嘲諷和責備的家庭中。很顯然，艾瑞克森博士吸引我的部分原因是他並不著重於作出診斷或尋找原因，或找出誰該受責備。他對你的資源和相關解決方案很感興趣。他是典型的美國人，非常實用主義。我在傑・海利的書中讀到他的方法，我喜歡這種方法，沒有人被責備，也沒有人被貼上標籤。相反地，找到聰明的方法，讓人們以資源為導向去改變。我是愛爾蘭人，家族兩邊都是，因此，我對這些故事很著迷，但對催眠抱持謹慎態度。我跟艾瑞克森博士學習之

後克服了那個問題，因為他進行的催眠似乎帶著相當尊重的態度，沒有操縱，而且非常有力，這吸引了我。一旦我理解了它，我認為它很棒——它是一種不同於佛洛伊德使用無意識的方式。

我不是跟蹤狂，但我對艾瑞克森博士有點著迷。我開始記錄他每個旅行地點和日期；有一次，我試圖弄清楚他如何巧妙地使用動詞時態，我還開始透過文字記錄他使用的所有數字，因為他以特定的方式使用它們，而我從未見過對他數字模式的分析。

當被問及艾瑞克森是否曾經把他置入催眠時，歐漢龍回答：「是的，但那是對話式的，不是正式的催眠。有一次我和他在一起，兩個心理學家跟著他研究……我敲了房門，艾瑞克森夫人告訴我他在辦公室，讓我直接敲門進去。當天我帶了一頂帽子，頭髮很長，進去後，我站在門口。雖然我準時到，但艾瑞克森有點驚訝地看著我。那裡有兩個人，一個人試圖讓另一個人進入催眠狀態。我感覺自己打擾了他們。艾瑞克森只是看著我說：『請脫下帽子，坐在那張椅子上。』大約五分鐘後，艾瑞克森對他們說：『好了，夠了。現在我會展示給你們，什麼才是真正的催眠。』」

歐漢龍：那天晚上之前，我和一個認識的人談過話，他問我最近在做什麼。他住在鳳凰城，是一名催眠治療師。我說，「嗯，我正在跟艾瑞克森醫師學習。」他說：「什麼？！你在開玩笑吧，你正在跟大師學習？你請他幫你做治療了嗎？」我告訴他

沒有，我只是一名學生，不是個案。他說，我必須要求艾瑞克森在某個問題上與我工作，因為這將使我從內而外地學習。我告訴他，我不知道是否合適。那天晚上，我想了一想，決定要求艾瑞克森處理我的挑食。我像六歲孩子一樣吃東西，只吃很少種類的食物，偶爾因此出現社交尷尬，但比較困擾其他人，而不是我自己。我想我會要求艾瑞克森處理這個議題，因為我已經針對這個議題在心理治療中工作了一些，但從未得到任何成果。

我小時候曾遭受性侵。我被口交性侵，所以我確信有一些創傷，同時也是因為我從未像大多數孩子那樣，養成不挑食的習慣。當艾瑞克森醫師說他會為我們展示如何進行催眠後，他開始講故事。第一個故事是關於他在某個海濱度假勝地參加催眠研討會時的經歷，可能是夏威夷，一位贊助他和他妻子的精神科醫生請艾瑞克森共進晚餐。他告訴艾瑞克森，要帶他去他們最喜歡的俱樂部，好讓艾瑞克森品嘗美味的菜餚。但當艾瑞克森在俱樂部看菜單時，說他不想點那個特餐。相反地，他點了一打生蠔，那對夫婦感到愕然。當服務員送上生蠔時，艾瑞克森非常愉悅地將這些滑溜溜的東西吞進喉嚨裡，以至於那位男士和女士退回他們慣常的點單，要求再來一打生蠔。我坐在那裡，想著我是否進入催眠狀態，還有這個食物故事是不是巧合，因為我正打算請他和我一起解決我的食物問題。

然後，他一口氣講了另一個有關食物的故事。他在南方進行教學研討會，到機場接他的精神科醫生告訴艾瑞克森，當他告訴妻子關於他以及他有多麼有名時，她就規劃了一份菜單。

當他們抵達屋子介紹完畢後，精神科醫師的妻子對艾瑞克森說：「我想我丈夫告訴過您，我能為您做任何東西—我是一位優秀的廚師。您想要什麼？」艾瑞克森說：「我不常來南方，但來的時候，我真的很喜歡牛奶肉汁，您做任何餐點都無所謂。」女人臉紅且變得沉默，丈夫大笑著坐到沙發上。艾瑞克森要求一個解釋。精神科醫師說他在南方一個貧窮家庭長大，當他結婚後曾經要求妻子做牛奶肉汁，但她說：「那是給窮白垃圾吃的。」她在一個富裕的家庭長大，這種食物被認為是窮人的食物。「現在她被困住了，」精神科醫師說：「她告訴您她會做任何您想要的料理，而她必須做牛奶肉汁。」這位女士不僅做了牛奶肉汁，而且嘗試並愛上了它。自此，這對夫婦定期享用牛奶肉汁。

我當時心想：「哇，這是更巧合的事情。艾瑞克森醫生剛剛講了兩個關於食物靈活性的故事。」他繼續講述了另外四到五個有關食物和打破固定模式的故事。聽了大約兩個小時他的故事後，我深深地陷入了催眠狀態。最後，他看了看我，問道：「年輕人，我能為你做什麼？」我回答：「我想您已經為我做了，艾瑞克森醫生。您昨晚打電話給我的室友了嗎？」他回答說沒有。當那兩個人離開後，我推他到花園，試圖鼓起勇氣，因為他非常令人難以接近。我告訴他我本來想問要如何在飲食上更加靈活，我的飲食模式非常狹隘和固定。接著我說：「但您似乎知道了，您會通靈嗎？」他告訴我一個故事，說他去了杜克大學的超心理學家萊茵（J.B. Rhine）的實驗室。他會展示帶有星星、新月符號或十字架的卡片，有些人似乎比隨

機猜測更加準確。他說那些卡片背面的印刷略有不同，所以他可以百分百猜對。萊茵相信艾瑞克森有超感知力。艾瑞克森告訴他不是，是觀察力。然後他告訴我一個關於兩名密西根州的精神科醫生在 1952 年來找他的故事。艾瑞克森認識其中一位精神科醫師，他之前結過婚，後來再婚了，娶了一位精神科醫師，但婚姻有問題。艾瑞克森說：「他告訴我，我認識他的前妻，但他不想告訴我她的名字，因為他不希望我在治療中有偏見。我繼續進行治療，過了一段時間，我拿起電話打給我的朋友芭芭拉。我說：「芭芭拉，我是艾瑞克森醫師。我不知道為什麼，但我有種想打電話給妳的衝動，同時我想以「南西」的名字稱呼妳。」那位醫生跳了起來說：「那是我前妻的名字。你是怎麼知道的？」艾瑞克森告訴我，那個男人在無意識中說了他前妻的名字。艾瑞克森告訴我那個醫師已經給了他一些暗示。我問艾瑞克森：「暗示是什麼？」他說：「我想是因為那個醫生會重複強調某些音節，比如「我們去了南塔克特，那裡可以看到鯨魚」，而我的無意識捕捉到了。」那是艾瑞克森唯一一次對我解釋某件事。

歐漢龍與艾瑞克森相處了相當長的時間後，與神經語言學疏遠了。「這似乎與我從艾瑞克森醫師那裡學到的東西背道而馳，因為每個人都是獨立的，你不能真的使用公式。我把注意力集中在艾瑞克森醫師的工作上，並將其作為我的使命，讓每個人都知道這位了不起的人物。我在芬蘭教授了第一個艾瑞克森取向的研討會，現在有著最大的焦點解決社群，已經超過三千人。」

艾瑞克森去世後，歐漢龍寫了《根源》（*Tap Roots*），一本關於艾瑞克森治療的書。

歐漢龍：正如我提過，我在孩童時期曾被祖父性侵。我祖父操縱我進行猥褻的方法之一是困惑，他把電視開得很大聲，用令人困惑的方式說話。雖然只發生過一次，但確實在我心裡留下了烙印。我是這樣的人，一旦我遇到像騷擾這樣的混亂情況，就會發展出一種想要想清楚的衝動。我從艾瑞克森醫生那裡得到了如此溫暖的感覺，以至於我第一次嘗試想清楚，就是寫了《根源》這本書；第二次嘗試是寫《不尋常的案例集》（*Uncommon Casebook*），因為艾瑞克森醫生擁有諸多治療方法。傑‧海利的《不尋常的治療》啟發了我，所以我問他是否可以使用「不尋常」這個詞，他說那樣很好。

我從艾瑞克森醫師學到的一件事是，你不必讓你的傷口在餘生中殘廢你，它們不必限制或破壞你的生活；它們始終會以某種方式影響你，但它們可以成為你的資產之一。艾瑞克森醫師告訴我：「在艾瑞克森家族中，我們將麻煩視為生活中的粗糧。」你無法避免麻煩，它會在你的生命中出現，但你可以利用它帶你前進，就像是粗糧一樣。

大約在艾瑞克森醫師去世一年後，我和一些朋友在一家天然食品餐廳用餐。我是一個垃圾食物愛好者，那天我點了以前從未吃過的貝恩醬汁薄餅。我的朋友們看著我，問我發生了什麼事。我說：「我有一種感覺，艾瑞克森博士對我說的某些話讓我點了這個東西。」我吃了它而且很喜歡。自從與艾瑞克森

醫師在一起後，我對食物的選擇變得比較靈活了。當我認識他的時候，我只吃十種不同的食物，現在我大約吃一百種。這對我來說已經不再是問題。這是一種無意識的改變。

　　我認為艾瑞克森醫師對自然界感到敬畏⋯⋯⋯⋯這個身體、這個世界、這些情感和思維的運作中，沒有任何東西是沒有用處的。

▍參考文獻

Haley, J. (1973). *Uncommon Therapy: the Psychiatric Techniques of Milton H. Erickson, M.D.* W. W. Norton & Company.

O'Hanlon, W. H. (1987). *Tap Roots: Underlying Principles of Milton Erickson's therapy and hypnosis.* W. W. Norton & Company.

O'Hanlon, W. H. & Hexum, A. L. (1991). *Uncommon Casebook: the Complete Clinical Work of Milton H. Erickson, M.D.* W. W. Norton & Company. (1973, October). Svengali in Arizona. TIME. 102(17).

第一代

馬丁・奧恩

我在 1989 年 9 月訪問了馬丁・奧恩（Martin Orne）。

馬丁・奧恩（1927-2000）是賓州大學的精神病學和心理學教授，是二十世紀催眠的重要人物之一。作為一位實務臨床醫生，奧恩有幾位文學偶像個案，包括安妮・塞克斯頓（Anne Sexton）和希薇亞・普拉斯（Sylvia Plath）。他也因司法專業知識聞名，1970 年代，他在兩起轟動的審判中作證，一起是派翠西亞・赫茲（Patty Hearst）的審判，另一起是肯尼斯・比安奇（Kenneth Bianchi），即「山邊絞殺者」的審判。

奧恩是一個知識份子的代表，對於臨床與實驗催眠學會和國際催眠學會擁有相當大的影響力，當學會會員減少時，我相信是他透過財務支援才使得學會得以繼續運作。奧恩擔任國際臨床與實驗催眠學會期刊的編輯長達三十年，在此期間，他為催眠添加了重要的理論概念，包括需求特質和催眠狀態邏輯。

奧恩在職業生涯早期得到了艾瑞克森的指導，但由於兩人觀點對立，並且分屬於不同的催眠學會與相應的期刊，他們從未合作過。

馬丁・奧恩：我在哈佛的大學期間寫了一篇論文名為〈催眠年齡退行的機制〉（1951）。我意識到艾瑞克森醫師的信念是，你無

法快速獲得可靠的年齡退行，而我進行進行的是當時這個領域最大規模的研究，做了一些原創的事情，其中之一是我尋找到一個受試者，父母保存了一切東西。我寫信給他的父母，要求他們寄給我他們孩子六歲時畫的一幅畫，然後要求受試者年齡退行，並且看看他畫出的東西。幾週後，我重複了這個過程，讓一些幼兒園教師評量保存下來的圖和年齡退行的圖，看看他們是否能夠區分兩者。

　　我關注的問題是，如果由艾瑞克森醫師進行年齡退行，結果是否有所不同。我是羅伯特・懷特（〔Robert White〕哈佛心理學家，以在人類性格方面的工作聞名）的學生，我從懷特的假設出發：催眠現象取決於一種目標導向活動——嘗試做出被催眠者會做的事情。但我進行的實驗導致我拒絕了懷特的假設……人們用來反對年齡退行概念的證據並「不合時宜」。在我看來，這些是催眠「主觀」真實性的最佳證明。

在催眠年齡退行的例子中，奧恩表示催眠師會用英語問一個德國男子問題，他在成年後才學習英語。這個男子會用德語回答，因為他小時候只說德語。奧恩認為這種不合時宜證明了催眠過程，因為在清醒狀態下，這個不合時宜會立即被識別和糾正。

奧恩：我認為年齡退行中發生的事情是，相信這種現象的人會形成
　　　這些現象，這事實上證明了催眠是「對他們而言」真實存在
　　　的。而艾瑞克森主張年齡退行「是」真實存在的……而且你必
　　　須與受試者（相應地）合作。艾瑞克森所做的是塑造出不合時

宜的東西，但我並沒有塑造出任何東西，相反地，我看到了發生的事情。因此，我看到並認識催眠中有一種批判性判斷的降低，我稱之為「催眠邏輯」。我和艾瑞克森共事……是因為他有著和我相反的觀點。

我對羅伯特·懷特說：「我想和艾瑞克森一起工作，因為我想看看他是否會做出與我不同的事情。我看到的現象與他看到的不同，這是完全有可能的。」我想了解是否存在某種黑魔法。羅伯特·懷特和我從未就艾瑞克森醫師深入交談過。他認為他是一個非常有創造力的人，但他也對其中涉及的學問表示懷疑。那個時候，艾瑞克森已經離開了韋恩縣醫院（密西根州）。他在 1948 年定居鳳凰城，但當地的精神科醫界並不接受他。我曾介紹個案給他，而你不會相信我從當地精神科醫師那裡收到的信，很明顯地，存在很多問題。雖然我們對事物發生的原因有許多分歧觀點，但我一直尊重艾瑞克森在臨床方面所做的工作，並且是為數不多支持他的學者之一。

我來到鳳凰城，他讓我住在他隔壁的房子裡（在賽普瑞斯街）……我帶著明確意圖去見艾瑞克森，想與他合作，讓他重複我的研究，並由他進行催眠。我找到了願意被催眠的受試者。我先催眠他們，以確定他們的催眠感受性是高還是低，我想知道艾瑞克森催眠的方式是否會引發不同的現象，結果很明顯並沒有。好的受試者進入了深度催眠狀態，顯示出深度催眠受試者所顯示的一切。而當他對受試者做年齡退行時，我對他們做了羅夏克測驗並請他們畫畫，這和我們在劍橋使用的程序相同。我參加過瑞士國際考試，對羅夏克測驗有很多經驗，任

何人都可以看出我產生的現象與他產生的現象相同。我之所以沒有發表這個結果，是因為米爾頓・艾瑞克森對我非常好，我不願讓他難堪。他說我的受試者之所以不一樣，是因為我沒有花足夠的時間發展催眠過程，諸如此類。我仔細研究他的所作所為，毫無疑問，當一個人是一個好受試者時，艾瑞克森會和他一起工作，並宣布他被催眠了。但有時他無法獲得經典現象，例如失憶或麻醉——這都是我們判斷一個人是否被催眠的標準。問題在於米爾頓定義了催眠，因為他是權威。

波士頓有一位牙醫，他在演講中解釋自己為什麼不是一個好受試者，因為他太講邏輯……。後來，艾瑞克森有一場演講，並與牙醫的妻子一起工作。她是相當不錯的受試者……你可以看到牙醫越來越投入。他進入了深度催眠，展示了所有典型的深度催眠現象。起初，他堅持自己沒有被催眠……接著突然意識到自己已經被催眠了。這種直覺的力量是艾瑞克森聲譽的特點，而這並不是按照他描述的方式實現的。他通常讓人們對他產生認同感，讓人渴望成為參與者，他們就會進入催眠。我得到機會，從他那裡學會這套技巧。

在許多情況下，如果他沒有仔細設置和編排情境，受試者就沒有被催眠；在這種情況下，艾瑞克森會聲稱他們已被催眠，通常會問：「嗯，這花了多少時間？那段時間裡發生了什麼？」（艾瑞克森使用時間扭曲作為確證催眠已經發生的一種方式。）他會使用這種方式來說服他的對象，讓對方相信自己被催眠了。但他無法接受任何催眠的標準。據他所說，一個人被催眠是臨床判斷的問題，因此，如果他是權威，他會使用自

己的臨床判斷，例如，他會要求某人年齡退行，但可能沒有失憶……（或其他經典的催眠現象）。

我非常努力地讓米爾頓定義催眠是什麼，澄清所涉及的標準……但他完全不願意。最後，我說：「好的，請告訴我一些不是催眠的事情。」他也不願意這樣做。這就像一個藝術評論家說：「我知道什麼是藝術。」

奧恩調查了專家是否能夠區分真實受試者和模擬者。「我開始尋找線索，」他說：「結果發現有些事情你只會在模擬者身上或是催眠受試者身上看到。舉例來說，如果你要求催眠受試者看見一個坐在椅子上的人，大約三分之一的人會說他們看到了。他們可能會說：『很有趣。我可以看到椅子的輪廓穿過這個人。』我從未見過沒被提示的模擬者表現出這種現象。但是，區分真實受試者和模擬者並不那麼容易。」米爾頓‧艾瑞克森對我說：「這很荒謬。我毫不費力地就能區分。」但是當奧恩拍攝艾瑞克森試圖進行判斷時，根據奧恩所說，艾瑞克森只在四次中答對一次。

奧恩：我記得我們在巴厘島詳細談論了催眠狀態的問題。你知道，他是瑪格麗特‧米德的好朋友。他向我展示了一些入神舞蹈，並告訴我：「這個人沒有被催眠，但是這個人被催眠了。」我問：「那很有趣，你如何判斷的？」「嗯，你不知道嗎？」那就是你可以走到的盡頭。對我來說，艾瑞克森是一個直覺的人。有時，他以重要的方式接觸到人。我困擾的是他會事後解釋事情為什麼會發生……如果你聽了，就會被誤導。因為像許

多偉大的人一樣,他總是想要是正確的。而且他總是正確的,因為他定義了什麼是正確的。我猜這也是我們之間最激烈分歧的部分。

我和艾瑞克森的不同處在於,我開始明白,當我與個案談話時——在催眠中稱之為無意識——我會在他醒著時以醒著的方式對待他。當他沒有醒來時,我會以他在催眠中的方式對待他。如果你研究這一過程,會發現喚醒個案的並不是告訴個案「醒來」,而是以他醒著的方式對待他。艾瑞克森通常會告訴個案醒來,但以他仍處於催眠狀態的方式對待他。

因此,他能夠得到催眠現象,因為個案回應了他的催眠聲音……這完全不同於喚醒某人。如果你喚醒他,但繼續像他處於催眠狀態一樣與他溝通,你就會有一個艾瑞克森式個案,看起來是清醒的,但隨時準備進入催眠狀態。因此,對於與艾瑞克森合作的人來說,關於催眠是什麼、什麼是催眠狀態、什麼是清醒,這些概念都非常令人困惑。

我非常想要和艾瑞克森進入催眠,他也非常想催眠我,因為他有催眠每位和他一起工作的人的需求。遺憾的是,他對我使用的取向非常具有操控性,過於關注於規避我的防衛,以至於我幾乎無法回應。艾瑞克森以為我想要抵抗,所以動用了他的詭計。我很高興能夠放鬆警惕……但當他開始操縱我進入催眠狀態時,沒有奏效。

艾瑞克森和我有一種複雜的關係。我很感激他的時間……但是,艾瑞克森真的對理論沒有興趣。他早期進行了一些有趣的研究,其中大部分無法複製。例如,他表明,如果你催眠某

人並給他們一種催眠後暗示，你便讓他們不可能公開地回應催眠後線索。這個暗示訊息，毫無疑問，就是「進入催眠狀態」。我對這個過程很感興趣。我想艾瑞克森在某種程度上對於成為一名魔術師更感興趣。他真的不想知道自己在做什麼。他想用它來幫助人們，讓人們感到神祕。

我去拜訪他時是哈佛大學的學生，這讓我們之間的關係與眾不同。我得到了一些人的強烈推薦，這對他來說有很大的不同。因此，他很願意試著具體解釋事情，但他從未一般化。這就是我們的問題所在。

我想澄清的是，當他與個案合作時，他所定義的催眠與他定義的治療是同一件事；治療和催眠在他心中是一樣的。如果個案產生了強烈的移情依戀，那就是催眠。這很令人困惑，因為這不是我們大多數人認為的催眠。當艾瑞克森與個案合作時，他會讓他們進入催眠狀態並獲得經典的催眠現象，然後讓受試者清醒過來……然後他會說：「看看你的手──它在漂浮，為什麼你的腳卻被卡在地板上？」當然，受試者會回應並展現出催眠現象。這是他經常的經典行為，也說明了他並沒有完全理解自己在做什麼。

關於催眠學會和艾瑞克森的參與，奧恩提出：「克林（米爾頓‧克林，《實驗與臨床催眠國際期刊》的第一任編輯）、傑洛姆‧施內克、亞瑟‧夏皮羅（Arthur Shapiro）和其他幾個人的議題是，讓催眠成為一種受人尊重的有效治療工具。他們努力提供培訓。」

奧恩：令施內克和克林困擾的是，米爾頓·艾瑞克森想讓在（催眠）研討會中度過三天迷惑的任何人都成為該學會的成員。而臨床與實驗催眠學會的團隊認為，你需要更多的培訓。米爾頓總是抱持「讓一千朵花綻放」的觀點。嗯，很多人都是雜草──而這是主要問題。有一種深刻的嘗試，將從事催眠工作的人限制在接受過催眠培訓的人，艾瑞克森認為這是不必要的，他認為任何人都應該能做任何事。

米爾頓·艾瑞克森有巨大的自戀需求，他願意成為任何承認他是該領域最偉大人物的人的代言人。而這頗為諷刺意味，因為在許多方面，他的確是最偉大的，艾瑞克森激起了人們的熱情，廣受歡迎。但毫無疑問，參加研討會的人後來真正使用催眠的人不到五十分之一，其中很多人只是依附於米爾頓·艾瑞克森的成就，並利用他的知名度。當然，他也在利用他們，因為當我在 1949 年第一次與他合作時，他在精神醫學界是一個異類。

我母親是一名精神科醫師，我帶她參加了一場艾瑞克森的研討會。她是一位非常直覺的醫生。她觀察他在舞台上與一位個案互動，然後轉向我說：「我現在明白你所說的艾瑞克森了。我想我明白為什麼他對人們產生如此大的影響了。他是一個英俊的跛子。」這個描述非常準確，他有著挪威船長一樣的堅定面容，同時加強了他的殘疾形象。他有著許多自戀的需求，有很好的能力深入人們的內心，他能夠激勵很多人……但也有一些人立刻就逃走了。

當問及艾瑞克森最大的成就是什麼時，奧恩表示：「我認為『用巧妙的工具治療』的描述是恰當的。艾瑞克森有能力傳達一些有關無意識的事情。有時，我形容他是一個步行的『初級歷程』，這並不是貶低，我的意思是，這個人有一種不尋常的方式來打破理智化，並直抵核心問題。他是非常重要的人物，因為他出現在人們對心理治療技術不滿意的時候……但有一個大爭論：「艾瑞克森說了很多謊嗎？」我相信他有時會撒謊（透過編造案例），而他會用這樣的方式來解釋他要說的話。我懷疑基督也是這樣做的，這就是那種先知的本質。在許多方面，艾瑞克森晚年更像是一位大師，而不是治療師。」

評論

奧恩強烈反對警方調查員使用催眠，因為他認為催眠回憶可能會導致虛談。艾瑞克森曾參與培訓鳳凰城警方調查員使用法庭催眠學，因此他建議馬丁・萊瑟（Martin Reiser）成為 1980 年大會的講師。萊瑟是來自加州的一位法醫專家，倡導警方使用催眠。我邀請馬丁・奧恩在同一場大會上發表主題演講，他告訴我，如果萊瑟在講師之中，他不會發表演講，並建議我為他的演講創建一個平行方案，但我無法這麼做。

某種程度上，我的專業成功和艾瑞克森基金會的部分成功要歸功於奧恩。1970 年代末期，我在荷蘭教學，當時有個「荷蘭指導式療法」團體，我與許多成員關係密切，並邀請其中一位領導人理查・范・戴克醫師（Richard van Dyke）為我的第一本書《米爾頓・艾瑞克森教學實錄》寫序，這是艾瑞克森在鳳凰城的教學研

討記錄。我正與荷蘭組織協商，希望 1985 年在荷蘭舉辦第一次歐洲艾瑞克森大會，但他們告訴我，奧恩介入並告訴荷蘭人，如果他們與我和艾瑞克森基金會合作，就不會贊助國際催眠學會在荷蘭舉辦的會議。既然如此，我改變了策略，改在美國組織「心理治療演進大會」，將艾瑞克森的想法推向心理治療的前沿。《時代》雜誌將 1985 年的第一屆演進大會稱為「心理治療的胡士托（Woodstock）」。從那以後，幾乎每一位對心理治療做出巨大貢獻的人都在這個會議上演講過。

在定義催眠方面，艾瑞克森對催眠有許多不同的定義，具體取決於使用催眠的情境。我曾經遇到社會心理學家西奧多·沙賓，他堅信角色理論是解釋催眠的一種方法。他看著我，帶著厭惡的表情說，當他問艾瑞克森如何定義催眠時，艾瑞克森回答：「催眠是一個人的愛刺激另一個人的愛。」也許是因為沙賓對催眠持懷疑態度，艾瑞克森比較殷勤。愛有許多不同的情境，比如對上帝的愛、對伴侶的愛、對孩子的愛，皆涉及不同的情感特徵。催眠也有不同的情境，涉及不同的特徵。

像畫家一樣，艾瑞克森提供了印象和觀點，他並沒有創造現實的畫面。林布蘭畫他所看到的，莫內表達了他的感受和他想讓觀眾體驗的東西。艾瑞克森更像莫內，而不是林布蘭，專注於促進建設性的適應，而不是提供真實陳述。他與個人溝通，而不是按照預先設定的理論塑造個人。

▍參考文獻

Orne, M. T. (1951). *The Mechanisms of Hypnotic Age Regression: An Experimental Study.* The Journal of Abnormal and Social Psychology, 46(2), (pp. 213-225).

Zeig, J. K. (1980). *A Teaching Seminar with Milton H. Erickson.* Brunner/ Mazel Publishers, Inc.

第二代

珍・帕森斯－費恩

珍・帕森斯－費恩（Jane Parsons-Fein）是居住在紐約市的心理治療師，我在 1984 年 4 月採訪她。

珍・帕森斯－費恩：我會找艾瑞克森的原因是我在西奈山醫院（Mount Sinai Hospital）工作了十年，看到一些人沒有好轉，他們的狀態似乎有所改善，但很快又回到醫院。

　　我記得在中央公園閱讀《不尋常的治療》，感覺就像被雷電擊中了一樣，於是我下定決心要見到這個人。我參加了傑・海利的工作坊，開始閱讀艾瑞克森的作品、觀看錄影帶。我聽說他是一個非凡的人，是一個巫師，而且非常善良和慈悲為懷。基本上，我發現了我所期待的……我還記得約莫十二個人坐在房間裡，當貝蒂把他推進來時，所有人都用錄音機錄音。我的反應是無比的羞澀和敬畏，感覺自己是在一個強大的、極其進化的人面前。我從未失去過這種感覺，儘管我在他身邊感覺到的羞怯幾乎都消失了。

　　我在 1979 年 1 月或 2 月遇見艾瑞克森醫師……我在鳳凰城待了兩個星期，請求並獲得了拍攝影像的許可。我問他是否對錄影有任何期望，他回答說：「我知道妳會做適當的事情。」

西奈山社會服務部門開始對艾瑞克森取向產生興趣，我曾經幾次在那裡報告個案研討，引發了很多關注、討論和抗拒。我感到挫折，因為我難以讓他的工作得到認可。這對於那些致力將個案分門別類的人來說，是一個巨大的挑戰。他的方法強調每個人都是獨一無二的，這對於現有的醫療實務構成了威脅，因為它依賴於實務者的個人技能，而沒有過於複雜和有時過度發展的理論信仰系統的保障。當時的趨勢是，從優雅的個人臨床工作轉向以研究為導向的、生物的、以藥物為重點的治療。艾瑞克森的想法對這樣一個有組織的系統來說太過威脅也太挑戰了。他對問題的概念化來自於關係和過程，而不是預設的理論定義。

　　我不知道是什麼讓他在臨床工作中一直走一條獨行的道路，我猜是因為他在十八歲時掌握了自己的疾病，非常致力於自身能力、學術學習及嚴格的紀律。這些因素創造了一種獨特的方法，無法容忍傳統醫學傾向的方式涉入其中。我對他的感覺是，像費登奎斯一樣，他對醫療界感到憤怒和受傷，這強化了他對自己想法的堅持。他致力於自己的工作，極其紀律，甚至對某些模糊的思維可能是不容忍的。

　　我聽過幾個早年認識他的人描述過，他對工作完整性的承諾有時甚至是冷酷無情的，那是美國臨床催眠協會和前身機構臨床與實驗催眠學會巨大動盪的時期。當然，我對他的感受非常強烈，因為在他晚年，他似乎是一位具有巨大同情心、開放性和脆弱的人，融合了巨大的智力和嚴謹。即使在他最痛苦和疾病最嚴重的時刻，他的嚴謹也得以體現，這激發了我極大

的尊重和愛。他的方法是經過多年嚴酷的試誤工作發展出來的……我猜他從未真正想過失敗，雖然我聽他說過他不會與缺乏動機的個案工作。他沒有浪費時間思考失敗。

他可能很強硬和非常誠實，他會對人們說些別人無法輕易開口的話，但他會很溫柔地說，人們會聽到他說的話。我認為他知道最有力的溝通是透過沉默來完成的，沉默超越了感覺，而與一種我們尚未理解的振動有關。他深刻地覺察到人們的意識轉變……他會引導它。當他轉變時，總是某種事情的結束；當他前進時，他的行動往往與他所做的一切一致。他能看到一個人對自己感受中的一些根本性問題，並且以非常溫柔且幽默的方式處理這些問題。

我聽過了解他的醫師說，艾瑞克森是一位私密且害羞的人。我第一次遇見艾瑞克森的工作，它在我心中引起了深深的共鳴，彷彿我終於找到了一直在尋找的東西，而且我知道它是正確的。我從我的靈魂中知道他是從脈絡和哲學角度工作的，遠遠超出了我所接觸到的任何東西。我對於這位老年人的印象是他經歷了許多掙扎，也許是許多失望，而他的頑固和正直將他帶到了一個整合、進化和智慧的點，有時他必須將其視為禮物。也許這份禮物使他認識到了自己的偉大。隨著年齡的增長，他變得更加溫和、敦厚和慈悲。

當我見到艾瑞克森時，他常常身體不適，因此表現得不一致。而即使在那些時候，他仍然沒有失去令人驚嘆的幽默感，也從未失去樂趣。他對生命的看法與生命力相連，生命力是由接受現實生活中的困難，並願意不惜一切代價克服它們所創造

的。

　　我認為他是一位偉大的人。我認為他播下了種子……經驗、感受和慈悲的種子。他重新構思問題，清醒地看待生活的荒謬。他對那些做不到的人有著清醒的認識——也許有邪惡的企圖——並面質這個問題。我相信他有時候很暴躁、很難相處。他改變了自己觸及到的很多事物，這使他成為獨特的天才，不僅僅是一個人，更是創造的力量。他在所有接觸他的人的心靈中留下了印記，這將產生比任何書寫在紙上的東西更深遠的印象。對於那些與他相遇的人，他傳遞的是對人類心靈潛能的獨特感覺，以及對成長和進化過程的更多信任。

第一代

羅伯特・皮爾森

　　我的助手在 1983 年 12 月訪問了羅伯特・皮爾森（Robert Pearson）。

　　羅伯特・皮爾森醫師是一位在醫學中應用催眠的傑出專家，是美國臨床催眠協會的領袖人物。當我第一次學習艾瑞克森和催眠時，我尋求了他的幫助，因為他對艾瑞克森的貢獻非常了解，更是艾瑞克森一家的好朋友。

　　當皮爾森還是一名實習生時，他在底特律一個工作坊上遇到了艾瑞克森。皮爾森說，他們的相遇「幾乎是偶然的」。他說：「我的教授一直警告學生不要碰催眠，我謹記在心。有一次，我在底特律市中心參加一場醫療會議，覺得很無聊，於是走到大廳看到一個標語牌，上面寫著『催眠研討會』，我走進去了⋯⋯後來就一發不可收拾了。」

　　皮爾森對艾瑞克森的第一印象是：「我厭倦了陳腐的詞語，但他的魅力無法抗拒。仍有一些教授對這位特立獨行的精神科醫師與他的行事方式提出警告，認為他對人類行為一無所知，不知道問題所在就想要治癒個案，還讓個案參與自己的治療⋯⋯我覺得他們有些言過其實。實際上，有一段時間我還沒有意識到在研討會上發言的那個人就是他們警告我的那個人。」

　　皮爾森被問及為什麼他認為艾瑞克森取向療法在精神醫學界

備受批評時，他說：「有幾個原因，主要是因為催眠被認為是表面的，只是控制了個案，但沒有解決根本問題。幾乎所有處於權威地位的人都認為解決問題的方法是讓個案自我意識到為什麼有這個問題，以此來改變和消除症狀。

「我當然對艾瑞克森所做的事情感到不可思議，但並沒有立即改變我的方向……我很猶豫，我必須考慮它（催眠的好處）可能是真實的，我必須自己研究。當我在密西根北部一個小鎮當全科醫生時，我開始使用它（催眠）。艾瑞克森教我們一些避免使用催眠狀態和催眠這些術語的技巧，但仍然能夠達到相同的效果。但我正在使用催眠這事很快就變得尷尬和明顯。個案非常接受催眠，但成熟的醫學界不接受，所以我保持相對低調。最終，人們接受了它的本質——作為你所做的其他事情的添加劑。」

關於艾瑞克森的工作，皮爾森表示：「他利用自己的經驗來擬定新的構想。他會比較案例的結果，很多時候是在無意識的層面上完成。他說他所做的就像一位醫生聽一個個案關於他們身體不適的故事，接著檢查和化驗，並根據需要開處方藥。

皮爾森：他承認他不完美。那些不太了解他的人認為他只需彈一個響指，就能治癒每一個走進門口的人。實際上，他非常努力工作……他做了功課……也要求個案完成他們的功課。我聽到他談論自己所謂的失敗。他通常在這些情況下談論他從中學到的東西。

　　米爾頓是一個誠實的人。在很多方面，他的誠實會讓他陷入麻煩，因為有些人對此感到反感。在我看來，他的很多人

際關係都可以好好培養發展，但它們卻斷線了。我的印象是這些關係很少修復……他對那些早該知道的人不耐煩。在很多方面，他非常傲慢，對他所知道的真理非常自信。對於那些甚至不願考慮它（催眠）可能是有效的人，他也缺乏耐心。

他長期深受被同事拒絕的痛苦，我不認為他曾經從中完全恢復過來。有幾個事件表明他因為人們甚至不肯聽他說話，感到失望甚至有些憤怒。在我幾年前寫的一篇文章中，我寫到了在舊金山期間的一次經歷，他當時非常虛弱，卻還要和一群精神病醫師和分析師談話……他不該這樣做，因為他太虛弱了。但是當我因此責備他時，他說：「鮑勃，這麼多年以來，他們不肯聽我說話，現在他們願意了。」

我不認為米爾頓知道他的許多方法之所以奏效的原因。據我所知，他從未制定他的理論或將它們寫下來。他與恩尼斯特・羅西合著的書籍，提供了絕佳的機會讓他說出：『現在，這是我對人類行為這方面的理論……」

第二代

史丹佛・帕爾曼

我在 1994 年 5 月訪問了史丹佛・帕爾曼（Stanford Perlman）。

史丹佛・帕爾曼在哥倫比亞大學取得臨床心理學博士學位，並持有國家精神分析心理學協會的精神分析認證。

1963 年完成分析培訓後，帕爾曼從紐澤西州搬到了鳳凰城。「我認為這是一個更好養育孩子的地方，」他解釋道：「我從未後悔過這個決定。」帕爾曼向鳳凰城的專業人士引入了聯合諮商。

「我在大學時曾學習過一些催眠，」帕爾曼解釋：「因為哥倫比亞大學的一位老師對催眠感興趣，所以我得到了一些零碎的資訊；到了研究所則完全沒有。在我遇到艾瑞克森醫師之前，我從未有過這樣的經驗或訓練。」

儘管帕爾曼在 1940 年代末曾在亞利桑那州立醫院工作，當時艾瑞克森也在那裡工作，但直到 1970 年代他們才碰面。帕爾曼與艾瑞克森安排了五年的時間，每週向他諮詢。帕爾曼支付了艾瑞克森的費用。「他問我收費是多少，我告訴他。他說：『那就是我會向你收取的費用。』當我在這五年期間提高我的費用時，他也提高了他的費用。

「我們會爭論、討論，他會引導催眠。我們實現了各種催眠階段，學習了不同的引導方法，以及艾瑞克森式的心理治療方法，都非常寶貴。我經常向他呈現正在進行的案例，他會討論在那些情況

下該怎麼做。

「我認為在心理健康領域，真正能欣賞無意識的人很少，艾瑞克森醫師是其中之一。他充滿好奇心……不會讓別人在沒有弄清其心理動力含義的情況下說些什麼，他想要了解人內在的情況，他會在一個層面上向人們建議在另一個層面上具有完全不同意義的東西。

「我記得他曾經跟我談過他在亞利桑那州立醫院看過的一個個案。這個個案住在大約一百六十公里之外，當艾瑞克森和其他精神科醫生與個案會談時，他們問他來自哪個小鎮，他說：『它是一條綠色的蛇。』其他精神科醫生沒有特別注意，因為他們認為個案瘋了，本來就會說瘋狂的話，但艾瑞克森很好奇……他拿出地圖，看到醫院和個案家之間是一條曲折的綠色道路（在地圖上）……這讓艾瑞克森得到了解釋，他能夠使用個案的詞彙與個案交談。我對此印象非常深刻，因為我有很多大學老師會把這樣的事情視為荒誕不經。」

有一次，艾瑞克森對帕爾曼提及一個女人要進行手術。帕爾曼說：「他沒有談論她的身體，而是談論了她經常去的喜愛的地方……以及可以如何以非常正面的方式改變它。結果，她對手術的恐懼感大大減少了。雖然當時她沒有看到這種聯繫，但是因為我曾經和他一起工作過，所以我知道這個老狐狸打什麼主意——他以奇妙的方式使用隱喻，讓人們不自覺地理解。」

史丹佛·帕爾曼：我們會玩遊戲。我坐在他的客廳裡，有時有點熱；黃昏時分，非常平靜，我發覺我正進入一種飄飄然的狀

態。他說話很輕，讓我必須全神貫注地聽他說話。我很享受看著他看著我。我會向前移動身體，讓自己全神貫注地進入他的話語。然後，當我開始變得放鬆時，我會談到他如何引導催眠。

我們倆都對仙人掌很感興趣……（有一次我們）談論到一種叫「夜之女王」的花，西班牙語叫作「la reina de la noche」，我變得對這個詞異常著迷。我知道如果問他是否刻意引起我這種痴迷，他肯定會否認，所以我沒有問。接下來的幾週，每當我們談論到仙人掌時，他總是等待，同時表情很疑惑地看著我。我們玩了很多台面下的遊戲。我沒有說什麼，他也沒有說什麼，但是一起玩遊戲確實很有趣，我覺得他也很享受和我一起玩遊戲。

一次當我陷入催眠狀態時，他接到了一通電話。我發誓他說的是瑞典語。當我從催眠中醒來後，我問他：「為什麼我聽到你說瑞典語？」他說：「因為你知道那通電話不是找你，也不是你在意的，所以它就可以是一種外國語言。」

有一次我在催眠狀態時，隔壁發生了火災。消防車和明顯的噪音，但在催眠狀態中我只聽到了一些令人愉快的鈴聲。當我從催眠狀態中醒來時，消防車仍然在附近轉了很久，我說：「你知道嗎，我除了聽見一些鈴聲，什麼也沒聽到。」他說：「是的，那就是你的大腦讓你保持催眠狀態的方式。」

偶爾我們會有訪客，主要來自費城傑‧海利的小組。當我和這個小組一起上課時，他（艾瑞克森）會做些不尋常的事情，攻擊我，而這讓我感到受傷。他會講一個案例，然後問我

們每個人有什麼建議，他會對我說：「那絕對是錯的，這是你能說的最愚蠢的話。」他真的讓我感到很難堪。我問他為什麼這樣做，他回答說：「嗯，你可以承受得住。」我想他是在利用我為其他人上課。那沒關係，我對此很好奇，我知道……如果他不想告訴我什麼，他就不會告訴我。或者他會扭曲，讓我永遠無法確切明白。之後，我學會了不問他太多問題，因為我永遠不知道他回答的原因。

他經常會問一些問題，比如我正在了解一個個案，以及這將如何運用於個案的利益，因為他擔心僅僅了解個案的一些事情是不夠的。如果個案不知道某些事情，我應該告訴個案，因為這可能會改變個案的行為。他的想法是你先改變，也許洞見會隨之而來。

我們談論的其中一件事是，他似乎與大部分精神醫學界的關係並不融洽，其中有很多原因……所有這些原因都令人遺憾……對精神醫學界產生了不良影響，因為我認為他自由地進入無意識對他的領域的大多數人都是威脅。我所認識的大多數人將他的療法看作是一種專制行為。當我在 1964 年來到這裡（鳳凰城）時，我對精神科社群的不成熟感到震驚。

帕爾曼說[31]：「我受寵若驚，但我們曾有過可怕的爭論，針對洞察導向療法的價值或無價值（取決於你站在哪一邊），而且非常激烈。他知道我在我的實務中使用洞察導向療法，但他轉介了個案

---

[31] 作者註：艾瑞克森常常會將個案轉介給帕爾曼。

給我……有時，這些人無法約見到艾瑞克森的，或者有時他與某些人不和……他轉介個案給我，讓我感到受寵若驚。」

帕爾曼和艾瑞克森也會就艾瑞克森向他講述的案例有所爭論。「那是我們之間的一個爭論，因為我做的事，可以說是幫助人們做出選擇，」帕爾曼表示：「而他經常談論對人們強加選擇。」

「我不喜歡我所看到的狡猾或欺騙個案，或將他們置於對他們來說非常困難的情況下，但艾瑞克森認為行為改變的結果是最重要的。我們曾經為此爭論，即使如此，我仍欣賞他始終如一地應用他的原則。偶爾，當我要求他為書籍題字時，他會（以紫色墨水）寫下『你狡猾的……』」

帕爾曼和艾瑞克森因為對某些問題的不同看法而分道揚鑣。「我不想被他控制，有時我不喜歡他的建議，所以，它（我們的關係）因個人原因結束了。我發現，如果你不想做出某些改變來應對艾瑞克森博士，你只能離開那個領域。這就是我所做的。」

帕爾曼回顧他與艾瑞克森的經驗：「這是有價值的，因為它不僅給了我應對個案的技巧，還有一種看待人、尤其是看待自己的方式，這是我以前所沒有的。他是一個非常值得敬仰的人，我很高興聆聽一個能帶我走進無意識奇妙世界的人，而這樣的人非常罕見。」

第二代

阿莉達・約斯特－彼得和布克哈德・彼得

以下內容摘自《米爾頓・艾瑞克森醫師：一位美國療癒者》（〔*Milton H. Erickson, M.D. : An American Healer*〕, edited by Erickson & Keeney, 2006），由阿莉達・約斯特－彼得和布克哈德・彼得（Alida Iost-Peter and Burkhard Peter）撰寫的章節。

阿莉達・約斯特：1978 年 9 月，來自德國的一行人——威廉・格爾（Wilhelm Gerl）、布克哈德・彼得和我訪問了鳳凰城的米爾頓・艾瑞克森。史蒂芬・吉利根和保羅・卡特曾在我們慕尼黑的綜合治療研究所舉辦了一個關於艾瑞克森式催眠的研討會，我們因而聽說過他的名字。

這是我第一次去美國。我很想看看這個國家，拜訪米爾頓・艾瑞克森，並了解他的工作，我聽說他的工作非常出色。我有點擔心，我的第一任丈夫離開了我，我曾經和他一起從事管理培訓，現在我必須找到新的專業。我正考慮回到大學學習，獲得心理學學位。我愛上了布克哈德，但不確定我們是否能在餘生中相處得來，而且我懷孕了！我暗自希望能找到一些解決未來生活的方法。

史蒂芬和保羅已經指示我們要告訴艾瑞克森哪些關於我們自己的事情，哪些要保持沉默，例如，我們（阿莉達和布克哈德）並沒有結婚。

當我們到達艾瑞克森醫師的家時，艾瑞克森夫人迎接我們，我立刻喜歡上她溫暖可愛的性格，然後，我們坐在艾瑞克森的講堂裡。他已經開始工作，在場有來自世界各地的幾位學生：一位來自澳洲的年輕女士坐在他旁邊，手臂漂浮著，而當她保持僵直、思緒顯然遠去時，艾瑞克森要求我們講述一些關於自己的事情。當他以他特有的詢問方式看著我時，我感到很尷尬。我確信他比我更了解我自己。

艾瑞克森建議我退回到一個孩子的年齡，但我不知何故感到需要抵抗——不表現得像一個聽話的孩子，我下定決心不要像這位澳洲女士一樣坐在那裡、手臂漂浮。

當時我們在酷熱的鳳凰城陽光下從汽車旅館走了半個多小時，一進入艾瑞克森的辦公室時，感覺像是走入冰箱。那時，我們歐洲人還不習慣空調。

我們坐著聆聽艾瑞克森約莫兩、三天。難以置信這個穿著紫色西裝坐在輪椅上、有著無可否認健康問題的年邁男人，能夠教學並示範超過四個小時，最後是我們感到疲憊不堪。

因為我的英語相當差，加上艾瑞克森口音不清，我聽不太懂他講的內容，而且越聽不懂就越生氣。當他問我是否曾經經歷過催眠，並問我是否現在想要體驗，我抱怨我很難理解他。我從德國遠道而來，希望能夠從他身上學習。

他邀請我坐在他旁邊，我心跳加速地同意了。他問我是否

想現在或晚些時候進入催眠狀態。他抓住我的手腕，抬起我的手臂，然後放開，我的手臂猶如一塊石頭般落下。我記起我原本的計劃是不做手臂漂浮，於是我交叉起手臂和雙腿。他微笑看著我，對觀眾說：「這是多麼美妙的一種抵抗！」從那一刻起，我一定是在催眠狀態中。布克哈德和威廉後來告訴我，艾瑞克森使用年齡退行的催眠引導，讓我回到我第一次上學，學會閱讀和寫作的那段時光。

我發現自己坐在一間古老的埃及學校，看著老師用一種石頭在黑板上寫符號，用棍子指著，讓我們這些學生重複符號的名稱。我們都坐在金字塔裡法老雕像的浮雕上。我非常努力地學習讀取古埃及象形文字。我用手指從右到左追蹤它們，突然間，我明白了它們的含義，能夠輕鬆理解這些文字讓我非常開心。

當我笑著回到現在並看向四周，我發現所有的參與者都享受這個當下。

最令人驚奇的是，從那時起，我很容易能理解和跟隨艾瑞克森，甚至當我們在美國和德國時透過電話交談也是如此。

艾瑞克森向我們展示了好玩、有趣、令人好奇和非凡收藏的物品（禮物、雕塑等），他為我們的驚訝和驚奇感到高興。由於我在兩歲時失去了父親，我覺得有點像一個小女孩，她的父親給她看重要的東西，並教她這些東西的意義。

當我們回到德國，布克哈德和我結了婚，有了女兒夏莎娜（Shoshanna）。我成為一名心理治療師，尤其自豪我將艾瑞克森的書籍翻譯為德語版。

布克哈德・彼得：我的故事很短，因為我與艾瑞克森共度的部分時間，我幾乎毫無記憶，特別是在他與我一起工作的那段時間。而在這段特殊的失憶時期，我記得的是他突然地，而且在我看來可以說是完全沒有脈絡的情況下，問我第一次進入催眠狀態時人在哪裡。我完全困惑了，盡力回答，但只能擠出一些明顯混亂的句子，描述一些實際地點的細節。當房間裡其他人開始大聲笑，而不是對我的特殊細節感興趣時，我停了下來，變得有點生氣。那時我意識到肯定有什麼問題——我沒有清醒過來，而我詳細描述地點細節的努力是不正確的。直到那時我才意識到，我顯然已經進入了催眠狀態。

隔天早晨，在汽車旅館的早餐，我問阿莉達和威廉是否應該徵得艾瑞克森的同意，在德國使用他的名字來組建一個催眠學會。我們最終成立了德國米爾頓・艾瑞克森催眠學會（Milton Erickson Society of Hypnosis, Germany, MEG），自鳳凰城那時起，我的整個人生都致力於催眠，並被催眠所滲透，無論是專業或個人層面。

我並不是聲稱這只是由於一個大約三十分鐘的失憶所致。我仍然清晰地記得我們與艾瑞克森共度的那一週。我知道現代的艾瑞克森催眠治療是由他的專業和個人影響發展起來的。在個人層面上，我無法說他治癒了我當時的疾病，也不能說他在我那段失憶的期間提出了創立 MEG 的想法。當他用特別有意義的方式對我說「盡力而為」，我清楚地記得他的面容和聲音。每當我在生活中遇到困難時，我會記起這句話。每當我有身體疼痛時，我就會想起他，並能使用自我催眠來緩解疼痛。

他是我的個人偶像。

▌參考文獻

Peters, A. & Peters, B. (2006). *Erickson, the Healer: Reflections by Friends and Colleagues*. In Erickson, B. A. & Keeney, B. (Eds.). *Milton H. Erickson, M.D. An American Healer*. (pp.311-315). Ringing Rocks Press.

第二代
傑拉德・皮亞傑

傑拉德（格里）・皮亞傑（Gerald Piaget）博士是一位加州的持照心理學家。自 1970 年以來，他一直在帕羅奧圖主持小型的私人診所，也是健康促進研究所（Institute for Better Health, IBH，一個小型非營利教育組織）的聯合創辦人和執行長、史丹佛大學醫學院心理學和行為科學系的榮譽兼任臨床副教授。

拜訪米爾頓・艾瑞克森

傑拉德・皮亞傑：1970 年代末，我與一位女性交往，我們共同對臨床催眠產生了深厚的興趣，尤其是精神科醫師米爾頓・艾瑞克森最著名的「間接」方法。艾瑞克森醫師的模式結合了語義和系統導向的程序，並策略性地運用各式各樣最低限度的口語和非口語線索。在艾瑞克森的手中，這些程序產生了令人難以置信的結果，如果文獻是可信的話，近似於魔法。實務上，他的引導程序包括與個案交談與講故事。

那時候，瓊（Joan）和我都是有執照的治療師，想要學好艾瑞克森催眠，以便在工作中使用。我們也想體驗艾瑞克森催眠。我們兩個都不相信自己曾被催眠，而且不確定我們是否真的認為自己可以被催眠，但我們覺得艾瑞克森的模式很有吸引

力，如果有人能幫助我們進入催眠狀態，要嘛是艾瑞克森醫師，要嘛是有經驗的艾瑞克森治療師。

艾瑞克森醫師有時會邀請專業人士前往鳳凰城觀看他的工作或參與他的現場演示。1977 年秋末，我們朝聖般地去見他，並與他共度了大部分時間。這是一次非常特別的經歷。回來後不久，我們將筆記、回憶和錄音編纂成小故事，盡可能詳細地描述他那天的示範。我們希望這些敘述能幫助我們更有效地使用艾瑞克森的技巧，並讓我們對那一天的記憶歷久彌新。

一個改編版的短文如下所示，一些乏味的描述已省略，剩下的部分以完整的細節呈現。在短文中，艾瑞克森醫師展示了一些關於手臂漂浮的變化，這是他自行發展出來，並第一個在文獻中發表的引導程序。雖然我們熟悉標準的手臂漂浮程序，但從未見過這種變化，因此我們認為盡可能地捕捉細節很重要。

瓊的引導

單單只是與艾瑞克森醫師見面就是一種強烈的體驗。關於他的描述已在本書其他部分出現，我不會重複，只是想說，儘管坐著輪椅，他的存在感仍然令人印象深刻，他淡紫色的外套和配套的毛毯並沒有減弱他的存在感。艾瑞克森醫師有一種力量，在他與我們相處的六個多小時裡從未動搖，這點令人印象深刻。

寒暄幾分鐘後，艾瑞克森醫生問我們是否想看他幫助別人工作或自己體驗催眠狀態。瓊自願參加，艾瑞克森醫生邀請她坐在他著

名的催眠椅上——一張古老而破舊的扶手椅，帶著可疑的原始色調和內飾。

　　他詢問瓊是否有任何特別想做或學習的事情。瓊說她已經參加了兩三年的催眠工作坊和課程，她感覺在臨床上使用催眠很能勝任，但在個人層面上則較少。就她自己而言，她只體驗過非常輕微的催眠狀態。課程帶領人有時會告知她在工作坊期間已進入催眠狀態，但那並非她的體驗。隨著時間的推移，她學會了對他們的保證抱持保留態度。她問艾瑞克森醫生是否可以幫助她學會被催眠，輕鬆進入催眠狀態。

　　當然，艾瑞克森博士那時已經開始工作了。他告訴瓊，大多數人可以學會加深催眠狀態，需要練習。他說如果她願意，可以閉上眼睛，然後開始談論催眠與放鬆有多相似，她可能會感覺身體開始放鬆。

　　他的工作風格隨意而健談。他說話很輕柔，話語有些含糊不清，需要花些力氣才能聽懂。當他談話時，我注意到他著名的一些語義引導策略，然後他開始進行手臂漂浮的變化。他暗示瓊的一隻手臂可能會感到比另一隻手臂輕一點，他說他想知道哪一隻手臂會先從椅子升起。他暗示她可能會舉起一隻手臂，但他不知道會是哪隻手臂等等。

　　瓊最初沒有回應。漸漸地，艾瑞克森醫師開始更直接地表達他的暗示。至少在我看來，他主要想把這些東西作為建議還是指令，這點變得越來越模糊。在某個時候，瓊有點猶豫地回應了他。她說：「我想我可以舉起手臂。但是我想讓您知道我是自願舉起的，不是因為我被催眠而舉起的。」

艾瑞克森博士沒有回應，只是重複了建議（或指令）。瓊再次表達，如果她舉起手臂，那將是自願的選擇。這些對話重複變化了三、四次。最終，瓊聳了聳肩，說：「好吧，我會舉起手臂。」此時，艾瑞克森博士向她保證，他不會試圖以任何方式欺騙她。瓊將她的手臂從椅子扶手上抬起了幾英吋。

　　起初，我對艾瑞克森醫師如此頻繁地使用概念或其他認知內容作為引導的一部分感到驚訝。表面上，這讓我感覺這次會談具有「認知」的感覺，這是我沒有預期的。在我印象中，他主要是一位經驗式治療師，透過講述與運用與受試者經驗相符的故事來引導催眠狀態，不是講授觀念或理論。但隨著會談進展，顯而易見的是，他的暗示是有意在多個層次上同時發揮作用的，此外，它們還為語義和非語言技巧的使用提供了平台。

　　艾瑞克森醫師似乎是近乎隨機地從一個話題談到另一個話題，有些話題似乎比其他話題更相關，有時很難分辨出來，例如，他談到了在英語中使用「控制」這個詞的不同方式。他指出，當大多數人談論控制他們的憤怒時，意味著「按捺」或「抑制」它。但是，當他們談到學習開車時，指的是變得更善於引導車輛。在第二種情況下，「控制」指涉技能習得；第一種情況，則暗示行為抑制。

　　瓊一般都靜靜地坐著，聽著，我想她有點掙扎著理解艾瑞克森醫師的話。偶爾，他會問她感覺如何。瓊總是回答感覺很好。整個期間，他們之間有著強烈的融洽關係。瓊看起來很自在，而艾瑞克森醫師則是百分百的尊重她。

　　某個時刻，艾瑞克森醫師開始談論人們如何傾向於將「可得的選擇」看得比實際情況更有限。他暗示我們做某些事情的方法，

是因為我們一直以來都這樣做。有時，是因為我們學會了這樣做，或者認為應該這樣做。我們長期以來一直以同樣的方式執行某些行動，以至於我們開始假設沒有其他可行選項。

舉例來說，艾瑞克森醫師問瓊會如何從他家門前的郵箱裡取出信件。瓊說她會起身，走到外面的郵箱，打開它，取出郵件，回來並把郵件交給他。艾瑞克森醫師說，是的，那可能是一個不錯的做法，但還有其他可行選項。他問她是否能想到其他方式。經過幾秒鐘，瓊搖了搖頭。艾瑞克森醫師隨後開始描述另一種方式。以下是對他的敘述相當準確的改寫。

「嗯，妳可以從我家後門出去……」（他指向房子後面的拐角，然後停頓了一下）「爬過我的籬笆……」（停頓）「穿過我們鄰居的院子，沿著直線遠離我們的郵箱。」（停頓）「世界是圓的，所以妳最終可以透過離開而到達那裡……」（停頓）「透過一條截然不同的路。首先，妳可以坐巴士到洛杉磯……」（停頓）「然後乘坐一艘前往夏威夷的汽船……（停頓）然後前往日本。」

這一點也不誇張。艾瑞克森醫師帶著瓊逐步環遊世界，每到一「站」都會停留幾秒鐘。這似乎沒完沒了，坐在廉價的椅子上聆聽是令人乏味的。好不容易，他總結道：「……然後回到鳳凰城。從機場，你可以坐公車或計程車到我們的家……」（暫停）「下車……」（暫停）「付車費……」（暫停）「前往我們的郵箱……」（停頓）「打開它，伸手進去，取出信件，並把它帶進來。」

然後，他轉移到另一個話題或故事，這成為整個會談期間持續存在的模式。他從未問過瓊是否理解一個故事或話題的意義或它的

相關性，他只是繼續下一個話題。然而，我常常感覺她理解這些故事以及它們的主題可能與她相關。不是說她直接從他那裡學到了什麼，而是她一直都知道，或者在可能對她有用的時候，可以重新發現這些東西。

隨著會談進行，我開始明白為什麼有時人們會說艾瑞克森冗長的談話將他的個案帶入了催眠狀態。他講話、喃喃自語、絮絮叨叨，並且不斷地自我重複，但是他的風格具有一種「無底洞」的品質，威力強大。它似乎隱含著，「你還不如進入催眠狀態，因為我可以一直繼續下去，我可以比你耐久，而且我完全可以繼續下去，所以為什麼不現在就進入催眠狀態呢？因為它終會發生。」他的風格傳達了一種催眠會發生的絕對確定性，只是時間問題。

整個過程中，瓊沒有被催眠的樣子。她偶爾會有點緊張表情，但除此之外，她看起來警覺且完全能意識到周遭發生的事情。約莫經過一個小時十五分鐘後，瓊說她的手臂開始感到疲倦。

催眠師和個案之間接下來的幾次對話大致如下：

艾瑞克森醫師：好的是否理解妳的手臂感到疲倦，妳希望把它放在椅子上休息。妳可以是否理解妳可以放下手臂。

瓊：我想這樣做，但並不需要這樣做。我的意思是，我仍然是有意識地放下我的手臂，不是因為我被催眠了。說實話，我不覺得自己被催眠了，我知道我在做什麼。

艾瑞克森博士：隨時都可以放下妳的手臂。它感覺很沉重，妳可以讓它放鬆。

瓊（有點不太自在）：我知道。但我想我希望您能同意，我之

所以放下是因為我自己想要放下，而不是因為您催眠了我
而放下。

艾瑞克森醫師：妳可以把它放到椅子上。

瓊：我知道我可以……但是……但那不是我在問的。我只是想
確認。

艾瑞克森醫師：妳可以放下妳的手臂。妳可以放下它。我之後
不會說妳是被催眠而放下了它。

瓊（微笑）：好的，那太好了。

她開始放下她的手臂，當她這樣做時，艾瑞克森醫師抬起了
頭，坐直了一點，向前傾身，直視著瓊。他的話語、語調、身體語
言和整個態度突然變得更加指導性、更有權威感。他接著說：「當
妳的右手臂放下時，妳的另一隻手臂將從椅子上升起並保持在空
中！」

　　一瞬間，瓊看起來像一個被操縱的木偶，她的右手下降時，左
手上升了，動作簡單、同步、迅速。她臉上的表情也發生了變化；
任何矛盾、任何不適都消失了。她看起來鬆了一口氣，接著甚至像
是解脫了。我不確定如何描述這種感覺。她的臉頰和眼睛周圍的肌
肉放鬆了，下唇微微變厚，臉上的色彩改變，肩膀下垂，姿勢也放
鬆了一些。她在椅子上稍微往後坐一點。

　　每個個別的變化都微不足道，但整體影響深遠。自從坐下，瓊
第一次看起來放鬆，完全自在。她似乎沒有期望，也沒有關注正在
發生的事情。她感覺自己不在舞台上，不需要表演，也不會犯錯。
這些感覺都消失了。她只是坐在那裡，右手臂擱在椅子上，左手臂

在她身側漂浮著。瓊顯然且不可否認地進入了催眠狀態。

順勢而為

　　艾瑞克森醫生問瓊感覺如何。她說感覺很好，然後瞥了一眼自己的手臂，看起來有點驚訝，然後將它放在腿上。過了幾秒鐘，她問艾瑞克森醫生自己是否被催眠了。他問她是否感覺自己被催眠了，瓊說她不知道是否理解但是認為可能是。艾瑞克森醫生說了一句話，大意是：「那麼也許妳被催眠了。」

　　他問她是否想嘗試一些人們在催眠中嘗試的東西。她說當然。他很快進行了手臂麻醉的示範。然後他問她是否想嘗試年齡退行，她同意了。他要求她回想一下生命中感到美好的時光，一段帶來正向感受的時光。她想了幾秒鐘，說她有一段國中的美好回憶，她與父母一起住在加州的安那翰（Anaheim），與他們和另一個好友一起去海灘，她經常和那個好友在一起。

　　艾瑞克森醫師告訴瓊，只要她願意，她可以隨時「探訪」生命中的特定時間。他要求她讓自己的心智漂流回她在國中時期感到快樂、喜愛自己的時期，讓她的意識穿梭時間，成為那天在安那翰的那個女孩。然後他等待。

　　當她聽著他的指示時，瓊看起來很放鬆。她的眼睛半閉，沒有特別看著的東西。然後她驚跳了一下，彷彿聽到了噪音，或者發現自己快要睡著了。她抬頭看著艾瑞克森醫生微笑。他回以微笑，問她幾歲。瓊說：「十一歲。」

　　艾瑞克森醫師回答說：「很好！」並要求她看看四周，告訴他

她在哪裡。她說「家裡」，並描述了她小時候在客廳裡的情景。艾瑞克森醫師又問了她幾個問題。當他問她為什麼那天不去上學時，瓊笑了，說她不必上學，那天是週六。他問她關於她朋友的事情、他們這個週末的計劃是什麼。瓊告訴他他們要去海邊，她和爸爸要去挖蛤蠣。

瓊和艾瑞克森醫師繼續聊天。某個時刻，他問了瓊一些似乎讓她有點不舒服的問題。看到她的不適，他說沒關係，沒有必要談論它，接著問了她另外一件事。瓊立刻再次放鬆下來，並回答了新問題。

我張大嘴巴看著瓊和艾瑞克森醫生。瓊安的行為突然而明確地改變了。她的語調、詞彙選擇、細微動作和其他非語言行為，都與一個十幾歲的孩子與成年人說話的模式一致。她是一個帶著瓊外貌的十一歲女孩！這真的超級震撼。完全讓人信服。我從未想過要懷疑她的真實性。即使她想要，我也不認為她可以偽裝這些行為；她不是那麼好的演員。如果瓊表現得退化，那麼她確實就是退化了。

這（對我來說）意味著，如果艾瑞克森醫師能讓瓊進入催眠狀態，他就能讓任何人進入催眠狀態。如果瓊能體驗到功能性麻醉或年齡退行，那麼任何人也可以體驗到這些事情。任何人，意思是包括我自己。我認為那一刻我的基本信念發生了轉變，儘管當時我只是膚淺地意識到。我能夠被催眠的可能性突然變得真實起來——或者至少比幾分鐘之前更真實了。

回想起來，我認為這可能是艾瑞克森醫師選擇與瓊嘗試進行年齡退行的原因之一。眾所周知，當他與團體工作時，他的焦點很少侷限於坐在催眠椅上的個人。據說你永遠不知道他正在對誰進行治

療。我曾告訴他我對自己能否被催眠抱有疑慮，而他知道我也意識到瓊在這方面的顧慮。也許他認為催眠瓊並從她身上引出一些令人印象深刻且容易觀察到的催眠現象，也會幫助我為那天稍晚在催眠椅上的時間做好準備。

無論如何，經過十到十五分鐘後，艾瑞克森醫生建議瓊，當她準備好時，就可以返回到現在，也就是 1977 年。

他等了幾秒鐘後問道：「妳幾歲了？」

瓊微笑著說：「我在 7 月就要滿三十四歲了。」

「妳感覺如何？」

「我覺得很好！」

「妳有任何疑問嗎？」

瓊說非常希望能夠自己複製這種催眠狀態，她問是否有辦法讓她將這種體驗帶回家並練習。

艾瑞克森醫師說：「瓊，妳可以進入催眠狀態，只要妳願意，就可以進入對妳有益、對妳有幫助的深度催眠狀態。」他還補充說，只要是健康和安全的，她也可以跟其他的訓練師一起進行訓練。「只要他們是應該與妳一起工作的人，這樣好嗎？」

瓊點頭微笑，「聽起來真棒。謝謝！」

「妳醒來後，想不想記得妳在催眠狀態中所發生的事情？」

「哦，是的，我想要記得全部！」

「我將從一數到三。當我數到三，妳就醒來。妳會感到放鬆、充滿活力，沒有頭痛、肌肉疼痛。妳將記得所有對妳有益、有幫助的一切。」

瓊似乎很順利地從催眠狀態中走了出來。當艾瑞克森醫師說

「三」，她眨了幾次眼睛，搖了搖頭，好像試圖讓頭腦清醒一些。她環視了一下團體，似乎有些疑惑。過了一會兒，她問道：「發生了什麼？我被催眠了嗎？」

艾瑞克森醫師問道：「妳感覺如何？」

瓊輕輕轉動了幾次肩膀，然後看著艾瑞克森醫生。

她說：「我感覺真的很好……比剛坐下時放鬆多了，沒那麼緊張。」

「妳記得什麼？」

「你邀請我坐在這裡，然後開始跟我談論……我猜是關於催眠吧。我當時擔心自己進不去催眠狀態，讓所有人都無聊透頂。我覺得有些其他事情發生了。這一切有點模糊不清，我無法確切地回憶起發生了什麼事情。過了一會兒，你問我感覺如何……然後就是現在了。」

後來，瓊告訴我們，她感覺像是與艾瑞克森醫生一起工作了十五或二十分鐘，雖然她並不記得在那段時間裡發生了什麼事情。實際上，她在催眠椅上待了幾乎兩個小時。

追蹤

瓊從未憶起她的催眠經歷。然而，在我們拜訪鳳凰城之後，她發現一般來說，進入催眠狀態更加容易了。

她說催眠和自我催眠對她在專業和個人生活中成為有價值的工具。我們都覺得，我們與艾瑞克森醫師的經歷為其他工作創造了途徑，這些工作最初對我們的關係產生了重大影響，隨後也對我們的

家庭產生了影響。

　　艾瑞克森醫師要求我們不再與瓊討論她的療程。他覺得這樣做可能會減少瓊已完成工作的潛在長期價值，且與她「選擇」不記得自己的催眠體驗不一致。當天晚些時候，我有機會問他為什麼認為瓊是「選擇」不記得，畢竟她表達了願望，而且他也如此指示。艾瑞克森醫師提醒我，他實際上的指示是讓瓊記得「對她有益的事情」。

　　自從瓊和我第一次拜訪艾瑞克森醫生已經過了四十三年。我們在 1979 年秋末又見了他一次，僅在他去世前幾個月。現在，經過四十多年，我們以最深切的溫暖和感激之情，追憶這位迷人和擁有無比創造力的人。認識他讓我們的人生更美好，而我在這篇小短文中描述的經歷尤其貼近我的心。

第二代

馬丁・萊瑟

我的助理在 1983 年 12 月訪問了馬丁・萊瑟（Martin Reiser）。

馬丁・萊瑟博士是一位臨床心理學家，在私人診所使用催眠已有數十年歷史。後來他加入洛杉磯警察局，擔任行為科學服務處主任。1972 年，他開始進行調查性催眠計劃，並在 1975 年開始培訓警方調查員在刑事案件中對證人和受害者使用非治療性催眠。

萊瑟對催眠的興趣促使他與米爾頓・艾瑞克森相遇，後者主張在警務工作中使用催眠，並且曾經訓練過鳳凰城警察局的成員進行調查性催眠。「我透過他的文章和傑・海利的著作，對艾瑞克森醫師很熟悉，」萊瑟回憶道：「我與他取得聯繫是因為有人告訴我他對執法和刑事司法問題很感興趣，而且早年在威斯康辛州與懲戒系統合作過。他邀請我和我的同事去鳳凰城，所以，我們與艾瑞克森醫師度過了一個星期六⋯⋯他談到了一些司法和調查性催眠的議題，我們發現非常有用。他支持我們所做的事情，並成為『國際調查與司法催眠學會』這個新組織的首位榮譽會員。」

「我喜歡米爾頓的地方，」萊瑟解釋道：「他是一個沒有偽裝的人，樸實、直率、好客，是個好人⋯⋯他不需要太多的文飾。我的感覺是他有著一種幽默感，一種詼諧的機智，不是那種拍打你膝蓋的那種幽默，而是暗示性、推理性的幽默。」

能夠回想起車牌號碼是證人面臨較困難的任務之一；艾瑞克森

幫助萊瑟和他的同事找到了一種不同的方法來完成這項任務。萊瑟解釋：「我們通常會聚焦於車輛的車牌，讓人試著回想它。艾瑞克森的觀點是讓人們『看到』車牌的邊緣，不直接聚焦於它，也許會注意到一個字符的頂部或另一個字符的底部，或另一個字符的部分等，我認為那是一種有趣的方法。從理論上看，它可能與我們感知事物的概念有關——我們不一定專注。

「我認為他是以簡單、直接的方式做事，運用很多常識……以及他自己生活中的大量背景資訊。我不認為他是一個致力於發展複雜催眠理論和方法的人……完全不是；相反地，我視他為一個出生於鄉村、受過良好教育、聰明、親切的人。他願意做自己。

「儘管米爾頓並不認同精神分析學家的觀點……仍然存在聯繫……因為他利用無意識以及積極運用無意識的廣泛工作，如果給予一些方向和一些提示，就可以完成各種事情，從解決問題到療癒。我認為米爾頓的方法比精神分析更有效，時間更短，而且不需要每週四次躺在沙發上五到十年。如果有效，它可以相對迅速地完成，而且應該適用於大多數人。我認為這是非常出色的貢獻。」

▌評論

在與刑事犯罪證人工作時，艾瑞克森的方法非常獨特。他經常將回憶任務分成不同的組成部分，讓當事人回憶事件中「最不重要」的細節，然後逐漸記起更重要的細節。他也會讓當事人先回憶與這個情境有關的情緒，再問及視覺上的細節。或者他會讓證人「去自我感」，讓他們感覺這起犯罪不真實，然後從超然和不帶情感的角度回憶事情。他還可能對證人說：「我希望你一定不要告訴

我任何你不想讓我知道的事情，」這樣能加強他與證人之間的互信關係，促使證人告訴他更多訊息。

參考文獻

Zeig, J. K. (Ed.)(1982). *Ericksonian Approaches to Hypnosis and Psychotherapy.* (pp. 349-350). Brunner/Mazel Publishers.

瑪德蓮・理奇波特

我的助理於 1983 年 12 月訪問了瑪德蓮・理奇波特（Madeleine Richeport）。

理奇波特在 1989 年 8 月也寄給我一封包含個人傳記內容的信件。

瑪德蓮・理奇波特是一位研究拉丁美洲，特別是古巴和巴西入神狀態的人類學家。當她與傑・海利結婚時，兩人製作了關於艾瑞克森的紀錄片（Milton Erickson, MD: Explorer in Hypnosis and Therapy, 2005）。海利於 2007 年逝世，理奇波特於 2016 年過世。

理奇波特透過她的父親（一名醫生）認識了米爾頓・艾瑞克森。她在十七歲時第一次遇見艾瑞克森。作為家族友人，這些年來，她曾多次住在艾瑞克森家。

理奇波特說：我從來不明白艾瑞克森在做什麼，但我非常信任他，對他充滿信心。每次我跟他在一起的時候，總是進入催眠狀態，他經常談及催眠狀態中的潛在學習——一些我多年後仍能運用的資源。

我有機會與他討論我的博士論文。他給我最重要的理解之一是，我正在看的是與催眠相同的心理生理現象，但其他文化的人對此有不同的理解。他認為這是一種重要的治療，因為在

這些社會中，人們以一種社會認可的方式引導解離。然後他講述了其中一個案例——一個女人看到裸體的男人在飄蕩。他告訴她：「為什麼不將這些幻覺放在我的櫥櫃裡呢，妳可以隨時來看。」這讓我能夠繼續在學校擔任老師多年。

催眠在某些拉丁國家引起負面反應。當然，美國也面臨同樣的問題，即催眠被認為是非科學或超自然的東西。關於催眠存在著真正的民族中心主義觀點。我想艾瑞克森終於明白，這只是自然發生行為的一部分。

在總結與艾瑞克森的經驗時，理奇波特提供了這樣的觀察：「我視他為智慧的源泉，但他的教學方式卻變得如此不同。最初，他的教學主要針對醫學領域，但他晚年的教學研討會上，他將自己的思想開放給其他健康專業人士。在我參加過的多次艾瑞克森研討會中，我總感覺他在直接與我交談，其他人也是如此。瑪格麗特·米德說，世界上有些真正的醫者，米爾頓就是其中之一。艾瑞克森在自己和個案之間創建了很少的社會距離——就像其他文化中的療癒者一樣。他似乎能夠利用個人的價值觀和態度來發展文化一致性。他身上有很多神祕之處。他能夠把自己置身於個人的內心世界，並找到有助於個案的方法。」

第二代

蜜雪兒・瑞特曼

以下內容編輯自我助理於 1983 年 12 月與蜜雪兒・瑞特曼的訪談，以及我於 2015 年 12 月與瑞特曼的訪談。

蜜雪兒・瑞特曼博士是一名臨床心理學家和家族治療師，從事私人執業。瑞特曼擔任顧問工作，教授課程和工作坊，並在全球各地講授她的臨床方法與豐富的著作。

瑞特曼從天普大學（Temple University）獲得臨床心理學博士學位，以她與政治酷刑倖存者及其家屬的工作聞名。她是艾瑞克森最重要的學生之一，提出「症狀是一種催眠狀態」的概念。她構築治療的方式是追溯引發出個人或團體症狀狀態的催眠引導，並產生對症的引導或影響症狀催眠狀態的集體催眠序列。她是一位多產作家，作品已被翻譯成西班牙文、德文、義大利文、法文和希伯來文，著作包括《在家庭治療中運用催眠》（*Using Hypnosis in Family Therapy*, 1983）、《戰火下的希望：在智利的恐懼和家庭支持》（*Hope Under Siege: Terror and Family Support in Chile*, 1991）、《一個女人的道》（*The Tao of a Woman*, 2008）、《帶著馬尾的牛》（*The Cow with the Ponytail*, 2012）及《鬆開》（*Unwinding*, 2021）。

蜜雪兒・瑞特曼：我在費城兒童指導診所與傑・海利一起學習時，他建議我向艾瑞克森學習。我一直在讀海利關於艾瑞克森的書

籍（《不尋常的治療》），很期待見到他……海利也是一個天才，在我遇見他時，他已經跟艾瑞克森醫師學習了十七年。艾瑞克森的工作的規模和強度如此大，以至於我對這個人感到敬畏。我以一個單純的學生的身分去鳳凰城見他，很緊張，所以我延遲了好幾年，直到我覺得我了解一些他的工作之後才去拜訪他。傑從他獨特的角度看待米爾頓。顯然地，作為一個年輕的女醫師，我的情況有所不同……米爾頓對我會有不同的反應。

　　瑞特曼當時的老闆薩爾瓦多・米紐慶（結構性家族治療之父）帶她到赫伯特・拉斯提格的私人放映廳，觀看他的影片《米爾頓・艾瑞克森的治療藝術》，之後她去見了米爾頓。她深受影片吸引，決定無論她是否感到足夠了解，都必須去見艾瑞克森。瑞特曼完成心理學實習的費城兒童指導診所主任哈里・阿蓬特（Harry J. Aponte），允許她使用她的美國心理學會研究生實習金，一年去拜訪艾瑞克森兩次，在接下來的六、七年她便這麼做了。

瑞特曼：讓我印象深刻的是他坐著輪椅進入他辦公室外小治療沙龍的方式，他會迅速地瞥一眼大家，立即轉身做其他事情，比如翻找文件，就好像沒有人在場一樣！他給人們充分的時間來評估他或適應他……而不是建立初步連結。對我來說，這表達了一種自信和存在感，我想更了解他。

　　多年來，他把我當成自己的學生／女兒，我以為他對每個人都這麼做。他過世後，傑夫・薩德告訴我，艾瑞克森和

我之間有一些不同的東西——一種特別的互動。當我聽到的時候，真的很感動……因為我當時不知道自己的價值，他（艾瑞克森）卻是那個教我相信自己的人。置身這個領域，又是年輕女性，我覺得自己受到了他的尊重。我從來沒有感到被貶低、輕視或屈尊。他完全相信我，挑戰和推動我走出舒適區，同時在旅程中給我無條件的接納。他也理解我的才智，幫助我將催眠融入家族治療中，並意識到催眠現象不僅僅是幫助人進入特別的狀態，還包括與人建立一種關係，在這種關係中，人們能夠感到完全真實、充滿資源、開放和被接納。他使我對人權和症狀的權益有了更深刻的體會，那是他工作中非凡的標誌，因為透過他和你工作的方式知道，他會按照你的本質進行模式設計。正如他喜歡說的：「每個人都像指紋一樣獨特，永遠沒有，永遠不會有一個人和你完全相同，而你有權完全成為那樣的一個人。」

我認為他喜歡我的敏捷。他開始說：「年輕女士，妳以各種想像的方式貶低了自己。現在妳真正想從這裡得到什麼？」我們相處得很好，但在許多方面，與他一起工作是不舒服的。我們爭論不修，意見分歧。他聲稱他沒有理論，但當他講故事時，我會告訴他我在每個故事背後所感知到的理論。我們在一起度過的所有時間，從開始到結束，特別是獨處時，都是如此強烈、親密、個人化和具有建設性。因為他對我如此，我對我的案主和學生也以同樣的方式做著這種舞蹈。他言行一致，極度慷慨，他沒有向我收取任何費用，卻給了我一切。我吸收了這些，盡我所能地傳遞出去——這是我表達感謝的方式。

在我最後一次的拜訪，他告訴我他阿姨的故事。他是貧窮的農家子弟，當初穿著農場手套去見阿姨，他阿姨為他支付了大學和醫學院的學費。當她問他：「米爾頓，你打算如何報答我？」時，他非常震驚，因為他知道自己沒有錢。她說：「你可以用錢來報答我，或者你可以成為一名出色的醫生。」他告訴我：「我選擇了後者。」然後他說：「現在我問妳，雪莉，妳打算如何報答我？」當然，我當時的回答就像我在生命中每一天所做的一樣：懷著深深的感激之情，希望盡最大努力成為最好的自己和治療師。

他教導的一切都強調經驗式學習和示範。有一天我和他連續在一起七個小時，但感覺只過了一個小時。我對他說：「我的右手只有三個手指。我的戒指去哪了？你跟這件事有沒有關係？」他說：「我當然希望如此。」直到事後，我才意識到我經驗的深度和它所引起的失憶。手指和戒指的消失是標準的負性幻覺。後來我說：「嗯，我也想要有一個正性幻覺。」他說：「那麼，妳為什麼想看到自己坐在那邊的椅子上？」然後我看見自己坐在一張根本不存在的椅子上。這只是在我大腦中換檔的問題。我意識到我們總是有正負性幻覺，他幫助我找到了自己的排檔桿。他是一位高超的教師，他喜歡並樂於喚起和創造性地發揮活躍大腦的各種形式之冒險與功能。

當我詢問他在幫助出現症狀的人時是否會考慮家庭脈絡，他告訴我一個案例：一個可憐的六歲男孩尿床，大人使用電擊來阻止他尿床，沒有人問過這個男孩睡在哪張床上。艾瑞克森發現他睡在一張嬰兒床裡，於是，他告訴男孩的父母讓他睡在

更大的床上，而他會要求自己的權利。艾瑞克森對我說：「妳不覺得我正在改變那整個家庭……他的幼兒園老師和其他學生對他的反應嗎？」

沒有人像米爾頓一樣慷慨。他問我是否讀過奧瑪·開儼（Omar Khayyam）的《魯拜集》（*Rubaiyat*, 1859），並說：「你應該過上這樣的生活，以至於最後，你倒掉一個空杯。」這是這本書的最後一句話——傾盡所有——他以一種完全掌握自己的方式做到了這一點。他還說：「永遠不要指望別人在任何事情上都能像你一樣思考。」你無法讓米爾頓做他不想做的事情，他對此堅定不移。從他只做自己想做的事情的立場，他付出了自己的所有；我從未見過這樣的事情。他曾對我說：「我部分是維京人的後裔，這意味著有一天你會乘船去冒險，並且永不回頭。我喜歡這個想法，它挑戰了我一直被灌輸的每個信仰，那些無意識束縛著我的信仰。」

我是一位受過訓練的家族治療師，認為沒有與他人分離的個體存在。正如布伯（Buber）所說，沒有不存在「你」的「我」，有你和你的家庭聯繫。當然，艾瑞克森說過，個體至關重要，可以改變他的家庭和社會；這兩種觀點是相反的，我在兩個方面都接受了很好的培訓，試圖想出如何結合兩者。家庭如何滲透，或者我所謂的催眠個體成員？個體如何製造暗示以改變家庭和社會，並產生全球影響？米爾頓告訴我瑪格麗特·米德是他的好朋友，她曾寫道：「永遠不要懷疑一小群有思想、有承諾的公民可以改變世界；事實上，這是唯一能改變世界的東西。」

當我告訴他我認為症狀是由社會、家庭和自身三個層面引發的催眠狀態時，他說：「我認為這是一個有趣的想法，妳應該花一生時間來發展它。」於是，我開始寫書，題名為《在家庭治療中運用催眠》，這本書不僅提供人類困境的廣角鏡頭，還具備變焦鏡頭，涵蓋了個體在物種中的獨特部分。

關於艾瑞克森受到同僚批評，瑞特曼表示：「是的，他告訴我很多與這有關的事，因為我在工作場所也遇到了同樣的麻煩，他被開除了，因為他太有能力和效率了。許多人懷疑他，但他並沒有糾結於此。他說：『受傷的感覺屬於垃圾桶，最好越快丟進去越好。』他還說：『成功是透過有多少人對你投擲石頭來衡量的，就像古代的先知一樣。』他教導我利用逆境來鍛鍊性格。」

瑞特曼：我沒有看到他的缺點，他是一個正直的人，他欣然接受批評，並帶著希望迎接它，也許他能學到什麼新東西！「不幸的是，」他說：「我還沒有收到對我有用的批評。」他眼中閃耀著光芒，接著說：「但我總是抱持希望！」

　　我曾經對他說過：「沒有了你，我怎麼熬過去？」他回答：「比起我死去，妳在下次拜訪前被卡車撞倒的可能性更大。」但他確實有一個宏偉的造林計劃：他希望那些愛他的人能種一棵樹紀念他。我已經在我生活的每個地方種植了我的艾瑞克森檸檬樹，它們都開花結果了。而且，彷彿他還沒有給我足夠的禮物一樣，米爾頓在聖誕節送給我一隻鐵木雕刻鳥，說：「它堅不可摧！它甚至無法燃燒。」我至今珍視這隻鳥。

最後一次見到他的時候，他說：「現在，雪莉，我希望妳能忍受所有可能遭遇的困難。」他教會了我，我們所經歷的困難終將塑造我們成為極具力量的人。我們應該透過轉化自身面臨的困難來實現存在主義的卓越，而不是以他人為衡量標準。

瑞特曼憶起某次看到艾瑞克森收到她送的禮物哭泣的樣子。她解釋道：「我知道他很欣賞這個給貝蒂的禮物。」艾瑞克森曾用他最喜歡的僵化思維鬆動謎題挑戰瑞特曼：一個農夫買了十棵樹，他可以「把樹種成五排，每一排四棵樹」嗎？答案是可以的，但要把它們種成五角星形的設計。「所以，我用這個設計做了一個刺繡，」瑞特曼說：「每個設計的圖案都描繪了艾瑞克森生活中的一個故事……比如他出生的小木屋，其中一面貼著山側。其他的設計代表他告訴過我關於他的生活故事：他因為過敏而搬到亞利桑那州，以及他與貝蒂的婚姻等等。

「他深愛並崇拜貝蒂，我從來沒有見過一個男人像他那樣愛著一個女人。我最後一次見到他時，他帶我進他的臥室，然後說：『妳看到了嗎？』他給我看了一張貝蒂婚後不久的照片，他低聲說：『她是不是很棒？』他教我很多關於關係的事。（有次）他說：『貝蒂有她的看法，我有我的看法。貝蒂有她的習慣，我有我的習慣。我們總是希望對方會改變，但我們從來沒有這麼做。』

「然後他向我展示了掛著我的刺繡禮物的地方，就在臥室裡，貝蒂的照片旁邊！」[32]

---

[32] 作者註：瑞特曼的刺繡仍然掛在鳳凰城艾瑞克森歷史住居，艾瑞克森夫婦前臥室牆上。

關於艾瑞克森的方法，瑞特曼表示：「他與人打交道的『非正統』方式，實際上並不是那麼非正統，我反而認為是老派、基於常識、尊重、誠實、直率的方式，繞過了認知上的僵化。他想看看透過他自己和其他人所表達出來的人類潛能是什麼。以前是運動員，在他十幾歲的時候因小兒麻痺症而癱瘓，他把自己看作是地球上的一個實驗，那麼為什麼不讓它成為一個非常好的實驗呢？

「跟他在一起，我從未認為自己是個『治療師』，但那時我對自己評價並不高。我會說我對他付出很多。我認為他感覺到我理解他傳達給我的東西，並且會全部拿來運用。我不喜歡浪費時間，他也不喜歡……我們一起時沒有浪費過一秒鐘。他寫道他毫不懷疑我是一位優秀的臨床醫師和出色的老師，我完全、絕對、百分之百地崇拜和尊重他，而你無法在一個學生身上摧毀這些。我尊敬他的家庭和夫人，我認為那對他來說意義重大。我知道是什麼讓他堅持下去。有些來看他的人卻不知道貝蒂的珍貴之處。

「他曾經帶我和當時的丈夫到他的後院，那裡有一棵大藍花假紫荊樹。他走過去並說：『妳看見那叢槲寄生了嗎？』我說：『是的，我想我看到了。』他說：『不，妳沒看到，不然妳就會照規矩做了。』所以，他促使我們在這棵樹下親吻。他可能觀察到我們不應該繼續在一起，但他也給了我當時所要求的東西：一個『重婚典禮』，在我生下第一個孩子之前。」

當被問及艾瑞克森最大的貢獻時，瑞特曼回答：「他的最重要一個貢獻是對主觀時間與鐘錶時間的理解。他會使用他的聲音、強調和意象來激發進入我後來所謂的『慢動作時間』。他了解一旦你進入那種狀態，分析性大腦就會關閉，你能直接傳輸到無意識的心

智，而這種情況在家庭中經常發生。家庭有一定的節奏和無意識的溝通，有著正向或負向的全年無休默契；一種『超越時間』的催眠環境。」

「他也非常尊重個人及其複雜性，包括各種變化的狀態、人格特質，以及能夠進行新穎和非凡工作的能力，這是他擅長的。他知道我們都有能力影響社會，使之變得更美好——將理解帶到社會正義運動中以抵制仇恨運動，並促進愛、療癒、慈悲與相互尊重的暗示。當我們一起觀看吉米·卡特（Jimmy Carter）的就職典禮時，我想他知道我會積極地將我所學到的東西帶入更廣闊的領域。我們還討論了米爾頓的一篇文章，他在其中譴責反美印地安人的情緒，以及普通人之中爆發的非人道行為。」

參考文獻

Haley, J. (1973). *Uncommon Therapy: the Psychiatric Techniques of Milton H. Erickson, M.D.* W. W. Norton & Company.

Khayyam, O. (1859). *The Rubaiyat* . Bernard Quaritch.

Ritterman, M. (1991). *Hope Under Siege: Terror and Family upport in Chile.* Praeger.

Ritterman, M. (2012). *The Cow with the Ponytail.*

Ritterman, M. (2009). *The Tao of a Woman. Skipping Stones.*

Ritterman, M. (2021). *Unwinding.*

Ritterman, M. (1983). *Using Hypnosis in Family Therapy.* The Milton H. Erickson Foundation Press.

第一代

柏莎·羅傑

柏莎·羅傑（Bertha Rodger）在 1984 年 3 月把她對艾瑞克森的回憶寄給了我。

1958 年，柏莎·羅傑醫生經由一名精神科醫師介紹參加催眠研討會。她曾考慮參加另一場由喬治·艾斯塔布魯克斯（George Estabrooks）主持的研討會，主講者是阿道斯·赫胥黎，後因時間關係，選擇了艾瑞克森的團體。羅傑解釋道：「我對於要期待什麼充其量是模糊的，我絲毫沒有準備好見到他。雖然一開始他的示範、認真和自信讓我留下了深刻的印象，但他也讓我感到反感。對我來說，他太會操縱人、太愛炫耀了。我沒能理解艾瑞克森所呈現的大部分內容，但我知道有一些特別的東西需要學習。我迫不及待地想嘗試……這個研討會讓我有足夠的信心，立刻應用我所學到的。」

羅傑參加了許多艾瑞克森的研討會。1958 年秋季第二次碰面，她變得更加自在。「我已經準備好傾聽了。」她回憶道：「我能夠更深入地理解和學習。此外，我在與其他志同道合的人迅速建立友誼方面更加自信，泰德·艾斯登住在幾公里之外鼓勵我。他向米爾頓和其他負責人報告了我在北紐澤西科學界推廣催眠的情況，包括為當地醫院的醫學團體演講，並開始一個研究小組，我因此於 1960 年 2 月成為美國臨床催眠協會的會員。」

羅傑對艾瑞克森的印象：「他在演講時很戲劇化，比我見過的任何人都更創新。（但是）米爾頓難以解釋他在做什麼。儘管他努力了，但仍然是一個謎。他總是堅持我們能做到相同的事情，但我們仍然不信服……需要像司布真・英格力胥、艾瑞克・萊特（M. Erik Wright）、凱・湯普森、羅伯特・皮爾森、卡爾弗特・斯坦（Calvert Stein）等人以及他的示範對象釐清無數的瑣碎問題。貝蒂・艾瑞克森作為評論員，貢獻良多，你總是能安靜而有效地感受到她的存在。米爾頓經常提及他的家人，這一點意義深遠。」

柏莎・羅傑：他總是令人著迷地觀看和聆聽，他的浮誇有時讓人不安。然而，他從未為了膨脹自己或其他目的而利用一個對象。來訪者的需要是最優先的。他總是小心翼翼地保護隱私。

　　我們透過信件保持聯繫了好幾年，始於使用「quareful quooking of quohaugs to make quohaug quhowder」（譯按：意思是「仔細烹調蛤蠣來煮蛤蠣濃湯」「careful cooking of quahogs to make quahog chowder」）這樣的句子，甚至透過郵遞方式寄送了一些罐頭（譯按：原文為「quan」，也就是「can」）。我們家的愛爾蘭雪納瑞犬 Rusty（暫時化身為成一個女性仰慕者）與艾瑞克森家的狗 Roger-Dassett-the-Bassett 之間，持續活潑、令人愉快的信件交流。

　　令我驚訝的是，當貝蒂和朋友出城遊玩時，艾瑞克森醫師多次邀請我共進晚餐。我曾經想知道他為什麼選擇我享有這個特權，（因為我當時）非常害羞，從來不是健談的人。但他喜歡有人陪伴和說話，我愉快地聆聽。很多時候，他邀請我在工

作坊的午餐會上坐在主桌他的身邊。一開始，這對我來說非常反感，直到他教我如何在眾人面前感到自在。

1959 年 2 月紐奧良研討會，我是在一大群人面前示範的小組成員，我感到不自在。我設法在想像的螢幕上迅速閃現緬因州的潮池。他讓我環顧全場，挑幾個好的對象。我想知道究竟要如何才能找到好的對象，於是開始掃描觀眾席。我注意到一些人專注地看著艾瑞克森，我也進入了好的催眠狀態。我著迷地觀看人類學家雷·伯德威斯特爾（Ray Birdwhistell）所謂的講者和聽眾之間的交流之舞。這是一個俐落的減敏感過程。

1961 年，我安排艾瑞克森在紐澤西醫學會上演講，參加人數不多。催眠當時不受歡迎，主要是因為過於熱衷於催眠的業餘催眠師讓醫生們不滿，他們吹噓自己可以教醫生催眠，並且喜歡讓被催眠者像狗一樣叫或做其他令人不快的事情。那些出席會議的人們……永遠不會忘記他，他？改變了人們在當地氛圍中的理解。

艾瑞克森住在我們家。我們大多時候坐在起居室，沒有說話，我丈夫完全無法理解這一點。當我們開車送他到機場時，他試圖讓他（艾瑞克森）說話，但一直受挫。對我來說，那是一段收穫頗豐的時光，在他面前，我的思緒如此忙碌。

米爾頓送我一本珍貴的書，上面題著：「給柏莎：最初那次美妙的飛行帶來更多其他的事情。1961 年 11 月，米爾頓。」

泰德·艾斯登邀請我與艾瑞克森和厄文·塞克特一起搭計程車前往機場，而米爾頓則想和我坐一會兒，讓我驚訝又高

興。他談論了他的家庭，但以他獨特的方式傳達了一些對我有治療作用的觀點。我從來不確定它們是什麼，但光只是想起這件事，我就覺得更加堅定了。有些重要的東西藏在安全的地方，我可以仰賴它，我不想讓它被打擾。

大約在 1962 年，米爾頓曾受邀在美國臨床催眠協會紐澤西分會發表演講。他選擇用幽默的方式來教導我，將我痛苦的臉紅控制在合理的範圍內，善意地允許我保留任何我想要或需要的東西。多年後，他在《催眠現實》的書上題著：「給柏莎‧羅傑醫生，我發現蛤蠣最好吃，擴張毛細血管最有趣。妳是一位了不起的朋友和好老師！米爾頓‧艾瑞克森醫生，於 1977 年 1 月 21 日。」

一幅生動的畫面在我的腦海裡留存：1976 年 7 月 2 日，米爾頓在費城參加國際催眠學會慶祝兩百年的晚宴，與美國臨床催眠協會和臨床與實驗催眠學會成員碰面。米爾頓身穿紫色的全套西裝，坐在輪椅上愉悅地主持會議。人們都很高興再次見到他。得到遲來的認可一定很滿足吧！

另一種鼓手

艾瑞克森跟隨自己的節拍走，他的方法受到他人觀察和自己個人經歷的影響。他喜歡提醒我們，最好的教科書就是你自己寫的。他沒有遵循任何心理學學派，而是置身折衷主義，從中選擇最好的。由於我沒有接受過這方面的培訓，除了自行閱讀，我對這方面不太在意。很明顯，他對該領域的一些人造成

了困擾。他肯定對於無法打通他們感到沮喪。知名人士經常應邀參加研討會，其中一些人也來了。

米爾頓願意向每個人學習的這個特質，為我提供了重要的榜樣，幫助我更加開放。他的優點之一是他的價值體系，承認生命的階段和成為進化的過程。他對自己和自身的經驗有極大的信心，相信個案有能力朝更好的方向改變——且持續不斷。他對自己的聰明才智也有自信，並信任無意識的巨大寶藏。隨著歲月流逝，我對他越來越尊重。他對我個人和專業生涯都有著深遠的影響。

米爾頓確信自己有特殊的東西要呈現，並毫不保留地分享。他非常人性化，他的工作被忽視、貶低或誤解一定會非常沮喪和洩氣。他將精力投入繼續學習，以便做得更好。他的榜樣不言可喻。

評論

艾瑞克森非常欣賞羅傑的能力。在 1964 年的美國臨床催眠協會會議上，他選擇她作為提供催眠示範的拍攝對象，此外唯二被拍攝的是艾瑞克森。一家製藥公司的資助，使拍攝成為可能。

參考文獻

Erickson, M. H., Rossi, E. & Rossi, S. I. (1976). *Hypnotic Realities: the Induction of Clinical Hypnosis and Forms of Indirectsuggestion. Irvington.*

第一代
西德尼·羅森

我的助理在 1983 年 12 月採訪了西德尼·羅森（Sidney Rosen）。

西德尼·羅森醫師是一位精神科醫師和認證的精神分析師，也是紐約米爾頓·艾瑞森心理治療與催眠學會的創始會長。他是《催眠之聲伴隨你》（*My Voice Will Go with You*, 1982）的作者，也發表了多篇有關艾瑞克森療法的論文，曾擔任十一次艾瑞克森基金會的大會講師，並在國際舉辦多次研討會和工作坊。

西德尼·羅森在高中時聽聞米爾頓·艾瑞克森，那時，艾瑞克森在密西根州的愛洛思精神醫院工作。

西德尼·羅森：我大約十六或十七歲時，曾經嘗試那種舞台表演式的催眠，我們互相催眠並嘗試不同的事情。「當我打響指時，你會跳起來大喊杰羅尼莫！（Geronimo!）」這種孩子們為了感受力量而做的事情。有幾個與我一起嘗試這項技能的孩子去到密西根州的愛洛思醫院見艾瑞克森。他住在醫院……他們回來時帶著異乎尋常的故事，說他們整天進出催眠狀態。他會向他們解釋他是如何透過手勢的非語言方式完成催眠，他會讓他們去接電話或打開窗戶。即使在那些日子裡，他也在探索、實驗，看看有哪些可能性、他能做什麼。

我在醫學院學過催眠，人們叫我「席德，催眠者羅森」。我閱讀艾瑞克森的著作許多年，之前從未想過與他聯繫，我沒有勇氣。在我完成精神分析培訓後，我仍然對催眠感興趣，我覺得還有很多要學習……我發現他還在世……有種想見他的渴望。我當時要去加州長灘參加我的外甥成人禮，心想，「好吧，就用這當作藉口（到鳳凰城見艾瑞克森）」。我非常緊張，然後，我打電話給他，告訴他我已經跟隨他多年了……問他能否見面，他答應了。那段日子他還親自接電話。

　　我和我的家人喜歡收集蛇和不尋常的動物。當年機場還不會檢查你的行李，所以我（從長灘）帶著兩隻壁虎、三條蛇，包括一條王蛇和兩隻金箭蛙。我把其中一隻金箭蛙送給了他。十年後，當他解釋為什麼選我來寫（其中一本艾瑞克森的書）序言時，他說：「你很聰明，你很真誠，你很勤奮，而且你送了一隻金箭蛙給我的妻子貝蒂。」他說：「我喜歡你。」能夠得到艾瑞克森的喜歡，是我生命中最激動人心的時刻之一。

　　羅森解釋了艾瑞克森如何幫助他：首先，他讓我重新開始使用催眠，這也是我去看他的原因之一。在十五年之後，我又開始使用催眠，我明白我需要一些幫助和督導。我認為每個人都能從艾瑞克森提供的一些事物中獲益。

　　坦白說，1970 年我第一次見到他時感到失望，我認為他沒那麼聰明，用了很多陳腔濫調的幽默……但他真正擁有天才所具備的東西，就是勤奮地努力。他花了近五十年的時間勤奮工作，近乎瘋狂地致力於催眠和學習，發展自己的能力。他並非生來就偉大，而是因為努力而使自己偉大。他不是那種你可

以感到親密的人，沒有人會聲稱他們是他的知交。他的人生確實不尋常。他總是在忙碌中⋯⋯他不談論自己。我曾經問過他：「如果你心煩意亂，你會向誰尋求幫助？」他回答：「我把問題交給我的無意識。」換句話說，他自己幫助自己。

我和他相處了四個小時，當時以為：「嗯，他只是講了很多故事⋯⋯沒有什麼重要的發現。」他沒有解決我去找他的問題，但是，我回到家後做了個夢，它給了我深刻的印象。在夢中，我從未夢到也從未再夢到的話語卻用字母拼了出來：你從未完成任何事情。我認為這是一個很重要的啟示，因為它是真的。這激勵我開始完成事情。我花了接下來的三年時間寫文章，我有了動力。這不僅僅是個洞察，而是洞察促使一個人改變的時刻——這是艾瑞克森在治療中加入的一件重要的事情。他說：「理解過去的事情不會改變過去。這可能很有趣，但不會改變一個人。我相信一個人必須學會活在今天——也許明天，也許下週、下個月、明年，享受生活。」正是因為知道這一點，才讓我有所不同。

（離艾瑞克森去世不到一年）1979 年 8 月，在他的一場教學研討會之前，羅森坐在艾瑞克森的辦公室裡，問艾瑞克森感覺如何。「他看著我，」羅森回憶說，「說：『西德尼，如果我能哭，我會哭的。』那是他對我最坦承的一次。他一直處於疼痛之中。我說：『嗯，我猜其他的選擇不是很有吸引力。』他同意了。他說：『你一直想讓我活下去，對嗎，西德尼？』我說：『嗯，我現在五十三歲了，我想在死前夠享受幾年的整合。』他說：『你只是個

孩子……整合將會在沒有我的幫助下完成。』我常常想到件事。謝謝你，米爾頓。整合已經發生了。」

參考文獻

Rosen, S. (1982). *My Voice will Go with You: the Teaching Tales of Milton H. Erickson, M.D.* W. W. Norton & Company.

第二代

約瑟夫・羅斯納

　　三十五年來，約瑟夫・羅斯納（Joseph Rosner）一直從事催眠治療和婚姻與家族治療工作，在紐約大學獲得博士學位，並在加州大學洛杉磯分校完成博士後研究，著有《育兒神話》（*Myths of Child Rearing*, 1987）一書。

　　以下內容是羅斯納對艾瑞克森個人傳記問題的回應，我於1984 年 10 月 22 日收到。

約瑟夫・羅斯納： 在我遇到艾瑞克森之前，我已經知道他大約二十五年了。在他過世幾年前，有人在催眠研討會中跟我談起了他。他問我做了多少催眠，我的回答讓我自己都感到驚訝：「我做的比我願意承認的還多。」就是那時，他建議我去見艾瑞克森。幸運的是，我在六週內見到了他。我不知道會發生什麼。

　　遇到艾瑞克森時，我立刻被他吸引住。我的感覺是，使用催眠多年後，我終於遇到了對的人。我一直在進行直接催眠，按照傳統方式操作，但對這種方法及其效果感到失望。遇到艾瑞克森之後，我對於催眠的整個態度和價值體系都發生了改變，之後一直不斷發展。我意識到在我遇到艾瑞克森之前，已經在使用間接催眠。

我在他去世前三、四年，每幾個月見他一次，也私下見過他，直到他不願意再會見任何人。我從未寫信給他，只是去會面。

　　有位著名的催眠師，對艾瑞克森相當了解，在這個領域也很受認可。他認為人們過於看重艾瑞克森進行催眠的方式。我相信他（艾瑞克森）有時也猶豫自己是否做錯了；但這從未影響到我，無論他的態度如何、擔心的是什麼，我可以看到整個人和他的目的。由於他的疾病，他必須創新，必須在每種情況下想出該做什麼。基本上，他是一位實用主義和折衷主義的催眠師與治療師，他做任何有效的事情。

　　我不在乎他是否友好，我在意的是他能否教我。我視他為一個說出自己想法的人，他從不拐彎抹角。我記得某次到他家，意外地碰到他正在吃飯……當然，我向他打招呼，他幾乎只咕噥了一聲，所以我忽略了他，轉而和貝蒂聊天。她試圖讓我盡快（去看艾瑞克森）。對於她提出的每一個建議，他都只是咕噥了一聲。希拉·羅西（Sheila Rossi，恩尼斯特的第一任妻子）曾經在一個會議上告訴我，他從未對任何人說過嚴厲的話。好吧，這些年來，他肯定對我說過嚴厲的話，他並非總是溫柔而友善的。我記得有一次，他幾乎是對我尖叫說我沒有在聽，我說：「我在聽，艾瑞克森醫師。」他說：「那你就沒有聽到。」他很直接，而我正巧喜歡這一點。我在艾瑞克森身上看到最令人難忘的性格特質就是他的直率和陳述觀點的敏銳度，這是一個知道自己在說什麼的人。

　　我確信艾瑞克森並不是一天突然擁有了所有答案，那是一

個在臨床經驗中逐漸浮現、逐漸發展和思考的過程，源於他的才華。我認為他的根源在於大地，在地球上。他是一個農村男孩。

他能夠探測人的性格，協助對方尋找答案，這或許是他對催眠的最偉大貢獻。他使催眠自然且合理化，這對於幫助一個人找到自己是關鍵。然而，要做到這一點需要極高的洞察力。我認為艾瑞克森認為自己很出色，我也這麼認為。他堅信短期心理治療的概念，如果他能發現問題並幫助個案看到它，那麼個案就能找到解決方案。他能夠根據個案的需求構建一個治療概念。艾瑞克森做出了直覺性的事情。他的故事滿足了個案的無意識需求，並以簡單的風格實施了複雜的治療。

▌參考文獻

Rosner, J. (1987). *Myths of Child Rearing*. W.W. Norton & Company.

第二代

恩尼斯特・羅西

我的助理於 1983 年 12 月採訪了恩尼斯特・羅西（Ernest Rossi）。

恩尼斯特・羅西博士是一位國際知名的治療師、教師和心理生物學的先驅。他寫了二十多本書，包括他與米爾頓・艾瑞克森合著的三本治療性催眠的經典書籍，兩人合作時間長達八年。羅西與妻子凱瑟琳以及艾瑞克森的女兒蘿珊娜編輯了十六冊艾瑞克森的專業論文和講稿，題為《米爾頓・艾瑞克森醫師大全》（*Rossi, Erickson-Klein & Rossi*, 1976, 1979, 1981）。

羅西在心理社會基因體學和心身療癒心理療法方面進行了三十多年的研究。

羅西於 2020 年 9 月 20 日去世，享年八十七歲。

羅西像是為艾瑞克森作傳的密友。在下面的短短章節中，不可能充分表達羅西對於艾瑞克森的許多觀點。

1972 年，當羅西出版了他的第一本書《夢與人格的成長》（*Dream and the Growth of Personality*, 1972）之後，他讀到了傑・海利的《催眠與治療的進階技術》（羅西回憶說：「它以如此強烈的方式吸引了我，以至於我連續幾個晚上都無法入睡。第三個晚上，當我靠在床邊，想把書放下的時候，我感到腹部隱隱作痛。第二天早上，疼痛仍然存在，於是我去看內科醫生。他說我患了急性

胃炎，告誡我停止我正在做的事，否則我就快要潰瘍了。好吧，雖然我不是那種心身症狀類型的人，但我有了一個症狀，和去找米爾頓‧艾瑞克森的藉口。」

恩尼斯特‧羅西： 我寫了一封信給米爾頓，提及我的書，以及我們在平行的軌道上……然後以個案的身分去見他。雖然他的妻子通常會收取治療費用，但在我的第三或第四次治療時，他轉向我說：「我想你最好不要再付費給貝蒂了。」我心想：發生了什麼事？他是在拒絕我嗎？我問：「為什麼？」他回答：「嗯，你沒有症狀了。」他凝視著我，搖了搖頭，說：「你不是真的個案，對吧？你真正是來這裡學習催眠的，對吧？」於是我坦白承認，在前往鳳凰城的路上與回家的路上，關於他的工作和我的工作，會在我的腦海中自動寫成論文。突然間，我釋放了很多我所擁有的看法和想法，他像是已經知曉一切般搖了搖頭，然後說：「好吧。只要記住，如果你確實發表了這些論文，我會成為第一作者，因為我是你的前輩，你只能成為第二作者。」我說：「好的。」

　　當我第一次與他合作時，人們已經忘記他，他並不是那麼著名，而且多數專業公眾仍然覺得他是神經病。我許多受人尊敬的同事不喜歡我與米爾頓合作的想法，而我是受人尊敬的榮格分析師，剛寫完一本不錯的書……他們用批判的眼光看著我，我很害怕。現在我明白我當時正在解決我的父親和男子氣概問題，但我也幫助艾瑞克森找到了他的正當位置。我們的第一本書突然讓很多人重新意識到他和他工作的重要性。當我開

始拜訪他時，他以某種方式活過來了，他又開始看個案了。一個家庭成員說，當我來看他時，他會重新充滿活力地回到房子，他從我們工作的強度中得到了一種生命能量。

我在 1972 年開始與艾瑞克森的密集學習和寫作計劃。那時，我有很強的人本主義和榮格取向，總是滔滔不絕地說一些諸如心理綜合（psychosynthesis）、成長、認同、意識演化等詞彙。艾瑞克森似乎對所有這些都點頭表示同意。有一天我注意到他在總結一個案例時臉上露出了狡黠的微笑，他說：「或者依照你的說法，這就是心理綜合，一個成長的例子。」他緩慢地念著心理綜合，彷彿略帶嘲弄地模仿我對這個詞彙的尊崇。這個經歷立刻讓我意識到，艾瑞克森開始用我熟悉的框架來教導我。這讓我非常震撼，也讓我下定決心放棄我自己的詞彙，轉而努力採用他的詞彙。

我想了解他是如何從他的角度實現治療效果的。我仔細研讀了他的所有論文——仔細到他很快就決定讓我作編輯。我隨後與艾瑞克森合作出版的書籍（Erickson, Rossi E. L. & Rossi, S. I. 1976; Erickson & Rossi, 1979, 1981），採用一個貌似天真的學生和一位成熟治療師之間的對話形式，這種天真的態度受到早期讀者和評論家的批判。然而，要讓艾瑞克森以自己的參照框架呈現，這是我能採用的唯一方法。我們的合作是誠實的努力，意識到在整合兩種截然不同的觀點時所涉及的問題。

在撰寫我們的第一本書《催眠現實》（Hypnotic Realities, 1976）期間，我們同意我會小心謹慎、原封不動地呈現艾瑞克森的話語和概念。後來在我們合著的出版物中……當安德烈·

韋森霍夫為該書撰寫序言時，認為這並非空穴來風，他記載這本書的客觀性是艾瑞克森工作的準確記錄。

艾瑞克森和我後來達成了共識，當我在寫論文或與他人談論他的工作時，我可以自由地使用自己的詞彙和參考框架，只要我仔細區分。我們同意在他使用「操縱」（manipulate）時，我可以使用「促進」（facilitate）；在他使用「技術」（technique）時，我可以使用「取向」（approach）；在他使用「控制」（control）一詞時，我可能會使用「喚起」（evoke）。回顧過去，我認為艾瑞克森是催眠歷史上的過渡人物，特別是他從舊有的威權主義方法和態度，轉向他開創的新式寬容。

海利對艾瑞克森的詳細記錄工作，說明了艾瑞克森如何使自己適應於促進學生的參考框架。在與艾瑞克森的合作研究中，我做了相反的事情：我試圖暫時適應艾瑞克森的參考框架。我可以說，艾瑞克森基本上是一位「隱祕的榮格分析師」，因為他寫了很多關於心理機制的論文，甚至使用了榮格在文獻中介紹的一些主要概念（1979），如心理情結和內在重合。

我基本上是一個害羞的人。許多年以後，當認識米爾頓的專業人士時來訪，旁聽會談並對我說：「哎呀，恩尼，你們兩個關係真好。他（艾瑞克森）像對待兒子一樣對待你。」我會感到不耐煩。「你說兒子是什麼意思？我們只是兩個專業人士在工作，沒有任何個人關係，他不認識我，我也不認識他；我們只有科學的關係。」

在他生命的末期，我意識到米爾頓變得更虛弱……許多計劃不得不因此化繁為簡。我們最後一本書《體驗催眠》（*Experiencing Hypnosis*, 1981），只是計劃中的一個幽靈。我會對他不耐煩地說：「米爾頓，為什麼要把所有精力都放在這些團體上？」這些人會在他身邊待上大約一週。令我煩惱的是，每當新團體來的時候，他都會重新開始。他們問：「什麼是催眠？」而我想進入更進階的技巧——能夠使用所有他開發的那些奇特方法來區分催眠和非催眠現實。

我在米爾頓生命的最後八年認識了他，我會說他是啟蒙者，是一個智慧的聖人。他並不苦澀，但你能看到戰鬥傷疤，你可以看到他在二十年、三十年，甚至五十年前歷經專業衝突時的強烈自豪感。

他身體極度殘疾，卻極具天賦，他使用他所謂催眠的自然式方法（無正式引導的催眠治療）。他從未試圖在人的心智中強加任何新的東西，（他的目標是）啟動潛力。他是典型的受傷醫者，一個確實從個人經驗中學習的醫生。（他有類似的方法）教我和其他人，首先，進行自己的催眠治療體驗並學習如何體驗不同的催眠現象，然後將其應用於治療中。

他過世後，我陷入了近兩年的憂鬱。這是非比尋常的。在米爾頓和我之間，有很多事情我當時並不理解。我們親近強度的一個跡象是，當他昏迷時，我感到極度無能為力，我應該在他昏迷時去鳳凰城嗎？我應該試著幫助他嗎？我甚至無法嘗試去幫我以前的導師，為此我感到膽怯。當他在醫院時，我有一個深刻的夢境。在夢裡，似乎有一群天使在合唱，詩句開始湧

現在我的腦海中：「他走了，那個可愛的人，進入了永恆。」最後，我從夢中哭著醒來，心中有大約半打十分清晰的詩句，我跳下床並寫下來。正當我寫到一半的時候，羅伯特（艾瑞克森的兒子）打電話告訴我，米爾頓當晚去世了。

很多人可能會稱之為心電感應，但米爾頓會稱之為最小線索。因此，我的無意識接收到了很多線索，這就是我讓自己知道他去世的方式。

在他去世後我陷入了沮喪，我發現我已經忘記我的祖父曾經是我最早的保姆。他從義大利移民來，因中風癱瘓，只能坐在椅子上。（但）他是一個非常堅強的人……他總是把我舉過頭頂，試圖碰到我，或許想打我；我的父親也有很多傳統義大利父親的權威行為。我得到了許多美好的正向關注，但也有很多是負面的。我是一個受虐的孩子……鄰居們不得不報警以制止毆打。我沒有意識到在米爾頓身上，我在重演我和祖父的經歷，只是米爾頓是一個正向的祖父。我的父親死於阿茲海默症，因此，米爾頓是我最後一個支持性的父親，這揭示了米爾頓的性格。米爾頓擁有溫和而智慧的氣質，但他也是一個強硬的角色，好像要提醒我或糾正我的嬌嫩心態，他會說：「恩尼，別忘了，我的天鵝絨手套裡有鐵拳。」

艾瑞克森在他的一些論文中提到，當他是實習生時，不被允許使用催眠；即使在他的催眠職業生涯中，催眠界的權威人士仍然持續挑戰他。他與許多知名的權威人士有很多爭吵。你再也聽不到他們的聲音，因為他們的觀點經證明是較偏限的觀點，米爾頓的觀點經證明是更廣泛的觀點。令人驚奇的是，許

多類型的人都可以成功地使用米爾頓（的方法），並從他那裡獲得領導權。

他不斷為自己的觀點而奮鬥，但我相信他一定受過傷，他並沒有公開讓別人的意見影響他。他表現得充滿自信。他深感滿足於能堅持自己的觀點，並希望人們最終能夠理解。

我認為他是一個非常有人性的人。我們所有人都需要學習如何吸收他所教的東西，使它們在我們的生活中變得真實。他激勵我們自己思考，找到自己的個別性。米爾頓只是我生命中的一段插曲，但當時我沒有領略到，他在個人方面給了我很多幫助，也給了我許多專業工具。

▌參考文獻

Erickson, M. H. & Rossi, E. L. (1981). *Experiencing Hypnosis: Therapeutic Approaches to Altered States*. Irvington Publishers.

Erickson, M. H. & Rossi, E. L. (1979). *Hypnotherapy: An Exploratory Casebook*. New York, NY: Irvington Publishers.

Rossi, E. L., Erickson–Klein, R. & Rossi, K. L. (Eds.)(1976, 1979, 1981). *The Collected Works of Milton H. Erickson, MD*. Phoenix, AZ: The Milton H. Erickson Foundation Press.

Erickson, M. H., Rossi, E. L. & Rossi, S. I. (1976). *Hypnotic Realities: the Induction of Clinical Hypnosis and Forms of Indirect Suggestion*. New York, NY: Irvington Publishers.

Haley, J. (1967). *Advanced Techniques of Hypnosis and Therapy: Selected Papers of Milton H. Erickson, M.D*. New York, NY: Harcourt Brace.

Rossi, E. L. (1985). *Dreams and the Growth of Personality: Expanding Awareness in Psychotherapy*. New York, NY: Brunner/Mazel Publishers, Inc.

第一代
西奧多・沙賓

以下內容摘自西奧多・沙賓（Theodore Sarbin）寫給我的一封信，於 1989 年 12 月 4 日收到。

西奧多・沙賓博士是加州聖克魯斯大學心理學和犯罪學的名譽教授，因將催眠定義為社會角色而聞名。

1930 年代末期，艾瑞克森在中西部心理學會上發表了一篇論文，論述以催眠引導出的色盲和耳聾，與器質性的色盲和耳聾相同。「他非常有說服力，」沙賓表示：「但沒有對文獻中相反的發現提出令人信服的回應。」

西奧多・沙賓：我是一名研究生，由於當時對催眠感興趣的人很少，我視之為一個與權威交流訊息的難得機會。我們在餐館一起吃飯在愉快的交流中，他報告了幾次治療成功的案例，並解釋了他認為催眠耳聾和色盲與器質性耳聾和色盲相同的原因。我記不得他的論點，但我記得當時不太信服。我們對話最令人難忘的部分在討論結束時。我，一名研究生，天真地向專家提問：「什麼是催眠？」我期望得到的回答會以神經和心理構造、解離等方面的術語來表述，但我很驚訝，因為他很簡單地回答：「催眠是一種工具。」

1960 年，我們在堪薩斯大學一場由艾瑞克・賴特（M.

Erik Wright）籌辦的研討會上相遇了。我的立場與艾瑞克森的不一致——我強調社會心理建構，而非無意識過程（Sarbin & Coe, 1972）。

▍參考文獻

Erickson, M. H. (2008). *Explorations in Hypnosis Research*. In Rossi, E. L., Erickson–Klein, R. & Rossi, K. L. (Eds.), *The Collected Works of Milton H. Erickson*. (Vol. 6, pp. 305-333). The Milton H. Erickson Foundation Press.

Sarbin, T. R. & Coe, W. C. (1972). *Hypnosis: A Social Psychological Analysis of Influence Communication*. Holt, Rinehart and Winston.

第一代

唐納德・謝弗

我在 1991 年 12 月訪問了唐納德・謝弗（Donald Schafer）。

唐納德・謝弗醫生在 1950 年代末期見過米爾頓・艾瑞克森。「我的分析師說，『米爾頓・艾瑞克森將到（加州）帕薩迪納，我認為你應該參加他的週末研討會。』」謝弗回憶道。

謝弗和其他約十五人在私人住所聚集參加研討會。「塞克特和赫什曼（Herschman）也在場……還有一些協助成立美國臨床催眠協會的前輩，其中一些人與米爾頓非常親近。那是我參加的唯一一次有組織的研討會。從那時起，我就保持沉默，假裝知道自己在做什麼，人們也這樣認為，我因此漸漸廣為人知。」

唐納德・謝弗：他（艾瑞克森）……教我們基礎原理，讓我們自行練習……明顯樂在其中。我問了一個問題，他在我的手腕上施加了壓力，建議我把手臂舉起來。他說：「你為什麼要舉起你的手臂？」我說：「嗯，你舉的。」他說：「真的嗎？」我花了一些時間才明白真正的訊息是：暗示不僅僅是語言。

他（艾瑞克森）的催眠音調令人印象深刻，他會說：「輕鬆而容易，現在你為什麼不……」這樣的句子。當我教學時，如果要求某人做某事，我會給他們一個艾瑞克森式的回應：「沒錯，」這有助於他們放鬆、安定下來並進入更深的狀態。

我曾經非常投入催眠，決定我不需要成為一名分析師。正是在那個時候，即在 50 年代末期，它（分析）開始有些緩和下來。

　　謝弗參加了在墨西哥城為期十天的研討會，艾瑞克森做了示範。「他帶著一個年輕的女士，她透過催眠切除了膽囊。我記得她告訴我們她的經歷——把催眠想像成高爾夫比賽，她幻想自己的高爾夫教練會指導她做什麼。我先前從未想過將催眠應用於運動。從那時起，我成功地將它應用於許多不同的運動。」

謝弗： 他（艾瑞克森）示範了幾件事情，我對時間扭曲很興奮。他給一個漂亮的年輕女子催眠後暗示，當她醒來時，不會意識到自己曾被催眠。他要她看時鐘，而她驚訝於已經過的時間長度。

　　在一次研討會上，我告訴他有一個偷窺狂，一個我遇過最魁梧、肌肉最發達的男人之一。我感覺這個人充滿了憤怒，艾瑞克森說：「在催眠中，給他一個暗示，只要他的手和手臂保持在這個位置（艾瑞克森示範），他就會繼續思考。但是，一旦他的手臂離開那個位置，他的思考過程會立即停止，直到手臂再次回到那個位置。所以，如果他接近你，就不能打你，因為如果他停止思考，他不知道發生了什麼事。」

　　我猜賀伯特·史畢格和米爾頓不太合得來，因為赫伯特是主角，艾瑞克森當然也是主角，一個表演者。我感覺他對催眠非常認真，這並不意味他不樂在其中。他會做……但他不會

利用任何人。我認為他把自己看作大師，他做了很多示範和講解。我記得我非常喜歡他的幽默感，他喜歡讓大膽的人帶來可以取得的最辣的辣椒醬，然後他會取一勺，在嘴裡轉，接著吞掉。事後回想，我肯定他從頭到腳都全力以赴地投入了牙科麻醉催眠。

我從未失去對艾瑞克森的欽佩，而且尊敬身為催眠治療師的他。我非常喜歡米爾頓，但我從未與他親近到他會表現出對某些人表現出的憤怒。他幾乎和鮑伯·皮爾森疏遠了。就在最後一刻，米爾頓說出恰當的話，而皮爾森留下來了。米爾頓全力以赴，我們許多人都或多或少經歷過，醫學界和治療界的許多人對他不屑一顧，他們鄙視催眠，把他視為巫醫⋯⋯以至於他決定做他的工作，不顧這個世界的想法。他沒有向任何人屈服，也沒有特別友善⋯⋯正因為如此，他確實疏遠了一些我認為想要被招攬的人。

我認為「操縱」這個詞彙有負面含義，我沒有看到或聽說艾瑞克森以任何傷害或愚弄他人的方式操縱他們，他一直在研究人們——什麼因素促使他們前行，以及他能做些什麼來了解他們——然後將他對他們的理解和知識轉化為工具，來對抗限制他們的條件。

許多人說艾瑞克森不關心洞察。我認為這不是事實，他並沒有把洞察視為目標，症狀緩解才是目標。如果透過洞察力來實現，那麼很好；如果沒有透過洞察力來實現，也沒關係，只要這個人康復了，他並不在乎他是否有洞察力，如果這意味著這個人獲得了洞察，那也很好。

我非常欣賞艾瑞克森的一件事情，就是他能在最短的時間內從個案身上獲取最多的訊息，然後利用這些訊息幫助他們康復。我認為他能夠快速地抓住線索，迅速跟進，不浪費時間於「你父親是做什麼的？」「你母親是做什麼的？」他的方法讓我非常著迷，他可以與精神疾病個案日復一日地說一些無意義的話，直到個案最終說：「該死的，別再說這些廢話了！讓我們說英語吧！」他有無比耐心，願意坐下來思考如何處理個案。

第二代

岡瑟・施密特

我在 2015 年 3 月訪問了岡瑟・施密特（Gunther Schmidt）。

岡瑟・施密特是一位醫生和心身醫學專家，是德國少數曾訪問過米爾頓・艾瑞克森的心理治療師之一。

施密特將在海德堡的家庭治療學派中發展的系統性治療與艾瑞克森療法相結合，他曾在那裡擔任工作人員，此外他也是德國艾瑞克森學會的首席教師，這個學會是全球最活躍的艾瑞克森學會之一。

施密特回想起他參加過艾瑞克森的教學研討會上，一個低自尊的年輕女性。艾瑞克森拿起一個切半的晶洞，向她展示了它平凡的外表，然後，他戲劇性地翻轉晶洞，展示出它內部迷人的結晶結構，說：「當妳觀察事物的表面之下，妳會發現珍貴的東西。」

傑弗瑞・薩德：你是什麼情況下去拜訪米爾頓・艾瑞克森的？

岡瑟・施密特：我在 1978 或 1979 年與伯納德・特倫克爾（Bernhard Trenkle）一起去德國，彼得・內梅茨切克（Peter Nemetscheck）家中參加你的工作坊時，我對艾瑞克森的工作印象深刻，我決定見他。我寫了一封瘋狂的信給他，（寫到）聽說他花園有一個他有時會給學生的謎題的解答，我想看看。他立刻回信說我可以去，但有一個條件：在到達之前，我必須

解決這個謎題，否則他會把我送出門。五個星期裡，我全神貫注地思考這個謎題的解答，每當我上床睡覺時都在想答案。[33]

薩德：你信中還有另一個不尋常的部分。

施密特：是的，我也寫道，我有一點厭倦了仰望他崇拜他，我告訴他，我想解構我自己為他建立的紀念碑。他回信說，他從未被解構過，很好奇可以有這樣的體驗。

　　與艾瑞克森會面就像與一個老朋友相處。我原以為他會因為知名度很高而表現得更加正式，但他熱情地歡迎了我。我遲到了一點。他辦公室裡大部分的椅子看起來都不太舒適，除了一把綠色的椅子，我心想：「遲到也沒關係，現在我可以坐在更舒適、更靠近他的椅子上了。」我當時不知道那是艾瑞克森引導專用的催眠椅。於是，在接下來的兩、三個小時，艾瑞克森讓我進入催眠狀態，這是非常有趣的一次經歷，它改變了我對「催眠狀態」的理解。我之前認為，催眠狀態意味著你正在另一個世界，與外部世界沒有聯繫。

　　我使用錄音機錄下艾瑞克森對我進行的引導。在催眠狀態下，我坐在一個音樂老師正在做事的房間，那真是太棒了。然後，突然有一個唪噠聲，錄音機自動關閉了。我在音樂室，也在艾瑞克森的辦公室。那是一次有趣的經驗。

　　在催眠狀態中，我對艾瑞克森說「我可以聽到你的聲音」，他立即沉默了。

---

[33]　作者註：岡瑟・施密特所指的謎語是：如何將十棵樹種成五排，每一排有四棵樹？

薩德：什麼意思？

施密特：我的假設是他正在對我說「我仍然是引導整個過程的人」，就像我必須開始信任他一樣。這是一個他採取的微妙小步驟，但是他掌握得很好。

薩德：這是一個系統性互動，一個內隱的互動。

施密特：沒錯。當時我在精神醫學領域工作，但所有這些病理導向和缺陷導向的方法都讓我感到無聊和沮喪，當時，我已經受到米爾頓‧艾瑞克森很大影響，所以我再次坐在綠色的椅子上說：「米爾頓，請再為我做一次催眠。」艾瑞克森問道：「為什麼？」我回答道：「作為過渡期的準備，我需要工作兩年以獲得精神科醫師頭銜。」

我嘗試與艾瑞克森談判，讓他讓我進入催眠狀態，但他要我去鳳凰城植物園。他要我四處看看，然後向他匯報我所見。我帶著希望回來，希望得到我要的催眠狀態。我告訴艾瑞克森：「我在植物園看到了仙人掌。」他問我仙人掌的種類，我說我對仙人掌不感興趣，艾瑞克森說：「太可惜了。我還想讓你看看伏地魔（一種仙人掌，在蘭克頓的回憶錄中也有提到），你得再去一次。」於是，我又去了一次，當我看著這些彷彿插著針的香腸一樣的小東西時，感到失望。我告訴艾瑞克森我看了伏地魔，並說：「現在我可以進入催眠了嗎？」他說：「不行，你得先告訴我你的感受。」我說：「我沒有什麼印象。」

艾瑞克森隨後談論沙漠中美妙的事物，它們（仙人掌和灌木）不僅可以生存下來，還可以開出美麗的花朵。

20分鐘後，艾瑞克森說：「嗯，我不知道是在意識層面上還是在無意識層面上，也許你意識層面上也不知道……但我相信你的無意識可以從這些伏地魔中學到很多，即使你不知道將如何發生。你可以在無意識的層次上學習，不僅是為了生存，還能學會如何創造美麗的花朵。」

　　他一直想像那些（伏地魔）的畫面，而我就像：「啊好吧，我沒有傳統意義上的催眠狀態。」但是我回到精神科工作時，出現了一些出乎意料的事情。我坐在診斷會議中聽人們談論病理學，整場會議中我看到關於我的老闆和其他醫生的視幻覺，當他們談論病理時，我看到他們身上佈滿了伏地魔。在這種狀況下，我有了完全不同的體驗。傳統催眠不可能產生這種效果。

　　研討會結束時，我問艾瑞克森我應該支付多少錢，他說每小時四十美元。我計算了一下，覺得應該支付給艾瑞克森一千兩百美元，沒問題。但艾瑞克森抗議說他收費每小時四十美元，是針對整個團體的，這意味著我只需要支付一百五十美元。我被艾瑞克森的慷慨所感動，只能用德語來形容它，那就是「sich überlassen」，意思是「離開自己」。更具體地說，在那種情況下，它的意思是「奉獻」。

▎評論

　　有些人認為艾瑞克森十分陰險狡詐，但是施密特遇到了一個致力於更高目標的人，艾瑞克森所實踐的催眠是一種提供概念來增強某人生活的方法。

施密特最初認為催眠是一系列策略性的演練，其中由催眠師主導並向被動的個案提出暗示。但當他第一次與艾瑞克森一起經歷催眠時，他有一個領悟：「這是一種深刻的欣賞和深刻的好奇心⋯⋯這世上一種有趣而獨特的方式，它改變了我與人相遇的方式。」

　　當被問到為什麼米爾頓・艾瑞克森在德國心理治療師界中如此受歡迎時，施密特提到了「*Menschenbild*」，這是一個德國概念，大致上可以譯為對人類抱持正向態度。

傑洛姆・施內克

以下內容摘自傑洛姆・施內克（Jerome Schneck）於 1984 年 2 月 20 日寫給我的一封信，回答了有關傳記的問題。

傑洛姆・施內克醫師是紐約州立大學的臨床副教授，在 1949 年創立了臨床與實驗催眠學會，並擔任主席。他也是美國醫學催眠委員會（American Board of Medical Hypnosis）的創始人，並在 1958 年至 1960 年擔任主席。他發表了許多科學論文，編輯了《性格：專題討論會》（*Personality: Symposia on Topical Issues,* 1951），並著有《現代醫學催眠》和《催眠分析的原理與實務》（*Principles and Practice of Hypnoanalysis,* 1965）。

傑洛姆・施內克：1944 或 1945 年初，我在堪薩斯州的梅寧格醫學中心遇到了米爾頓・艾瑞克森。他受邀來研討會進行案例展示和討論，此外他還向遴選上的個案和工作人員示範了催眠引導和催眠技術。我有機會與他單獨交談，他談到了他的催眠工作，並簡要地提到他如何為家庭成員實施催眠引導。在服役期間以及之後，我與他不時通信。當我在紐約從事精神醫學實務，以及參加紐約科學院的會議時，見過他幾次……那時我已成立臨床與實驗催眠學會。

1958 年，我被要求成立美國醫學催眠委員會，並在 1958

至 1960 年擔任創始主席。米爾頓・艾瑞克森對此持批評態度，公然反對該委員會，並致信《美國醫學會期刊》（*Journal of the American Medical Association*）。我答覆了，也發表了出來。艾瑞克森提出的事實和主張有一些是不準確、具有誤導性和錯誤的，但他仍然固執己見。我相當確定美國臨床催眠協會當時已經全力運作，領導人正以顯而易見的目的強行接管臨床與實驗催眠學會，試圖合併未果。

當我擔任臨床與實驗催眠學會的創始主席時，我的妻子雪莉・施內克（Shirley R. Schneck）擔任執行秘書和榮譽會員，很榮幸地設立了雪莉・施內克獎，每年頒發給對醫學催眠的發展做出重大貢獻的醫生。我在 1978 年初接到一通電話，甚感驚訝，一名評選委員會成員說米爾頓・艾瑞克森已獲得提名。委員會成員問我是否反對艾瑞克森獲得獎項，我回答說，這個問題讓我困惑，儘管我可能與他有分歧，儘管他對臨床與實驗催眠學會的看法以及他反對美國委員會，但獎項應該基於他的科學貢獻來評判。我告訴委員會成員我會投票給他。1978 年，艾瑞克森獲頒臨床與實驗催眠學會的雪莉・施內克獎。

參考文獻

Schneck, J. M. (1953). *Hypnosis in Modern Medicine*. Charles C. Thomas.

Schneck, J. M. (1951). *Personality: Symposia on Topical Issues*. Grune & Stratton.

Schneck, J. M. (1965). *Principles and Practice of Hypnoanalysis*. Charles C. Thomas.

第一代

厄文‧塞克特

我的助理於 1983 年 12 月訪問了厄文‧塞克特（Irving Secter）。

厄文‧塞克特牙醫師是美國牙科協會的成員和美國臨床催眠協會的會員，也是伊利諾大學牙科學院的教師，以及催眠研討會的聯合主持人。他參與美國臨床催眠協會期刊的編輯委員會，並撰寫了多篇關於牙科催眠的文章。

1955 年，厄文‧塞克特在芝加哥的研討會上遇見了米爾頓‧艾瑞克森。

厄文‧塞克特：那時我沒聽說過艾瑞克森博士。我才剛剛對催眠感興趣，在牙科使用催眠方法當時並不普遍。我們有一個團體名為芝加哥牙科心身醫學會。我是通過赫倫博士接觸到催眠，當然也閱讀了一些書籍。

　　研討會上，有一行三人，艾瑞克森、萊絲里‧勒克隆和牙醫泰德‧艾斯登，我當時坐在觀眾席後半，看到這位相貌出眾的人穿著紫色襯衫和領帶，拄著拐杖一瘸一拐地走來，我被他的外表和魅力所吸引。不久他的拐杖和行走方式就消失了，對我而言，那（再也）不是他的一部分了，只是他的周邊。

　　我的其中一個主訴（對艾瑞克森）是我感覺自己從未進入催眠狀態，如果他可以幫助我就好了……他和我一起工作了大

約十分鐘。結果，我有了一個經驗，雖然當時沒有主觀地意識到有什麼不同。但是，由於我們的互動，我在大約兩個月後表現出一些催眠後行為，包括上下顛倒和倒序的自動書寫。[34]

塞克特：威廉·克羅格和我在芝加哥為醫生和牙醫舉辦研討會。在我們認識艾瑞克森約一年後，我們舉辦了一個工作坊，將我們的團體擴展到包括米爾頓和赫倫，那是非常成功的研討會。我們問米爾頓是提供支付酬勞或每人帶一道菜，他說：「每人帶一道菜很好。」工作坊非常成功，所以他的報酬可能超出了他的期望（每個小組成員一百美元）。他說：「我喜歡你們這些人做事的方式。」之後我們決定合併我們的團體。

我認為他透過與女性合作得到了提升……這只是米爾頓天性的一部分。他提出了你（應該）使用哪些個案（擔任個案）的標準：如果你的觀眾以男性為主，那麼女性個案會更好；如果你的觀眾以女性為主，則男性個案更合適。這就是他的邏輯。

他會看到哪些（觀眾）進入催眠狀態。如果我們在第一個個案上遇到問題……他會說，「有人真的想參與，不要有任何顧慮，你會知道參與的正確時間。」或者如果他想讓一個坐在我旁邊的人參與，他會開始跟我說，如果我鼓勵身邊的人參與，那有多好。他是間接引導的大師。

在工作坊中，他表現得非凡。我們在一個週六下午召開全

---

[34] 作者註：艾瑞克森寫信給塞克特說：「你有興趣探索自己做些催眠後的事情嗎？」塞克特回答說：「有興趣。至少我能在理智上認出它（催眠）。」

體會議，好讓其他講師有機會休息，而他接管了整個會議……示範催眠，人們驚嘆不已。但他是如何做到的呢？沒有太多人知道。他會回顧、解釋其中發生的一些動力。對於第一次觀察他的人來說，他所做的事情看起來與眾不同。但在看了十幾次甚至更多次之後，我感覺到這種模式是顯而易見的，他善於引發負性和正性幻覺，這是他能夠輕鬆示範的事情。

我最初將米爾頓視為神一般的存在，後來發現他也很人性化，甚至有些缺陷。米爾頓有時會報復心態，他可能會變得很生氣，而我就成為那一面的犧牲品。在我們的第一次工作坊上，我可能有一種競爭的需要，想要示範自己的工作，於是霸占了一些時間。那天晚上，米爾頓費盡心思把我排除在外，訓斥了我三個小時。我受到了猛烈的攻擊和懲罰。如果他用棒球棒打我，我可能也不會受更大的傷。然而，當研討會結束我們一起飛回來時，我們能夠面對面地討論這個問題，我們成為好朋友。

同樣，在這個問題上，有段時間我對他來說是不受歡迎的，這與我對一個三歲女孩的一個小示範有關。我用手臂抱住她並在臉頰上親吻她，結果激怒了他。他事後找到我，指著我說：「你再也不能這樣做了。」我說：「米爾頓，你有什麼資格告訴我什麼能做？什麼不能做？！」我覺得我們是朋友、同事、同儕，他卻將自己置於一個我無法接受的位置。米爾頓試圖讓我退出工作坊，還試圖在我已經受邀的情況下阻止我成為來年的講師，但我拒絕讓步。

同樣是在那個時候，凱‧湯普森和羅伯特‧皮爾森接手領

導美國臨床催眠協會，把老成員都趕走了。直到四年前，我和妻子慶祝五十週年結婚紀念日，我感覺應該邀請米爾頓和貝蒂一起來……我在邀請函上附上一張小紙條，是我孩子寫的，問他們：「你們願意讓過去的不愉快一掃而空嗎？」他回信說：「誰有時間回想過去的不愉快呢？」我去鳳凰城拜訪米爾頓時，感覺好像什麼也沒有改變，沒有怪罪……只是從我們離開的地方繼續前進。[35]

塞克特：勒克隆向那些（參加催眠研討會的）人徵求個人催眠治療業務，讓米爾頓很不高興。研討會虧本，我們不想動用資金來支付這些損失，因為經費不是為此而來的。艾斯登決定他不想為了教學的特權而付費，退出了，但米爾頓、西蒙・赫胥曼和我繼續教了大約一年半。那時，臨床與實驗催眠學會大約有兩百名會員，我猜想他們有些焦慮，會被認為他們在忽悠我們……並且不接受我們成為團體的一份子，儘管他們願意接受我們所有人成為會員。因此，我們對那種待遇變得不耐煩，決定組建自己的團體──美國臨床催眠協會應運而生。米爾頓是我們的第一任主席，一直與我們共事了十年，直到他覺得身體無法負荷為止。

我觀察到他有能力進行個人判斷。他不是一個喜歡被挑戰的人，喜歡順從。我很欽佩他，對他沒有怨恨。我很高興我們能夠聚在一起。我把他視為我的兄長，是我家族的一員。

---

[35] 作者註：塞克特對於艾瑞克森與勒克朗的問題發表了評論。

查爾斯・亞歷山大・辛普金斯和安妮倫・辛普金斯

查爾斯・亞歷山大・辛普金斯 Charles Alexander Simpkins）博士是一位專門從事冥想、催眠療法和神經科學的心理學家，經常在冥想、催眠和神經科學方面的研討會上報告，並透過使用無意識方法進行療效研究。辛普金斯居住在加州聖地牙哥，和妻子安妮倫・辛普金斯（Annellen Simpkins）共同撰寫了二十七本書，包括《神經科學之道》（*The Dao of Neuroscience*, 2010）。

安妮倫・辛普金斯博士是一位專門從事冥想、催眠治療和神經科學的心理學家。三十多年來，她從事心理治療，並教授冥想和催眠方法，以促進各年齡層的心腦變化，她於 2016 年 8 月 9 日過世。[36]

以下摘自《治療大師的永恆教導》（*Timeless Teachings from the Therapy Masters*, 2001）。

---

[36] 作者註：安妮倫去世之前，她丈夫使用「亞歷克斯」，她去世後，改以首名「查爾斯」自稱。

治療大師的永恆教導

我們首次與著名的精神科醫師米爾頓・艾瑞克森醫師見面是在
1977 年夏天。當我們從聖地牙哥出發前往時，沒有想到這趟一小
時之約將成為三天的強烈體驗。

我們在上午十一點準時到達了艾瑞克森醫師樸素的牧場式住
宅。艾瑞克森夫人迎接我們，並帶領我們前往客房，那裡有艾瑞克
森的辦公室和研討室。客房簡樸而舒適。在主間裡，簡單的椅子和
一張小沙發擺成一個圓圈。艾瑞克森醫師的小辦公室裡擺滿了紀念
品。我們注意到一部紫色的電話，與他的紫色休閒西裝和拖鞋相匹
配。他朝我們微笑，眼神中閃爍著光芒，邀請我們坐下。他坐姿端
莊而放鬆，雙手輕輕地交叉在一起。他五官端正，溫暖的氣息彌漫
在房間中。他詢問我們：「告訴我，你們為什麼來見我？」然後向
後靠，等待我們的回應，一條眉毛微微上揚。

我們告訴艾瑞克森，我們是博士班研究生，在約翰霍普金斯大
學（Johns Hopkins University）學習催眠，讀過傑・海利的書，對
他的方法感到著迷。我們說我們的目標是學習並增強自己作為催眠
治療師的能力，同時了解更多他的方法。我們向他介紹了我們的工
作，並詢問他對幾個案例的看法。

我們也談到了其他的事情，例如魔術。我們告訴他我們喜歡魔
術，他說他也很愛，要求我們示範一下。亞歷克斯表演了一個他最
喜歡的魔術，艾瑞克森對這種錯覺大笑起來，然後把它轉變成一堂
教學課。

我們向他問了我們對所有老師提出的問題：您認為人的本性是

善還是惡？他回答說，人們內在有價值的東西需要表達出來。透過催眠，人們可以學會如何做到這一點。

他喚進一位來接受治療的女孩瑪麗，並把我們推到舞台上。艾瑞克森轉向安妮倫說：「安妮倫，請催眠瑪麗。」當安妮倫透過放鬆、舒適和轉向內在的暗示引發催眠時，他小心地觀察著。幾分鐘後，他要求安妮倫讓個案清醒，問她：「被安妮倫催眠後妳有什麼感覺？」「非常放鬆和舒適！」瑪麗回答。

當她描述催眠的體驗時，她開始重新進入催眠狀態，艾瑞克森鼓勵她重新進入催眠狀態，「現在，閉上妳的眼睛，讓催眠自然發展，」艾瑞克森說：「妳的手和腿都放鬆了，反射作用也在放慢。」然後他對我們說：「妳可以看到她對催眠的回憶促使她再次進入，我只是輕輕地引導她，而她的無意識接手其餘的事情。」

他細心而敏銳地觀察瑪麗，他似乎正在放鬆自己，聲音很平靜，說話的語氣很柔和。他感受到我們的凝視，說：「觀察案主，不是我。所有的答案都在案主那裡，而不是在我這裡。」艾瑞克森繼續用柔和的聲音與瑪麗交談，深化她的催眠，直到她的頭向前垂下，整個身體都顯得無力。此時，艾瑞克森示意我們離開，讓他專注於治療工作。我們加入了其他學生，希望自己做得不錯。

門終於打開了，當瑪麗離開時，艾瑞克森示意我們擠進他的辦公室。空調嗡嗡地響著，我們請求他關掉它，以便聽得更清楚，關掉空調後我們全都開始出汗，但艾瑞克森似乎很涼爽，顯然有控制自己身體的驚人能力。

他問我們：「你們知道水牛和野牛的區別嗎？」我們面面相覷，他假裝驚訝地說：「你們不知道嗎？！好吧，每位澳洲人都知

道野牛就是你拿來洗臉的東西！」

艾瑞克森經常出人意表。他使學生感到困惑，以便他們能夠虛心學習。他會突然讓人離開現場，或者安排其他人出現以達到不同的效果。下午時，他建議我們去附近的墨西哥餐廳用餐，他要休息一下。

在餐廳裡，參與者談論了他們對艾瑞克森間接暗示和教導的經驗，每個人都說艾瑞克森為他們單獨準備了特定的主題。我們都被他微妙的敏感所驚艷，很清楚，他有一種呈現材料的方式，讓每個聽眾都能以一種對個人有意義的方式深入參與其中。當我們回到他的辦公室時，艾瑞克森講述了一些個案的故事。

後來幾年，我們一次次回來向艾瑞克森學習，每次都不同，他為我們提供了各種體驗，確保我們以更寬廣的視角觀察他的工作。

他非常關心他的學生，並促進他們的個人需求，更鼓勵學生透過嘗試自我催眠來學習。在一次研討會上，安妮倫預計在一個月內迎來我們的第二個孩子，並表達了使用催眠技術助產的興趣。作為催眠實務工作者，我們覺得體驗這個過程對我們來說是有道理的。艾瑞克森指示安妮倫注視他桌子上的石英水晶，暗示她慢慢注意外部世忘卻界，集中注意力向內。接著，他要求她閉上眼睛深入催眠狀態，鼓勵手部漂浮和麻醉。他輕聲對她說：「在嬰兒出生前一刻，妳可能會對給嬰兒取名感到著迷。妳可能會想知道小手指小腳趾的樣子。」安妮倫分娩時，我們在她宮縮期間使用了手部漂浮與麻醉技術。寶寶健康出生，沒有使用任何藥物。

多年來，艾瑞克森對我們的年幼孩子格外感興趣。他允許他們參加研討會，或在我們照看他們的時候，他們就到外面去玩耍。成

年後，我們的孩子將催眠融入了他們的生活中。

　　人生中很少有人如此慈悲為懷地幫助我們成長和發展，從艾瑞克森身上學習是難忘的經歷，為我們帶來了正向的力量。我們感激與他在一起的時間，並繼續整合他所帶來的學習。艾瑞克森致力於催眠治療以造福他人，我們知道他的創造性才智將繼續激勵和引導未來世世代代的治療師，就像他本人所願。

參考文獻

Simpkins, C. A. & Simpkins, A. M. (2010). *The Dao of Neuroscience*. W. W. Norton & Company.

Simpkins, C. A. & Simpkins, A. M. (2001). *Timeless Teachings from the Therapy Masters*. Radiant Dolphin Press, (pp. 92-94)

第一代

加琳娜・索洛維

加琳娜・索洛維（Galina Solovey）醫師出生於俄羅斯，童年時去到烏拉圭，後來成為兒科醫生，與丈夫阿納托爾一起參加了 1950 年代早期艾瑞克森的催眠研討會。

下面是加琳娜・索洛維寫給我的一封信，日期為 1996 年 8 月 13 日。

加琳娜・索洛維：我在一個相當奇特的情況下遇到了艾瑞克森醫師。1950 年，我嫁給了阿納托爾・米勒奇寧（Anatol Milechnin），他是俄羅斯人，剛到歐洲，曾被當作戰俘關押。他當時非常樂於談論自己的經歷，描述他的戰友所遭受的痛苦，以及他幫助他們的強烈渴望，儘管當時沒有醫療資源。我用一種平緩甚至單調的聲音與他交談，建議他放鬆，試圖讓他將注意力從痛苦的刺激上分散開來。令人驚訝的是，這種簡單至極的程序真的起作用了！它甚至使（他需要的）手術變得可承受。

　　當我遇見阿納托爾，我正在一家兒童福利診所擔任兒科醫師，主要職責之一是追蹤嬰兒孤兒的情況。在還不知道斯皮茲（Spitz）關於醫院病（hospitalism）和依賴性憂鬱（anaclitic depression）的研究下，我很驚訝地發現許多在機構裡發育不

良的嬰兒，在受到適當的照顧和關愛後，近乎奇蹟地改善了。

索洛維和阿納托爾開始對她所謂「舒緩態度的治療潛能」產生了興趣。

「當時，」她寫道：「主要由法國學派指導的醫學研究，總在尋找疾病的有形器質性原因。心身醫學的新概念才剛萌芽，尚未納入我們接受的培訓之中。」

夫妻倆開始對催眠產生興趣，最終前往洛杉磯參加催眠研討會。

索洛維：我們獲得關於正式催眠非常清晰有序的訊息，但艾瑞克森醫師有著驚人的不同觀點，他似乎不在乎閃耀的燈光和懸垂的鐘擺……但在與他的個案建立有用的交流方式時，他是一位真正的巫師，每一個單詞都充滿了巨大的情感意涵。當一個女孩因哭泣而感到羞愧時，艾瑞克森會談到「淚腺分泌的正常功能」。[37]

　　艾瑞克森醫師不會提供理論解釋，而是用許多軼事來教學。他從不使聽眾感到疲勞，他為治療的成功提出了通用的捷徑。

索洛維想了解更多催眠，於是艾瑞克森邀請她到鳳凰城拜訪他。「我見到了他的家人，」她回憶說：「……孩子們以最自然

---

[37] 作者註：在對醫療團體談話時，艾瑞克森經常使用醫學術語。

的方式與個案打成一片。他向我展示了更多他卓越的短期治療方法。」

索洛維在拜訪艾瑞克森之後，開始與他通信。「艾瑞克森醫師理解南美人希望任何醫療程序都能佐以某種理論說明，並發現將鮮為人知且陌生的催眠狀態，與同樣鮮為人知但非常熟悉的情感反應聯繫起來是合適的。後來證明這是一種非常有幫助的工作假設，我們寫了幾篇關於這個主題的文章。艾瑞克森醫師鼓勵這種寫作，並將這些文章發表在《美國臨床催眠期刊》上。

索洛維：我們把文章集結成一本書《催眠術與今天》（*El Hipnotism & Hoy*），雖然在烏拉圭不受重視了（先知在自己國家會發生這類事情），但在阿根廷……和巴西很受歡迎。

阿納托爾認為烏拉圭人可能喜歡使用更技術性的語言，他使用相同素材寫了他的書。我喜歡認為我們貢獻了一粒小小的種子？來讓南美人熟悉艾瑞克森的作品。

1973 年，我很榮幸地收到了艾瑞克森親筆簽名的《不尋常的治療》，我非常珍惜。

▍參考文獻

Solovey G. (1988). *El Hipnotism & Hoy*. Hachette.

第一代

賀伯特・史畢格

我在 1981 年 10 月訪問了賀伯特・史畢格（Herbert Spiegel）。

賀伯特・史畢格是一名精神科醫師，幫助推廣了治療性催眠。他參與了名為西碧（Sybil）的女性案例，據稱她患有多重人格疾患。後來她的案例成為一本書，也改編為 1976 年的迷你影集和 2007 年的電視電影。史畢格研究並推廣了一項針對慢性吸菸者的單次催眠治療方案。他公開批評艾瑞克森，但使用了艾瑞克森衍生方法，包括軼事。如同前述，他還因為提出眼球上翻是一個遺傳指標，表明一個人是一個好催眠對象而聞名。

「我認為艾瑞克森比任何人都優秀，」史畢格表示：「在醫學和心理學領域重新介紹催眠，很大程度要歸功於他。沒有人能夠匹敵他的貢獻。有一些心理方面的問題可以透過我們對催眠的理解來處理，艾瑞克森讓這一點變得可接受，但代價很大，遭到許多醫學同行的嘲笑和貶低。他是一個精神科醫師，但不是美國精神醫學領域的核心成員。此外，他的大部分影響和教學是以個人身分進行，而非以完善的大學、醫院或醫學院的成員身分。為了被聽見，他必須成立自己的組織（美國臨床催眠協會），並創立自己的媒體，也就是美國臨床催眠協會期刊，我想我們都欠他一個永恆的敬意。」

關於對艾瑞克森的批評，史畢格先做了聲明：「請注意，正因為尊重艾瑞克森作為一位偉大的思想家和先驅，我才會這樣說。如

果我不尊敬他，我無法自在地這麼做。艾瑞克森以直覺的方式感知該做什麼，這方面他似乎比大多數臨床醫生更勝一籌，但我不認為他的左腦能夠清楚地解釋他的右腦在做什麼。他忙於開拓自己的工作，而不是盡可能的多解析。他巧妙地將催眠的現象與他的直覺判斷融合在一起……但我感到有所不足，終究他的巧妙判斷無法被記錄下來。以結果來說，作為一名教師，他有所誤導了。正式的講座並非他的主要教學方式，他是透過示範來教學。那些沒有太多臨床經驗的人認為他整個示範的影響都是來自催眠，那是因為他們不夠成熟，無法欣賞他臨床判斷的細微之處。當他們回家，讓一個人進入催眠狀態時，是無法獲得相同的結果的。我看著年輕的治療師開始使用催眠，然後變得不確定，所以會參加更多的課程，但同樣的事情持續發生。接下來你發現艾瑞克森周圍出現了一種崇拜氛圍，人們認為他擁有其他人所沒有的特殊品質。

史畢格： 我認為在轉譯艾瑞克森的過程中忽略的是，它變成了一場個人權力鬥爭：治療師必須比個案更勝一籌，而不是像艾瑞克森在醫病關係中表現出的那種無私。他有著絕對優勢，顯然，殘疾意味他可以做很多事情，他不會成為對個案高人一等的威脅。但是當一個身體狀況完全健康的人比個案更有優勢時，個案可能會感到受到威脅，感到自己很傻，而不是感覺自己掌握了什麼。

　　我盲目相信人的善良。艾瑞克森自己的弟子在幫助個案重新安排自己的資源時，使用的正是艾瑞克森的詭計，且利用這些詭計來剝削人們，這背離了艾瑞克森的初衷。艾瑞克森無法

阻止他們，他栽種的花朵中也有很多雜草。

艾瑞克森工作中的其他缺陷，就是他從未以研究進行追蹤。我們有關於他所有這些軼事的報導，但很少有研究報告。現在，沒有一個理智的人會相信，每個見過艾瑞克森的人都被治癒或受到幫助了，我對此很肯定，因為我知道一些個案是見過艾瑞克森之後來看我的。因為他對某人產生了立竿見影的效果，就意味著這是長期效應，這樣的假定純粹是無稽之談。任何研究行為科學領域研究的人都知道，短期和長期成果之間存在重大區別。那麼，艾瑞克森提供的數據在哪裡？我認為我們只能把艾瑞克森的工作視為一個有趣的承諾，而不是實現。他沒有啟動一個制度化的機制，讓你不斷檢查自己在做什麼。任何人都可以提供軼事材料，也可能獲得好的結果。即使一個壞掉的時鐘，每隔十二小時也會是正確的。

我認為艾瑞克森是一位偉大的詩人，但是有很多寫糟糕詩歌的糟糕詩人，現在自認是另一個艾瑞克森。科學的偉大之處在於，很多中等水平的人也有足夠的發揮空間，因為一旦確定了準則，就可以學習、教授可施行的技術。如果我們從艾瑞克森所學到的知識可以保留下來，我認為應該透過將其轉化為科學，也就是通過測量來實現，而這將是我們可以給予艾瑞克森的最大的榮譽。

▌評論

我在臨床實務中仍然使用我從賀伯特・史畢格學到的方法，特別是與想要戒菸的個案工作時。我曾經與他有過一次學術辯論，後

來發表在一份荷蘭期刊上。

　　艾瑞克森將史畢格比作使用鉗子接生每個嬰兒的產科醫生。艾瑞克森的意思是史畢格對每位案主使用相同的方法。研究需要客觀的協議，但是每個案主都是獨一無二、有特定需求的，因此為每位案主使用基本上制式的方法，毫無意義，而艾瑞克森為每位案主量身定做治療。

▌參考文獻

Schrieber, F. R. (1973). *Sybil*. Regnery Publishing.

第一代

吉爾・斯坦加特

我在 1981 年 11 月訪問了吉爾・斯坦加特（Gil Steingart）。

吉爾・斯坦加特是一位牙醫，1953 年在洛杉磯參加艾瑞克森的催眠研討會，因而相識。斯坦加特在加州聖塔莫尼卡行醫，並擔任南加州大學牙科學院的教員，此外也在加州大學爾灣分校擔任客座講師，教授學生。

「我曾經參加一位心理學家提供的催眠課程，」斯坦加特回憶道：「但並不滿意。在參加他的會議之前，我從未聽說過米爾頓・艾瑞克森，坦白說，目睹他的示範時，我大吃一驚，因為我無法理解他在做什麼。他似乎以隨意又平淡的方式接近人們，卻能產生催眠效果，而當我與人交談時卻什麼也沒發生。他似乎有一種直覺、演繹的方法，像夏洛克・福爾摩斯那樣，大多數人無法理解。」

「在我接觸艾瑞克森醫師的早期，我會問他是如何得到（如此深刻的反應）的。他會說：『嗯，我做了什麼？』那就是他回答的方式——總是用問句。

「我唯一接觸到他的機會是在催眠會議上，我碰巧是主席，邀請他來參加。每個小時的演講後，我都要提醒他回到主題，因為他似乎常偏離主題。回想起來，我意識到，即使他不像在談論主題，實際上仍然在主題上。每當我們在文宣中宣傳『米爾頓・艾瑞克森』的名字時，都很容易吸引到觀眾，他備受尊敬。我還記得有

一個議程，他請我提供一個個案，我恰好有一個助手，所以邀請了她。在觀眾面前，他（艾瑞克森）和她說話，她說：『我認為除了斯坦加特醫師，沒有人可以催眠我。』他巧妙地說：『好的，向我展示妳如何跟隨斯坦加特醫師進入催眠狀態。』光是這樣就足夠了。」

關於對艾瑞克森的時間提供報酬這一問題，斯坦加特表示：「我不認為有太多酬金，因為他知道我們是一個新的地方組織，而他對催眠和促進我們在這方面的工作感興趣。

「米爾頓曾有兩次住在我們家裡，很難探知他的感受……很難讓他對我問的任何問題公開的回應。我記得有一次我們去了一家餐廳點了牛排，他叫來服務生說：『把牛排放在火上兩面烤一下，再端給我。』他吃得很開心。」

當被問及從艾瑞克森那裡學到了什麼，斯坦加特簡單地說：「我從他那裡學到了利用個案呈現的一切。我仍然使用直接的取向，因為在牙科學使用間接技術有些困難。」

第二代

查爾斯・斯特恩

　　我的助理在 1983 年 12 月訪問了查爾斯・斯特恩（Charles Stern）。

　　查爾斯・斯特恩博士於 1970 年代中期遇到米爾頓・艾瑞克森。在那之前，他曾接受過催眠培訓，只覺得那是一種「儀式化的膚淺催眠方法」，在培訓期間，艾瑞克森的名字跳了出來。「我讀了《不尋常的治療》，對催眠變得更感興趣，所以，我直接打電話問他能否過去，他同意了。」

　　斯特恩對艾瑞克森的第一印象是：「非常親切，看起來不像一些有很高聲望的人那般孤傲。他非常平易近人，我非常尊敬他。他以一種漫不經心的態度回應了我的尊敬，把我當作平等的人對待。

斯特恩：我從未發現他（對於身體狀況惡化）有任何怨恨……他似乎覺得當人們過度關注時有點有趣。他曾經說過，我們應該把我們所擁有的東西做到最好。他盡可能地多為自己做事，並且在需要幫助時直截了當地請求幫助。

　　我曾經問他：「你會否覺得這些年來因為身體許多問題，為了克服這些障礙而發展了很多技能和技巧？」他皺起了他特有的眉頭，搖了搖頭，說：「不是克服任何東西的問題，而是用最好的方法來利用我所擁有的東西。」

人們渴望向他學習，相信他有值得教導的東西……他們對他非常信任，並會迅速放下防衛。我懷疑這部分與他在無意識層面上運作的能力有關。他不是為了自己的利益而行動……而是為了教給你某些東西……他很快就與人建立聯繫，這種聯繫超越了我們大多數人通常有意識的交流方式。

早期和他的來往，他曾表示不希望我或其他人成為另一個米爾頓·艾瑞克森。他希望我從他身上學習，然後將那些東西融入自己的風格……他不希望別人複製或崇拜他。

斯特恩回憶起艾瑞克森曾說過關於一個肥胖男子的故事：「那個男子告訴艾瑞克森他希望他幫他減肥，但不想讓艾瑞克森消去他每天吃幾個麵包的習慣。米爾頓拒絕了他，他說，『如果你不想改變，我無法幫助你改變。』我認為他的整個生活方式都是幫助人們改變和成長，無論你是否處在嚴格意義的治療情況下……他會和任何人在任何地方進行治療。他的許多工作都是短期的，似乎沒做過長期的、密集的、每週一次的治療。

斯特恩：有時候人們因為覺得他沒有做任何事情而生氣，直到一些變化發生後，而他們不確定發生了什麼。有時候他們拒絕支付費用，直接去機場飛回家……幾個星期後再寄給他費用，因為他們想要的變化發生了。

有一個個人經驗讓我銘記在心。當我第一次去看他時，我告訴他我有先天性的背部問題，每天都腰痛，問他是否能幫我解決這個問題。他對我講了一個多小時的故事，那天晚上我

回到汽車旅館房間，仍然感到背痛，有些失望，但我想：「好吧，我這一生都有這個問題……也許他只是在為我的明天做準備。」

　　但當我早上起床時，疼痛消失了。我在閱讀時睡著了，醒來時，呈現蝴蝶餅的姿勢……以一種我從未刻意或無意做過的方式糾纏在自己身上，我心想：「哇，這下可好，移動時肯定非常痛。」但當我慢慢移動並起身時，不疼不痛！我興奮難耐，又抱持懷疑，我伸手摸腳趾，彎曲身體。接下來我可能嘗試了幾個星期，試圖讓那種疼痛回來。他（故事中）使用的隱喻都以不同的方式處理疼痛。我曾經感覺脊椎上的刺痛，我告訴艾瑞克森，他講述一些故事是關於將痛苦轉化為愉悅，因此，我再也沒有感到刺痛了；相反地，這就像是在我的脊椎上令人愉快的顫抖。

第二代

桑德拉‧席爾維斯特

桑德拉‧席爾維斯特（Sandra Sylvester）博士是新墨西哥州的執業心理學家，是美國精神醫學學會（American Psychiatric Association, APA）、美國臨床催眠協會、國際催眠學會和克理夫蘭完形組織的會員，在亞利桑那大學獲得諮商博士學位。

以下內容摘自《米爾頓‧艾瑞克森醫師：一位美國療癒者》（pp. 258-259）。

桑德拉‧席爾維斯特：我想告訴你們我和米爾頓‧艾瑞克森在他去世前不久一席談話，這個例子可看出他沈浸於感興趣的事情中，同時排除一切干擾、完全專注的能力。

　　我結束墨西哥洛基角（Rocky Point）的潮池旅行，直接前往克里夫蘭講授催眠療法工作坊。在墨西哥的旅行非常壯觀，我想和米爾頓分享，想到他可能希望自己能在那裡，所以我打電話給他。我告訴他我在加州灣晚上看到的神奇景象，談到甲藻的春季綻放——數十億生活在海洋中的細小微生物，在受到干擾時的生物發光，海洋變幻不定，每道海浪翻滾時，都會迸發出藍綠色的光芒，魚遊過時留下藍綠色的光輝尾跡。如果你把手臂伸進水中、旋轉，就會留下光亮的軌跡。如果你將一桶水倒入另一桶水中，彷彿是從一個桶子把光倒入另一個桶子。

我告訴他我們每個晚上都陶醉於這個神奇的世界，米爾頓加入熱烈的談話，講述他人生中看到生物發光的兩次經歷。我們談了很久。當我告訴他我回家後會帶一些照片到鳳凰城時，他問我何時，我告訴他是下週一。他沈默了一會兒，然後說：「哦……好的。」

　　我星期一早上大約凌晨一點半回到家。九點半時，我接到克里斯丁・艾瑞克森（Kristi Erickson）的電話：「珊蒂，妳能來鳳凰城嗎？爸爸快死了。」米爾頓昏迷不醒，那次（關於生物發光）的對話是我們最後一次交談。

　　當我反思我們的對話時，我認為當時的米爾頓可能非常不舒服，然而他生氣勃勃、興趣濃厚地和我談二十多分鐘，顯然很享受，並且並不急於結束——這是一個通常電話交談都很短暫，甚至有時顯得匆忙的人。這是痛苦之牆中的安慰之窗嗎？在我們的談話中，米爾頓和我都被生物發光的經歷所改變和迷住了。

第一代

凱・湯普森

我的助理在 1983 年 12 月訪問了凱・湯普森（Kay Thompson）。

凱・湯普森是匹茲堡大學牙科學院的第一位女性學生，也是受過心理學學術培訓的牙醫。她在參加艾瑞克森的催眠研討會之後結識了他。

多年後，凱・湯普森參與美國臨床催眠協會的管理和教學工作，也是該學會的第一位女性主席。她的工作被編入了《治療性溝通的藝術（*The Art of Therpeutic Communication*, 2004）》。凱・湯普森於 1998 年 5 月去世。

凱・湯普森：當我（從牙科學院）畢業時，身為女性我是唯一的選擇，所以我得到了所有需要滋養和同理、嚇壞的個案……而這帶來的情感負擔比我能承受的還要沉重。後來我收到了一份關於這種被稱為催眠的神奇事物的通知（催眠研討會傳單）。

我第一個使用（催眠）的個案當時懷孕九個月，她的婦產科醫生不讓我給她局部麻醉，但她有一顆牙齒神經壞死，我說：「我們可以嘗試一下（催眠），看看是否有效。」結果有效。我們在她催眠地看著雜誌時抽了牙神經。我被征服了，自此以後成為研討會的忠實支持者。

我非常懷疑我是否遇過像他那樣對我產生恐怖影響的人。

那時候我是一隻老鼠，躲在一個非常高大的人的背後，以便如果艾瑞克森醫師的目光漫遊到觀眾群時，我就可以消失……那是他的存在，他絕對的活力。這個人有著能夠洞悉你靈魂的眼睛，我不確定我想要任何人窺視我的靈魂。如果他能看出我的思想，那太可怕了。

沒有人有能力為他所做的事情貼標籤，因為他不會重複做同樣的事情。聲稱教授艾瑞克森催眠療法的人士，都是在利用他的名字推廣自己的想法。這些人運用間接性、隱喻和比喻，聲稱那是艾瑞克森的基礎；艾瑞克森善於操縱、指導、權威和專斷？……但他並不是一個暴君，只是你必須按照他說的方式做，就是這樣。他的個案們知道，他有著溫柔、慈愛、尊重每個人的態度，以及對人性的熱愛。

當個案取得成就時，他非常振奮；他們知道他在意。他可以是一個紀律管理者，不落俗套，很創新，他是一個傳教士。

我記得有次我很失望，因為我們有非常棒的研討會，但沒有示範深度催眠現象，我認為應該要有。那時，我已經克服了大部分對艾瑞克森醫師的畏懼，所以，我走上前告訴他，也就是我提出要成為示範的對象，我認為他知道這一點……我進入了催眠狀態……他說：「凱，我希望妳回到走廊上，把穿著黃色襯衫的那個人帶到這裡。不是第一個穿黃色襯衫的人，是第二個穿黃色襯衫的人。」當我開始走過走廊時，我突然清醒了，心想：「他怎麼知道那些襯衫是黃色的？」（艾瑞克森是色盲）接著我意識到，他不僅知道有黃色襯衫，還知道有兩個，然後我想：「啊，趕快，我必須假裝還在催眠狀態。」於

是，我假裝自己仍處於催眠狀態，試圖走出那樣的步伐，我找到了穿黃襯衫的男人，並帶他上台。米爾頓大笑起來。這太有趣了！他清楚知道發生了什麼，我低聲對他說：「你怎麼知道的？」他只是咯咯地笑著說：「色調飽和度。」

　　他是一個天才，毫無疑問。他的思考方式異於常人，不需要像普通人一樣得到滿足或接納，他從來不需要個案再回來說什麼：「謝謝您為我所做的一切。」他希望他們能回來說：「我現在當然可以做到。」他知道自己是對的，這是他天才的一部分……而他堅信自己是對的，因而忽略了那些詆毀者。除了偶爾他會如此巧妙地讓其中一個人不知道自己已經被愚弄了。他是一個異教徒，因為他在從事的是當時被認為的黑魔法……邊緣地帶的事情。催眠當時並沒有現在的可信度。他不容忍某些人提出的胡說八道，對傳統學術實驗工作並不特別感興趣……而且他可能因此傲慢無禮。

　　米爾頓知道他在做什麼，他從來沒有一時衝動的言行，他耍手腕、操縱，精心策劃以達到某種結果。他非常精通觀察，透過充分利用已有的東西來彌補他所沒有的一切。當你患有色盲時，你看不到偽裝的事物，你看穿事物的偽裝。當你聽不出音調時，人們不能通過音樂影響你，你聽出事物的本質。當你不知道如何按照正常、正統的方式做事情時，你會想出不尋常和非正統的做法，你還透過想出狡猾的方法讓人們做事情，而不用指揮他們自娛自樂。他從未說過「請」或「謝謝」，因為普通人才會使用那些詞語。

▌評論

關於艾瑞克森很少使用社會預期的禮貌用語一事,他向我解釋:「請」和「謝謝」在他身上並不常見,因為他的姐姐會折磨他。「她經常嘲笑我,」他告訴我:「她會把我按住,要我說『請』,後來我就不說『請』了。」艾瑞克森本來可以說「謝謝」,但我覺得他感到沒有必要。他對一切的感激之情是明顯的。當我送他禮物時,他的眼睛會閃閃發光,臉上浮現柔和的微笑,我能感覺到他非常感激,並對我帶來的東西感興趣,他會把它放在辦公室或家裡顯眼的位置。不需要言語。

就色盲來說,艾瑞克森可能是紅綠色盲,所以他可以看到黃色。

當我開始研究催眠時,凱‧湯普森是美國臨床催眠協會中的主要人物和最受歡迎的老師之一。一開始她對我有所保留,當我和她聯絡時,我當時還是一名研究生,我想她是為了保護艾瑞克森。當艾瑞克森介入,凱看到我向他學習的熱誠時,最終對我很熱情。我非常感謝從她那裡學到的一切。

凱對美國臨床催眠協會的政治問題非常有識別力,她表現出了外交手腕和力量。她也是一個優秀的顧問,每當我向她報告一個組織的政治立場時,她很快便提出可行的選項。凱一直是艾瑞克森會議的主要支柱,直到 1998 年過世。她是一位出色的文字工匠,經常在治療中使用文字遊戲分散注意力。凱接受過艾瑞克森的催眠培訓,是一位出色的個案。在美國臨床催眠協會檔案中,有一部她使用催眠作為麻醉,並透過催眠控制出血的影片。當時艾瑞克森的女兒蘿珊娜學習護理時,她提出要幫凱量血壓,凱問她:「妳想要高

的、低的還是正常的？」

　　凱·湯普森和艾瑞克森家族很親近。我非常敬佩她，也遺憾自己沒有更深入地採訪她，因為她對艾瑞克森有許多美妙的觀點可以分享。

▌參考文獻

Kane S. & Olness K. (Eds.). (2004). *The Art of Therapeutic Communication.* Crown House Publishing.

第一代

亨利・坦根德爾

　　我在 1989 年 4 月採訪了亨利・坦根德爾（Henry Tungender）。

　　1950 年代初期，亨利・坦根德爾感染了他所稱的「催眠蟲」。他是家族成功的印刷業務，後來離開轉而學習心理學。「我想學習催眠，運用它做一些有意義的事情……」坦根德爾註冊了長島大學，並獲得「適當學位」。

　　在大學期間，坦根德爾遇到了心理學家米爾頓・克林。「我非常高興能遇到一個對催眠感興趣且教授催眠學的人。他是一個非常聰明的人。他有一天提出我們公司可以為臨床與實驗催眠學會印刷一份專業的催眠期刊，那就是《臨床與實驗催眠期刊》。（克林是該期刊的第一任編輯。）我父親同意了，我們在 1953 年秋季出版了第一期。所有人都對此發展感到興奮，包括米爾頓・艾瑞克森。」

　　「他偶爾會在紐約。」坦根德爾對艾瑞克森的印象是：「一個深思熟慮的人……聰明睿智的人……安靜……沉默寡言……不容易狂熱或激動，相反地，他說話的方式很安靜、很深思。他回應的時候（有一種）……深思熟慮的緩慢。他有一種微笑——他的存在讓你著迷，你知道他不是普通人，他所思考、所做的、所回答的都是獨特的。此外，他很幽默。」

　　當艾瑞克森成立美國臨床催眠協會時，他找到了坦根德爾，問

他是否能印刷學會的專業期刊，坦根德爾婉拒了。「我與他討論了後果，當時的我無法承擔。《美國臨床催眠期刊》後來交給費城的韋弗利印刷（Waverly Press）。」

1960 年代初期，坦根德爾就讀於亞利桑那州立大學，偶爾與艾瑞克森見面。「第一次我去那裡（艾瑞克森在賽普瑞斯街的家）時……他正在削馬鈴薯，穿著圍裙。看到這位世界著名的心理治療師這樣子實在是滑稽可笑；賽普瑞斯街辦公室非常樸素，沒有窗戶，黑暗而淒涼，沒有任何知名心理治療師的特徵。」

1965 年，坦根德爾寫信給艾瑞克森，請求他寫一封推薦信，好讓他寄給一位名叫 M 博士的同事，M 博士是一所大學臨床培訓的負責人。艾瑞克森在提供建議時毫不掩飾，為坦根德爾寫了一封直言不諱的信，責備 M 博士，稱「與 M 博士共事過的人不是成為 M 博士的複製品，就會在專業上遭到徹底摧毀，如果他敢獨立思考。」艾瑞克森還寫道，他寧願當一名街道清潔工，也不要 M 博士加入他的團隊，他並提供坦根德爾那些曾與 M 博士有不愉快經歷的人的名字（Zeig, Geary, 2000, pp. 316-317）。

坦根德爾對於米爾頓・克林和米爾頓・艾瑞克森之間的摩擦發表了評論：「克林從來不欣賞艾瑞克森，艾瑞克森也不欣賞克林。克林試圖掌控一切、接管一切，艾瑞克森不喜歡這樣。我認為這是一些麻煩的根源，許多權力鬥爭，每個人都想成為領袖。那是催眠的早期階段……許多專業嫉妒和仇恨，我很遺憾看到了這一部分。

「艾瑞克森醫師絕對不喜歡人們炫耀自己其實並沒有的學歷，他對此很執著。他曾經向我展示一本克林編輯的書，他的名字後面寫著『博士』。現在我知道那是出版商的錯誤，非常確定，艾瑞克

森卻說：『他（克林）明明是教育博士，卻在自己的名字後面放上哲學博士，這又是怎麼回事？』他對這些事情的看法非常明確。」

評論

我的理解是克林虛報了學歷，而坦根德爾提到書中克林名字後的「哲學博士」並不是出版錯誤，克林後來因為在以專家證人身分出庭時虛報資歷，在法庭上受到質疑。他曾經為殺害約翰·藍儂的馬克·大衛·查普曼（Mark David Chapman）進行心理鑑定。在一次審前聽證會上，克林代表自己說明他在賓州州立大學獲得了心理學博士學位，而後承認偽證罪。這則新聞曾刊登於 1981 年 12 月《紐約時報》。

參考文獻

Zeig, J. K. & Geary, B. B. (2000). *The Letters of Milton H. Erickson*. Zeig, Tucker & Theisen.

第二代

拉斯－艾瑞克・烏內斯多

我在 2015 年 4 月採訪了拉斯－艾瑞克・烏內斯多（Lars-Eric Uneståhl）。

拉斯－艾瑞克・烏內斯多是一位瑞典心理學家和大學教授，創辦了斯堪地納維亞國家大學（Scandinavian National University）。在 1970 年代，烏內斯多因創立瑞典心理訓練模式而聞名，他用此模式幫助了世界各地的知名運動員。多年來，他一直是國家運動心理學團體（National Group of Sport Psychology, NASPA）的董事會成員。瑞典模式已成為瑞典國家教育課程的一部分，烏內斯特爾將之引入了澳洲的八十所學校。

瑞典模式也成功地應用在商業、人際關係和健康方面，用以改善睡眠、控制體重和壓力、治療耳鳴和慢性疼痛。

1970 年代初，烏內斯多決定專程前往美國與催眠專家們會面。他回憶道：「當時我還沒有完成博士學位，但我在 1960 年代對催眠進行了大量研究，我想跟美國的專家核實一下。」

烏內斯多從紐約開始他的旅程，他和女友穿越美國到達加州。當他們到達鳳凰城時，艾瑞克森問他是否想讓他的女友進入催眠狀態，烏內斯多回答：「是的，但她不會講英語。」艾瑞克森說：「那不重要。」他（艾瑞克森）只是充滿期待地看著她，然後她進入了她曾經有過最深的催眠狀態。

烏內斯多得知艾瑞克森不僅致力於解決問題，而且還與運動員一起提高運動表現。

「艾瑞克森對我所做的事情很感興趣。我已經做了幾項研究，證明催眠易感性是可以訓練的。厄尼斯特（傑克）‧希爾加和其他人認為這是一種穩定的人格特質，而艾瑞克森和我有同樣的想法，所以他很感興趣。我向他展示了半年的催眠培訓和想像力培訓的一些結果，這使得運動員在《史丹佛催眠易感性量表》（*Stanford Scales of Hypnotic Susceptibility*）得分顯著提高。艾瑞克森說：『我早就認為這些測量是錯誤的，因為這也涉及個人進入催眠的方式。在這些實驗中，你們使用標準化的引導方式，而且在第一次遇見某人時測量，沒有將催眠與個人聯繫起來，也無法為每個人找到量身訂做的方法進入催眠狀態。』

「我做了一些有關催眠後暗示的研究，向他展示有三種方式可以釋放催眠後暗示——一種是在清醒時釋放，一種是時間延遲釋放，還有一種是以信號釋放。催眠後暗示有兩種類型：一種是行為——做某事，另一種是情感和情緒狀態。我發現，當行動是由一個信號提示時，你會進入催眠狀態，米爾頓說：『是的，我也發現了這一點。』」

第一代
梅爾巴・維克里

　　我在 1992 年 10 月採訪了梅爾巴・維克里（Melba Vickery）。

　　在 1959 年的美國臨床催眠協會研討會上遇見米爾頓・艾瑞克森之前約一年，梅爾巴・維克里從護理學校畢業，專攻麻醉學。她朋友的丈夫是一位醫生，無法參加研討會，所以維克里代替他去。「我畢業於華盛頓大學……提過使用催眠作為麻醉的方法，我認為這可能是一個有趣的方向。艾瑞克森醫生是特邀的演講嘉賓……我還遇到了弗雷德里卡・弗萊塔格（Fredericka Freytag）博士，她是艾瑞克森醫生的忠實粉絲。我問她：『為什麼大家都對艾瑞克森這麼著迷呢？』她說：『哦，他真的很棒。等妳聽聽他的話吧。』嗯，我發現她是對的。只要看看他，你就可以看出他對他的案主、個案或任何人真的很有興趣。

　　「星期天下午的研討會上，他示範了深度催眠，真的讓我印象深刻……我記得他的眼睛，以及他傾身於個案身旁，看起來像是深刻地關注個案所說、所想和所感受……他似乎完全能夠與他交談的任何人達成共鳴。

　　「他對我產生了極大的興趣……你簡直會認為我是名流，事實上他才是名流，他把我當作好友和同事。我真的沒有在那裡有任何業務，但是……這位美國的臨床催眠之父、世界著名的精神科醫師對我感興趣，就像我是一位親愛的老友一樣。」

維克里繼續參加艾瑞克森的研討會。1979 年，她拜訪了他在鳳凰城的家，並住在他的客房。「我認為他們為客人提供的方便很貼心，我感到非常撫慰、提神和舒適。貝蒂（艾瑞克森夫人）每天至少做一頓美食，總是為我安排與艾瑞克森醫生私下交流的時間。有一次，她說：『米爾頓已經上床睡覺了，妳想進去跟他說晚安嗎？』於是，我走進了他的臥室。他已經躺好準備睡覺了，我告訴他我非常感激他為我所做的一切，因為他大大地改變了我的生命，讓我的生命變得更美好。

維克里：我從艾瑞克森身上學到，生命不僅僅是奇幻和不尋常的事情，而是關於日常的小事。當我父親過世時，我心靈受到了打擊，我是爸爸的心頭肉。我寫信給艾瑞克森，他用紫色的墨水回信。那封信是最令人感到安慰的，幫助了我許多。

　　他說：「首先，成為一名好醫師，然後再使用催眠為輔助工具。」他似乎有一種直覺……有些人認為他可以讀心，他會注意到一些像是你脖子上的脈搏、你的瞳孔是擴張還是收縮、你轉頭的方向、你在椅子上是否改變姿勢或坐著不動。他非常敏銳地觀察那些大多數人不會注意的微小細節。有一次，他談到了蝗蟲和螞蟻覆蓋的巧克力。他會使用這樣的小事引起反應，據此了解個案的反應能力，然後利用這種能力來回應，也許展示一些中度或深度的催眠狀態。

　　他是一個很棒的朋友，我認為他是我遇過最關心個案的醫生。他從不強加自己的意見或想法給任何人。他運用了個案行為的每一個微妙之處，為個案謀福利……他是一個非常有愛

心、善良、體貼、溫和的人。他會溫和地示範手或手臂的漂浮，幾乎沒有觸碰個案。

　　我知道有時候他一定感到了可怕的疼痛，但他似乎總是隱藏起來。他會傾身向個案，有時在椅子上有些晃動，但很快就能控制住，從未感到尷尬、沮喪或失落……他接受了自己的處境，其他人也都接受了。

第一代

約翰・沃特金斯

　　我在 1994 年 11 月訪問了約翰・沃特金斯（John Watkins）。

　　約翰・沃特金斯曾是鳳凰城學院的演說教師和辯論教練，在通訊領域工作，後來獲得了博士學位，成為通訊學教授。

　　1967 年，當約翰・沃特金斯在鳳凰城學院教書時，他遇到了米爾頓・艾瑞克森。一位同事鼓勵沃特金斯聯繫艾瑞克森組織一個工作坊。沃特金斯回憶道：「他非常積極地回應這個想法，我們手上有個醫療社群名單，包括醫生、足病醫師、牙醫、骨科醫生。結果他開了一堂為期十週的課程，我有些尷尬，因為我只能給他一小時十美元的費用，他說這不是問題。事實上，他賺到的任何錢都會以貝蒂・艾瑞克森（艾瑞克森的妻子）的名義捐助給印度學生當獎學金，那時我開始意識到這個人的意義和胸懷。

　　「他說話輕聲細語……人們對他的技術和看似無窮無盡的一系列故事感到驚訝，這些故事表面上似乎無關緊要，但不為何故產生了他正在尋找的現象。」

　　在接下來的六、七年，沃特金斯與艾瑞克森之間的關係斷斷續續。「（那時候）艾瑞克森正與馬里科帕醫學會（Maricopa Medical Society）交惡。我的印象是，他要嘛被趕出學會了，要嘛他一氣之下離開了學會。

　　「我寫了一篇文章〈催眠語言〉，探討了我認為催眠語言實際

上如何產生現象。我拿給艾瑞克森，想知道他的想法，他把文章交給期刊編輯委員會，然後說他們分裂為兩派，而他很高興的是，臨床醫生同意我的看法，實驗者們拒絕了它。

「他曾經告訴我，一名亞利桑那州立大學的學生到他家與他談論他的理論，這名學生問他認同哪種心智模型，他的回答是轉問年輕人：『為什麼心智不能簡單地是無定形的？為什麼它必須符合某種模式？』我覺得這很有用。」

1970 年代初期，沃特金斯請求艾瑞克森用催眠幫助他的妻子分娩。「艾瑞克森表示願意。」沃特金斯回憶說：「我不太記得細節，他告訴她可能會感到（生產的）壓力，但不一定會感到疼痛。」她確實感到了壓力，但沒有感覺到疼痛。在醫生的強烈要求下，他們進行了會陰切開手術……使用神經阻斷。從她的角度來看，這似乎是不必要的。」

沃特金斯回想起一個艾瑞克森扮演聖誕老人的有趣故事。「那是聖誕夜……我兒子一歲半了。一輛車開了過來，有個人下車在我們的窗台上放了一盤餅乾。我意識到那是艾瑞克森的車，上面夾著一張紙條寫著：『把這些餅乾和一杯牛奶留在外面，等聖誕老人來訪。』那時我已經有一段時間沒見到他了……從某種意義上來說，我幾乎脫離了他的生活，但這是一個絕對的喜悅。」

第一代

安德烈・韋森霍夫

以下內容摘自邁可・雅普克於 1988 年 9 月對安德烈・韋森霍夫（André Weitzenhoffer）進行的採訪。

安德烈・韋森霍夫博士出生於巴黎，在法國長大。

他的父親是美國人，母親是法國人。他在布朗大學獲得了數學碩士學位，並在密西根大學獲得了心理學博士學位。

他在十二歲時就對催眠產生興趣，並閱讀了所有能夠取得的一切，期待自己能夠發展這種「超能力」。他從未失去這份渴望，最終成為催眠著名研究者和臨床醫生。在愛荷華州與行為學家愛德蒙・斯彭斯（Edmund Spence）一起的時期，韋森霍夫擔心會觸怒斯彭斯，甚至不能提及「意識」或「知覺」。在密西根大學時期，他匯集了大量催眠方面的文獻，最終寫出了第一本書《催眠：暗示性的客觀研究》（*Hypnotism: An Objective Study in Suggestibility,* 1953）。接著，他受邀與厄尼斯特・希爾加教授合作，在史丹佛大學建立了催眠研究實驗室。他們的合作取得了豐碩成果，開發出廣為接受的《史丹佛催眠易感性量》表 A、B、C 版，用以衡量催眠反應。此後韋森霍夫發表了許多科學文章與國際演講。在他輝煌的職業生涯中，他試圖在一個可衡量的程度上證明催眠「特殊狀態」的存在。

此外，韋森霍夫還寫了《催眠的一般技巧》（*General Techniques*

of Hypnotism, 1957）與《催眠實務》（*The Practice of Hypnotism*, 1989）。2000 年，《催眠實務》出了第二版。

韋森霍夫與米爾頓‧艾瑞克森保持聯絡超過三十年，兩人在 1953 年一次科學會議上相遇。「他非常友好，」韋森霍夫說：「我非常喜歡他。我在幾次會議上見過他，後來開始通信。他創立美國臨床催眠協會不久之後，我寫信給他，說我想成為會員。他回信說：『當然，你是毫無疑問的成員。事實上，我還希望你成為該期刊的副編輯。』我感到很榮幸。

「我發現他是一個和善的人，總是願意交談……（儘管）他很少直接回答你的問題，通常會講故事、寓言，有時則談論案例，總是樂意分享和示範。有一次他邀請我參加他正在舉辦的工作坊，所以，我也和貝蒂變得熟悉。之後，我的第一任妻子去世了，那時候，米爾頓和貝蒂把我收納他們的羽翼之下。我 1975 年曾在他家住過。

「米爾頓在很多方面責備我。我採用了他與個案工作的許多技巧……但是我們有不同的想法。我確實在意個案在哪一刻進入催眠狀態，然而我不會進行測試，只是假設他被催眠了。但米爾頓從不假設某人被催眠了，他會尋找人處於催眠狀態的跡象，例如，出神的凝視、無動作等，也會看臉部的色彩……而我從艾瑞克森身上學到的是：個案會知道，他的無意識會讓他知道（催眠狀態）何時結束。」

| 參考文獻

Weitzenhoffer, A. M. (1957). *General Techniques of Hypnotism*. Grune &

Stratton.

Weitzenhoffer, A. M. (1953). *Hypnotism: An Objective Study in Suggestibility.* John Wiley & Sons.

Weitzenhoffer, A. M. (1989). *The Practice of Hypnotism. Vol. I & II.* John Wiley & Sons.

Weitzenhoffer, A.M. (2000). *The Practice of Hypnotism (2nd ed.).* John Wiley & Sons.

Yapko, M. (2005, July). *An Interview with André Weitzenhoffer, Ph.D.* American Journal of Clinical Hypnosis, 48(1), 29-43.

第一代

林賽・威爾基

我在 1994 年 10 月訪問林賽・威爾基（Lindsay Wilkie）。

林賽・威爾基在蘇格蘭皇家醫學院取得執照，是倫敦皇家全科醫學院的終身會員，以及英國催眠學會和澳洲催眠學會的會員。

1948 年從醫學院畢業後，威爾基在愛丁堡皇家醫院完成了醫院實習，並於 1951 年加入他的家庭醫生（他接生了威爾基，而他的父親曾接生威爾基的母親），一起從事家庭醫療。「我對心理治療和處理人們的問題越來越感興趣，於是開始投入，」威爾基回憶道：「我參加了相當多的精神醫學工作坊。」

威爾基：我一直都在家庭醫學領域，1950 年代末期，愛丁堡唯一一本關於催眠的書是布蘭威爾 1903 年的書……然後我得知了英國（催眠）學會，也聽說了米爾頓・艾瑞克森……當人們聽說我涉足催眠領域時，多半是不信任的神色。我處在邊緣地帶……我是當地的巫醫。人們批評、懷疑……裡頭有與生俱來的恐懼。人們曾對我說：「如果你從事魔鬼的工作，如何以你的信仰生活？」我說：「我沒有從事魔鬼的工作。我是一名醫生，關心你的健康，以及未來面對、因應，甚至解決每個人生活所遭遇問題的能力。我請他們去查聖經創世記第 2 章 21節。」（「……那時上帝使亞當沉睡，他便沉睡了……」）

我不再信任英國的國民健康服務，因此前往南澳大利亞。我的技能和對人們問題的興趣是主要的槓桿，因為當地的醫師知道我的興趣，會轉介一些他們覺得我可以協助的個案。

　　1976年我前往費城參加國際催眠大會的路途中，在鳳凰城停留了三天，那三天美好的日子裡我與米爾頓聊天。他對我的工作很感興趣，而我當然對他在這個領域的卓越工作也有興趣。那三天對我的人生留下了深刻印記。

　　在艾瑞克森家中，艾瑞克森請威爾基去拿他的一件鐵木雕刻品。「我正在尋找一些有趣的事物，」威爾基回憶道：「他（艾瑞克森）立刻提出了一個隱喻。他進入趣聞軼事的狀態……整個談話過程都在質問我，同時又激發我，很吸引人。他這樣做是為了指導我，顯然他在我到達之前就已經了解了我的一些資訊（威爾基懷疑約翰·哈德蘭〔John Hartland〕已經告訴過艾瑞克森），這就是這個人的特點。」

　　威爾基接著問艾瑞克森一個問題：「有時我碰到一些人在催眠結束後遲遲無法醒來。他們不想醒來。」艾瑞克森回答：「威爾基醫生，我有一個解決這個問題的方法。我只需要告訴個案：『在接下來的幾分鐘內，你將聽到我的輪椅推向門口的聲音。以下事情會發生：你的膀胱將變得飽滿，更飽滿，甚至更加飽滿。當我到達門口時，我會打開門，走出去，並關上門。當你聽到門關上時，你會感到膀胱非常滿，滿到你迫切地想要醒來，並使用左邊第二道門的廁所。』這是他解決那些因為感到太舒適而不想離開催眠狀態的個案的方法。」

威爾基接著說，他試著將這個方法應用於自己的個案身上，驚人的成功。

「他（艾瑞克森）出席了 1976 年在費城的會議，因為國際催眠學會授予他金質獎章。當他進來時，他注意到我，熱情地握了握我的手。有他在那裡真好。」

1979 年，威爾基從波特蘭來拜訪艾瑞克森一週。一開始，他受邀加入，與一群來自加州大學洛杉磯分校兒童醫院的學生一起學習，然後他和艾瑞克森獨處了幾天。威爾基說：「那是我一生中最寶貴的時光之一。

威爾基：他和加州洛杉磯大學的人一起度過的那天，他們一直進出催眠狀態。我盡力避免，雖然有時還是不自覺地進入了輕微的催眠狀態，它使我更加專注地傾聽，但其他人則打瞌睡，幾乎從椅子上滑落。這對於教學和學習來說很好，他們真的進入了無意識。

艾瑞克森引導他們談論自己和問題的方式很有趣，處理個案的方式非常棒。我認為他最聰明的雙重束縛之一是，當有人走進房間時，他會說：『如果你想體驗催眠，你可以坐在那把椅子上，或坐在我左邊這把椅子上。如果你坐在任何一張椅子上，無論你是否想要被催眠，你都將進入催眠狀態。』如此簡單，但個案並沒有看到這一點。[38]

---

[38] 作者註：威爾基用「雙重束縛」來描述艾瑞克森，但更準確的術語應該是預設前提。

約翰‧哈特蘭（John Hartland）曾經談論他沒有親身體驗過深層催眠……他說他與艾瑞克森在一起幾天，一再地談論他的願望。當然，米爾頓讓他等了又等。有一天，他（哈特蘭）不得不進行一次重要的演講，之後還要回答問題。那天下午，他再次告訴艾瑞克森他從未經歷過深層催眠，並請求幫助。米爾頓什麼也沒說，但他已經準備好了。他有一本茶几上的大書，顯然在一頁上做了記號。當艾瑞克森打開那本大書時，裡面有一張俯視大峽谷的照片。米爾頓說：「約翰，看這個」，約翰直接看入大峽谷，進入了深度催眠狀態。

　　那天稍晚，約翰從催眠中醒來，聽到許多同事的歡呼聲，向他祝賀他所做的精彩演講，以及他掌控會議並回答問題的方式。他一直深陷於深度催眠，還是大師米爾頓‧艾瑞克森的操縱。約翰完全沒有意識到自己已經吃過飯、去了會議、完成了演講和討論。當天更晚時候，當他與幾個同事和朋友返回艾瑞克森家時，米爾頓闔上了那本書，約翰從催眠中醒來，沒有意識到八個小時已經消失了。

　　威爾基的最後補充：「他獨特的地方在於，在他大部分工作生涯中，他是一位始終專注於治療過程的治療師。他具有非常寬廣的知識和深厚的經驗，。我認為他是一位溫和的靈魂和美好的人，沒有做出任何無法接受的行為。我很驚訝於他對局勢的掌控力——總是掌控一切，就像我第一次拜訪他一樣。儘管他身體虛弱，但很有存在感，而且讓人感覺得到。他去費城接收金質獎章那次，我見到他時也有這種體驗。他有一種氣場——在人類社會中罕見的存

在。」

參考文獻

Bateson, G., Jackson, D. D., Haley, J. D. & Weakland, J. (1956). *Toward a Theory of Schizophrenia*. Behavioral Science. 1(4): 251-254.

第一代

路易斯・沃爾伯格

我在 1980 年代中期採訪了路易斯・沃爾伯格（Lewis Wolberg）。

路易斯・羅伯特・沃爾伯格醫師是一位美國精神分析師，主張在精神疾病治療中使用催眠。他撰寫／編輯了二十本書，並於 1945 年在紐約市創辦了心理健康研究生中心（Postgraduate Center for Mental Health）。

沃爾伯格畢業於羅切斯特大學（University of Rochester），並於 1930 年獲得了塔夫茨大學（Tufts University）醫學院的醫學學位。從 1967 年至 1986 年，他是紐約大學醫學院的精神醫學教授。

沃爾伯格研究和撰寫了有關飲食和營養方面的內容。1936 年，他寫了《飲食心理學》（*The Psychology of Eating*）一書，批評流行的節食方法，並建議採用低熱量飲食以減輕體重。此外，他還寫了兩本關於醫療催眠的書籍（1957, 1958）。

路易斯・沃爾伯格：我已經能夠催眠一些治療師轉介給我的個案，一些被聲稱是不可催眠的個案，其他人也為我做相同的事情。我記得多年前有一個個案，一個青春期晚期的少年，有嚴重的強迫症問題，他的懷疑和挑戰使他抗拒許多療法，包括催眠。但他也表示催眠是唯一有可能幫助他的方法，所以他不斷尋找

紐約提供催眠最著名的治療師。

包括我在內的每一位治療師都因為挫折而放棄。當時米爾頓・艾瑞克森正好來訪紐約，幸運的是，在我和這位個案約診的那個小時，他來到了我的辦公室。我想到艾瑞克森可能會喜歡這個挑戰，嘗試讓一位不易被催眠的個案進入催眠狀態。

艾瑞克森欣然同意嘗試引導，我把他帶到一間單獨的房間，和那位多疑的個案一起。我定期進入房間觀察發生了什麼事情，但在第一個半小時內什麼也沒發生。兩個小時後，個案進入了我認為的深度催眠狀態，能經歷幻聽和幻視；有能力打開他的眼睛，抹去房間內的某些物品；以及催眠後暗示和失憶。

我必須承認，我比個案更驚訝，個案似乎對這次經歷感到困惑而不是高興。我相信艾瑞克森的成功是由於他不斷使用混淆技術來打破個案的控制和掌控感。很少有人有足夠的奉獻精神、技巧和毅力，投入兩個小時來催眠一個不情願的對象。

這個事件的後續是，有段時間我手上有一個非常焦慮和不安的個案。但經過幾個星期的工作，我們開始著手解決他對控制的需求和對權威的不信任，我們取得了真正的進展。如果沒有艾瑞克森在身邊，我會把這位個案歸類為無法催眠。

所有所謂無法催眠的人，難道不是都潛藏著催眠的潛能，而某些操作者可以在特定條件下喚醒這些潛能？催眠的深度，難道不能也成為同一組操作者與受試者間的變量，取決於同時存在的合作狀態與動機、焦慮水平和移情？通常我會說，你不能使用母豬的耳朵做出一個絲綢錢包——你不能將一個只能進

入輕度催眠狀態的個案變成一個眠遊者。但是，艾瑞克森的經驗讓我開始懷疑這一點。

評論

沃爾伯格表示，艾瑞克森針對個案的身分使用了一種混淆技術。艾瑞克森有能力使一個人去穩定化，最終打破慣常的防禦，例如，他可能會說：「你是誰，你就知道自己是誰。但是你是誰並不是你唯一能成為的誰，當然也不會是我所知道的誰。過去的你是誰並不是你知道自己將成為的誰，也不是你現在可以成為的誰。」艾瑞克森可以連續這樣說上很長的時間。

使用這個方法可能會使某人感到迷惑，並且懷疑自己的身分，進而提高對催眠的接受度。艾瑞克森有時會使用這個方法來讓一個人更容易進入催眠狀態。

困惑技巧所造成的緊張狀態抵消了合理化，治療性不穩定之後，通常會提供具體建議，因為它可以減輕不穩定帶來的緊張感。人們傾向於避免不確定性，並緊抓第一個具體的建議。因此，在提供口頭困惑後，治療師可以對案主說：「深吸一口氣，這樣你就可以享受到令你愉悅的深度舒適感。」

二十世紀中期，與治療師努力使引導和治療具有放鬆和平靜特點的流行趨勢相反，艾瑞克森利用激發狀態。與其像搖籃曲那般進行引導，他會創作一首「交響樂」，其中緊張和放鬆的水平會交替上升和下降。

混淆技巧的使用需要謹慎，臨床工作者必須保持良好的態度和熱情，而部署就像一種「麻醉劑」，使「手術」變得可能。當困惑

被用來證明案主具有可挖掘的能力時，它是最好的；它不應該用來
欺騙個案。

參考文獻

Wolberg, L.R. (1958). *Medical Hypnosis: the Practice of Hypnotherapy. Vol. II*. Grune & Stratton.

Wolberg, L. R. (1957). *Medical Hypnosis: the Principles of Hypnotherapy. Vol. I*. Grune & Stratton.

Wolberg, L. R. (1937). *The Psychology of Eating*. G. G. Harrap.

第一代

利奧・沃爾曼

我在 1984 年 4 月訪問了利奧・沃爾曼（Leo Wollman）。

利奧・沃爾曼是美國醫師與牙醫師，在蘇格蘭愛丁堡皇家學院取得醫學學位。1970 年代初，他曾擔任美國心身牙醫與醫學會（American Society of Psychosomatic Dentistry and Medicine）主席。

沃爾曼進行了許多變性手術，因此在與跨性別者一起工作方面聞名，並曾在多個電視脫口秀節目中擔任嘉賓。

我在 1984 年 4 月採訪了他。

薩德： 你是如何遇見米爾頓・艾瑞克森的？

利奧・沃爾曼： 我參加了艾瑞克森、塞克特和赫胥曼多年前開設、為期三天的課程，大概是在 1953 年左右。之後，我對美國臨床催眠協會產生興趣。每當我聽到艾瑞克森演講時，無需正式引導，我的眼睛就會閉上，我確定我被催眠了……許多同事都會落入他的魔法中。艾瑞克森只是握握他們的手，說：「我是米爾頓・艾瑞克森。你叫什麼名字？」他們就會坐下，閉上眼睛，進入催眠狀態，不需要任何正式引導。這種事發生在他身上比任何人都多……這是他的磁性。他在教學總是提醒我們，如果我們想要放鬆（進入催眠狀態），我們仍會聽得很清楚，甚至更清楚，因為心無旁騖。

薩德：他當時用拐杖走路嗎？

LW：是的，有時要用兩根拐杖。我喜歡他，我想他也喜歡我，我們相處得非常融洽。每次他來紐約，我都會接或送他去機場。我記得有一次，當時我在產科工作，接到了去醫院接生的電話，我很糾結要去醫院或送他（艾瑞克森）去機場。我去了醫院，完成工作後我們還有時間一起。我們很親近……互相尊重，他是個了不起的人。

薩德：你是否有任何關於他示範的特殊記憶？

沃爾曼：他有種神祕感，蒙娜麗莎式的微笑。有時候，他會讓人知道他雖然在和一個人說話，但他的言辭卻是針對另一個人的。他會向我們展示如何間接地採取目標行動。

薩德：他有時候會處理同事的個案嗎？

沃爾曼：我從來沒有帶我自己的任何個案去見他……但是我們總是被告知，我們可以帶任何棘手的個案或個案家屬過來，他很樂意向我們展示如何處理相關問題。

薩德：我非常欽佩艾瑞克森醫師，顯然你也是。但也有許多人不欣賞他，比如紐約的施內克和克林。

沃爾曼：從一開始，美國臨床催眠協會和臨床與實驗催眠學會之間就存在競爭關係。我來自紐約，我們會說：「你是米爾頓的人嗎？（如果是）那你就不能成為克林的人。」米爾頓·克林本人說過：「如果你跟艾瑞克森在一起，就不能跟我在一起。」我的朋友威廉·克羅格曾說：「當米爾頓在韋恩州立大學時，我在芝加哥做了他後來所做相同的事。」可能是因為他們的自負而挑戰他，關於誰是第一似乎競爭不斷。現在每個人都承認

艾瑞克森是醫學催眠之父。

薩德：你覺得艾瑞克森冷漠嗎？

沃爾曼：他常常沉浸於自己的思維之中，有些人詮釋為冷漠。我認為在某些情況下，他不想口頭交流。他的疾病與此有關，因為他經常獨自一人。有時，他似乎處於急性憂鬱或急性身體不適狀態。

薩德：你如何知道？

沃爾曼：他比平時退縮了一點。除了台上，他沉默寡言，情緒有高有低。他會發表演講，之後就退到房間，不歡迎任何人來訪。

薩德：艾瑞克森似乎不知疲倦，如果人們在會後需要時間，他會提供。

沃爾曼：他會累，試著盡可能地付出，甚至不管自己的狀態。我想，當他看似不知疲倦時，那是一種自我激勵的表現，以增強自己的生存力量……他具有強烈的決心和意志力。他與人會面後，就會回房間休息。

薩德：你有其他對艾瑞克森醫師的回憶嗎？

沃爾曼：當他來我家時，我很驚訝，因為如同他所有的學生一樣，我很崇拜他。我是那些覺得他有料的人之一，我們吸收，也沉浸於他的給予。當他來到我的家時，我訝異他與以往大不相同，不是艾瑞克森教授，也不是艾瑞克森醫師，他是米爾頓．海蘭德．艾瑞克森，只是我帶回家的一個朋友。他出身良好，經歷了殘疾的艱苦生涯，我認為他因此更堅強。他有一種內在的驅動力來幫助人們，他是一個天生的醫者，每個他接觸到的人都是最優先的。我很欽佩他。

【第五部】

後記

照亮艾瑞克森的本質

　　這本書以後記結束比寫結論更為恰當，因為米爾頓‧艾瑞克森在心理治療領域的貢獻是永恆的，他所做的，為那些想提升心理治療實務與溝通技能的人提供了寶貴的資料。此外，他的生活故事和與身疾同處的經歷鼓舞激勵我們變得更有韌性，以便更能克服生活中的逆境。

　　我擁有幸福的專業生涯，並結識了許多貢獻者，他們的工作對二十世紀下半葉和本世紀至今的心理治療領域，產生了不可磨滅的影響，包括亞倫‧貝克、亞伯‧艾里斯、維克多‧法蘭可、傑‧海利、莫雷‧包文、薩爾瓦多‧米紐慶、卡爾‧羅傑斯、維吉尼亞‧薩提爾、卡爾‧華特克和歐文‧亞隆等人。我從這些啟蒙者身上學到了很多，我的心理治療工作和個人生活也從中獲益匪淺。然而，在這些傑出的貢獻者當中，對我影響最大的還是米爾頓‧艾瑞克森。

　　我於 1973 年第一次拜訪艾瑞克森，希望他教我如何成為更有效的心理治療師。當時他的身體受限，但非常有活力、有魅力、有創意，我立刻被他吸引。我不僅從他那學到了如何成為更好的治療師，還學會了如何成為更好的傑夫‧薩德。到了今天，近五十年後，我仍然繼續從艾瑞克森身上學習。

　　艾瑞克森的取向受到多年的痛楚和殘疾的影響，然而，儘管有所限制，他仍然過著勇敢、豐富且充實的人生，而身心障礙倍增了

他對他人困境的同理心。

　　艾瑞克森的獨創性、靈活性、藝術性和即興能力使他跳出正統，他可以說是二十世紀最偉大的心理治療師，也是催眠和短期療法領域最重要的貢獻者。

　　作為一名專業人士和個人，艾瑞克森展現出了非凡的特徵。本書說明了他決定性的特徵，特別適用於心理治療。在解構艾瑞克森時，這些特徵包括：

- 順勢而為——艾瑞克森的標誌性特徵——利用案主提供的內容和任何當前的狀況
- 引導導向
- 將概念當作禮物包裝，以啟動案主的內在探索
- 經驗式而非教條式，喚醒式而非訊息式
- 策略性——使用戲劇性的過程來推進治療
- 量身訂做——將治療個別化，而非仰賴死記硬背的程序
- 去穩定化——鬆動對習慣模式的控制
- 建設性地利用激發，並根據需要增加緊張程度
- 知覺——注重細節和微妙之處
- 言語和非言語溝通上的精確度
- 建立對溝通的潛在心理層面的反應
- 使用多層次溝通——增加密度，以促進活化
- 以幽默的方式對待生活和治療
- 面向案主的生活狀況，而非他們的歷史
- 積極，而不是專注於病理

艾瑞克森運用隱喻和故事來引導個案發現解決方案。他設置一些情境，讓個案意識到潛在的資源和能力。他勤勉、觀察敏銳，運用策略性和經驗，他的治療是喚醒式的。他不向個案解釋他們為什麼有問題，不「把點連接起來」，相反地，他為他們創造空間，讓他們自己產生認識、下結論。他利用個案的「問題」和當下的狀況以推進治療。他使用不穩定來創造不和諧，從而預示和諧的到來。他的催眠引導和治療並不是用來讓個案放鬆和平靜的「搖籃曲」，相反地，他解除他們的防備，喚醒內在的可能性。

艾瑞克森也是我所知道第一個在治療中使用幽默的治療師。是的，他有時講些俏皮話，還會使用一些滑稽道具，他對幽默的運用使治療變得輕鬆，讓個案和學生投入其中。這是另一種禮物包裝的概念。

艾瑞克森無私地與學生和同事分享他的知識。本書中許多專業人士，包括我在內，都知道艾瑞克森不收取報酬。他曾經對我說過：「我對你的生活有興趣，而不是你的錢。」（Zeig, 1985 p.17）。艾瑞克森是一位人本主義者，他勤奮工作，幫助他的個案、教導他的學生，他的報酬不是錢，而是促進適應性改變，並與學生分享他的知識，以便他們可以幫助個案。

以下案例是艾瑞克森生命末期所接手的，展現了艾瑞克森的標誌性特徵、人道主義和策略導向。艾瑞克森與「約翰」工作，約翰是一個長期受苦的思覺失調個案，曾住院治療。艾瑞克森的目標是讓約翰不再住院，並讓他過有意義的生活。因此，他根據約翰的情況量身訂做療法，並喚醒式地工作，利用養狗來幫助約翰建立關係，成為負責任的人（細節請見《艾瑞克森：天生的催眠大師》。

約翰和巴尼

　　艾瑞克森涉足約翰生活的每一個層面。艾瑞克森最初的介入措施是拉開約翰這個獨生子與父母的距離，因為數次會談後，艾瑞克森確信這個家庭不是一個可良好運作的單位。父母被要求成立信託基金，讓約翰在經濟上獨立。艾瑞克森醫師和艾瑞克森夫人為約翰安排了一間他自己的公寓，離艾瑞克森家只有幾步之遙。艾瑞克森採取的下一步，是讓約翰對養狗感興趣，特別是一隻收容犬，一隻他可以從「機構」救出來的狗。在收容所，約翰與一隻他命名為「巴尼」的比特犬結緣。

　　起初，巴尼飼養在約翰的小公寓裡，但很快就發現，空間不足以容納狗和人，所以艾瑞克森採取了下一步行動，說巴尼可以留在他的家裡，只有有一個條件：約翰每天至少要過來照顧牠兩次。

　　當約翰第一次帶巴尼到艾瑞克森家時，艾瑞克森咄咄逼人地把狗趕走，這樣巴尼就會依附約翰而不是他。艾瑞克森還堅持只有約翰才能給巴尼狗餅乾，儘管他其實很喜歡把狗餅乾掰成兩半。艾瑞克森甚至以巴尼的身分寫信給約翰。隨著巴尼的成長，約翰在照顧牠的過程中漸漸長出了責任感，也與巴尼、艾瑞克森家族成員建立了健康的關係。

　　艾瑞克森的策略是讓約翰專注於一個生物的福祉——他自身以外的東西，而不是他的處境與限制。在這個過程中，約翰學會了負責任與建立聯繫。艾瑞克森去世幾週後，巴尼也去世了。一段時間之後，艾瑞克森夫人和約翰一起回到收容所找另一隻狗，他們選了兩隻獵犬的幼犬，一隻給約翰，一隻給艾瑞克森夫人。從那時起，

約翰每晚都去艾瑞克森家，與艾瑞克森夫人一起看電視，他們一起散步，一起去超市購物。當艾瑞克森夫人旅行時，約翰看管房子。

艾瑞克森的目標是將約翰在生活中的角色，從機構化的受害者，轉變為有能力的狗主人，能夠承擔責任和滿足人際關係……艾瑞克森成功了。他讓約翰採取小的、可管理的步驟來實現這個目標，結果是約翰過著更有成效、更充實的生活。

自從艾瑞克森於 1980 年去世以來，心理治療和催眠領域已經演化出許多新的方法和理論，神經科學研究也揭示了有效的方法。但是，除了這些進展，心理治療始終基於治療師的存在。治療師毫不妥協的存在可以激發案主實現潛力和可能性。治療師還需要理解、同理、尊重、好奇、專注和利用任何出現的情況，艾瑞克森掌握了這些品質，並一一體現。

我很幸運親身領悟了艾瑞克森的智慧。在我個人發展的早期階段，與他在一起時，我是不太成熟的人，用最適切的話語來說，我感覺自己是在一個成年人面前，他的智慧和關懷讓我覺得這個世界上有一些東西本質上是正確的；在艾瑞克森的陪伴下，世界是正面朝上的。

卡巴拉（Kabbalah），或猶太神祕主義認為，在任何時候，地球上都存在三十六個謙卑和正直的人，他們的生命角色是為人類更崇高的努力提供理由。我們都應該把自己當成這三十六人的一員，而在我的看法中，米爾頓·艾瑞克森就是其中之一，幫助他人茁壯，並活出更好的生活。

希望這本書照亮了他的本質，並讓光芒指引你的道路。

參考文獻

Zeig, J. K. (1985). *Experiencing Ericks. n.* Zeig, Tucker, & Theisen, Inc.
　　Publishers.

 瞭解更多關於米爾頓・艾瑞克森,包括即將出版的書籍資
訊、艾瑞克森的照片,或是由傑弗瑞・薩德注釋的艾瑞克
森教學影片等,請點閱 https://mailchi.mp/ericks.n-f.undati.n/
an-epic-life-res.urces

致謝

我對永遠感激參與本書的專家們，他們的觀點構成了本書的大部分內容。感謝諸位慷慨地奉獻時間。我希望我有公正地對待諸位的貢獻。

我是眾多受益於醫學博士米爾頓・艾瑞克森的人之一。在六年多的時間裡，他免費教導我，並慷慨地分享他廣泛的智慧。

我對艾瑞克森基金會的工作人員 Marnie McGann 表示深深的、長久的感謝，她為每位專家的貢獻撰寫了初稿，並為本書提供了寶貴的編輯幫助。

艾瑞克森基金會的工作人員使我的職業生涯成為可能。感謝團隊成員 Joe Ciaramitaro、Caulene Flores、Liliana Gastelum、Chase Harper、Wei Kai Hung（洪偉凱）、Samantha Jaros、Christian Marcum、Stacey Moore、Jess Repanshek 和前員工 Diana Spies。

感謝 Helen Erickson、Gerry Piaget、Wendel Ray、Rob Staffin 和 Suzi Tucker，他們都為本書的草稿提供了寶貴的意見。

我特別感謝 IBH.com 的 Joan and Gerry Piaget，他們為我撰寫本書提供了資助。

最後，感謝 Alex Vesely 製作了這部關於愛瑞克森的電影《沙漠巫師》（*Wizard of the Desert*），本書中使用了一些摘錄。

延伸閱讀

- 《催眠之聲伴隨你》（2016），米爾頓・艾瑞克森（Milton H. Erickson）、史德奈・羅森（Sidney Rosen），生命潛能。
- 《不尋常的治療：催眠大師米爾頓・艾瑞克森的策略療法》（2012），傑・海利（Jay Haley），心靈工坊。
- 《艾瑞克森：天生的催眠大師》（新版，2023），傑弗瑞・薩德（Jeffrey K. Zeig），心靈工坊。
- 《跟大師學催眠：米爾頓・艾瑞克森治療實錄》（新版，2023），傑弗瑞・薩德（Jeffrey K. Zeig），心靈工坊。
- 《催眠引導：讓改變自然發生的心理治療藝術》（2022），傑弗瑞・薩德（Jeffrey. K. Zeig），心靈工坊。
- 《經驗式治療藝術：從艾瑞克森催眠療法談起》（2019），傑弗瑞・薩德（Jeffrey. K. Zeig），心靈工坊。
- 《助人者練心術：自我提升的 60 個增能練習》（2021），傑弗瑞・薩德（Jeffrey. K. Zeig），心靈工坊。
- 《喚醒式治療：催眠・隱喻・順勢而為》（2020），傑弗瑞・薩德（Jeffrey. K. Zeig），心靈工坊。
- 《生生不息催眠聖經：創造性流動的體驗之旅》（2015），史蒂芬・紀立根（Stephen Gilligan），世茂。
- 《愛與生存的勇氣：自我關係療法的詮釋與運用》（2005），史蒂芬・吉利根（Stephen Gilligan），生命潛能。

- 《存在催眠治療》（2022），李維倫，心靈工坊。
- 《催眠治療實務手冊》（2014），蔡東杰，心靈工坊。
- 《讓潛意識說話：催眠治療入門》（2014），趙家琛、張忠勛，心靈工坊。
- 《存在之道：人本心理學家卡爾‧羅傑斯談關係、心靈與明日的世界》（2023），卡爾‧羅傑斯（Carl Rogers），心靈工坊。
- 《懂得的陪伴：一個資深心理師的心法傳承》（2022），曹中瑋，心靈工坊。
- 《當我遇見一個人：薩提爾精選集 1963-1983》（2019），約翰‧貝曼（John Banmen）編，心靈工坊。
- 《短期團體心理治療：此時此地與人際互動的應用》（2018），歐文‧亞隆（Irvin D. Yalom），心靈工坊。
- 《費解的顯然》（2016），摩謝‧費登奎斯（Moshé Feldenkrais），心靈工坊。

PsychoTherapy 071

史詩人生：
橫空出世的心理治療傳奇米爾頓·艾瑞克森
An Epic Life: Milton H. Erickson: Professional Perspectives
傑弗瑞 薩德（Jeffrey K. Zeig）——著
蔡東杰、洪偉凱、黃天豪——譯

出版者—心靈工坊文化事業股份有限公司
發行人—王浩威　總編輯—徐嘉俊
執行編輯—趙士尊　特約編輯—周旻君　封面設計—羅文岑
內頁排版—龍虎電腦排版股份有限公司
通訊地址—10684台北市大安區信義路四段53巷8號2樓
郵政劃撥—19546215　戶名—心靈工坊文化事業股份有限公司
電話—（02）2702-9186　傳真—（02）2702-9286
Email—service@psygarden.com.tw　網址—www.psygarden.com.tw

製版·印刷—彩峰造藝股份有限公司
總經銷—大和書報圖書股份有限公司
電話—（02）8990-2588　傳真—（02）2990-1658
通訊地址—248新北市新莊區五工五路二號
初版一刷—2023年9月　ISBN—978-986-357-325-8　定價—790元

國家圖書館出版品預行編目(CIP)資料

史詩人生：橫空出世的心理治療傳奇米爾頓·艾瑞克森／傑弗瑞·薩德(Jeffrey K.
Zeig)著；蔡東杰, 洪偉凱, 黃天豪譯. -- 初版. -- 臺北市：心靈工坊文化事業股份有限
公司, 2023.9
　　面；　公分
譯自 : An Epic Life: Milton Erickson-Professional Perspectives
ISBN 978-986-357-325-8(平裝)

1.CST: 艾瑞克森　2.CST: 催眠療法　3.CST: 心理治療　4.CST: 傳記　5.CST: 美國

785.28　　　　　　　　　　　　　　　　　　　　　　　112015056

心靈工坊 PsyGarden 書香家族 讀友卡

感謝您購買心靈工坊的叢書，為了加強對您的服務，請您詳填本卡，
直接投入郵筒（免貼郵票）或傳真，我們會珍視您的意見，
並提供您最新的活動訊息，共同以書會友，追求身心靈的創意與成長。

書系編號—PT 071　　　書名—史詩人生：橫空出世的心理治療傳奇米爾頓‧艾瑞克森

姓名　　　　　　　　　　　　　是否已加入書香家族？ □是 □現在加入

電話 (O)　　　　　　(H)　　　　　　　手機

E-mail　　　　　　生日　　年　　　月　　　日

地址 □□□

服務機構　　　　　　　職稱

您的性別—□1.女 □2.男 □3.其他

婚姻狀況—□1.未婚 □2.已婚 □3.離婚 □4.不婚 □5.同志 □6.喪偶 □7.分居

請問您如何得知這本書？
□1.書店 □2.報章雜誌 □3.廣播電視 □4.親友推介 □5.心靈工坊書訊
□6.廣告DM □7.心靈工坊網站 □8.其他網路媒體 □9.其他

您購買本書的方式？
□1.書店 □2.劃撥郵購 □3.團體訂購 □4.網路訂購 □5.其他

您對本書的意見？
□ 封面設計　1.須再改進 2.尚可 3.滿意 4.非常滿意
□ 版面編排　1.須再改進 2.尚可 3.滿意 4.非常滿意
□ 內容　　　1.須再改進 2.尚可 3.滿意 4.非常滿意
□ 文筆／翻譯 1.須再改進 2.尚可 3.滿意 4.非常滿意
□ 價格　　　1.須再改進 2.尚可 3.滿意 4.非常滿意

您對我們有何建議？

心靈工坊
|PsyGarden|

10684台北市信義路四段53巷8號2樓
讀者服務組　收

免　貼　郵　票

（對折線）

加入心靈工坊書香家族會員
共享知識的盛宴，成長的喜悅

請寄回這張回函卡（免貼郵票），
您就成為心靈工坊的書香家族會員，您將可以──

⊙隨時收到新書出版和活動訊息

⊙獲得各項回饋和優惠方案